Ullstein

DAS BUCH

Mit der Entsendung eines kriegsstarken Geschwaders der Royal Navy in die Ostsee bezwecken die Engländer zweierlei: Die britische Machtdemonstration soll das neutrale Schweden beeindrucken und den Zaren zum Eintritt in den Krieg gegen Napoleon bewegen. Mit diplomatischem Geschick und überragendem militärischem Können gelingt es Geschwaderkommodore Hornblower, die gesteckten Ziele zu erreichen. Mehr noch, er kann durch Eingreifen in den Kampf um Riga starke französische Kräfte binden, den feindlichen Nachschub durch Angriff auf pommersche und ostpreußische Häfen empfindlich stören und darüber hinaus den Abfall des mit Frankreich verbündeten Preußens vorbereiten helfen. Die Konvention von Tauroggen besiegelt das Schicksal Napoleons.

C. S. Forester

Hornblower – Der Kommodore

Roman

Ullstein

Ullstein Buchverlage GmbH,
Berlin
Taschenbuchnummer: 24175
Titel der Originalausgabe:
The Commodore
Aus dem Englischen
von Eugen von Beulwitz

Juni 1997

Umschlaggestaltung:
Hansbernd Lindemann
Illustration:
Derek G. M. Gardner – Gefecht bei
Ceylon – entnommen aus dem Buch
›Maler der See‹ von Prof. Dr. Jörgen
Bracker, Dr. Michael North und
Peter Tamm, mit freundlicher
Genehmigung von Peter Tamm.
Alle Rechte vorbehalten
Taschenbuchausgabe mit freund-
licher Genehmigung des Wolfgang
Krüger Verlags, Frankfurt
Alle Rechte der deutschen Ausgabe
beim Wolfgang Krüger Verlag GmbH,
Frankfurt
Printed in Germany 1997
Gesamtherstellung:
Ebner Ulm
ISBN 3 548 24175 1

Gedruckt auf alterungs-
beständigem Papier mit
chlorfrei gebleichtem Zellstoff

Vom selben Autor
in der Reihe
der Ullstein Bücher:

Fähnrich zur See Hornblower (22433)
Leutnant Hornblower (22441)
Hornblower wird Kommandant (22462)
Hornblower auf der *Hotspur* (22651)
Der Kapitän (24064)
An Spaniens Küsten (23633)
Unter wehender Flagge (23789)
Lord Hornblower (24171)
Hornblower in Westindien (22598)
Zapfenstreich (22836)
Fähnrich zur See Hornblower/
Leutnant Hornblower (23529)

Die Kanone (21083)
Tod den Franzosen! (21092)

Die »African Queen« (22754)
Brown von der Insel (23376)
Die letzte Fahrt der Bismarck (22430)

Die Deutsche Bibliothek –
CIP-Einheitsaufnahme

Forester, Cecil S.:
Hornblower – Der Kommodore:
Roman/ C. S. Forester. [Aus dem
Engl. von Eugen von Beulwitz].–
Berlin: Ullstein, 1997
(Ullstein-Buch; Nr. 24175)
ISBN 3-548-24175-1 brosch.

1

Kapitän zur See Horatio Hornblower saß in seiner Sitzbadewanne und betrachtete angewidert seine über den Rand hängenden Beine. Sie waren dünn und behaart und erinnerten ihn an die Beine der Spinnen, die er in Mittelamerika gesehen hatte. Es fiel ihm schwer, seinen Gedanken eine andere, erfreulichere Richtung zu geben, während er in dieser lächerlichen Badewanne saß und seine Beine so aufdringlich dicht vor der Nase hatte – sie hingen unten heraus, oben ragte sein Oberkörper aus dem Wasser, so daß eigentlich nur die Mitte von den Hüften bis oberhalb der Knie eingetaucht war. Dabei mußte man sich fast wie ein Taschenmesser zusammenklappen. Hornblower fand es aufreizend, auf diese Weise baden zu müssen, wollte aber seiner Gereiztheit nicht nachgeben. Nicht mehr denken! Keine Vergleiche mehr mit den unzähligen herrlichen Bädern an Bord, wo ihn die Deckwaschpumpe mit unbegrenzten Mengen erfrischenden Seewassers übersprudelt hatte! Er griff zu Seife und Waschfleck und begann sich heftig abzuseifen, soweit sich sein Körper über Wasser befand. Dabei schwappte eine Menge über und spritzte auf die gewichsten eichenen Dielen seines Ankleidezimmers. Nicht schön für das Dienstmädchen! Nun, wenn schon – in seiner augenblicklichen Stimmung fand Hornblower geradezu einen Genuß darin, anderen Unannehmlichkeiten zu bereiten.

Ungeschickt stand er in seiner Badewanne auf und spritzte dabei wieder nach allen Seiten um sich. Er seifte und wusch noch die Körpermitte, dann rief er nach Brown, der sofort aus dem Schlafzimmer erschien. Ein Diener mit größerer Erfahrung hätte vielleicht die Laune seines Herrn erraten und in diesem Fall eine oder zwei Sekunden gezögert, um ihm Gelegenheit zu einem herzhaften Donnerwetter zu geben. Brown legte Hornblower

ein angewärmtes Handtuch um die Schultern und verhinderte geschickt, daß die Zipfel eintauchten, als sein Herr nun aus dem schmutzigen Seifenwasser herausstieg und unter Hinterlassung einer Spur von Tropfen und nassen Fußtapfen durchs Zimmer schritt. Hornblower trocknete sich ab und starrte dabei finsteren Blicks ins Schlafzimmer hinüber auf den Anzug, den Brown dort für ihn bereitgelegt hatte.
»Herrlicher Morgen, Sir«, bemerkte Brown.
»Rutsch mir den Buckel herunter!« erwiderte Hornblower.
Jetzt mußte er sich in diese verfluchten braun-blauen Klamotten und in die Lackstiefel hineinzwängen und dazu den dummen goldenen Uhranhänger tragen. Er hatte den Anzug noch nie angehabt, schon bei der Anprobe war er ihm zuwider gewesen. Seine Frau war begeistert, aber das verschlug nichts; ihm, Hornblower, war dieses Zeug nun einmal ein Greuel, und daran konnte sich seiner Lebtage nichts ändern. Es half nichts – er mußte hinein! Sein Widerwillen hatte ein doppeltes Gesicht, einmal war es ein einfaches, blindes Gefühl ohne jede Überlegung, zum anderen wurde er von der Vorstellung genährt, daß ihm der Anzug miserabel zu Gesicht stand, daß er darin nicht nur gewöhnlich, sondern geradezu albern aussah. Mit Todesverachtung zog er das Zwei-Guineen-Hemd über den Kopf und schlüpfte dann mit unendlicher Mühe in die engen braunen Hosen, die ihm an den Beinen saßen wie eine Haut. Endlich war er drin, und Brown war eben hinter ihn getreten, um die Gürtelschnalle anzuziehen, da merkte er, daß er die Strümpfe vergessen hatte. Die Hosen wieder auszuziehen hieß seinen Fehler eingestehen, das aber wollte er unter keinen Umständen. Als ihm daher Brown diesen Vorschlag machte, erntete er nur einen neuen, kräftigen Fluch, der diesen aber nicht aus seiner philosophischen Ruhe bringen konnte. Er ließ sich ergeben auf die Knie

nieder und begann, seinem Herrn die Hosenbeine aufzurollen, kam aber damit beim besten Willen nicht weiter als bis zum Knie. Es erwies sich als hoffnungsloses Beginnen, die langen Strümpfe auf diese Weise anziehen zu wollen.

»Schneid die verdammten Dinger oben ab«, fuhr ihn Hornblower an.

Der kniende Brown schlug in stummem Protest die Augen zu seinem Herrn auf, Hornblowers Gesichtsausdruck erstickte ihm aber das Wort im Munde. Schweigend und beherrscht gehorchte er dem Befehl und holte die Schere vom Toilettentisch. Klipp-klapp, klipp-klapp, und schon fielen die oberen Enden der Strümpfe zu Boden. Nun fuhr Hornblower in die verstümmelten Fußteile und empfand heute zum erstenmal eine Art Genugtuung, als ihm Brown die Hosen darüberzog. Mochten sich alle bösen Gewalten gegen ihn verschworen haben, bei Gott, er wollte ihnen zeigen, daß er noch seinen Willen besaß. Er zwängte seine Füße in die Lackstiefel. Sie waren verdammt eng, aber nein, er wollte nicht darüber fluchen – schuldbewußt erinnerte er sich seiner Nachgiebigkeit gegen den modischen Schuhmacher, bei dem er nicht genug auf bequemen Sitz bestanden hatte. Aber auch da war eben seine Frau dabeigewesen und hatte darauf geachtet, daß den Gesetzen der Mode Genüge geschah.

Er stelzte hinüber zum Toilettentisch, um das Halstuch umzubinden, und dann schnallte ihm Brown die Halsbinde zu. Dieses lächerliche Ding kratzte ihn an den Ohren, sooft er den Kopf wandte, er hatte das Gefühl, als würde sein Hals auf die doppelte Länge gedehnt. Nie im Leben hatte er etwas so Unbequemes angehabt. Solange er diese verdammte Binde trug, die Brummel und der Prinzregent kreiert hatten, war ihm jeder freie Atemzug verwehrt. Nun kam die geblümte Weste an die Reihe – blau mit rosa Stickerei –, und zuletzt fuhr er in den feinen braunen Tuchrock mit den großen blauen Knöpfen; nebenbei gesagt, war das Innere der Taschenklappen und die Rückseite der Aufschläge und des Kragens von dem gleichen Blau. Zwanzig Jahre lang hatte Hornblower nur Uniformen getragen, was Wunder, daß sein Spiegelbild seinem voreingenommenen Blick unnatürlich, grotesk und lächerlich erschien? Die Uniform war etwas so unendlich Bequemes, er hatte sie zu tragen, wie sie war, also konnte auch niemand etwas aussetzen, wenn sie ihm nicht stand. Beim Zivil war es etwas ganz anderes. Da nahm man an, daß er sich nach eigenem Geschmack und eigener Wahl kleidete – obgleich er doch verheiratet war –, und konnte sich also auch über alles lustig machen, was er trug. Brown hakte die goldene Uhr an den Anhänger und zwängte sie in die Tasche. Dort machte sie gerade über dem Bauch eine häßliche Beule. Sollte er sie weglassen? Nein! Voll Wut verwarf Hornblower den Gedanken, ohne Uhr zu gehen, nur damit sein Anzug besser saß. Schließlich steckte er noch ein Leinentaschentuch, das ihm Brown gereicht hatte, in den Ärmel, nachdem er es vorher noch mit einem Schuß Parfüm benetzt hatte. Er war bereit.

»Ein herrlicher Anzug, Sir«, meinte Brown.

»Herrlicher Plunder!« entgegnete Hornblower.

Steif ging er durch das Ankleidezimmer zurück und klopfte an die Tür an dessen anderem Ende.

»Herein!« hörte man die Stimme seiner Frau.

Barbara saß noch in ihrer Badewanne, ihre Beine baumelten über den Rand, genau wie vorhin die seinigen.

»Wie hübsch du aussiehst, Liebster«, meinte sie, »es ist eine Wohltat, dich zur Abwechslung einmal in Zivil zu sehen.«

Selbst Barbara, die liebste und beste Frau der Welt, war also nicht frei von jenem lästigen Fehler, den alle Frauen an sich hatten: die Abwechslung um ihrer selbst willen zu lieben. Aber Hornblower konnte ihr nicht so gut antworten, wie er Brown geantwortet hatte.

»Ich danke dir für dein Kompliment«, sagte er und gab sich dabei verzweifelte Mühe, seinen Ton so zu wählen, daß diese Worte auch wirklich dankbar klangen.

»Mein Handtuch, Hebe!« sagte Barbara. Das kleine Negermädchen glitt herbei und hüllte sie ein, während sie aus dem Sitzbad stieg.

»Venus entsteigt den Wogen«, meinte Hornblower galant. Warum er es immer unschicklich fand, wenn er seine Frau in Gegenwart eines anderen weiblichen Wesens nackt sah? Dabei war Hebe doch nur eine Dienerin und obendrein eine farbige. Er gab sich Mühe, dieser törichten Empfindung Herr zu werden.

»Ich nehme an«, sagte Barbara, während sie dastand und sich von Hebe mit dem Handtuch trocken frottieren ließ, »daß man im Dorf schon von unserer seltsamen Gewohnheit gehört hat, jeden Tag ein Bad zu nehmen. Ich kann mir aber kaum eine Vorstellung machen, was sie davon denken.«

Hornblower konnte sich das gut vorstellen, er war ja selbst einmal ein Dorfjunge gewesen. Nun warf Barbara das Handtuch ab und stand wieder einen Augenblick ganz nackt vor ihm, bis Hebe ihr das Seidenhemd überwarf. Diese Frauen verloren doch jedes Schamgefühl, wenn die Hemmungen einmal gefallen waren. Barbara wirkte in diesem durchsichtigen Hemd eigentlich noch anstößiger, als wenn sie ganz nackt war. Sie saß nun an ihrem Frisiertisch und machte sich daran, ihr Gesicht mit Creme zu behandeln, während Hebe ihr Haar bürstete. Vor ihr auf dem Tisch stand eine Unzahl von Töpfen und Tiegeln, aus denen sie der Reihe nach ihre Zutaten entnahm, als wollte sie eine Hexensalbe bereiten.

»Ich freue mich«, meinte sie, während sie ihr Spiegelbild aufmerksam musterte, »daß die Sonne scheint. Es ist gut, daß wir für unsere heutige Feier schönes Wetter haben.«

Hornblower hatte seit dem Aufstehen an nichts anderes denken können als an diese Feier. Nicht daß sie ihm etwa zuwider gewesen wäre, nein, das konnte man nicht behaupten, aber er fühlte sich doch nicht ganz wohl in seiner Haut. Die Feier war der erste Markstein in dem neuen Leben, das ihm hier bevorstand, und es war eigentlich kein Wunder, wenn er seiner eigenen Anpassungsfähigkeit noch mißtraute. Barbara studierte sein Gesicht durch den Spiegel.

»Meinen Willkommensgruß dem neuen Herrn von Smallbridge«, sagte sie endlich lächelnd, indem sie sich nach ihm umwandte.

Dieses Lächeln bewirkte nicht nur einen äußeren Wandel in Barbaras Gesichtsausdruck, es vermochte weit mehr: Es warf Hornblowers ganzes Denken über den Haufen und gab ihm ein völlig neues Bild seiner Lage. Barbara war mit einem Male nicht mehr die große Dame, die Tochter eines Earl, durch deren Adern das blaueste Blut des ganzen englischen Adels floß, nicht mehr die Frau, deren vollendete Haltung und Sicherheit ihn zu seinem größten Ärger immer so schüchtern und befangen machte. Jetzt war sie wieder, was sie früher gewesen war, der Kamerad, der drüben im Pazifik ohne Furcht neben ihm auf dem von Kugeln aufgerissenen Deck der *Lydia* gestanden hatte, das Weib, das in seinen Armen vor Liebe verging, Gefährtin und Geliebte in einem. Und schon flog ihr sein Herz wieder zu. Wäre nur Hebe nicht im Zimmer gewesen, er hätte sie in die Arme gerissen und abgeküßt. Barbara begegnete seinem Blick und las darin alles, was in ihm vorging. Wiederum lächelte sie ihm zu, ja, sie verstanden einander, sie befanden sich in vollständigem Einvernehmen, sie teilten alle Geheimnisse miteinander, und seitdem es so war, war die Welt für sie schöner und strahlender geworden. Barbara zog ein Paar weißseidene Strümpfe an und band die scharlachroten Strumpfbänder über ihren Knien. Da stand auch schon Hebe mit dem Kleid bereit, und alsbald tauchte sie kopfüber hinein. Das Kleid wogte und bauschte sich, als Barbara sich durch die Stoffmassen ihren Weg bahnte, endlich kam sie am anderen Ende zum Vorschein. Um sich schlagend fuhr sie in die Ärmel und hatte nun ganz zerzauste Haare. Wer hätte dabei die große Dame spielen können? Hornblower liebte sie in diesem Augenblick heißer als je. Hebe zog und zupfte ihrer Herrin das Kleid zurecht und warf ihr dann einen spitzenbesetzten Frisiermantel über, um noch einmal Hand an ihre Frisur zu legen. Endlich saß die letzte Haarnadel, die letzte Locke an ihrem richtigen Platz, saßen auch die Schuhe an ihren Füßen, die ihr Hebe mit einem Schuhlöffel angezogen hatte. Zuletzt galt es nur noch, den riesigen, mit Rosen und Bändern geschmückten Hut aufzusetzen.

»Wie spät haben wir es denn, Liebster?« fragte sie.

»Neun Uhr«, gab Hornblower zur Antwort, als es ihm mit Mühe gelungen war, seine Uhr aus der strammen Uhrtasche vorn an der Hose herauszuziehen.

»Ausgezeichnet«, entgegnete Barbara und griff nach den langen weißen Seidenhandschuhen, die sie auf unwahrscheinlichen Schmuggelpfaden aus Paris bezogen hatte. »Hebe, Master Richard wird jetzt auch schon bereit sein, sage der Kinderfrau, sie soll ihn zu mir bringen ... übrigens, Liebster, glaube ich, daß es der heutigen Gelegenheit besonders angemessen wäre, wenn du Ordensband und Stern anlegtest.«

»Wie, vor meiner eigenen Haustür?« warf Hornblower aufbegehrend ein.

»Ja, leider«, entgegnete Barbara. Dazu wiegte sie vielsagend den Kopf, den nun eine ganze Pyramide von Rosen krönte, und wieder lächelte sie, aber diesmal nicht verliebt, sondern so verschmitzt, daß alle Einwürfe, die sich Hornblower gegen das Anlegen des Ordens zurechtgelegt hatte, davor zerstoben wie Spreu im Wind. Sie gestand ihm damit stillschweigend und unter vier Augen ein, daß sie der Begrüßungsfeier für den neuen Herrn von Smallbridge keine größere Bedeutung beimaß als er selber. Es war das verständnisinnige Lächeln eines Auguren.

Also holte er jetzt in seinem Schlafzimmer das rote Band und den Stern des Bath-Ordens aus der Schublade des Wäscheschrankes, und Brown legte unterdes die rehledernen Handschuhe bereit, die er anzog, während er die Treppe hinunterstieg. Ein schüchternes Dienstmädchen knickste vor ihm, und unten in der Halle stand der Butler Wiggings mit dem hohen Biberhut bereit. Neben ihm zeigte sich der Diener John in seiner neuen, von Barbara ausgewählten Livree. Da kam auch schon Barbara selbst und mit ihr Richard auf dem Arm seiner Kinderfrau. Richards Locken waren mit viel Pomade zu feierlichen, steifen Kringeln gedreht. Nun stellte ihn die Kinderfrau auf die eigenen Beine und zupfte ihm rasch noch das Röckchen und das Spitzenkrägelchen zurecht. Hornblower beeilte sich, ihn an der einen Hand zu nehmen, während Barbara die andere ergriff. Der Kleine war ja noch nicht sicher genug auf den Beinen, man mußte gewärtigen, daß er sich im unpassendsten Augenblick plötzlich auf allen vieren niederließ und dadurch die Würde der Feier beeinträchtigte, die nun gleich beginnen sollte. Wiggins und John rissen beide Türflügel auf, und alle drei, Barbara, Hornblower und Richard in ihrer Mitte, traten auf die obere Plattform der Freitreppe hinaus, die von der Anfahrt heraufführte. Hornblower dachte gerade noch rechtzeitig daran, den hohen Hut aufzusetzen, ehe er die Schwelle überschritt.

Es schien, als hätte sich die ganze Einwohnerschaft von Smallbridge dort unten vor ihnen versammelt. An der einen Seite stand der Pfarrer mit der Schar der Schulkinder, dann folgten nach der Mitte zu die vier Hofpächter in ihren schlecht sitzenden schwarzen Feiertagsanzügen mit allen ihren Knechten in Arbeitskitteln. Links schloß sich eine Gruppe Frauen an, die Schürzen und Hauben trugen. Hinter den Kindern klemmte sich der Hausknecht aus der »Goldenen Kutsche« seine Geige unters Kinn und stimmte einen Ton an, der Pfarrer hob seine Rechte, und schon piepsten die schrillen Kinderstimmen los:

»Seh-eh-eht ihr den tapfern He-e-elden nahn?
Nun schlagt die Trommeln, blaset die Trompeten
und laute Freudenlieder stimmet an.«

Kein Zweifel, daß sie damit Hornblower meinten, er nahm also den Hut ab und ließ die Ehrung linkisch und ungeschickt über sich ergehen. Die Melodie sagte seinem unmusikalischen Ohr überhaupt nichts, und auch den Text verstand er nur bruchstückweise. Endlich gelangte der Chor, allerdings in einiger Unordnung, an den Schluß, und sogleich trat der Pfarrer einen Schritt vor.

»Mylady«, begann er, »Sir Horatio! Im Namen des ganzen Volkes heiße ich Sie willkommen. Ich begrüße Sie, Sir Horatio, in der Zierde des Ruhms, mit dem Sie sich im Kampfe gegen den korsischen Tyrannen bedeckt haben, und ich begrüße Ihre Ladyschaft als Gattin des Helden, der hier vor uns steht, als Schwester des anderen Helden, der gegenwärtig unser tapferes Heer in Spanien führt, und als Tochter eines der vornehmsten Adelsgeschlechter unseres Landes! Ich heiße Sie willkommen ...«

»Mann!« rief Richard ganz unerwartet dazwischen. »Da – da!«

Der Pfarrer ließ sich durch die Unterbrechung nicht aus der Fassung bringen, er war schon so gut im Zuge, daß ihm seine blumenreiche Sprache ungehemmt weiter entströmte. Er sprach von der Freude, die ganz Smallbridge bewege, weil ihr neuer Gutsherr ein so berühmter Seemann sei. Hornblower konnte der Ansprache nicht recht folgen, weil er darauf achten mußte, Richards Hand unter keinen Umständen loszulassen. Entwischte er ihm, dann konnte man sicher sein, daß er sofort auf allen vieren die Treppe hinunterstrebte, um mit den Dorfkindern nähere Bekanntschaft zu machen. Hornblower ließ seinen Blick über den üppig grünen Park wandern. Im Hintergrund sah man die klaren Umrisse der Downs, und seitwärts erhob sich der Kirchturm von Smallbridge über den Wipfeln der Bäume. Der Obstgarten davor stand in voller Blüte und bot einen Anblick von zauberhaftem Liebreiz. Park, Obstgarten und Kirche, all das war nun sein, er war ein Squire, ein begüterter Gentleman, Besitzer vieler Morgen fruchtbaren Bodens, und er wurde heute von seiner Pächterschaft willkommen geheißen. Hinter ihm stand sein eigenes Haus, in dem es von seinen eigenen Dienstboten wimmelte, an seiner Brust trug er Stern und Band eines hohen Ordens als Zeichen seiner Ritterschaft, und in London verwahrten Courts & Company in ihren Gewölben einen Schatz goldener Guineen, die gleichfalls sein Eigentum waren. Hatte er nicht das Ziel seiner Wünsche erreicht? Ruhm, Vermögen, Sicherheit, Liebe, ein Kind – war das nicht alles, was das Herz begehrte? Und doch stand er nun, während die Rede des Pfarrers weiterplätscherte, hier auf der Treppe seines Hauses und zerbrach sich den Kopf darüber, warum er trotz allem nicht glücklich war. Er empfand heftigen Ärger über sich selbst. Sollte er nicht vor Stolz und Glück und Freude außer Rand und Band sein? Statt dessen stand er da und fühlte nur einen leichten Druck auf der Seele, wenn er an die Zukunft dachte, einen Druck, der ihn bei der Vorstellung befiel, daß er nun für immer hier leben sollte, und der sich in ausgesprochenen Widerwillen verwandelte, wenn er sich erinnerte, daß er alljährlich die elegante Saison in London verbringen mußte. Nicht einmal die Aussicht, ständig mit Barbara zusammenzusein, vermochte diese Empfindungen zu mildern oder gar zu wandeln.

Plötzlich fuhr Hornblower aus seinen schweifenden Gedanken auf. War da nicht eben ein Wort gefallen, das nicht fallen durfte? Da der Pfarrer der einzige war, der sprach, konnte es kein anderer gesagt haben als er. Offenbar ahnte er aber nichts von seinem Mißgriff, da seine Rede ohne Stocken weiterfloß. Hornblower warf einen verstohlenen Seitenblick zu Barbara hinüber und sah, wie sie sich eine Sekunde mit ihren weißen Zähnen auf die Unterlippe biß; das war für jeden, der sie kannte, ein sicheres Zeichen, daß sie sich über irgend etwas ärgerte. Sonst aber zeigte sie auch jetzt die stoische Ruhe, die alle Angehörigen der führenden Schicht Englands auszeichnete. Über welche Worte mochte sie sich so aufgeregt haben? Hornblower strengte sein unterbewußtes Erinnerungsvermögen an, um sich ins Gedächtnis zu rufen, was der Pfarrer gesagt hatte. Er hatte wohl hingehört, aber ohne alle Aufmerksamkeit. Halt! Richtig, das war es! Dieser Esel hatte ja von Richard gesprochen, als ob der Junge ihrer beider Kind wäre, und Barbara konnte es doch nicht vertragen, wenn man ihren Stiefsohn für ihr eigenes Kind hielt. Merkwürdigerweise gingen ihr solche Verwechslungen um so stärker auf die Nerven, je mehr ihr das Kind selbst ans Herz wuchs. Schließlich konnte man aber dem Pfarrer seinen Irrtum kaum zum Vorwurf machen. Da trat ein verheiratetes Paar mit einem sechzehn Monate alten Kind neu in Erscheinung. War es da ein Wunder, wenn man allgemein annahm, daß dieses Kind beiden Eltern gehörte?

Endlich hatte der Pfarrer geendet, und nun entwickelte sich eine peinliche Pause. Offenbar erwartete man von ihm eine Antwort, es war also seine, Hornblowers, Sache, die richtigen Worte zu finden und zu sprechen.

»Ha-hm«, begann er – noch war er nicht lang genug mit Barbara verheiratet, als daß er dieser alten Gewohnheit schon völlig Herr geworden wäre – und suchte verzweifelt nach einigen passenden Phrasen. Darauf hätte er natürlich gefaßt sein müssen, es wäre entschieden besser gewesen, sich auf diese Ansprache vorzubereiten, als bis zum letzten Augenblick in den Tag hineinzuträumen.

»Ha-hm. Voll Stolz schweift mein Blick über diese liebliche englische Landschaft . . .«

Er schaffte es schließlich doch, alles zu erwähnen, was erwähnt werden mußte, den korsischen Tyrannen, das freie englische Bauerntum, den König und den Prinzregenten, Lady Barbara und Richard. Als er geendet hatte, entstand wiederum eine peinliche Pause, die Leute sahen einander an, bis endlich einer der Bauern vortrat:

»Drei Hurras für Mylady!«

Alle stimmten ein, so laut sie konnten, so daß Richard heftig erschrak und in lautes Gebrüll ausbrach.

»Drei Hurras für Sir Horatio! Eins, zwei, drei und ein Tigergebrüll!«

Nun hatten sie nur noch die Pflicht, sich mit Anstand ins Haus zurückzuziehen, dann würde sich die versammelte Pächterschaft von selbst zerstreuen. Und damit war die Geschichte dann Gott sei Dank überstanden.

In der Halle erwartete ihn der Diener John in einer Haltung, die dieser selbst wahrscheinlich für einwandfrei hielt. Er wollte ihm bald beibringen, seine Ellbogen am Körper zu halten, jedenfalls nahm er sich das etwas gelangweilt vor. Wenn er sich schon einen Diener hielt, dann wollte er auch etwas Richtiges aus ihm machen. Da war auch die Kinderfrau und stürzte sich auf Richard, um nachzusehen, ob er sich naßgemacht hatte. Und nun kam der alte Butler herbeigehumpelt und überreichte ihm auf einem Tablett einen Brief. Als Hornblower das Siegel erblickte, fühlte er, wie ihm das Blut zu Kopf stieg. Ein solches Siegel und dieses dicke Leinenpapier benutzte, soviel er wußte, nur die Admiralität. Monate waren vergangen, Monate, die ihm wie endlose Jahre vorgekommen waren, seit er das letztemal ein Schreiben der

Admiralität in Händen gehabt hatte. Erregt und hastig griff er nach dem Brief und erinnerte sich nur dank einer gnädigen Vorsehung im letzten Augenblick daran, von Barbara mit einem kurzen Blick Vergebung zu heischen, ehe er das Siegel erbrach.

Die Beauftragten Lords der Admiralität

*White Hall,
den 10. April 1812*

Sir –
Auf Befehl der Beauftragten Lords teile ich Ihnen mit, daß die Herren für Sie mit sofortiger Wirkung eine dienstliche Verwendung als Kommodore unter Beigabe eines unterstellten Kapitäns z. S. in Aussicht genommen haben. Es handelt sich um eine Aufgabe, die nach Meinung der Herren Lords sowohl Ihrem Dienstalter wie Ihrer Qualifikation durchaus angemessen ist. Sie werden daher ersucht und angewiesen, die Herren Lords durch mich schnellstens zu unterrichten, ob Sie das vorgeschlagene Kommando anzunehmen gedenken. Bejahendenfalls werden Sie weiterhin ersucht und angewiesen, sich unverzüglich bei der unterfertigten Dienststelle zu melden, um die mündlichen Befehle der Herren Lords entgegenzunehmen und, soweit erforderlich, auch die Anweisungen anderer Staatsminister einzuholen.

*Ihr gehorsamster Diener
E. Nepean
Sekretär der Beauftragten Lords
der Admiralität*

Hornblower mußte den Brief zweimal lesen – beim ersten Male war er noch außerstande, seinen vollen Sinn zu erfassen. Erst beim zweiten Lesen kam ihm mit einem Schlage sein ganzes Glück zum Bewußtsein. Das erste, was ihm klar wurde, war dies: Das Leben hier in Smallbridge oder in der Londoner Bond-Street ging nicht in alle Ewigkeit weiter. Er war wieder frei von all diesen Fesseln und konnte sein Bad wieder unter der Deckwaschpumpe nehmen statt in dieser verdammten Sitzwanne, die nur ein paar Tropfen Wasser faßte, er durfte wieder auf seinem eigenen Deck spazierengehen und die frische Seeluft atmen, er konnte diese verfluchten engen Hosen ein für allemal ablegen, brauchte keine Abordnungen zu empfangen, keine blöden Pächter mehr anzureden, keine Schweinekoben mehr zu riechen und keinem Gaul mehr auf die Hinterbacken zu klopfen. Aber das war ja nur die eine Seite der Angelegenheit, viel wichtiger noch war das andere, daß man ihm eine Verwendung als Kommodore zugedacht hatte – noch dazu als Kommodore erster Klasse mit einem unterstellten Kapitän z. S. Damit hatte er faktisch die Stellung eines Admirals. Von nun an führte er den Breitwimpel des Kommodore im Großtopp und hatte Anspruch auf dessen Salut und sonstige Ehrenrechte. Nicht daß ihm darum zu tun gewesen wäre, aber es handelte sich eben doch um äußere Zeichen des Vertrauens, das er genoß, und des Ranges, den er sich verdient hatte. Louis bei der Admiralität konnte offenbar keine schlechte Meinung von ihm haben, wenn er ihn jetzt schon zum Kommodore ernannte, obwohl er in der Rangliste der Kapitäne noch kaum in die obere Hälfte aufgerückt war. Dieses »sowohl Ihrem Dienstalter wie Ihrer Qualifikation angemessen« war natürlich nur eine Phrase, aus der die Admiralität das Recht ableiten konnte, ihn auf Halbsold zu setzen, falls er ablehnte. Dafür sagte die Bemerkung hier am Schluß, daß er auch »die Anweisungen anderer Staatsminister einholen« sollte, um so mehr. Das konnte doch nichts anderes heißen, als daß ihm ein besonders verantwortungsvoller Auftrag, eine Aufgabe von internationaler Bedeutung zugedacht war. Wogen freudiger Erregung schlugen über ihm zusammen.

Er zog die Uhr. Zehn Uhr fünfzehn – nach zivilen Vorstellungen war es also noch früh am Tage.

»Wo ist Brown?« fuhr er Wiggins an.

Wie durch ein Wunder tauchte der Gesuchte auch schon im Hintergrund auf. – Vielleicht war dieses Wunder nicht einmal gar so groß, da ja das ganze Haus schon wußte, daß der Herr ein Schreiben von der Admiralität bekommen hatte.

»Richte meine beste Uniform und meinen Säbel her. Und laß den Wagen anspannen! Ich möchte, daß du mitkommst, Brown, du sollst kutschieren. Und halt, vergiß das Nachtzeug nicht, denk auch an dein eigenes.«

Die Dienstboten sprangen nach allen Richtungen, handelte es sich doch nicht nur um gewichtige Anordnungen ihres Herrn, sondern ganz offenkundig um eine Staatsaktion, wodurch jede Aufgabe eine doppelte Bedeutung bekam. Als sich Hornblower endlich wieder auf seine Umgebung besann, sah er Lady Barbara ganz allein abseits stehen.

Mein Gott, er hatte sie in seiner Aufregung ganz vergessen, und sie hatte das natürlich genau bemerkt. Man sah ihr an, daß sie etwas niedergeschlagen war, ihr einer Mundwinkel hatte sich so gesenkt . . . Da trafen sich ihre Blicke, gleich hob sich der Mundwinkel wieder, es blieb aber nicht dabei, sondern sie ließ ihn alsbald erneut herabsinken.

»Ein Schreiben der Admiralität«, erklärte Hornblower lahm. »Man will mich zum Kommodore mit unterstelltem Kapitän ernennen.«

Hornblower durchschaute ihre Bemühungen, sich erfreut zu zeigen, und empfand quälendes Mitleid mit ihr.

»Das ist eine hohe Ehre für dich«, sagte sie, »eine Ehre, die du aber auch vollauf verdient hast. Du hast allen Grund, dich darüber zu freuen, und ich freue mich mit dir.«

»Wir werden uns trennen müssen«, sagte Hornblower.

»Liebster, wir waren doch volle sechs Monate zusammen. Sechs Monate eines Glücks, wie du es mir bereitet hast, sind mehr, als die beste Frau verdient. Und dann kommst du doch eines Tages wieder zu mir zurück.«

»Selbstverständlich«, meinte Hornblower.

2

Das Wetter machte dem Monat April alle Ehre. Während der Feier vor der Freitreppe von Smallbridge House hatte die Sonne herrlich geschienen, aber schon während der zwanzig Meilen langen Fahrt nach London war einmal ein förmlicher Wolkenbruch niedergegangen. Dann war aufs neue die Sonne zum Vorschein gekommen und hatte sie wieder erwärmt und getrocknet. Und nun, während sie gerade Wimbledon Common überquerten, hatte sich der Himmel zum zweiten Male schwarz bezogen, und schon trieb ihnen der Wind die ersten Tropfen ins Gesicht. Hornblower hüllte sich fester in seinen Mantel und knöpfte den Kragen hoch. Der Dreimaster mit Goldstickerei und Kokarde ruhte unter dem schützenden Dach des Mantels auf seinen Knien. Setzte man diese Hüte längere Zeit dem Regen aus, dann bildeten sich obenauf und an den Rändern richtige Wasserlachen, und zuletzt kamen sie völlig aus der Fasson.

Nun ging es auch schon los, Sturm und Regen heulten von Westen daher, die Welt, in der noch vor einer halben Stunde köstlicher Frühling herrschte, hatte sich in unbegreiflicher Weise verwandelt. Der Gaul an der Windseite war der vollen Wucht des Unwetters ausgesetzt und wollte daher nicht mehr recht mitmachen, bis ihm Brown mit der Peitsche eins überzog, daß er sich mit neuem Eifer ins Zeug legte. Brown konnte gut kutschieren, er verstand sich wirklich auf alles. Er war der beste Bootssteurer der Kommandantengig gewesen, den er je gehabt hatte, er hatte sich während der Flucht aus Frankreich als zuverlässiger Untergebener bewährt, und zuletzt hatte er sich in den besten Leibdiener verwandelt, den man sich wünschen konnte. Nun saß er gleichmütig im strömenden Regen, das schlüpfrige Leder der Zügel lag fest in seiner großen braunen Faust, Hand, Handgelenk und Unterarm wirkten wie eine empfindliche Feder mit jenem leisen Druck auf die Mäuler der Pferde, der nicht so stark war, daß er sie auch nur im mindesten in der Arbeit behindert hätte, aber doch ausreichte, ihnen auf der schlüpfrigen Straße Halt und Sicherheit zu geben und sie bei jedem unvorhergesehenen Zufall fest in der Hand zu haben. Jedenfalls zogen sie heute den Wagen auf der schmutzigen Makadamstraße mit mehr Lust und Liebe den steilen Berg des Wimbledon Common hinauf, als sie je an den Tag legten, wenn Hornblower selbst kutschierte.

»Möchtest du gern wieder zur See fahren, Brown?« fragte er nun. Die bloße Tatsache, daß er dieses ganz unnötige Gespräch anknüpfte, war ein Beweis dafür, daß seine innere Erregung jedes Maß überschritt.

»Das wäre mein größter Wunsch«, gab Brown kurz zur Antwort.

Es blieb Hornblower überlassen, zu erraten, was Brown wirklich dachte. War diese kurz angebundene Antwort die englische Art, seine echte Begeisterung zu verbergen, oder gab er sich nur aus Höflichkeit den Anschein, als teilte er die Leidenschaft seines Herrn?

Der Regen rann Hornblower aus den nassen Haaren am Hals herunter in den Kragen hinein. Es wäre besser gewesen, einen Südwester mitzunehmen. Zusammengekrümmt saß er auf seinem gepolsterten Ledersitz und stützte beide Hände auf den Griff des Säbels, den er umgeschnallt hatte – es war der Ehrensäbel im Wert von hundert Guineen, verliehen von der patriotischen Stiftung. Der senkrecht aufgestützte Säbel hielt den schweren, durchnäßten Mantel frei von dem Dreimaster, der auf seinen Knien lag. Wieder bahnte sich ein kleines Rinnsal seinen Weg unter die Kleider, so daß er sich schaudernd krümmte und wand. Als der Regenschauer endlich aufhörte, war er gründlich durchnäßt und fühlte sich höchst unbehaglich, aber da begann auch schon die Sonne, wieder herrlich warm zu scheinen. Die Regentropfen auf dem Ginster- und Brombeergestrüpp glitzerten wie Millionen Diamanten, die Pferde dampften, die Lerchen stimmten hoch oben in den Lüften wieder ihre Lieder an, und Hornblower schlug den Mantel zurück und trocknete sich mit dem Taschentuch sein nasses Haar und den Hals. Als die Höhe erreicht war, ließ Brown die Pferde in Schritt fallen, um ihnen vor dem scharfen Trab bergab noch eine Atempause zu gönnen.

»London, Sir«, bemerkte er.

Sie waren am Ziel. Der Regen hatte die Luft von Rauch und Staubdunst reingewaschen, so daß Helm und Kreuz von St. Paul schon von weitem golden in der Sonne funkelten. Auch die anderen Kirchtürme, die sich neben der riesigen Kathedrale wie Zwerge ausnahmen, standen in unnatürlicher Schärfe gegen den klaren Himmel. Man meinte, man könne die Ziegel auf den Dächern zählen. Brown schnalzte aufmunternd mit der Zunge, und alsbald fielen die Gäule wieder in Trab. Das Gefährt rasselte den steilen Berg nach Wandsworth hinunter, und nun zog Hornblower seine Uhr. Erst zwei, also hatte er noch reichlich Zeit zu seiner Meldung. Es machte ihm nichts aus, daß sein Hemd innerhalb des Rockes von dem eingedrungenen Wasser ganz feucht war, jedenfalls war dieser Tag ganz anders, unendlich viel schöner verlaufen, als er erwartet hatte, während er heute morgen in seiner Wanne saß.

Vor der Admiralität brachte Brown die Pferde zum Stehen, und gleich tauchte ein zerlumpter Straßenjunge auf und sorgte dafür, daß Hornblower sich beim Aussteigen nicht Mantel und Uniform an den Rädern des Wagens beschmutzte.

»Also im ›Goldenen Kreuz‹, Brown«, bemerkte Hornblower, während er in seiner Tasche nach einem Kupferpenny für den Jungen suchte.

»Aye, aye, Sir«, gab Brown zur Antwort, während er schon den Wagen umwendete.

Sorgfältig setzte Hornblower seinen Dreimaster auf, strich sich den Rock glatt und zog das Schloß des Säbelkoppels genau in die Mitte. In Smallbridge war er Sir Horatio, Hausherr, Gutsherr, unumstrittener Selbstherrscher, hier war er nichts als Kapitän z. S. Hornblower, im Begriff, sich bei den Lords der Admiralität zu melden.

Aber Admiral Louis war ganz Kameradschaft und Herzlichkeit. Er ließ Hornblower nicht länger als drei Minuten im Vorzimmer warten – wirklich keine Minute länger, als er brauchte, um den augenblicklichen Besucher loszuwerden – und schüttelte ihm dann mit offenkundiger Freude die Hand. Dann läutete er einem Diener, der Hornblowers nassen Mantel in Empfang nahm, und schob ihm eigenhändig einen Stuhl an das riesige Feuer, das er seit seiner Rückkehr vom Kommando der Ostindischen Station winters und sommers unterhielt.

»Lady Barbara ist doch wohlauf?« fragte er.

»Danke, Sir, es geht ihr ausgezeichnet«, gab Hornblower zur Antwort.

»Und Master Hornblower?«

»Gedeiht glänzend, Sir.«

Hornblower wurde rasch Herr seiner anfänglichen Schüchternheit, er lehnte sich in seinem Stuhl zurück und genoß die wohlige Wärme des Feuers. Da hing ein neues Bild von Collingwood an der Wand, aha, es war der Ersatz für das alte Porträt von Barham. Wie schön, dort auf dem Bild das gleiche rote Band und den gleichen Stern wahrzunehmen, den er auch vor Augen hatte, wenn er auf seine eigene Brust hinuntersah.

»Und doch haben Sie Ihr häusliches Glück sofort im Stich gelassen, als Sie unser Schreiben erhielten?«

»Natürlich, Sir.«

Hornblower gab sich Rechenschaft darüber, daß es vielleicht nützlicher gewesen wäre, mit seinen echten Empfindungen hinter dem Berg zu halten, es war bestimmt gescheiter, wenn er mit gespielter Zurückhaltung zu seinem Dienst zurückkehrte, so daß es aussah, als brächte er dem Vaterland damit ein großes persönliches Opfer. Aber so etwas brachte er ums Leben nicht fertig. Dazu freute er sich viel zu sehr über seine Beförderung, dazu war er viel zu neugierig darauf, zu erfahren, was die Admiralität mit ihm vorhatte. Er sah Louis, der ihn mit forschenden Blicken musterte, frei und offen in die Augen.

»Welche Verwendung haben Sie für mich ins Auge gefaßt, Sir?« fragte er, weil er es einfach nicht mehr aushalten konnte, so lange zu warten, bis Louis selbst darauf zu sprechen kam.

»Die Ostsee«, gab Louis zur Antwort.

Das war es also. Diese beiden Worte machten den wilden Kombinationen ein Ende, die Hornblower den ganzen Vormittag beschäftigt hatten, sie zerrissen das große Spinnennetz von Möglichkeiten, in dem er bis dahin gefangen war. Es gab ja kaum einen Punkt der Welt, der nicht in Frage gekommen wäre, seien es Java oder Jamaika, das Kap Hoorn oder das Kap der Guten Hoffnung, der Indische Ozean oder das Mittelmeer, wo immer eben auf dem 25 000 Meilen weiten Umfang unserer Erdkugel die britische Flagge wehte – und wo wehte sie nicht? Also die Ostsee. Hornblower suchte sich zu vergegenwärtigen, was er darüber wußte. Als er zum letztenmal in nördlichen Gewässern zur See fuhr, war er noch Unterleutnant gewesen.

»Dort hat doch Admiral Keats das Kommando, nicht wahr?«

»Ja, bis jetzt. Aber Saumarez wird ihn ablösen. Er wird Befehl bekommen, Ihnen größte Entscheidungsfreiheit einzuräumen.«

Das war eigenartig und deutete fast auf eine Teilung des Kommandos hin, eine Maßnahme, die sich nach Hornblowers Erfahrung schon immer als recht zweischneidig erwiesen hatte. Besser noch ein schlechter Befehlshaber als ein geteiltes Kommando. Es war auch bestimmt nicht unbedenklich, einem Untergebenen zu eröffnen, daß sein Vorgesetzter gehalten sei, ihm größte Selbständigkeit einzuräumen, wenn dieser Untergebene nicht ein hervorragend zuverlässiger und kluger Mann war. Hornblower mußte schlucken – er hatte wirklich im Augenblick vergessen, daß ja er selbst dieser Untergebene war, um den es sich hier handelte. Nun, vielleicht hielt man ihn eben hier in der Admiralität für einen hervorragend zuverlässigen und klugen Mann.

Louis sah ihn fragend an.

»Sind Sie nicht neugierig zu hören, was Ihnen unterstellt werden soll?« fragte er.

»Ja, natürlich«, antwortete Hornblower, obwohl ihm eigentlich gar nicht sosehr darum zu tun war. Die Tatsache, daß er überhaupt ein Kommando bekam, war ihm viel wichtiger, als zu wissen, was man ihm unterstellen wollte.

»Sie bekommen die *Nonsuch*, 74 Geschütze«, sagte Louis. »Damit haben Sie ein kampfkräftiges Schiff, wenn Sie es einmal brauchen. Im übrigen geben wir Ihnen alles Kleinzeug, das wir zusammenkratzen können, die Glattdeckskorvetten *Lotus* und *Raven*, zwei Kanonenboote, *Moth* und *Harvey*, und dazu den Kutter *Clam*. Das ist einstweilen alles, aber bis Sie auslaufen, können wir Ihnen vielleicht noch mehr zur Verfügung stellen. Wir möchten jedenfalls, daß Sie gut für Operationen unter Land ausgerüstet sind, weil wir annehmen, daß Sie viel mit solchen Unternehmungen zu tun haben werden.«

»Das glaube ich auch«, erwiderte Hornblower.

»Einstweilen wissen wir noch nicht einmal, ob Sie mit den Russen oder gegen sie kämpfen werden«, fuhr Louis sinnend fort, »und ebenso steht es mit den Schweden. Gott allein weiß, was sich da drüben zusammenbraut. Aber der hochmögende Herr wird Ihnen ja alles auseinandersetzen.«

Hornblower sah ihn fragend an.

»Ich meine Ihren sehr verehrten Herrn Schwager, den hochgeborenen Marquis Wellesley, K. P., Seiner Britischen Majestät Staatssekretär für Auswärtige Angelegenheiten. Wir nennen ihn kurz den ›Hochmögenden‹. Nachher gehen wir gleich hinüber und melden uns bei ihm. Aber vorher ist noch eine andere, wichtige Frage zu klären. Wen wollen Sie als Kommandanten für die *Nonsuch*?«

Hornblower verschlug es den Atem. Nun konnte er endlich in großem Stil für seine Schützlinge sorgen. Bisher hatte er höchstens einmal einem Fähnrich oder Sanitätsmaat zu Stellungen verholfen, und einmal hatte sich ein Pfarrer mit etwas dunkler Vergangenheit hungrig und flehentlich um den Posten als Bordgeistlicher seines Schiffes beworben, aber was hieß das alles, gemessen an der Tatsache, daß er nun das Recht hatte, über das Kommando eines Linienschiffes zu verfügen? Es gab 120 Kapitäne z. S., die dienstjünger waren als er, lauter ausgezeichnete Männer, von deren Taten man sich bis zu den Enden der Welt mit verhaltenem Atem berichtete. Sie hatten den Rang, den sie bekleideten, mit ihrem Blut bezahlt und durch einen Wagemut und ein berufliches Können verdient, die in der Geschichte nicht ihresgleichen hatten. Die Hälfte von ihnen, wahrscheinlich sogar noch mehr, würden mit Freuden einschlagen, wenn er ihnen das Kommando über ein Linienschiff von 74 Kanonen anbot. Hornblower erinnerte sich noch genau, wie glücklich er selbst gewesen war, als er vor zwei Jahren die *Sutherland* erhielt. Es gab genug Kapitäne auf Halbsold, Kapitäne in Landstellungen, die sich vor Sehnsucht nach einem Bordkommando verzehrten, und nun stand es in seiner Macht, Leben und Laufbahn eines dieser armen Kerle mit einem Wort zum Guten zu wenden. Und doch zögerte er nicht einen Augenblick mit seiner Entscheidung. Gewiß gab es Kapitäne, deren Eigenschaften bestechender waren, Kapitäne mit höherer Bildung und Intelligenz, aber für ihn kam nur ein Mann in Frage, und den wollte er haben.

»Ich möchte Bush«, sagte er, »wenn ich ihn bekommen kann.«

»Dem steht nichts im Wege«, meinte Louis und nickte zustimmend. »Ich habe mir schon gedacht, daß Sie ihn anfordern würden. Ob ihn sein Holzbein nicht zu sehr behindern wird? Wie denken Sie darüber?«

»Das glaube ich auf keinen Fall«, gab Hornblower zur Antwort. Es wäre ihm höchst lästig gewesen, mit einem anderen Kommandanten als Bush in See zu gehen.

»Gut, das wäre also erledigt«, sagte Louis und warf dabei einen Blick auf die Wanduhr. »Wenn Sie nichts dagegen haben, gehen wir jetzt gleich zum Hochmögenden hinüber.«

3

Hornblower saß in seinem Wohnzimmer im »Goldenen Kreuz«. Ein gutes Feuer prasselte im Kamin, und auf dem Tisch, an dem er saß, standen nicht weniger als vier Leuchter mit brennenden Wachskerzen. Dieser ganze Luxus, das Appartement mit dem eigenen Wohnzimmer, das Feuer, die Wachskerzen, schmeckte Hornblower immer noch wie eine verbotene Frucht. Er war so lange arm gewesen, hatte sein ganzes Leben lang so genau rechnen, so ängstlich sparen müssen, daß jede Großzügigkeit im Geldausgeben eine seltsam zwiespältige Empfindung in ihm weckte, die aus Freude und Schuldbewußtsein gemischt war. Morgen stand sicher mindestens eine halbe Krone allein für Licht auf seiner Rechnung. Hätte er sich mit einer gewöhnlichen Talgfunzel begnügt, dann wäre er mit zwei Pence ausgekommen. Auch das Feuer kostete mindestens einen Shilling. Außerdem konnte man sich darauf verlassen, daß diese Wirte alles nahmen, was sie bekommen konnten, wenn sie einen sichtlich gutgestellten Gast vor sich hatten, einen Ritter des Bath-Ordens, der mit Diener reiste und einen eigenen Zweispänner besaß. Es war vorauszusehen, daß der Betrag der Rechnung morgen näher bei zwei Guineen lag als bei einer. Hornblower fühlte nach seiner Brusttasche, um sich zu vergewissern, ob der dicke Packen Pfundnoten noch da war, der dort steckte. Er konnte es sich ja auch leisten, täglich zwei Guineen auszugeben.

Beruhigt beugte er sich wieder über die Notizen, die er während der Unterredung mit dem Staatssekretär des Auswärtigen gemacht hatte. Sie waren ohne Ordnung oder System, Wellesley hatte einen Punkt nach dem anderen erwähnt, wie ihm die Dinge einfielen, und er hatte die Punkte alle der Reihe nach aufgeschrieben. Offenbar wußte im Augenblick nicht einmal das Kabinett, ob die Russen gegen Bonaparte zu Felde ziehen würden oder nicht. Nein, so war es falsch ausgedrückt. Man mußte den Satz umdrehen: Niemand wußte, ob Bonaparte gegen Rußland zu Felde ziehen würde oder nicht. Bei aller feindseligen Stimmung gegen die Franzosen, so bitter diese Gefühle auch allem Anschein nach waren, dachte der Zar nicht daran zu kämpfen, wenn er nicht mußte, das hieß, wenn Bonaparte ihn nicht angriff. Es war sogar anzunehmen, daß er sich auf alle möglichen Zugeständnisse einließ, wenn er den Kampf vermeiden konnte. Das galt wenigstens für den Augenblick, solange er noch im Begriff stand, seine Armee aufzubauen und von Grund auf neu zu organisieren.

»Eigentlich kann man sich schwer vorstellen, daß Boney so verrückt sein sollte, einen Zusammenstoß zu provozieren«, hatte Wellesley gesagt, »da er doch so ziemlich alles, was er will, kampflos bekommen kann.«

Wenn es aber doch zum Krieg kam, dann war es natürlich wichtig, daß England in der Ostsee mit ausreichenden Seestreitkräften vertreten war.

»Gesetzt den Fall, es gelingt Boney, Alexander aus Rußland zu verjagen, dann sollten wir ihn aufnehmen«, sagte Wellesley. »Wir haben dann immer eine nützliche Verwendung für ihn.«

Diese Fürsten im Exil wirkten wie Galionsfiguren, sie waren zum mindesten nützliche Wahrzeichen oder Richtpunkte für alle Widerstandsaktionen, die auch in den von Bonaparte überrannten Ländern nicht zum Schweigen kamen. Im Lauf der Zeit hatte England schon die Herrscher Siziliens, Sardiniens, der Niederlande, Portugals und Hessens unter seine schützenden Fittiche genommen, sie alle bewirkten, daß in der Brust ihrer früheren Untertanen, die nun unter den Fußtritten des Tyrannen stöhnten, der Funke der Hoffnung nicht erlosch.

»Sehr viel hängt von Schweden ab«, lautete eine andere Bemerkung Wellesleys. »Niemand kann erraten, was Bernadotte im Sinn hat. Die Eroberung Finnlands durch die Russen hat überdies in Schweden viel böses Blut gemacht. Wir versuchen jetzt, ihnen klarzumachen, daß Bonaparte dennoch die schlimmere Bedrohung für sie darstellt, weil er am Eingang zur Ostsee sitzt, während die Russen nur den nördlichen Zipfel beherrschen. Aber es ist bestimmt nicht angenehm für Schweden, sich in diesem Augenblick vor die Wahl zwischen Rußland und Bonaparte gestellt zu sehen.«

Das war auch wirklich eine richtige Zwickmühle, wie immer man die Lage ansah. – Schweden wurde von einem Kronprinzen regiert, der noch vor drei Jahren französischer General gewesen und überdies durch Heirat irgendwie mit Bonaparte verwandt war, Dänemark und Norwegen waren dem Tyrannen schon zum Opfer gefallen, Finnland eben von den Russen erobert und die ganze Südküste der Ostsee von den Truppen Bonapartes überschwemmt.

»Er hat große Truppenlager in Danzig und Stettin«, hatte Wellesley erklärt. »Außerdem stehen süddeutsche Verbände landeinwärts gestaffelt bis in die Gegend von Berlin, von den Preußen, Österreichern und seinen sonstigen Verbündeten gar nicht zu reden.«

Europa lag ja nun Bonaparte zu Füßen, so stand es ihm frei, die Heere seiner früheren Gegner für die eigenen Absichten dienstbar zu machen. Wollte er gegen Rußland Krieg führen, dann würde sich seine Armee allem Anschein nach zu einem wesentlichen Teil aus ausländischen Kontingenten zusammensetzen: Italienern, Süddeutschen, Preußen und Österreichern, Holländern und Dänen.

»Wie man mir berichtet, sollen sogar Spanier und Portugiesen darunter sein«, hatte Wellesley gesagt. »Ich will nur hoffen, daß ihnen der jüngst vergangene Winter in ihren polnischen Quartieren recht gut bekommen ist. Wie ich höre, sprechen Sie Spanisch?«

Hornblower sagte: »Ja.«

»Auch Französisch?«

»Ja.«

»Russisch?«

»Nein.«

»Deutsch?«

»Nein.«

»Schwedisch? Polnisch? Litauisch?«

»Nein.«

»Das ist schade. Aber die meisten gebildeten Russen sprechen besser Französisch als Russisch, so sagt man mir wenigstens. Wenn es zutrifft, dann müssen sie allerdings – nach den Russen zu urteilen, die ich selbst kennengelernt habe – ihre Muttersprache sehr schlecht beherrschen. Zudem haben wir einen schwedischen Dolmetscher für Sie – ja richtig, Sie müssen mit der Admiralität noch vereinbaren, unter welchem Dienstgrad er in der Besatzungsrolle geführt werden soll – so heißt es doch seemännisch richtig, nicht wahr?«

Diese kleine Stichelei sah Wellesley ähnlich. Der frühere Generalgouverneur von Indien, jetzt Staatssekretär für Auswärtige Angelegenheiten, war ein Edelmann von blauestem Blut und dazu ein Weltmann von feinstem Schliff. Mit den paar hingeworfenen Worten hatte er seine erhabene Unwissenheit in allen seemännischen Angelegenheiten und damit natürlich auch seine hochmütige Nichtachtung für diese Dinge zu verstehen gegeben. Gleichzeitig hatte er damit diese ungehobelte Teerjacke da seine weltmännische Überlegenheit fühlen lassen, wobei es ihm wenig verschlug, daß besagte Teerjacke zufällig sein eigener Schwager war. Hornblower wurmte dieses Gehaben, und da er sich immer noch in einem Zustand überhöhten Selbstbewußtseins befand, unternahm er es, Wellesley einen Gegenhieb zu versetzen.

»Sie stellen doch in jedem Beruf ihren Mann, Richard«, meinte er ganz ruhig. Es tat dem vornehmen Herrn sicher gut, sich daran zu erinnern, daß die Teerjacke immerhin aus verwandtschaftlichen Gründen das Recht hatte, ihn beim Vornamen zu nennen. Außerdem mochte er an dem Wort »Beruf« zu kauen haben – als ob so etwas für ihn überhaupt in Frage käme!

»Leider nicht in dem Ihrigen, lieber Hornblower. Ich habe mich nie in all diesen Ausdrücken zurechtgefunden und kann Backbord und Steuerbord oder Luv und Lee noch immer nicht unterscheiden. So etwas muß man eben als Schuljunge lernen, genau wie hic, haec, hoc.«

Es war anscheinend nicht so einfach, die erhabene Selbstzufriedenheit zu durchstoßen, die den edlen Marquis wie ein Panzer umgab.

Hornblower ließ diese Episode auf sich beruhen und wandte sich wieder ernsteren Dingen zu. Die Russen hatten in Reval und Kronstadt eine ganz anständige Flotte liegen, sie mochte etwa vierzehn Linienschiffe zählen, und Schweden hatte beinahe ebensoviel. In den deutschen und pommerschen Häfen wimmelte es von französischen Kaperschiffen, und es war eine der wichtigsten Aufgaben, die Hornblower zu übernehmen hatte, die englische Schiffahrt vor diesen Wölfen der See schützen zu helfen. Der Handel mit Schweden war ja für England lebenswichtig, denn von hier aus der Ostsee kamen die unentbehrlichen Nachschubgüter für die Seefahrt, auf die man für die Aufgaben der Seeherrschaft nicht verzichten konnte: Teer und Terpentin, Fichtenstämme für die Masten, Tauwerk und Schiffsbauholz, Harz und Leinöl. Wenn sich Schweden mit Bonaparte gegen Rußland verbündete, dann ging der schwedische Anteil an diesem Handel, das war mehr als die Hälfte, verloren, und England mußte sich mit dem Rest begnügen, den es in Finnland und Rußland zusammenkratzen konnte, immer vorausgesetzt, daß es gelang, die Ladungen der schwedischen Flotte zum Trotz sicher durch die Ostsee zu geleiten und irgendwie durch den Sund zu schaffen, obgleich Bonaparte Herr der dänischen Inseln war. Dabei brauchte Rußland selbst diese Güter dringend für die eigene Flotte und mußte auf die eine oder andere Weise dazu bestimmt werden, dennoch so viel abzulassen, wie England nötig hatte, um seine Flotte seetüchtig und einsatzbereit zu halten.

Es erwies sich jetzt als günstig, daß England den Finnen nicht zu Hilfe geeilt war, als sie von Rußland angefallen wurden. Hätte man sich damals anders entschlossen, dann bestünde jetzt viel weniger Aussicht, daß

Rußland Bonaparte den Krieg erklärte. Geschickte Diplomatie, die sich auf Machtmittel stützen konnte, brachte es vielleicht fertig, Schweden vor einem Bündnis mit Bonaparte zu bewahren, die Sicherheit des Ostseehandels wiederherzustellen und womöglich sogar freien Zugang zu den norddeutschen Küsten zu verschaffen, der es ermöglichte, Vorstöße gegen die Verbindungslinien Napoleons zu unternehmen. Kam zu diesem Druck noch das Wunder, daß Bonaparte einen Rückschlag erlitt, dann mochte sich sogar Preußen bereit finden, zu seinem bisherigen Gegner überzutreten. Hornblowers weitere Aufgabe bestand also darin, daß er dazu beitrug, einerseits das altüberlieferte Mißtrauen der Schweden gegen Rußland zu zerstreuen und andererseits Preußen zum Bruch seines erzwungenen Bündnisses mit Frankreich zu ermutigen. Dabei durfte es jedoch unter keinen Umständen zu einer Gefährdung des Ostseehandels kommen. Ein einziger falscher Schritt konnte unabsehbares Unheil heraufbeschwören.

Hornblower legte seine Notizen auf den Tisch und starrte mit blicklosen Augen gegen die Wand des Zimmers. Da war die Ostsee mit ihrem Nebel, ihrem Eis und ihren Untiefen, dazu die russische Flotte, die schwedische Flotte, die französischen Kaperschiffe, der Ostseehandel, das russische Bündnis und die Haltung Preußens. Es ging um hohe Politik, um lebenswichtige Handelsstraßen. In den nächsten paar Monaten standen das Schicksal Europas, die ganze Weltgeschichte auf des Messers Schneide, und er, er hatte in diesem Drama die Verantwortung. Hornblower fühlte, wie sein Puls rascher wurde und seine Muskeln sich spannten, die alten, wohlbekannten Erscheinungen, wenn Gefahr im Verzuge war. Fast ein Jahr war vergangen, seit er sie zum letzten Male verspürt hatte, das war damals gewesen, als er die große Admiralskajüte der *Victory* betrat, um das Urteil des Kriegsgerichts entgegenzunehmen, das auf Tod lauten konnte. Diese Aussicht auf Gefahren und der Gedanke an das ungeheuerliche Gewicht seiner Verantwortung bereiteten ihm ausgesprochenes Unbehagen. Derartiges hatte er sich nicht träumen lassen, als er heute mittag fröhlich und guter Dinge hier ankam, um seine Befehle entgegenzunehmen. Dafür brachte er nun Barbara und ihre Liebe zum Opfer, dafür verzichtete er auf das Leben eines Grundherrn, auf die Ruhe und den Frieden seines neugegründeten Heims.

Aber noch während er in ratloses, fast verzweifeltes Brüten versunken an seinem Tisch saß, meldeten sich erst leise, dann immer lauter die Probleme und Aufgaben, die ihn erwarteten mit ihrem verlockenden Zauber. Die Admiralität gab ihm freie Hand, in dieser Hinsicht konnte er sich also nicht beklagen. Reval fror im Dezember zu, Kronstadt oft schon im November. Solange diese Häfen zu waren, mußte er sich einen Stützpunkt weiter südlich wählen. Wie war es mit Lübeck? Gab es dort überhaupt Eis? Jedenfalls war es am besten, wenn... Plötzlich sprang Hornblower auf und schob den Stuhl zurück. Wahrscheinlich wußte er gar nicht, was er tat, aber er brachte es einfach nicht zuwege, im Sitzen schöpferisch zu denken, oder höchstens so lange, wie er den Atem anhalten konnte. Dieser Vergleich war deshalb besonders treffend, weil bei ihm die Symptome einer langsamen Erstickung auftraten, wenn er einmal gezwungen war, im Sitzen scharfe Gedankenarbeit zu leisten. Da stieg nämlich jedesmal sein Blutdruck, und gleichzeitig befiel ihn eine wilde körperliche Unrast.

Heute abend zwang ihn, Gott sei Dank, niemand, sitzenzubleiben. Er hatte den Stuhl zurückgeschoben und konnte nun ungehindert auf und ab gehen, immer vom Tisch zum Fenster und dann wieder zurück zum Tisch, die Strecke war mindestens ebenso lang wie die auf dem Achterdeck manches seiner Schiffe, und dabei gab es hier obendrein weniger Hindernisse. Kaum hatte er seine Wanderung begonnen, da öffnete sich leise die Zimmertür, und Brown, den das Geräusch des Stuhlrückens herbeigerufen hatte, steckte durch den Spalt vorsichtig seinen Kopf herein. Der Kapitän hatte also begonnen, auf und ab zu wandern, das hieß, daß er bestimmt noch sehr lange nicht schlafen ging.

Brown war ein kluger Mensch, der sich auch bei der Bedienung seines Herrn immer von seinem gesunden Menschenverstand leiten ließ. Deshalb machte er jetzt die Tür leise wieder zu und wartete volle zehn Minuten, ehe er das Zimmer betrat. Bis dahin war nämlich Hornblower mit seiner Wanderung gut in Zug gekommen, und dann hatte sich auch der Strom seiner Gedanken ein Bett gegraben, aus dem er nicht mehr so leicht abzulenken war. So war Brown imstande, einzutreten, ohne seinen Herrn zu stören, es war sogar nur sehr schwer festzustellen, ob Hornblower seine Anwesenheit überhaupt zur Kenntnis nahm oder nicht. Nun stimmte er seine Bewegungen genau auf das regelmäßige Hin und Her des Kapitäns ab, so konnte er rasch und unauffällig an den Tisch treten und die Wachslichter putzen, die schon begonnen hatten, zu tropfen und schrecklich zu stinken, und schnell noch frische Kohle aufs Feuer schütten, das schon zu einem Haufen glühender Asche zusammengesunken war. Dann schlüpfte er wieder aus dem Zimmer und machte sich auf eine lange Wartezeit gefaßt. Sein Kapitän war sonst ein sehr rücksichtsvoller Herr und dachte gar nicht daran, seinen Diener bis spät nachts aufbleiben zu lassen, nur damit er ihn beim Zubettgehen zur Verfügung hatte. Das wußte Brown genau, und deshalb fand er auch nichts dabei, wenn er heute ausnahmsweise einmal vergessen hatte, ihn zu entlassen. Hornblower aber wanderte ohne Unterlaß mit regelmäßigen, gemessenen Schritten in seinem Zimmer auf und ab, der eine Wendepunkt lag zwei Zoll von der Wandvertäfelung unter dem Fenster, der andere war so berechnet, daß er beim Wenden mit der Hüfte leicht die Tischkante streifte. Russen und Schweden, Geleitzüge und Kaperschiffe, Stockholm und Danzig, all das gab ihm eine Fülle von Stoff zum Nachdenken. In der Ostsee war es kalt, das hieß, daß er für wirksamen Schutz zu sorgen hatte, damit seine Besatzungen gesund blieben. Vor allem aber mußte eines geschehen, und zwar, sobald der Verband zusammentrat. Er mußte sich vergewissern, daß auf jedem Fahrzeug wenigstens ein Offizier war, der Signale rasch und richtig geben und ablesen konnte. Klappte der Signaldienst nicht, dann war die beste Disziplin umsonst und die klügste Organisation ein Schlag ins Wasser. Dann konnte er sich das Plänemachen von vornherein ersparen. Und dann diese Kanonenboote! Sie hatten den Nachteil ...

Hier sah sich Hornblower durch ein Klopfen an der Tür plötzlich roh unterbrochen.

»Herein!« rief er kurz und ungnädig.

Langsam öffnete sich die Tür, auf der Schwelle stand Brown und neben ihm mit verängstigter Miene der Wirt in seiner grünen Schürze.

»Was ist denn los?« herrschte Hornblower die beiden an. Jetzt, da seine Achterdeckswanderung unterbrochen war, merkte er auf einmal, daß er sehr müde war. Er hatte ja auch allerlei erlebt, seit ihn seine Pächter heute morgen als neuen Gutsherrn von Smallbridge begrüßt hatten, und die Müdigkeit in den Beinen verriet ihm, daß er hier zwischen Tisch und Fenster eine ordentliche Wegstrecke zurückgelegt hatte.

Brown tauschte noch ein paar Blicke mit dem Wirt, bis sich dieser endlich ein Herz faßte:

»Die Sache ist die«, begann er aufgeregt, »auf Nummer vier, genau unter diesem Zimmer, wohnt Seine Lordschaft, Sir. Seine Lordschaft sind etwas reizbar, Sir, halten zu Gnaden, Sir. Und Mylord sagte, nichts für ungut, Sir, also er sagte, um zwei Uhr morgens könnte er von jedem verlangen, daß er aufhörte, über seinem Kopf spazierenzugehen. Mylord meinte . . .«

»Zwei Uhr morgens?« warf Hornblower fragend ein.

»Es geht schon auf drei, Sir«, erlaubte sich Brown taktvoll zu bemerken.

»Jawohl, Sir, als er zum zweitenmal läutete, schlug es gerade halb. Er sagte, wenn Sie wenigstens mit den Sachen herumwürfen oder ein Lied sängen, dann wäre es nicht halb so schlimm. Aber immer nur dieses Auf und Ab, Auf und Ab, Sir – Seine Lordschaft meinten, man müsse dabei immer an den Tod und an das Jüngste Gericht denken. Es sei ebenso arg regelmäßig und eintönig. Als seine Lordschaft das erstemal läuteten, habe ich gesagt, wer Sie sind, Sir. Aber jetzt . . .«

Hornblower, der sich von der Flut seiner Gedanken hatte fortspülen lassen, war indessen allmählich wieder auf dem festen Boden der Wirklichkeit gelandet. Er sah die aufgeregten Gesten des armen Wirts, der zwischen dem Zornteufel des unbekannten Lords im unteren Stockwerk und den Hochseeträumen des Kapitäns z. S. Horatio Hornblower im oberen in einer bösen Klemme saß, und mußte darüber lächeln . . . Es kostete ihn sogar Mühe, nicht laut herauszuplatzen. Man konnte sich ja dieses ganze lustige Zwischenspiel so hübsch ausmalen: den cholerischen Aristokraten dort unten, dazu den Wirt, der eine heillose Angst davor hatte, es mit einem der beiden wohlhabenden und einflußreichen Gäste zu verderben, und, um allen Verwicklungen die Krone aufzusetzen, Brown, der sich, solange es irgendwie tragbar schien, standhaft und hartnäckig gegen jeden Versuch zur Wehr setzte, die Gedankenarbeit seines Herrn zu stören. Hornblower bemerkte, wie die beiden Männer auf sein Lächeln hin sichtlich erleichtert aufatmeten, und darüber mußte er nun wirklich hellauf lachen. Gewiß, er war in letzter Zeit recht reizbar gewesen und sicherlich hatte Brown deshalb auch jetzt einen Ausbruch erwartet, von dem armen Wirt ganz zu schweigen, der sich ohnehin bei einem Gast keine andere Reaktion vorstellen konnte. – Diese Wirte erwarteten gar nichts anderes, als daß die Gäste, die ihnen das Schicksal zuführte, wegen jeder Kleinigkeit einen Koller bekamen. Hornblower mußte daran denken, daß er Brown erst heute morgen ohne jeden Anlaß aufgefordert hatte, ihm den Buckel herunterzurutschen. Aber Brown war eben doch nicht ganz so gewitzt, wie es den Anschein hatte, denn heute früh, als das geschehen war, da hatte er, Hornblower, sich noch als ein zum Landleben und zum Ziviltragen verurteilter Seeoffizier herumärgern müssen, heute abend dagegen war er Kommodore mit einem Verband, der darauf wartete, daß er seinen Stander setzte. Konnte es da noch etwas geben, was ihm die Laune verdarb? Diesen Wandel der Dinge hatte Brown nicht in Rechnung gesetzt.

»Versichern Sie Seine Lordschaft meiner Hochachtung«, sagte er, »und bestellen Sie ihm, daß der Unglücksmarsch augenblicklich aufgehört hat. Brown, ich möchte zu Bett gehen.«

Der Wirt eilte froh und erleichtert die Treppe hinunter, Brown aber nahm einen der Leuchter – die Kerze war bis auf einen kurzen Stummel niedergebrannt – und leuchtete seinem Herrn ins Schlafzimmer voran. Hornblower schälte sich aus seinem Rock mit den schweren, goldgestickten Epauletten, den Brown eben noch rechtzeitig auffing, ehe er zu Boden fiel. Schuhe, Hemd und Hose folgten, und dann fuhr Hornblower in das prachtvolle Nachthemd, das auf dem Bett ausgelegt war. Dieses Nachthemd war aus schwerer, chinesischer Seide mit Brokatborten und Falbeln am Hals und an den Ärmeln. Barbara hatte mit Hilfe ihrer Freunde in der Ostindischen Kompanie eigens eine Bestellung in den Fernen Osten geschickt, um es zu bekommen. Der in ein Tuch gewickelte heiße Ziegelstein, der im Bett lag, hatte sich zwar schon erheblich abgekühlt, dafür hatte sich seine Wärme aber höchst angenehm auf das ganze Bett verteilt und bot Hornblower ein freundliches Willkommen, als er sich wohlig hineinkuschelte.

»Gute Nacht, Sir«, sagte Brown und löschte das Licht. Da stürzte die Finsternis aus den Ecken des Zimmers hervor, und zugleich mit ihr eilte eine Fülle wilder Traumgesichte herbei. Ob im Schlaf oder im Wachen – Hornblower hatte am nächsten Morgen keine Ahnung –, jedenfalls verfolgten ihn auch für den Rest der Nacht die tausend Schwierigkeiten dieser bevorstehenden Ostseeunternehmung, bei der für ihn wieder einmal Leben, Ruf und Selbstachtung auf dem Spiele standen.

4

Hornblower beugte sich auf seinem Sitz in der Kutsche vor und spähte durch das geschlossene Fenster hinaus. »Der Wind schießt wohl etwas nach Norden aus«, bemerkte er, »er steht jetzt anscheinend bereits aus West zu Nord.«

»Ja, Liebster«, erwiderte Barbara geduldig.

»Verzeihung, lieber Schatz«, sagte Hornblower, »ich habe dich unterbrochen, du sprachst doch eben von meinen Hemden.«

»Nein, damit war ich schon zu Ende, Liebster. Ich wollte aber gerade sagen, daß du die flache Seekiste nicht auspacken lassen sollst, bevor das Wetter kalt zu werden beginnt. Darin sind nämlich dein Schafpelz und dein schwerer Pelzmantel, und zwar gut eingekampfert. So sind sie bestimmt am besten vor Motten geschützt. Laß also diese Kiste auf jeden Fall gleich verstauen, wenn du an Bord kommst.«

»Ja, mein Schatz.«

Die Kutsche rasselte gerade über das Kopfpflaster von

Upper Deal. Barbara richtete sich etwas auf und nahm Hornblowers Hand wieder in die ihrige.

»Ich spreche so ungern von dem Pelzwerk«, sagte sie, »weil ich hoffe, ach, so sehr hoffe, daß du wieder hier bist, ehe die Kälte einsetzt.«

»Das hoffe ich selbst auch, mein Schatz«, erwiderte Hornblower. Er sagte damit die volle Wahrheit.

Im Wagen herrschte trübes Zwielicht, nur auf Barbaras Gesicht lag ein heller Schein, der durch das Fenster hereinfiel, und ließ es wie das Antlitz einer Heiligenfigur in einer Kirche aufleuchten. Unter ihrer kühnen Adlernase zeigte sie um den Mund einen festen, energischen Zug, auch in ihren graublauen Augen stand nichts von Weichheit zu lesen. Nein, dieses Gesicht verriet gewiß nichts davon, daß ihr das Herz zu brechen drohte. Als sie nun aber ihre Handschuhe ausgezogen hatte, da krampfte sich ihre Hand fieberheiß um die Hand Hornblowers.

»Komm zurück zu mir, mein Liebster, komm zurück zu mir!« flüsterte sie leise.

»Natürlich komme ich zurück«, sagte Hornblower darauf.

Sieh da, seine Barbara konnte also trotz ihrer vornehmen Abkunft, trotz ihres scharfen Verstandes und trotz ihrer eisernen Selbstbeherrschung genauso törichte Dinge sagen wie jede nächstbeste, gewöhnliche Seemannsfrau, die von ihrem Mann Abschied nehmen mußte. Wenn sie mit dieser rührenden Stimme flüsterte »Komm zu mir zurück«, als ob es in seiner Macht stünde, den französischen oder russischen Kugeln, die ihm galten, zu entgehen, dann liebte er sie mehr denn je. Da tauchte plötzlich eine scheußliche Vorstellung in ihm auf, einer aufgedunsenen Wasserleiche vergleichbar, die sich vom schlammigen Meeresgrund löst und an die Oberfläche steigt. Hatte Lady Barbara nicht schon vor ihm einen Gatten scheiden sehen, der nicht aus dem

Krieg zurückkam? Er war in Gibraltar unter dem Messer des Chirurgen gestorben, nachdem ihm während der Schlacht in der Rosas-Bucht ein Splitter die Weiche aufgerissen hatte. Dachte etwa Barbara jetzt, in diesem Augenblick, an jenen Toten? Unwillkürlich schauderte Hornblower bei diesem Gedanken etwas zusammen, aber Barbara vermochte es trotz des starken, gegenseitigen Einfühlungsvermögens, das immer zwischen ihnen bestand, nicht, seine Bewegung richtig zu deuten.

»Mein Schatz«, sagte sie, »du mein Allerliebster!«

Nun streichelte sie mit ihrer freien Hand seine Wange, und ihre Lippen suchten die seinen. Er küßte sie und kämpfte dabei die fürchterlichen Zweifel nieder, die ihn soeben angefallen hatten. Monatelang hatte er sich nun mit Erfolg bemüht, seiner Eifersucht auf die Vergangenheit Herr zu werden – nun haderte er mit sich selbst, weil er sich ausgerechnet in diesem Augenblick wieder davon übermannen ließ; und dieser Hader paßte ganz ausgezeichnet zu dem teuflischen Gemisch seiner sonstigen Empfindungen. Die Berührung ihrer Lippen half ihm gerade im richtigen Augenblick über die Krise hinweg, er erwiderte ihren Kuß mit aller Leidenschaft seiner großen Liebe, während die Kutsche mit taumelnden Bewegungen über die Katzenköpfe schlingerte. Barbaras stattlicher Hut drohte, ins Rutschen zu kommen, sie befreite sich aus seinen Armen, um ihn wieder geradezusetzen, und kehrte dann überhaupt zu der gesetzten Würde zurück, die sie für gewöhnlich zur Schau trug. Jedenfalls hatte sie den Aufruhr in Hornblowers Seele erkannt, wenn sie ihn auch nicht richtig zu deuten vermochte. Und deshalb begann sie nun, von etwas ganz anderem zu reden, damit sie beide ihre Fassung wiederfanden und bei der bevorstehenden Ankunft vor den kritischen Blicken der Öffentlichkeit bestehen konnten. »Ich freue mich jedesmal«, sagte sie, »wenn ich an die hohe Auszeichnung denke, die diese neue Verwendung für dich bedeutet.«

»Und ich freue mich, daß du dich darüber freust, mein Schatz«, sagte er.

»Noch bist du kaum über die Mitte der Kapitänsrangliste hinaus, und doch gibt man dir schon ein solches Kommando. Jetzt bist du ein Admiral in petto.«

Nichts konnte beruhigender auf Hornblower wirken als gerade diese Äußerung. Er amüsierte sich im stillen über ihre kleine Entgleisung. Sie wollte natürlich sagen, daß er ein Admiral im kleinen, im Taschenformat oder, französisch ausgedrückt, en petit war. En petit hieß aber etwas ganz anderes als das italienische in petto, das soviel bedeutete wie »in der Brust«. Ernannte der Papst einen Kardinal in petto, so bedeutete das, daß er die Ernennung vorläufig geheimhielt und nicht veröffentlichte. Es machte Hornblower einen riesigen Spaß, ausgerechnet von Barbara einen solchen sprachlichen Lapsus zu hören. Das gab ihr wieder einen menschlichen Zug und bewies ihm, daß sie eben doch aus keinem anderen Holz geschnitzt war als er selber. Gleich wurde ihm das Herz wieder warm, aber diesmal mischten sich zärtlichste menschliche Regungen in die Leidenschaft seiner Liebe. Mit einem letzten Schwanken und lautem Gekreisch der Bremsen kam die Kutsche zum Stehen, und der Schlag wurde aufgerissen. Hornblower sprang gleich heraus und war erst Barbara beim Aussteigen behilflich, dann sah er sich um.

Es wehte stürmisch, die Windrichtung war zweifellos West zu Nord. Heute morgen hatte noch eine kräftige südwestliche Brise gestanden, der Wind schoß also aus und legte dabei an Stärke zu. Noch ein bißchen mehr nördlichen Einschlag, und sie waren gezwungen, in den Downs vor Anker liegenzubleiben, um das Rückdrehen des Windes abzuwarten. Verlor er also jetzt auch nur eine Stunde, so konnte das leicht den Verlust von ganzen Tagen zur Folge haben. Himmel und Wasser waren gleichmäßig grau, und die See war mit weißen Schaumköpfen gesprenkelt. Draußen sah man den Ostindien-Geleitzug vor Anker liegen, für seinen Bedarf brauchte der Wind nur noch eine Kleinigkeit weiter auszuschießen, dann konnte er Anker lichten und seine Ausreise kanalauswärts antreten. Weiter nördlich lagen andere Fahrzeuge, wahrscheinlich war das die *Nonsuch* mit ihrem Verband, sie waren aber zu weit entfernt, als daß man sie ohne Glas hätte ausmachen können. Der Wind pfiff ihm um die Ohren und zwang ihn, seinen Hut ordentlich festzuhalten. An der Holzmole, jenseits der Straße, lag ein Dutzend Deal-Logger. Brown stand in der Nähe und wartete auf Befehle, während Kutscher und Diener das Gepäck aus dem Verschlag des Wagens holten.

»Ich möchte mich von einem dieser Schmugglerfahrzeuge an Bord setzen lassen, Brown«, sagte Hornblower, »handle du den Preis für mich aus.«

Natürlich hätte er durch Signal vom Kastell aus ein Boot von der *Nonsuch* anfordern können, aber darüber wäre wieder viel kostbare Zeit vergangen. Barbara stand neben ihm und hielt ihren Hut, ihr Kleid wehte im Wind wie eine Flagge. Heute morgen waren ihre Augen grau – wären See und Himmel blau gewesen, dann hätte sich bestimmt auch ihre Farbe in Blau verwandelt. Sie zwang sich ein Lächeln ab.

»Wenn du dich mit einem der Logger hier an Bord setzen läßt, Liebster«, sagte sie, »dann möchte ich gern mitkommen. Der Logger könnte mich nachher zurückbringen.«

»Du wirst aber dabei sehr naß werden und frieren«, sagte Hornblower. »Bei diesem Wetter und dazu noch hart am Wind, das wird bestimmt keine angenehme Fahrt werden.«

»Glaubst du denn wirklich, daß mir das etwas ausmacht?« sagte Barbara.

Aufs neue fuhr ihm der Gedanke, sie verlassen zu müssen, wie ein Stich durchs Herz.

Da kam auch Brown wieder zurück, und mit ihm erschienen ein paar Dealer Bootsleute. Sie hatten Tücher um den Kopf gewunden und trugen Ringe in den Ohren, ihre windgegerbten und salzgebeizten Gesichter waren braun wie Nußbaumholz. Sie machten sich sogleich über Hornblowers Seekisten her, um sie auf die Pier zu schaffen, und hantierten damit, als handelte es sich um federleichtes Spielzeug. Nun, in neunzehn Kriegsjahren hatten sie wohl schon die Seekisten unzähliger Offiziere zur Mole von Deal getragen. Brown folgte ihnen, und Hornblower mit Barbara machten den Beschluß. Hornblower hielt mit festem Griff die Ledermappe umklammert, die seine »ganz geheimen Befehle« enthielt.

»Morgen, Käptn!« Der Kapitän des Loggers hob zur Begrüßung die Hand an die Stirn. »Morgen, Mylady! Anständige Brise heute, mehr könnte man sich gar nicht wünschen. Sie kommen sogar noch in Luv von den Goodwins klar, Käptn, auch mit den Dwarstreibern von Kanonenbooten. Und wenn Sie einmal die Downs hinter sich haben, dann haben Sie nach Skagen ja achterlichen Wind.«

Das nannte man also hier in England militärisches Geheimnis! Dieser Schmuggler hier aus Deal war offenbar genau im Bilde, welche Streitkräfte ihm unterstanden und was sein Ziel war. Man konnte ruhig annehmen, daß er vielleicht schon morgen irgendwo mitten im Kanal einen französischen Fischer traf, um mit ihm Tabak gegen Schnaps und Nachrichten gegen Nachrichten auszutauschen. Dann wußte Bonaparte in Paris in drei Tagen, daß Hornblower mit einem Linienschiff und einem Verband kleinerer Fahrzeuge in die Ostsee ausgelaufen war.

»Vorsicht da mit den Kisten!« schrie der Loggerkapitän plötzlich. »Die Flaschen sind nicht aus Eisen!«

Seine Leute waren gerade dabei, die letzten Kisten des Gepäcks von der Mole an Bord des Loggers zu geben, es waren die zusätzlichen Kajütvorräte, die Barbara selbst für ihn bestellt und deren Qualität sie sorgfältig geprüft hatte: eine Kiste Wein und eine Kiste Dauerproviant. Dazu kam noch, als ihr ganz persönliches Geschenk für ihn, ein Bücherpaket.

»Wollen Sie nicht lieber in der Kajüte Platz nehmen, Mylady?« fragte der Loggerkapitän mit einer schwerfälligen und ungeschliffenen Höflichkeit, die sich wunderlich ausnahm. »Es wird eine nasse Fahrt geben zur *Nonsuch* hinaus.«

Barbara fing Hornblowers Blick auf und lehnte das Angebot mit gleicher Höflichkeit ab. Hornblower kannte diese stickigen, übelriechenden, kleinen Kabuffs zur Genüge.

»Dann müssen Mylady aber mindestens eine Persenning umhängen.«

Die Persenning wurde gebracht und Barbara über die Schultern gehängt. Die schwere, steife Leinwand, die ringsum bis zum Deck reichte, hüllte sie ein wie ein Löschhörnchen. Immer noch suchte der Wind ihr den Hut zu entführen. Da hob sie die Hand, riß ihn mit einer einzigen, raschen Bewegung vom Kopf und barg ihn unter der Persenning. Sofort zauste der Wind einzelne Strähnen aus ihrer Frisur, sie aber lachte nur dazu und befreite mit einem Ruck ihres Kopfes ihre ganze blonde Mähne. Ihre Wangen röteten sich, ihre Augen sprühten. So, fand Hornblower, genauso hatte sie damals ausgesehen, als sie beide auf der *Lydia* zusammen um Kap Hoorn gesegelt waren. Brennend gern hätte er sie jetzt wieder abgeküßt.

»Los vorn! Heiß Großsegel!« brüllte der Kapitän, während er achteraus kam, und stemmte sich dann mit der Hüfte gegen die Ruderpinne. Die Mannschaft holte die Talje des Falls, und das Großsegel stieg entsprechend Fuß um Fuß am Mast empor. Unterdes war der Logger von der Pier losgeworfen worden und sackte langsam achteraus.

»Los jetzt, George, hol die Großschot!«

Der Kapitän legte die Pinne hart über, der Logger kam zum Stehen, fiel auf der Stelle ab und nahm dann gleich Fahrt voraus auf, gehorsam wie ein Pferd in der Hand eines geschickten Reiters. Als er aus dem Lee der Mole freikam, packte ihn der Wind und legte ihn hart über. Aber der Kapitän ließ ihn luven, und zugleich holte George achtern die Schot an, bis das Segel stand wie ein Brett. Nun ging es mit dichten Schoten – für jeden, der diese Fahrzeuge nicht kannte, waren sie geradezu aufregend dicht geholt – gegenan, dem Sturm in die Zähne, so daß massive Spritzer von Backbord vorn über das ganze Fahrzeug nach achtern jagten. Der Seegang war selbst hier in den geschützten Downs stark genug, daß der Logger recht lebendig wurde. Einsetzen und überholen lösten einander ab, während eine See nach der anderen von Backbord vorn nach Steuerbord achtern unter ihm durchlief.

Plötzlich fiel Hornblower ein, daß er ja nun von Rechts wegen seekrank werden mußte, wußte er doch, daß ihn dieses lästige Übel bis jetzt zu Beginn jeder Reise befallen hatte. Außerdem gab es kein besseres Mittel, seine Anfälligkeit sofort ans Licht zu bringen, als gerade diesen Logger mit seinen munteren Bocksprüngen. Um so erstaunlicher fand er es, als diesmal nichts dergleichen geschah. Zu seiner größten Verblüffung konnte er ruhig mit ansehen, wie die Kimm auf und ab tanzte, so daß sie einmal hoch über dem Bug stand und dann wieder, sooft der Logger sich auf das Heck setzte, in die Tiefe verschwand, ohne daß es ihm dabei den Magen hob. Weniger überraschend war es, daß er auch seine Seebeine behalten hatte, denn nach zwanzig Jahren Seefahrt waren die nicht mehr so leicht zu verlieren. Er verstand es noch gut, sich im Stehen geschickt den raschen Bewegungen des kleinen Fahrzeugs anzupassen. Auch sonst hatte er seine Seebeine nur dann eingebüßt, wenn ihn die Seekrankheit schwindlig machte, und diese leidige Pest schien ihn diesmal wirklich verschonen zu wollen. Beim Beginn seiner früheren Reisen war er infolge der endlosen Strapazen bei der Ausrüstung und Indienststellung des Schiffes auch immer körperlich ganz fertig gewesen, Mangel an Schlaf, verbunden mit tausend Sorgen und Ängsten, hatte ihn jedesmal so heruntergebracht, daß ihm auch ohne Seefahrt zum Speien zumute war. Als Kommodore dagegen blieb ihm alles dies erspart. Gewiß, die Admiralität, das Auswärtige Amt und das Schatzamt hatten ihn mit Befehlen und Anweisungen überhäuft, aber die Fülle der Verhaltungsmaßregeln und der Verantwortung, die man ihm übertrug, ging nicht entfernt so stark auf die Nerven wie all die kleinen Sorgen und Schikanen, die einem erwuchsen, wenn man seine Besatzung aufzutreiben hatte oder mit den Werftbehörden verhandeln mußte. So kam es, daß Hornblower heute in glänzender Verfassung blieb.

Barbara mußte sich kräftig festhalten, und ihr Blick verriet ihm, daß ihr Zustand einiges zu wünschen übrigließ; wenn sie auch vielleicht noch nichts Schlimmeres bewegte, so sah man ihr doch an, daß sie mindestens ihre eigene Ausdauer in Zweifel zog. Diese Wahrnehmung belustigte Hornblower und machte ihn gleichzeitig ein wenig stolz. Er freute sich darüber, daß er auch nach einer längeren Pause zur See fahren konnte, ohne gleich seekrank zu werden, und er freute sich noch mehr, daß er der sonst in allen Dingen unübertrefflichen Barbara einmal über war. Um ein Haar hätte er begonnen, sie etwas aufzuziehen und mit seiner eigenen Seefestigkeit aufzutrumpfen. Aber sein gesunder Menschenverstand und die zärtliche Rücksicht auf seine Frau bewahrten ihn im letzten Augenblick vor dieser unglaublichen Entgleisung. Eine einzige Andeutung dieser Art hätte sicher genügt, sie gegen ihn aufzubringen – erinnerte er sich denn nicht allzu deutlich daran, wie ihm selbst die ganze Welt verhaßt war, wenn er unter der Seekrankheit litt? Er tat also sein Bestes, ihr zu helfen.

»Wie schön, daß du nicht seekrank bist, mein Schatz«, sagte er, »diese Bewegungen sind mehr als lebhaft, aber du hast ja schon immer einen guten Magen besessen.«

Sie sah ihn an, der Wind zauste in ihrem losen Haar, und ihr Blick fiel etwas unsicher aus, aber Hornblowers Worte hatten ihr doch wieder Mut gegeben. Und er, er brachte ihr damit ein recht erhebliches Opfer, von dem sie jedoch nie etwas ahnen sollte.

»Ich beneide dich, Schatz«, sagte er, »was mich selbst anbelangt, bin ich nämlich gar nicht sicher. Zu Beginn einer Reise ist das bei mir ja leider die Regel. Gott sei Dank bist wenigstens du ganz auf der Höhe, wie immer.«

Könnte ein Mann die Liebe zu seiner Frau besser beweisen als dadurch, daß er ihr nicht nur seine Überlegenheit verheimlicht, sondern ihr zuliebe sogar vorgibt, selbst seekrank zu sein? Barbara war plötzlich ganz Teilnahme und Besorgnis.

»Das tut mir aufrichtig leid, Liebster«, sagte sie und legte ihm die Hand auf die Schulter. »Ich hoffe und wünsche dir, daß es dich nicht packt. Das wäre doch wenig schön für dich, gerade in diesem Augenblick, da du dein Kommando antreten sollst.«

Die List bewährte sich. Barbara hatte nun an etwas anderes, Wichtigeres zu denken als an ihren Magen und vergaß darüber die aufsteigende Übelkeit.

»Hoffentlich halte ich durch«, meinte Hornblower und versuchte so zu tun, als zwänge er sich ein tapferes Lächeln ab. Obgleich er alles andere war als ein guter Schauspieler, fiel Barbara darauf herein, weil ihre Sinne doch schon so benebelt waren, daß sie ihn nicht mehr zu durchschauen vermochte. Und Hornblower selbst fühlte nagende Gewissensbisse, als er bemerkte, daß sie seine gespielte Standhaftigkeit immer verliebter machte. Sie hatte jetzt etwas Weiches im Blick, wenn sie ihn ansah.

»Klar zum Wenden!« brüllte nun der Kapitän des Loggers. Hornblower blickte auf und entdeckte überrascht, daß sie schon dicht unter dem Heck der *Nonsuch* waren. Das Linienschiff hatte ein paar Vorsegel gesetzt und das Kreuzmarssegel backgebraßt. Dadurch wurde es etwas aus dem Wind gedrückt und machte an der Steuerbordseite Lee, so daß der Logger gut anlegen konnte. Hornblower warf seinen Spanier zurück und stellte sich so auf, daß er vom Achterdeck der *Nonsuch* aus gut zu erkennen war. Abgesehen von verschiedenen anderen Gründen, wollte er schon Bush zuliebe nicht überraschend an Bord kommen. Dann wandte er sich an Barbara.

»Es wird Zeit, daß wir voneinander Abschied nehmen, mein Schatz«, sagte er. Ihr Gesicht war ohne jeden Ausdruck, sie sah aus wie ein Seesoldat bei der Musterung.

»Lebe wohl, Liebster«, sagte sie. Ihre Lippen waren kalt, sie beugte sich nicht zu ihm, um sie darzubieten, sondern stand steif und starr, so daß ihm zumute war, als küßte er eine Marmorstatue. Plötzlich schmolz der eisige Panzer. »Ich habe ja Richard, Liebster, unser Kind!«

Barbara hätte nichts sagen können, was ihn mehr entzücken, seine Liebe zu ihr stärker entfachen konnte. Er zerquetschte ihr in diesem Sturm von Gefühlen fast die Hände.

Nun schoß der Logger in den Wind, die Segel knatterten lose, und schon war er in Lee des Zweideckers angelangt. Hornblower sandte einen Blick nach oben und sah dort einen Bootsmannsstuhl baumeln, den man offenbar klar hielt, um ihn damit aufzuheißen.

»Weg mit dem Bootsmannsstuhl!« rief er, und zum Kapitän gewandt: »Scheren Sie längsseit!«

Hornblower wollte sich auf keinen Fall mit einem Bootsmannsstuhl aufheißen und über die Reling einschwingen lassen. Er wollte sein Kommando in würdiger

Weise antreten, und damit war es einfach nicht zu vereinbaren, daß er sich mit baumelnden Beinen durch die Luft an Deck befördern ließ. Nun schor der Logger stampfend an das große Schiff heran, der gemalte Pfortengang befand sich in Höhe seiner Schultern, und unter ihm kochte grün das zwischen beiden Fahrzeugen gestaute Wasser. Es war ein aufregender Augenblick. Sprang er fehl und fiel ins Wasser, so daß er naß und triefend an Bord geholt werden mußte, dann war die Blamage natürlich weit größer, als wenn er sich mit einem Bootsmannsstuhl einschwingen ließ. Nun ließ er den Spanier von den Schultern gleiten, zog sich den Hut noch einmal fest in die Stirn und achtete darauf, daß ihm der Säbel nicht zwischen die Beine kam. Dann sprang er über den meterbreiten Zwischenraum nach der Jakobsleiter und begann sofort hinaufzuklettern, als er mit Händen und Füßen Halt gefunden hatte. Dabei machten ihm nur die ersten drei Fuß Schwierigkeiten, der Rest des Weges war wegen der einspringenden Bordwand der *Nonsuch* einfach. Er konnte sich sogar einen Augenblick der Sammlung gönnen, ehe er die Relingspforte erreichte, und betrat dann das Deck mit aller Würde, die man von einem Kommodore erwarten konnte.

Beruflich gesehen, war dieser Augenblick der Höhepunkt seiner bisherigen Laufbahn. Als Kommandant hatte er sich an das Zeremoniell gewöhnt, das ihm als Kapitän z. S. zustand: die Bootsmannsmate, die auf ihren Pfeifen zwitscherten, die vier Fallreepsgäste und die Seesoldatenposten. Heute aber trat er sein erstes Kommando als Kommodore an, deshalb wurde er von sechs Fallreepsgästen mit weißen Handschuhen erwartet, deshalb war die ganze Seesoldatenwache samt ihrer Musikkapelle ins Gewehr getreten, deshalb bildeten die Bootsmannsmaaten mit ihren Pfeifen zu beiden Seiten eine lange Gasse, und deshalb stand an ihrem Ende eine ganze Gruppe von Offizieren in großer Uniform. Als er den Fuß an Deck setzte, schlugen die Trommler ihren Wirbel um die Wette mit dem Seitepfiff der Maate, und dann fielen die Pfeifer ein: »Eichenfest sind unsere Schiffe, lust'ge Seeleut' sind an Bord«... Die Hand grüßend am Hut, schritt Hornblower durch die Gasse der Bootsmannsmaaten und Fallreepsgäste. Es war ein erhebendes Gefühl, obwohl er sich klarzumachen versuchte, daß diese äußerlichen Ehrungen doch nichts weiter waren als kindliche Spielereien. Er mußte sich sehr zusammennehmen, um seine Gefühle nicht durch ein törichtes, verzücktes Grinsen zu verraten, es war verdammt schwer, den strengen Ernst zur Schau zu tragen, den er seinem Rang als Kommodore schuldig war. Am Ende der Gasse stand Bush, auch er steif grüßend, das Holzbein machte ihm offenbar keinerlei Beschwerden. Hornblower freute sich so sehr darüber, gerade diesen Mann in diesem Augenblick begrüßen zu können, daß es ihn eine neue Anstrengung kostete, den Ernst zu wahren.

»Guten Morgen, Kapitän Bush«, sagte er und gab sich dabei alle Mühe, daß seine Worte möglichst barsch klangen, auch sein Handschlag durfte nicht mehr als förmliche Kameradschaft verraten.

»Guten Morgen, Sir.«

Bush ließ die zum Gruß an den Hut gelegte Hand sinken und ergriff die Rechte Hornblowers. Er gab sich wirklich alle Mühe, seine Rolle gut zu spielen und darauf zu achten, daß der Handschlag nur die Achtung des Untergebenen, nicht aber persönliche Freundschaft verriet. Hornblower bemerkte, daß seine Hand so hart war wie je – auch die Beförderung zum Kapitän z. S. hatte sie nicht weicher werden lassen. Aber Bush vermochte es nicht lange, an seinem starren Gesichtsausdruck festzuhalten. Schon begannen die blauen Augen vor Freude zu leuchten, und sogleich entwischte auch die eiserne Maske seiner Kontrolle. Er setzte ein Lächeln auf, das seinem Gesicht sofort alle Härte nahm. Da fiel es Hornblower schwerer denn je, seine Würde zu wahren.

Mit einem kurzen Seitenblick entdeckte er einen Matrosen, der eifrig an der Flaggleine des Großtopps holte. Da stieg ein schwarzes Bündel empor, und als es den Flaggenknopf erreicht hatte, riß es der Mann mit einem Ruck aus dem Handgelenk aus. Das war sein Kommodorestander, sein Kommandozeichen, das auf dem Schiff gesetzt wurde, auf dem er eingeschifft war. Als der Stander auswehte, verkündete im gleichen Augenblick eine Rauchwolke und ein lauter Knall vom Vorschiff den Beginn des Saluts, der ihn begrüßte. Das war der höchste, der größte Augenblick. – Tausende und aber Tausende von Seeoffizieren dienten ihr ganzes Leben lang unter der englischen Kriegsflagge und durften doch nie ein Kommandozeichen führen, nie einen einzigen Salutschuß hören, der ihnen zu Ehren gefeuert wurde. Jetzt war es bei Hornblower um allen Ernst und alle Würde geschehen, erst mußte er lächeln, und dann gab es kein Halten mehr. Als er Bushs Blick begegnete, lachte er vor Freude laut auf, und Bush lachte mit. In ihrem Jubel wirkten sie wie zwei Schulbuben nach einem geglückten Streich, und es war besonders reizvoll zu sehen, wie sich Bush nicht nur deshalb freute, weil er wieder unter Hornblower dienen durfte, sondern allein darum, weil er ihn so glücklich sah.

Nun blickte Bush über die Backbordreling, und Hornblower folgte seinem Beispiel. Da lag der übrige Verband, die zwei häßlichen Kanonenboote, die beiden Korvetten mit ihren Großschiffstakelagen und dazu der schnittige, kleine Kutter. Bei jedem der Schiffe zeichneten sich an der Bordwand Rauchwölkchen ab, die der Wind schon im nächsten Augenblick davontrug und zerflattern ließ. Hinterher hörte man den Donner der Schüsse, durch die jedes der Schiffe den Stander salutierte, sie feuerten geschützweise, wobei sie sich im Tempo genau nach dem Flaggschiff des Kommodore richteten. Bush musterte den ganzen Vorgang mit strengem Blick und überzeugte sich prüfend, ob man auch überall nach Brauch und Vorschrift verfuhr. Als er nichts auszusetzen fand, verzog sich sein Gesicht sofort wieder zu einem fröhlichen Grinsen. Der letzte Schuß des Saluts war verklungen, ihrer elf hatte jedes Schiff zu feuern gehabt. Es war ganz interessant, dies auszurechnen, daß allein das feierliche Heißen seines Standers das Land die Kleinigkeit von fünfzig Pfund gekostet hatte, und das in einem Krieg auf Leben und Tod gegen den Tyrannen, dem schon ganz Europa zu Füßen lag. Erneutes Zwitschern der Bootsmannsmaatenpfeifen beendete die Feier, die Besatzung begab sich wieder an ihre verschiedenen Dienstverrichtungen, die Seesoldaten nahmen Gewehr über und rückten im Gleichschritt ab, daß das Deck von den Tritten ihrer Stiefel dröhnte.

»Ein schönes Erlebnis, Bush, nicht wahr?« sagte Hornblower.

»Bei Gott, Sir, ein wunderbares Erlebnis!«

Nun war noch der Schiffsstab vorzustellen, und Bush machte die Offiziere ihrem Kommodore der Reihe nach namentlich bekannt. Zuerst sah immer ein Gesicht wie das andere aus, aber Hornblower wußte aus Erfahrung, daß sich die Unterschiede zwischen den einzelnen Individualitäten bei dem engen Zusammenleben an Bord sehr bald offenbarten, bis man einen jeden mit allen seinen Eigenheiten zum Überdruß genau kannte.

»Ich hoffe, meine Herren, wir werden einander bald besser kennenlernen«, sagte Hornblower und gab damit seinem Gedanken in höflicher Form Ausdruck.

Mittschiffs wurde sein Gepäck mit einem an der Großrah angeschlagenen Jolltau an Bord geholt. Brown führte dabei die Aufsicht, er war inzwischen auf irgendeine unauffällige Weise, wahrscheinlich durch eine

Stückpforte, an Bord gekommen. Der Logger und Barbara mußten demnach immer noch längsseit liegen. Hornblower ging an die Reling und sah hinunter. Richtig, Barbara stand noch genauso da, wie er sie verlassen hatte, sie schien bewegungslos wie eine Statue. Aber anscheinend hatte man eben das letzte Gepäckstück übergeben, denn kaum hatte Hornblower die Reling erreicht, da warf der Logger von den Rüsten der *Nonsuch* los, heißte sein Großsegel und schwang sich mühelos wie eine Möwe davon.

»Herr Kapitän Bush«, sagte Hornblower, »wir gehen sofort Anker auf. Bitte, treffen Sie die nötigen Vorbereitungen, und geben Sie entsprechendes Signal an den Verband.«

5

»Die Pistolen lege ich hier in den Schrank, Sir«, sagte Brown, der eben die letzten Handgriffe beim Auspacken und Einräumen tat.

»Pistolen?« fragte Hornblower.

Brown brachte ihm den Kasten, er hatte sie eben nur deshalb erwähnt, weil er wußte, daß Hornblower von ihrem Vorhandensein keine Ahnung hatte. Der Kasten war aus poliertem Mahagoni und innen mit Samt ausgeschlagen. Das erste, was ihm beim Öffnen in die Augen fiel, war ein weißes Kärtchen mit einigen Zeilen in Barbaras Handschrift:

»Meinem lieben Gatten. Möge er es nie nötig haben, sie zu gebrauchen. Sollte es aber dennoch sein, so mögen sie ihm gute Dienste leisten, jedenfalls aber mögen sie ihn daran erinnern, daß er eine Frau besitzt, die ihn innig liebt und jeden Tag für seine Sicherheit, für sein Glück und für seinen Erfolg beten wird.«

Hornblower las diese Worte zweimal langsam durch,

ehe er die Karte weglegte, um sich die Pistolen selbst anzusehen. Es waren wunderbare Waffen aus blankem Stahl mit silberner Einlegearbeit. Sie hatten Zwillingsläufe und Schäfte aus Ebenholz, mit denen sie vollendet in der Hand des Schützen lagen. Dann öffnete er zwei kupferne Röhren, die in dem Kasten lagen: Sie enthielten nichts als Pistolenkugeln, die allerdings völlig fehlerfrei gegossen und von mathematisch genauer Kugelgestalt waren. Die Tatsache, daß die Hersteller sich die Mühe gemacht hatten, eigene Kugeln zu gießen und ihren Waffen beizugeben, lenkte Hornblowers Aufmerksamkeit wieder auf die Pistolen selbst. In die Läufe waren glänzende, spiralige Rillen eingeschnitten, es waren also gezogene Waffen. Da war aber noch eine weitere Kupferschachtel. Diese enthielt eine Anzahl dünner, mit Öl getränkter Lederblättchen, die wahrscheinlich dazu dienten, die Kugel einzuhüllen, ehe man sie in den Lauf einführte, damit ihr genauer Abschuß gewährleistet war. Mit dem Messingstäbchen und dem kleinen Messinghammer schlug man die Kugel dann vollends im Laufe fest. Und der kleine Messingbecher hier mußte das Maß für die Pulverladung sein. Er war sehr klein, aber nach einer bekannten Regel erzielte man mit wenig Pulver, einer schweren Kugel und natürlich einem einwandfreien Lauf die besten Schießergebnisse.

Hier war aber noch eine kupferne Büchse mehr. Sie war bis zum Rand voller kleiner, besonders dünner, viereckiger Kupferblättchen, deren Zweck sich Hornblower zunächst nicht erklären konnte. Jedes dieser Blättchen war in der Mitte etwas aufgebeult, und dort war auch das Metall besonders dünn, so daß der schwarze Inhalt ein wenig durchschimmerte. Allmählich nur dämmerte es Hornblower, daß er hier diese neumodischen Zündblättchen vor sich hatte, über die ihm in letzter Zeit einiges zu Ohren gekommen war. Um die Richtigkeit seiner Vermutung zu prüfen, legte er eines der Blättchen auf seinen

Schreibtisch und hieb dann scharf mit dem Messinghammer darauf. Es gab einen hellen Knall und etwas Rauch; als er den Hammer hob, sah er, daß das Blättchen aufgerissen war, und außerdem hatte die kleine Explosion auf dem Schreibtisch einen Fleck hinterlassen.

Daraufhin sah er sich noch einmal die Pistolen an. War er denn blind gewesen, daß ihm das Fehlen des Feuersteins und der Pfanne völlig entgangen war? Der Hahn ruhte, wie es zunächst schien, einfach auf einem kleinen Metallblock. Der aber ließ sich mit dem Finger drehen, und unter ihm befand sich eine flache Vertiefung, die offenbar zur Aufnahme eines Zündblättchens bestimmt war. Die Vertiefung hatte in ihrer Mitte ein kleines Loch, das war natürlich die Verbindung zum Boden des Laufes. Man brauchte also nur in der gehörigen Weise zu laden und dann ein Zündblättchen in die Vertiefung zu legen und mit dem Metallblock in seiner Lage zu sichern. Ließ man nun den Hahn auf den Block niederschnappen, dann wurde das Blättchen gezündet, die Flamme fuhr durch das Zündloch in die Ladung, und der Schuß fiel. Da gab es kein unsicheres Hantieren mit Feuerstein und Zündpulver mehr, diese Pistolen waren gegen Regen und Spritzwasser völlig unempfindlich. Hornblower schätzte, daß man bei diesem System unter hundert Schuß kaum einen einzigen Versager zu gewärtigen hatte. Das war wirklich ein wunderbares Geschenk – wie lieb und fürsorglich von Barbara, daß sie auf diesen Gedanken gekommen war. Der Himmel allein mochte wissen, was sie dafür bezahlt hatte. Selbst ein sehr geschickter Handwerker mußte Monate darauf verwandt haben, die Züge in die vier Läufe zu schneiden, und die Zündblättchen, fünfhundert an der Zahl, jedes einzelne handgearbeitet, hatten sicher allein ein schönes Stück Geld gekostet. Dafür hatte er aber, wenn diese Pistolen schußbereit waren, wirklich vier Menschenleben in der Hand. Mit zwei Feuerstein-Doppelpistolen mußte er auch bei schönem Wetter mindestens mit einem, wenn nicht mit zwei Versagern rechnen, wenn es regnete oder wenn Spritzer überkamen, dann konnte er von Glück sagen, wenn auch nur einer von den vier Schüssen fiel. Nach Hornblowers Auffassung waren die Züge nicht so wichtig für ihn wie die Zündblättchen, denn bei dem an Bord von Schiffen üblichen Handgemenge, wobei der Gebrauch von Pistolen hauptsächlich in Frage kam, war die Treffsicherheit der Waffe nicht so entscheidend. Bei solchen Gelegenheiten preßte man die Mündung ja doch meist gegen den Leib seines Gegners, ehe man abdrückte.

Hornblower legte die Pistolen wieder in ihr samtenes Behältnis zurück und hing weiter seinen Gedanken nach. Ja, seine liebe Barbara! Immer dachte sie für ihn, suchte sie seine Wünsche zu erraten. Nein, ihre Fürsorge ging sogar darüber hinaus. Gerade diese Pistolen hier waren ein Beispiel dafür, wie gut sie es verstand, aufzuspüren, was er brauchte, und dabei auf Dinge kam, die ihm selbst nicht im Traume eingefallen wären. Als er sagte, daß er sich während dieses Kommandos keine andere Lektüre wünschte als Gibbon, da hatte sie die Augenbrauen hochgezogen, wie das so ihre Art war, und dann hatte sie ganz einfach noch ein paar Dutzend andere Bücher für ihn gekauft und mit eingepackt. Eins davon – er konnte es von seinem Platz aus stehen sehen – war dieses neue Epos in Spenserschen Stanzen mit dem merkwürdigen Titel *Childe Harold* (was das nur heißen sollte?), das der verrückte Pair, Lord Byron, geschrieben hatte. Kurz vor seiner Abreise war es gerade das Londoner Tagesgespräch gewesen. Gewiß, er freute sich darüber, daß er es jetzt lesen konnte, dennoch hätte er nicht im entferntesten daran gedacht, sich das Buch selbst anzuschaffen. Hornblower besann sich auf sein ganzes verflossenes Leben, das so viel spartanische Entsagung von ihm verlangt hatte, und empfand dabei ein seltsames Bedauern, daß es nun damit zu Ende war. Ärgerlich erhob er sich von seinem Stuhl. Was denn nicht gar! Im nächsten Augenblick befiel ihn womöglich noch der Wunsch, nicht mit Barbara verheiratet zu sein, und das wäre denn doch die Höhe des Unfugs.

Er konnte hier in seiner Kajüte feststellen, daß die *Nonsuch* bei steifem Nordwest noch immer hart am Wind lag. Der Winddruck ließ sie leicht überliegen und stützte ihre Bewegungen, so daß sie kaum rollte, dagegen setzte sie in den kurzen Seen der Nordsee ziemlich stark ein. Der »Spion« über seinem Kopf zeigte ihm, daß das Schiff den Kurs nach Skagen noch gut anliegen konnte, und die ganze Kajüte erdröhnte vom Harfen des Windes in den steifen Riggen, das durch die Inhölzer des Schiffes übertragen wurde. Beim Stampfen krachte das ganze Gebäude jedesmal mit solchem Getöse, daß es schwer war, dabei ein Gespräch zu führen. Da war vor allem ein bestimmtes Spant, das bei jeder einzelnen Stampfbewegung immer im gleichen Augenblick knackte wie ein Pistolenschuß. Er hatte sich schon so daran gewöhnt, daß er dieses laute »Knack« immer erwartete, wenn es im Rhythmus der Bewegung wiederkehren mußte. Dagegen gab ihm ein sonderbares, unregelmäßiges Pochen über seinem Kopf längere Zeit ein Rätsel auf, und zuletzt machten ihn die vergeblichen Versuche, seine Ursache festzustellen, so nervös, daß er den Hut aufsetzte und sich auf das Achterdeck begab, um ihm dort auf die Spur zu kommen. Aber auch hier war nichts zu entdecken, was man als Ursache dieses Pochens hätte ansprechen können. Eine Pumpe war nicht in Tätigkeit, und es war auch niemand zu sehen, der vielleicht irgendwo die Kalfaterung aus den Decksnähten schlug – eine absurde Vorstellung übrigens, so etwas auf dem geheiligten Achterdeck eines Linienschiffs überhaupt für möglich zu halten. Da waren nur Bush und die Offiziere der Wache, sie alle erstarrten und machten sich möglichst klein und unauffällig, als er, der große Mann, aus der Kajütskappe auftauchte. Wo, in aller Welt, kam also dieses Pochen her? Hornblower begann nachgerade zu vermuten, daß ihn sein Gehör getäuscht hatte und daß das Geräusch in Wirklichkeit aus einem der unteren Decks stammte. Das hieß aber, daß er jetzt einen Vorwand brauchte, der sein Andeckkommen erklärte – bemerkenswert, schoß es ihm durch den Kopf, daß sich sogar ein Kommodore erster Klasse noch zu solchen faulen Ausflüchten hergeben mußte. Jedenfalls begann er zunächst einmal, die Hände auf dem Rücken und den Kopf vorgebeugt, also in der altgewohnten, bequemen Haltung, an der Luvseite des Achterdecks auf und ab zu wandern. Da schrieben und redeten die Leute unermüdlich über die verschiedensten Freuden des Daseins, schwärmten von Gärten, von Frauen, von Wein, vom Angeln, um so seltsamer, daß sich bis jetzt noch niemand gefunden hatte, der das Lob einer solchen Wanderung auf dem Achterdeck eines guten Schiffes sang.

Woher kam aber dieses langsame Pochen? Das wollte er doch herausbringen. Beinahe hätte er vergessen, daß er vorhin deshalb an Deck gekommen war. Zwar hatte er das Geräusch jetzt nicht mehr gehört, aber dennoch quälte ihn die Neugier. Nun blieb er an der Heckreling stehen und blickte nach achtern auf seinen Verband. Die schmucken Korvetten mit ihrer Rahtakelage kamen bei der steifen Brise mühelos gegenan, aber den Kanonenbooten ging es nicht so gut. Mit dem riesigen, dreieckigen Vorsegel, das sie anstelle des fehlenden Fockmastes führten, waren sie selbst bei stärkerem Wind nur schwer auf Kurs zu halten. Ab und zu steckten sie ihren kurzen Stummel von Bugspriet ganz weg und nahmen eine grüne See über.

Die Kanonenboote interessierten ihn aber im Augenblick nicht. Er hätte viel lieber gewußt, was da vorhin so merkwürdig gepocht hatte, als er noch in seiner Kajüte war. Endlich half ihm sein gesunder Menschenverstand, mit den lächerlichen Hemmungen fertig zu werden, die ihn wieder einmal so tyrannisierten. Warum sollte es ihm als Kommodore eigentlich nicht gestattet sein, sich nach einem einfachen Sachverhalt zu erkundigen? Warum, in aller Welt, hatte er damit auch nur einen Augenblick gezögert? Entschlossen wandte er sich um.

»Kapitän Bush!« rief er.

»Sir!« antwortete dieser und eilte mit seinem Holzbein polternd achteraus.

Das also war das Geheimnis! Bei jedem zweiten Schritt stauchte Bush seine lederbewehrte Prothese mit dumpfem Pochen auf die Decksplanken. Nun durfte Hornblower natürlich die Frage, die er sich eben zurechtgelegt hatte, nicht mehr stellen.

Geistesgegenwärtig sagte er statt dessen: »Ich hoffe, daß Sie mir heute abend die Freude machen, zum Dinner mein Gast zu sein.«

»Besten Dank, Sir. Jawohl, Sir, sehr gern«, sagte Bush. Er strahlte förmlich vor Freude über diese Einladung, so daß Hornblower sich recht häßlich und heuchlerisch vorkam, als er wieder die Kajüte aufsuchte, um beim Verstauen seiner Sachen noch einige Anweisungen zu geben. Es war nicht einmal so übel, daß nun als Auswirkung der eigentümlichen Schwächen seines Wesens diese Einladung zustande gekommen war. Andernfalls hätte er wohl den ganzen Abend mit Gedanken an Barbara verträumt und wäre im Geist noch einmal mit ihr durch die Pracht des englischen Frühlings von Smallbridge nach Deal gefahren. Was hätte er aber damit erreicht? Doch höchstens das eine, daß er hier auf See in die gleiche jämmerliche Stimmung geriet wie kurz zuvor an Land, und zwar auch diesmal wieder nur durch seine Unzulänglichkeit.

Außerdem konnte ihm Bush bei dieser Gelegenheit über die Offiziere und Mannschaften der *Nonsuch* berichten, ihm sagen, wer zuverlässig war und wer der Aufsicht bedurfte, ihn über den Zustand des Schiffes, die Beschaffenheit der Vorräte und tausend andere Dinge ins Bild setzen, die er notwendig wissen mußte, und morgen, sobald das Wetter handiger wurde, wollte er das Signal »Alle Kommandanten an Bord des Flaggschiffes« setzen, um möglichst bald auch seine anderen Untergebenen kennenzulernen und sich ein Urteil über sie zu bilden. Vielleicht konnte er gleich bei dieser Gelegenheit beginnen, sie mit seinen eigenen Ansichten und Willensmeinungen so vertraut zu machen, daß es später im Fall eines Gefechtes nur noch weniger Signale bedurfte, um ein verständiges, zielbewußtes Zusammenwirken aller zu erreichen.

Zuvor aber war noch etwas anderes zu erledigen, und zwar sofort. Seufzend sagte er sich, daß es keinen Sinn hatte, die Sache auf die lange Bank zu schieben, aber gleichzeitig konnte er ein leises Gefühl des Widerwillens nicht unterdrücken.

»Ich lasse Mr. Braun bitten, meinen Sekretär«, sagte er zu Brown, der gerade damit beschäftigt war, die letzten Uniformen hinter dem Vorhang an der Schottwand aufzuhängen.

»Aye, aye, Sir«, sagte Brown.

Seltsam, daß die Namen des Sekretärs und des Bootssteurers ganz gleich ausgesprochen wurden. Dieser Zufall hatte ihn dazu veranlaßt, seinem Befehl die letzten beiden Worte beizufügen, die im Grunde ganz unnötig waren. Mr. Braun war groß und hager, er stand offenbar noch in jüngeren Jahren, hatte aber vorzeitig sein Haupthaar eingebüßt. Im ersten Augenblick machte er auf Hornblower einen schlechten Eindruck, aber bezeichnenderweise benahm er sich gerade deshalb herzlicher gegen ihn, als wenn er ihm von vornherein gefallen hätte. Er bot ihm seinen Stuhl an und setzte sich selbst auf die Backskiste. Als er bemerkte, daß Mr. Braun den

Pistolenkasten, Barbaras Geschenk, neugierig betrachtete, ließ er sich sogar darauf ein, mit ihm zur Einleitung des Gesprächs ein paar Bemerkungen über diese Waffen auszutauschen, wobei er die Vorzüge der Zündblättchen und der gezogenen Läufe hervorhob.

»Da haben Sie sehr gute Waffen, Sir«, meinte Mr. Braun, indem er sie in den Kasten zurücklegte.

Er sah Hornblower an. Auf seinen Zügen lag das sterbende Tageslicht, das durch die Heckfenster hereindrang, und spiegelte sich seltsam in seinen blaßgrünen Augen.

»Sie sprechen sehr gut englisch«, sagte Hornblower.

»Ich danke Ihnen für die Anerkennung, Sir. Vor dem Krieg hatte ich viel geschäftlich mit England zu tun. Aber ich spreche ebensogut russisch, schwedisch, finnisch, polnisch, deutsch und französisch. Dazu noch ein wenig litauisch und dann auch ein bißchen estnisch, weil diese Sprache der finnischen so ähnlich ist.«

»Aber Ihre Muttersprache ist doch schwedisch?«

Mr. Braun zuckte seine mageren Achseln.

»Mein Vater sprach schwedisch, meine Mutter sprach deutsch, Sir. Ich selbst sprach finnisch mit meiner Kinderfrau, französisch mit dem einen Hauslehrer und englisch mit dem anderen. Und in meinem Kontor sprachen wir russisch, wenn wir uns nicht auf polnisch unterhielten.«

»Ich habe geglaubt, Sie seien ein Schwede.«

Wieder zuckte Mr. Braun die Achseln.

»Ich bin wohl schwedischer Untertan, Sir. Aber ich bin in Finnland geboren und habe mich bis vor drei Jahren selbst für einen Finnen gehalten.«

Dieser Mr. Braun war also auch einer jener Heimat- und Staatenlosen, die heute ganz Europa zu bevölkern schienen – Männer und Frauen ohne Vaterland, Franzosen, Deutsche, Österreicher, Polen, die irgendeine Wendung des Krieges entwurzelt hatte und die jetzt irgendwo ein trauriges Dasein fristeten und sich an die Hoffnung klammerten, daß sie ein neuerlicher Wechsel des Kriegsglücks eines Tages wieder in den Sattel hob.

»Als Rußland seinen Pakt mit Bonaparte benutzte, um über Finnland herzufallen«, erklärte Mr. Braun, »da gehörte ich zu denen, die um ihre Freiheit kämpften. Aber was konnte uns das nutzen? Wie hätte das kleine Finnland der riesigen russischen Macht widerstehen sollen? Ich war einer der wenigen Glücklichen, die entkamen. Meine Brüder schmachten heute noch in russischen Gefängnissen, wenn sie noch am Leben sind, hoffentlich sind sie tot. In Schweden herrschte Revolution, auch dort gab es keine Zuflucht für mich, obgleich ich doch für Schweden kämpfte. Deutschland, Dänemark und Norwegen waren in den Händen Bonapartes, der mich mit Vergnügen ausgeliefert hätte, um seinem neuen russischen Bundesgenossen einen Gefallen zu tun. Aber ich befand mich, Gott sei Dank, auf einem englischen Schiff, einem von denen, die ich mit Holz belud, und so kam ich nach England. Ja, ich war einmal der reichste Mann in Finnland, wo die reichen Leute gezählt sind, und wurde von heute auf morgen zum ärmsten Mann in England, wo es doch schon so viel Armut gibt.«

Wieder spiegelte sich das Licht, das durch die Heckfenster fiel, in den blaßgrünen Augen, und bei Hornblower verstärkte sich der beunruhigende Eindruck, den dieser Sekretär auf ihn machte. Das lag gewiß zum Teil an der Tatsache, daß er ein Emigrant war und daß Hornblower, ungeachtet der Gewissensbisse, die er darüber empfand, wie alle anderen Leute diese Emigranten mit ihren ewigen Jammergeschichten gründlich satt hatte. Die ersten waren vor zwanzig Jahren aus Frankreich gekommen, und seither war dieser Menschenstrom aus Polen, aus Italien, aus Deutschland und weiß Gott aus welchen anderen Ländern immer mehr angeschwollen. Hornblower konnte also annehmen, daß er gegen Braun einfach deshalb ein Vorurteil empfand, weil er Emigrant war, und stellte mit seinem genauen und gewissenhaften Rechtsbewußtsein auch sofort fest, daß es sich tatsächlich so verhielt. Aber dann wurde er doch gleich inne, daß er damit den letzten Grund seiner Abneigung noch nicht entdeckt hatte. Dieser lag also nicht so klar auf der Hand, er mußte sich schließlich sogar gestehen, daß es einen erkennbaren Grund dafür überhaupt nicht gab.

Jedenfalls war Hornblower von dem Gedanken, während der bevorstehenden Unternehmung aufs engste mit diesem Mann zusammenarbeiten zu müssen, alles andere als angenehm berührt. Aber die Befehle der Admiralität dort in seinem Schreibtisch schärften ihm ausdrücklich ein, dem Rat und den Informationen Mr. Brauns größte Aufmerksamkeit zu schenken. Er sei, hieß es, »ein Gentleman mit den ausgedehntesten und gründlichsten Kenntnissen über die Verhältnisse im ganzen Ostseeraum«. Und doch atmete er schon heute erleichtert auf, als ihm ein Klopfen an der Tür seinen Dinnergast Bush ankündigte, der ihn endlich von der Gegenwart dieses Mannes erlösen kam. Mit einer Verbeugung vor Bush schlüpfte Braun bescheiden zur Tür hinaus. Jede Geste, jede Linie seines Körpers wirkte bei ihm – Hornblower konnte nicht entscheiden, ob absichtlich oder unbewußt –, als wollte er sagen: »Ich habe einst bessere Tage gesehen, aber das Schicksal hat mich gestürzt, und nun spiele ich ergeben meine untergeordnete Rolle.«

»Wie gefällt Ihnen Ihr schwedischer Sekretär, Sir?« fragte Bush.

»Er ist gar kein Schwede, sondern ein Finne.«

»Ein Finne? Um Gottes willen, Sir! Es ist bestimmt besser, wenn die Mannschaft nichts davon erfährt.«

Bushs ehrliches Gesicht verriet eine Beunruhigung, die er vergebens niederzukämpfen suchte.

»Natürlich«, sagte Hornblower.

Er bemühte sich dabei, durch ein möglichst gleichmütiges Gesicht zu verheimlichen, daß er erst jetzt durch Bush an die abergläubischen Ansichten über die Finnen erinnert worden war. Der Seemann hielt jeden Finnen für einen Zauberer, der durch das bloße Heben eines Fingers einen Sturm heraufbeschwören konnte. Hornblower hatte bei dem schäbig-eleganten Mr. Braun wirklich keine solchen gefährlichen Eigenschaften vermutet, selbst die unguten, blaßgrünen Augen des Mannes hatten ihn nicht auf diesen Einfall gebracht.

6

»Acht Glasen, Sir!«

Hornblower fiel es ausgesprochen schwer, sich zum wachen Bewußtsein des Tages zurückzufinden. Er hatte das Gefühl, daß man ihn aus einem köstlichen Traum herausriß, obwohl er sich hinterher nicht erinnern konnte, was sein Inhalt gewesen war.

»Noch Nacht, Sir«, sprach die Stimme Browns ohne Erbarmen weiter, »aber klar und sichtig. Wind stetig und frisch aus West zu Nord. Die Korvetten und die übrigen Fahrzeuge des Verbandes sind zu Luward in Sicht. Wir liegen beigedreht unter Kreuzmarssegel, Großstengestagsegel und Klüver. Hier ist Ihr Hemd, Sir.«

Hornblower schlug seine Beine über den Rand der Koje und zog sich verschlafen das Nachthemd über den Kopf. Im ersten Augenblick hätte er sich am liebsten damit begnügt, in ein paar warme Sachen zu fahren, aber dann fiel ihm noch rechtzeitig ein, was er sich als Kommodore schuldig war. Außerdem legte er doch besonderen Wert darauf, den Ruf eines Mannes zu genießen, der auch in den kleinsten Dingen korrekt und genau war. Er hatte sich ja auch nur deshalb schon jetzt, eine Viertelstunde eher, als es nötig war, wecken lassen, weil er sich nicht so gehenlassen wollte. Also zog er Rock, Hose und

Stiefel an und scheitelte bei dem flackernden Licht der Laterne, die Brown ihm dazu hielt, sorgfältig sein Haar. Den Gedanken, sich zu rasieren, ließ er wieder fallen. Morgens um vier Uhr frisch rasiert an Deck zu kommen, sah allzusehr nach übertriebener Eitelkeit aus. Zuletzt stülpte er sich den Dreimaster auf den Kopf und schlüpfte mit Hilfe Browns in sein warmes Peajackett. Draußen vor der Kajütentür fuhr der Posten zur Ehrenbezeigung zusammen, als der große Mann erschien. Auf dem Halbdeck versank eine Gruppe lustig lärmender Leute, die eben von Wache kamen, beim Anblick des Kommodore in ehrfurchtsvolles, verschüchtertes Schweigen. Das gehörte sich so und durfte nicht anders sein.

Auf dem Achterdeck war es so rauh und unfreundlich, wie es an einem Frühlingsmorgen im Kattegat vor Anbruch der Dämmerung zu erwarten war. Der Lärm des Wachwechsels war eben verklungen, die Gestalten, die hier und dort wie Schatten auftauchten und eilig nach Backbord verschwanden, um die Steuerbordseite für ihn frei zu machen, waren im Dunkel nicht zu erkennen. Nur Bush war durch den stampfenden Takt seines Holzbeins leicht herauszuhören.

»Kapitän Bush!«
»Sir?«
»Wann ist heute Sonnenaufgang?«
»Sonnenaufgang? – Ungefähr um fünf Uhr dreißig, Sir.«
»Ich will nicht wissen, Herr Kapitän, wann ›ungefähr‹ die Sonne aufgehen wird. Wie Sie sich erinnern werden, lautete meine Frage: ›Wann ist heute Sonnenaufgang?‹«

Eine Sekunde herrschte Schweigen, während der völlig entgeisterte Bush diesen Rüffel hinunterwürgte, dann ließ sich eine andere Stimme vernehmen: »Fünf Uhr vierunddreißig, Sir.«

Das war doch dieser Carlin gewesen, der junge Mensch mit dem frischen Gesicht, Artillerieoffizier des

Schiffes. Hornblower hätte etwas dafür gegeben, zu erfahren, ob Carlin wirklich wußte, wann der Sonnenaufgang war oder ob er bloß riet und sich darauf verließ, daß der Kommodore seine Angaben ja doch nicht nachprüfte. Für Bush war es natürlich Pech, daß er diesen Tadel vor aller Welt hatte einstecken müssen, er hätte aber die Zeit des Sonnenaufgangs auch wirklich wissen sollen, nachdem er am Abend zuvor mit ihm, Hornblower, zusammen die heutige Operation durchgesprochen hatte, die von diesem Zeitpunkt ihren Ausgang nahm. Im übrigen konnte es der Disziplin des Verbandes nicht schaden, wenn es sich herumsprach, daß der Kommodore jedem schonungslos seine Meinung sagte, auch wenn er Linienschiffskommandant und sein bester Freund war. Hornblower ging ein-, zweimal an Deck auf und ab. Vor sieben Tagen hatte er die Downs verlassen, und noch hatte er keinerlei neuere Nachrichten über die Lage. Bei dem stetigen Westwind kam kein Schiff aus der Ostsee, ja, nicht einmal aus Göteborg heraus, er konnte also noch gar nichts erfahren haben. Seit er gestern Skagen gerundet hatte und im Kattegat nach Süden gelaufen war, hatte er kein einziges Segel in Sicht gehabt. Seine letzte Information über Schweden war schon fünfzehn Tage alt, seither konnte natürlich eine Menge geschehen sein. Zum Beispiel konnte Schweden inzwischen leicht von unfreundlicher Neutralität zu offenen Feindseligkeiten übergegangen sein. Vor ihm lag der Sund, er war an der engsten Stelle nur drei Meilen breit. An Steuerbord lag das von Bonaparte beherrschte Dänemark, das freiwillig oder unfreiwillig Englands Gegner war, an Backbord lag Schweden, und das Hauptfahrwasser durch den Sund führte unter den Geschützen von Helsingborg vorüber. War auch Schweden mit England im Kriegszustand, dann konnten die dänischen und schwedischen Geschütze von Helsingör und Helsingborg aus vereint seinen Verband natürlich leichter niederkämpfen, wenn er die kritische Strecke durchlief. Ein Rückzug war dann immer schwierig und gefährlich, wenn er überhaupt noch in Frage kam. Vielleicht war es doch das beste, einen Verzug in Kauf zu nehmen, um sich zunächst durch ein ausgesandtes Boot von der augenblicklichen Haltung Schwedens zu überzeugen.

Andererseits würde Schweden aber gerade durch dieses Boot auf seine Anwesenheit aufmerksam gemacht. Brach er dagegen jetzt sofort mit höchster Fahrt durch, sobald es nur hell genug war, um die Fahrrinne auszumachen, so konnte es ihm gelingen, die Küstenwerke so zu überrumpeln, daß er selbst dann ungeschoren blieb, wenn Schweden sich feindlich verhielt. Schlimmstenfalls gab es bei seinem Verband etwas Kleinholz, aber bei der frischen Brise und der geradezu idealen Windrichtung West zu Nord konnte sich auch ein Havarist noch weiterhelfen, bis der Sund wieder breiter wurde und der Schußbereich der Küste hinter ihm lag. War die Neutralität Schwedens noch immer wacklig, dann konnte es bestimmt nicht schaden, wenn er den Leuten einmal den Anblick eines kühn und zielbewußt geführten englischen Kriegsschiffsverbandes gönnte, außerdem gab es ihnen Stoff zum Nachdenken, wenn sie wußten, daß es von nun an in der Ostsee englische Seestreitkräfte gab, die ihre Küsten bedrohen und ihre Schiffahrt verheeren konnten. Den Sommer über konnte er sich in der Ostsee auf jeden Fall halten, auch wenn die Schweden zum Gegner wurden – was konnte schließlich in einem ganzen langen Sommer nicht alles geschehen? Und wenn er ein bißchen Glück hatte, dann gelang es ihm sogar, sich im Herbst auch wieder den Rückweg zu erkämpfen. Gewiß gab es Gründe genug, die dafür sprachen, sich Zeit zu nehmen, abzuwarten und zunächst einmal eine Verbindung mit der Küste zu suchen, aber die anderen Gründe, die ihn zum sofortigen Handeln bestimmten, erwiesen sich eben doch als stärker und zwingender.

Ein scharfer Schlag der Schiffsglocke – ein Glas. Also war noch eine knappe Stunde Zeit, ehe es hell wurde, dort drüben in Lee zeigte sich am Himmel schon der erste graue Schein. Hornblower öffnete den Mund, um etwas zu sagen, besann sich aber im letzten Augenblick eines Besseren. In der aufregenden Spannung des Augenblicks, die seine Pulse schneller schlagen ließ, war er drauf und dran gewesen, auch seine Befehle in lautem, scharfem Ton zu geben, aber er wollte sich dieses unbeherrschte Benehmen nicht durchgehen lassen. Solange er Zeit hatte, in Ruhe nachzudenken und sich vorzubereiten, konnte er auch den Mann mit den eisernen Nerven spielen.

»Kapitän Bush!« rief er und brachte es fertig, seinen Befehl mit lässig gedehnter Stimme zu geben und dabei eine vollkommen gleichmütige Miene zur Schau zu tragen: »Signal an alle Schiffe: Klarschiff zum Gefecht.«

»Aye, aye, Sir.«

Zwei rote Laternen an der Großrah und ein Kanonenschuß waren das Nachtsignal bei Gefahr einer Berührung mit dem Feind und bedeuteten für alle Mann den Befehl, sich auf die Gefechtsstationen zu begeben. Es dauerte natürlich ein bißchen, bis die Laternen angezündet waren, so kam es, daß die *Nonsuch* in der Herstellung der Gefechtsbereitschaft schon ziemlich weit gediehen war, ehe auch die anderen Schiffe das Signal verstanden hatten. Die Freiwache war geweckt, die Decks waren mit Sand bestreut, die Feuerlöschpumpen besetzt, die Geschütze ausgerannt, die Schottwände niedergelegt. Die zusammengewürfelte Besatzung war noch recht ungeschult – Bush mußte bei dem Unternehmen, die Leute aufzutreiben, die Hölle durchgemacht haben –, aber man mußte zufrieden sein, es hätte bestimmt schlechter klappen können. Inzwischen war die graue Dämmerung am Osthimmel immer höher gekrochen, die anderen Fahrzeuge, die man vorhin als dunkle Kernschatten in der allgemeinen Finsternis nur geahnt hatte, waren nun bereits als Schiffe erkennbar, aber für den Durchbruch war es immer noch nicht hell genug. Hornblower wandte sich an Bush und den Ersten Offizier Hurst: »Bitte«, sagte er und bemühte sich dabei, jedes Wort so lässig und langsam zu sprechen, wie er nur konnte, »lassen Sie das Signal anstecken: In Gefechtskiellinie auf befohlenen Kurs gehen, und halten Sie es klar zum Heißen.«

»Aye, aye, Sir.«

Nun war alles getan, was zu tun war. Diese letzten zwei Minuten der Untätigkeit, des Wartens, gingen besonders auf die Nerven. Hornblower war gerade im Begriff, seine Wanderung wieder aufzunehmen, da fiel ihm ein, daß es natürlich das Gegebene war, stehenzubleiben, wenn er unerschüterlichen Gleichmut beweisen wollte. Vielleicht hatten die Küstenbatterien schon die Essen geheizt, um ihre Kugeln glühend zu machen, und unter Umständen war seine ganze Streitmacht, auf die er jetzt so stolz war, innerhalb weniger Minuten zu einer traurigen Prozession lichterloh brennender Wracks zusammengeschossen ... Nun war es Zeit.

»Heiß das Signal!« sagte Hornblower. »Kapitän Bush, ich darf Sie bitten, voll zu brassen und dem Verband zu folgen.«

»Aye, aye, Sir«, sagte Bush.

Seine Stimme verriet unterdrückte Erregung, und dieser Umstand verhalf Hornblower zu der blitzartig aufleuchtenden Erkenntnis, daß er Bush mit seiner erzwungenen Haltung und Ruhe ja nicht täuschen konnte. Der wußte aus jahrelanger Erfahrung, daß er, Hornblower, immer dann auf einer Stelle stehen blieb, statt auf und ab zu gehen, und so langsam und gedehnt zu sprechen begann, wie auch jetzt wieder, wenn er eine Gefahr witterte. Das war eine hochinteressante Entdeckung, nur schade, daß er jetzt keine Zeit hatte, sich damit zu beschäftigen, weil er seinen Verband durch den Sund führen mußte. Bei dieser Aufgabe durfte er sich nicht ablenken lassen.

Die *Lotus* war Spitzenschiff. Ihr Kommandant Vickery hatte nach Hornblowers Meinung die besten Nerven, auf ihn konnte man das Vertrauen setzen, daß er ohne Wimpernzucken durchhielt. Am liebsten hätte Hornblower natürlich selbst geführt, bei der bevorstehenden Operation war aber das Schlußschiff am meisten gefährdet – die Spitzenschiffe mochten den Feuerbereich schon passiert haben, ehe die Bedienungen der Küstenbatterien an ihre Geschütze geeilt waren und das Ziel gefunden hatten –, und die *Nonsuch* als das stärkste und widerstandsfähigste Schiff des ganzen Verbandes mußte unbedingt den Schluß bilden, damit sie nötigenfalls imstande war, manövrierunfähig geschossenen Schiffen zu Hilfe zu kommen und sie womöglich aus dem Gefecht zu schleppen. Hornblower beobachtete, wie die *Lotus* ihre Mars- und Untersegel setzte und vierkant braßte. Ihr folgte der Kutter *Clam*, das schwächste Schiff des Verbandes. Ihn konnte ein einziger unglücklicher Treffer zum Sinken bringen, daher gebührte ihm auch der sicherste Platz in der Linie. Dann kamen die beiden häßlichen Kanonenboote und darauf die zweite Korvette, die *Raven*, die also unmittelbar vor der *Nonsuch* fuhr. Das gab eine gute Gelegenheit, zu beobachten, wie sich ihr Kommandant Cole im Gefecht benahm. Zuletzt schor endlich die *Nonsuch* in die Linie ein. Die steife Backstagsbrise von Steuerbord schob das schwere Schiff ganz mächtig, und Hornblower beobachtete, wie Bush das Kreuzmarssegel lebend brassen mußte, um hinter *Raven* genau Position zu halten. Im Vergleich zu den schlanken, zierlichen Korvetten nahm sich der mächtige Zweidecker aus wie ein unförmiges, schwerfälliges Ungeheuer.

Jetzt war die schwedische Küste in Sicht. Kullen lag an Backbord voraus.

»Lassen Sie bitte loggen, Mr. Hurst.«

»Aye, aye, Sir.«

Hornblower hatte den Eindruck, als ob ihm Hurst einen fragenden Seitenblick zugeworfen hätte. Vielleicht hielt er es für einen verrückten Einfall, in einem Augenblick loggen zu lassen, in dem für das Schiff alles auf dem Spiel stand. Aber Hornblower wollte eben wissen, wie lange er diese Spannung noch auszuhalten hatte, und wozu war man schließlich Kommodore, wenn man solche Augenblickswünsche nicht befriedigen durfte? Da kam schon ein Fähnrich mit ein paar Steuermannsmaaten mit Logg und Stundenglas nach achtern gelaufen. Der eine der Maate hielt die Loggrolle hoch über seinen Kopf, während sich bei der guten Fahrt die Leine so rasch abhaspelte, daß seine Arme zitterten.

»Fast neun Knoten, Sir«, meldete der Fähnrich an Hurst.

»Fast neun Knoten, Sir«, gab Hurst an Hornblower weiter.

»Ich danke sehr.«

Also mußten noch volle acht Stunden vergehen, ehe sie Saltholm passiert hatten und die Gefahr mehr oder weniger überstanden war. Jetzt zeigte sich an Steuerbord voraus auch die dänische Küste, sie war im morgendlichen Zwielicht noch kaum zu unterscheiden, aber nun verengte sich das Fahrwasser zusehends. Hornblower stellte sich vor, wie dort drüben verschlafene Wachen und Ausguckposten nach den Segeln starrten, die sie kaum ausmachen konnten, wie sie dann ihre wachhabenden Unteroffiziere heranholten, die sich erst den Schlaf aus den Augen reiben mußten, ehe sie etwas sahen, und endlich davoneilten, um ihrem Leutnant Meldung zu machen. Dann schlugen die Trommeln Alarm, und die Kanoniere eilten an ihre Geschütze. Auf der dänischen Seite machten sie sich als treue Soldknechte Bonapartes auf jeden Fall gefechtsbereit, da sie jedes aufkommende Schiff zunächst einmal für einen Gegner halten mußten. Wie aber stand es mit Schweden? Welche Entscheidungen hatte Bernadotte in diesen letzten Tagen getroffen? War Napoleons alter Marschall noch neutral, oder hatte er sich etwa doch entschlossen, das Gewicht der schwedischen Macht mit in die Waagschale seiner Heimat zu werfen?

Da waren schon die niederen Steilufer von Helsingör, dort an Backbord ebenso deutlich die spitzen Türme von Helsingborg und über der Stadt drohend die massige Burg. Die *Lotus* stand fast eine Meile voraus und mußte jetzt die Enge erreicht haben. Hornblower beobachtete sie durch das Glas. Da, nun braßte sie ihre Rahen, sie war also an dem Punkt angelangt, wo sie Kurs ändern mußte. Aber immer noch kein Schuß. Als nächster erreichte der Kutter *Clam* die gleiche Stelle – gebe Gott, daß sich die schwerfälligen Kanonenboote nicht danebenbenahmen. Halt! Also doch! Das war das dumpfe Grollen eines einzelnen Schusses und gleich hinterher der rollende Donner einer ganzen Salve. Hornblower richtete sein Glas auf die schwedische Küste, dort war kein Rauch zu sehen; dann nach Dänemark hinüber, richtig, hier erkannte man noch deutlich den Mündungsqualm, obwohl der frische Wind ihn rasch auflöste. In Erwartung der Kursänderung befahl Bush bereits dem Rudergänger, das Ruder um eine oder zwei Speichen zu legen. Sowohl Helsingör wie Helsingborg erschienen plötzlich unheimlich nahe, drei Meilen war ja die ganze Breite der Durchfahrt, und Vickery auf *Lotus* hielt sich genau nach Befehl gut an der Backbordseite des Fahrwassers, so daß sie zwei Meilen von der dänischen und nur eine Meile von der schwedischen Küste entfernt blieb. Die anderen Schiffe folgten genau in ihrem Kielwasser. Traten die schwedischen Geschütze in Aktion und wurden sie einigermaßen bedient, dann konnten sie dem Verband mit Leichtigkeit ein paar tüchtige Hiebe versetzen. An Steuerbord spritzten jetzt drei Wassersäulen auf, das Auge konnte zwar die Kugel, die sie verursachte, nicht ausmachen, aber man mochte sich leicht einbilden, sie über das Wasser hinspringen zu sehen. Immerhin, die letzte Fontäne lag noch eine volle Kabellänge zu kurz. Und die Schweden feuerten noch immer nicht. Hornblower hätte nur zu gern gewußt, ob er die schwedischen Küstenartilleristen nur überrumpelt hatte oder ob sie wirklich Befehl hatten, nicht zu feuern.

Helsingör lag bereits achterlicher als querab, und der Sund dehnte sich wieder zu großer Breite. Mit einem Ruck schob Hornblower seinen Kieker zusammen und empfand dabei eine wohltuende Entspannung. Rückblickend konnte er sich kaum mehr vorstellen, warum er sich solche Sorgen gemacht hatte. Nun rief er sich die Karte ins Gedächtnis, die er vorher so genau studiert hatte, und rechnete sich aus, daß sie erst in einer Stunde wieder in Reichweite der Küste kamen, das Fahrwasser führte dort dicht an der schwedischen Insel Hven vorbei (wenn man nur wüßte, wie man diese barbarischen nordischen Namen aussprach).

Bei diesem Gedanken fiel ihm etwas anderes ein, und er sah sich um. Richtig, dort stand er, Braun, er war auf seinem Posten und hielt sich auf dem Achterdeck zur Verfügung des Kommodore, wie es befohlen war. Die Hände auf die Reling gestützt, starrte er unverwandt zur schwedischen Küste hinüber. Hornblower konnte sein Gesicht zwar nicht erkennen, aber jede Linie seiner ganzen Gestalt verriet ihm ohnehin die fieberhafte Spannung, die den Mann völlig in ihrem Bann hielt. Da stand er, ein armer Flüchtling, und sah voll Sehnsucht zur Küste hinüber, ohne Hoffnung, sie jemals wieder betreten zu dürfen. Gewiß, es wimmelte überall von solchen Flüchtlingen, aber für diesen hier empfand Hornblower aufrichtiges Mitleid.

Da kam auch die Sonne zum Vorschein, sie blitzte zwischen zwei schwedischen Hügeln auf, die sich eben auseinanderschoben und den Blick in ein Tal freigaben. Nun war es hellichter Tag, und alle Anzeichen deuteten auf schönes Wetter hin. Die Sonne strahlte schon ein winziges bißchen Wärme aus, und der Schatten des Kreuztopps mit seiner Takelage huschte über das Achterdeck. Da kam es Hornblower erst zu Bewußtsein, wie steif und durchgefroren er war; das kam davon, daß er sich gezwungen hatte, so lange bewegungslos an einer Stelle stehenzubleiben. Nun ging er ein-, zweimal auf und ab, um seinen Blutumlauf wieder in Gang zu bringen, und dabei dämmerte ihm eine weitere Erkenntnis: Er war hungrig und sehnte sich nach seinem Frühstück. Einen Augenblick umgaukelten ihn verlockende Visionen von dampfendem Kaffee, bis er sich mit einem Gefühl heftiger Enttäuschung darauf besann, daß sich das Schiff im Gefechtszustand befand. Dabei waren alle Feuer gelöscht, es bestand also keinerlei Aussicht, irgend etwas Warmes in den Magen zu bekommen. Daß er darüber so enttäuscht sein konnte? Wahrscheinlich, so stellte er schuldbewußt fest, hatten die sechs Monate Landleben schon genügt, ihn richtig zu verweichlichen und bequem zu machen. Daß ihn zum Frühstück nichts anderes als Hartbrot und kaltes Fleisch erwarteten und daß er dieses Zeug mit dem sogenannten Trinkwasser hinunterspülen mußte, dem man seinen langen Aufenthalt in Fässern deutlich genug anmerkte, dieser Gedanke erfüllte ihn mit ausgesprochenem Widerwillen.

Dabei fielen ihm auch gleich die Leute ein, die so geduldig an ihren Geschützen standen. Er hatte den Wunsch, daß auch Bush an sie denken möchte. Er selbst konnte sich ja unmöglich in solche Einzelheiten des Dienstbetriebes einmischen. Versuchte er etwas dieser Art, dann stiftete er auf jeden Fall mehr Schaden als Nutzen damit; dabei empfand er ein brennendes Bedürfnis, die Befehle geben zu können, die ihm eben in den Sinn gekommen waren. Also versuchte er für einige Augenblicke wenigstens, sie Bush auf telepathischem Wege zu übermitteln. Aber der blieb völlig teilnahmslos, genau wie Hornblower erwartet hatte. Nun ging er nach Lee hinüber, als wollte er sich eine bessere Sicht auf die schwedische Küste verschaffen. Ein paar Meter von Bush entfernt blieb er stehen.

»Schweden scheint doch noch neutral zu sein«, bemerkte er wie beiläufig.

»Jawohl, Sir.«

»Wir werden endgültige Klarheit haben, wenn wir Hven – weiß Gott, wie man dieses Wort aussprechen soll – erreichen. Dort müssen wir dicht unter den Geschützen passieren, weil das Fahrwasser unter Land entlangführt.«

»Jawohl, Sir, ich kann mich daran erinnern.«

»Aber wir haben bis dahin noch fast eine Stunde Zeit. Ich werde mir deshalb einen Bissen Frühstück an Deck bringen lassen, wollen Sie mir dabei Gesellschaft leisten, Herr Kapitän?«

»Danke, Sir, mit dem größten Vergnügen.«

Eine solche Einladung von einem Kommodore war für einen Kommandanten natürlich so gut wie ein Befehl. Aber Bush war ein viel zu gewissenhafter Offizier, als daß es ihm in den Sinn gekommen wäre, selbst zu essen, wenn seine Leute nicht auch zu essen hatten. Hornblower konnte ihm geradezu vom Gesicht ablesen, daß er während dieser Zeit der Spannung seine Mannschaften am liebsten ohne Unterbrechung an den Geschützen gelassen hätte. Bush war ja auch noch ein junger Kommandant, der schwer an seiner Verantwortung trug. Schließlich gewann aber vernünftige Einsicht doch die Oberhand über seine nervöse Unruhe.

»Mr. Hurst, lassen Sie die Freiwache wegtreten. Eine halbe Stunde Frühstückspause.«

Das war genau der Befehl, den Hornblower haben

wollte – aber die Freude, daß es ihm gelungen war, ihn herbeizuführen, konnte den Ärger nicht aufwiegen, daß er zu diesem Zweck ein außerdienstliches Gespräch beginnen mußte und jetzt, bei diesem gemeinsamen Frühstück, wieder eine höfliche Unterhaltung zu führen hatte. Die Stille der Spannung, die über jedem gefechtsklaren Schiff liegt, wich lärmender Betriebsamkeit, als jetzt die Freiwache ihre Stationen verließ. Bush befahl mit lauter Stimme, einen Tisch und Stühle auf das Achterdeck zu bringen, und war dann umständlich darauf bedacht, ihn genau dort aufstellen zu lassen, wo es dem Kommodore am besten zusagte. Ein Blick Hornblowers genügte, daß Brown sogleich eine Reihe köstlicher Dinge aufmarschieren ließ, die zu dieser Tageszeit besonders schmeckten und aus den von Barbara besorgten Vorräten stammten: das beste Hartbrot, das es für Geld zu kaufen gab, Butter in einer Steinkruke, die noch nicht ein bißchen ranzig war, Erdbeermarmelade, ein kräftig geräucherter Schinken, eine geräucherte Hammelkeule von einem Bauern in Exmoor, Cheddar- und Stiltonkäse, Bachforellen in Gelee. Dazu hatte Brown den glänzenden Gedanken gehabt, ein paar Zitronen aus dem schwindenden Vorrat zu holen und auszuquetschen, um damit den muffigen Geschmack des Wassers zu übertäuben, wußte er doch, daß Hornblower völlig außerstande war, schon zum Frühstück Bier, auch wenn es nur Dünnbier war, zu trinken. Eine dritte Möglichkeit gab es aber nicht.

Bush ließ seine Blicke voll Genugtuung über diese Fülle schweifen und nahm dann auf Hornblowers Einladung mit einem gesunden Hunger Platz. Auch er war ja die längste Zeit seines Lebens arm gewesen und mußte von seinem Gehalt eine ganze Schar bedürftiger weiblicher Verwandter mit durchbringen. Daher war er auch noch keineswegs durch Luxus verwöhnt. Bei Hornblower dagegen hatte die angeborene Querköpfigkeit ganz die Oberhand gewonnen, er hatte sich Kaffee eingebildet, und den konnte er nicht haben, also hätte er am liebsten gar nichts zu sich genommen. Diese Limonade war doch nur ein schlechter Witz. Gereizt und widerwillig begann er ein paar Bissen zu essen. Bush belegte sich ein Stück Hartbrot dick mit Forellenfleisch und aß mit dem gesunden Appetit eines Mannes, der die ganze Nacht nicht unter Deck gekommen war. Das brachte Hornblower auf den völlig lächerlichen Gedanken, daß er ihn mit diesem Benehmen absichtlich ärgern wollte. Bush warf heimlich einen verschmitzten Blick zu seinem Kommodore hinüber und ließ dann wohlweislich die lobenden Worte über das Frühstück ungesagt, die er schon auf der Zunge hatte. Wenn es seinem absonderlichen Herrn Kommodore gefiel, schlechter Laune zu sein, dann war es das beste, ihn nicht dabei zu stören – und Hornblower, der die Haltung seines Gegenübers sofort durchschaute, stellte fest, daß ihm dieser Bush jedenfalls lieber war als eine Frau. Jetzt zog er die Uhr, um Bush an die nächsten Maßnahmen zu erinnern.

»Freiwache auf Gefechtsstationen, Wache wegtreten zum Frühstück!« befahl Bush.

Ihre Lage war wirklich seltsam, man mochte sie sogar mit Fug als dramatisch bezeichnen. Da saßen sie im Sonnenschein eines skandinavischen Frühlingstages gemütlich beim Frühstück, während keine drei Meilen entfernt die Horden des Festlandstyrannen standen und sich damit begnügen mußten, ohnmächtig zu ihnen herüberzustarren. Brown reichte die Zigarren, Bush brachte aus seiner Hosentasche ein riesiges Bordmesser zum Vorschein und schnitt der seinigen damit die Spitze ab. Da kam Brown auch schon mit der glimmenden Lunte, die er aus der Pütz neben den Achterdecks-Karronaden geholt hatte, um den Herren Feuer zu geben. Hornblower sog mit Hochgenuß an dem duftenden Kraut und fand es nachgerade unmöglich, seiner schlechten Laune noch weiter nachzuhängen. Die Sonne schien, die Zigarre zog ausgezeichnet, und drei Meilen entfernt standen die Vorhuten einer Millionenarmee französischer Soldaten. Was wollte er mehr? Der Tisch zwischen ihnen verschwand, behaglich streckte er seine Beine aus, und Bush folgte seinem Beispiel, das heißt, er setzte sich wenigstens etwas weiter auf seinem Stuhl zurück, statt sich immer noch mit der Kante zu begnügen, und hielt dabei nur das Holzbein steif nach vorn gestreckt, das andere aber blieb nach wie vor angewinkelt, wie es die gute Sitte verlangte. Die *Nonsuch* machte unter ihren gewöhnlichen Segeln immer noch eine glänzende Fahrt, der Wind krängte sie leicht nach Lee, und unter ihrem Bugspriet schäumte die grüne See in einer lustigen Bugwelle. Wieder sog Hornblower an seiner Zigarre und fühlte dabei, wie ihn wunderbarer innerer Friede durchströmte. Nach dem nörglerischen Unbehagen, das ihn eben noch beherrscht hatte, war ihm nun zumute, als sei er wie durch ein Wunder von bohrenden Zahnschmerzen befreit.

»Der äußerste Schußbereich von Hven ist in Kürze erreicht«, meldete der Erste Offizier.

»Lassen Sie alle Mann auf Gefechtsstationen pfeifen«, befahl Bush und warf dabei einen Blick auf Hornblower.

Der blieb ruhig sitzen. Irgendwoher wußte er plötzlich ganz genau, daß die Geschütze von Hven das Feuer nicht eröffnen würden, außerdem wollte er auch nicht so undankbar sein, die Zigarre vorzeitig wegzuwerfen, die ihm so gute Dienste geleistet hatte. Bush warf ihm einen zweiten Blick zu und beschloß dann, gleichfalls sitzen zu bleiben. Kaum, daß er sich nach der Insel umwandte, als sie Backbord voraus immer näher kam, langsam achteraus wanderte und endlich wieder entglitt. Hornblower dachte an Saltholm und Amager, die noch voraus lagen. Das war der gefährlichste Punkt dieser ganzen Passage, denn beide Inseln waren dänisch, das Fahrwasser der Zwölf-Faden-Rinne führte zwischen ihnen hindurch, und zwar dicht an beiden vorüber. Bis dahin hatte er jedoch noch eine Menge Zeit, seine Zigarre zu Ende zu rauchen. Mit aufrichtigem Bedauern tat er schließlich den letzten Zug, dann stellte er sich langsam auf die Beine, schlenderte an die Leereling hinüber und warf den Stummel sorgsam über Bord.

Durch seinen plötzlichen Vorstoß im Morgengrauen hatte er wohl die Besatzung von Helsingör zu überraschen vermocht, aber in Saltholm und Amager konnte davon natürlich keine Rede sein. Von dort aus waren seine Schiffe bei dem klaren Wetter schon auf eine Entfernung von zwölf Meilen zu sehen, die Kanoniere hatten also reichlich Zeit, alle Vorbereitungen zu ihrem Empfang zu treffen. Er warf einen Blick nach vorn auf die Linie seines Verbandes.

»Signal an *Moth*«, befahl er dann in scharfem Ton über die Schulter hinweg. »Besser Position halten!«

Wenn sich die Linie in die Länge zog, dann war sie auch um so länger dem Feuer ausgesetzt. Durch das Glas war das Land deutlich zu sehen, glücklicherweise lag Saltholm sehr niedrig, so daß die Geschütze dort auch keine besonders große Reichweite hatten. Kopenhagen mußte an Steuerbord eben unter der Kimm liegen. Vikkery führte seine *Lotus* genau den Weg, den ihm Hornblower durch Befehl vorgeschrieben hatte. Da zeigte sich auf Saltholm eine Qualmwolke, und gleich darauf hörte man auch das Dröhnen der Geschütze, eine sehr unregelmäßige Salve. Auf den Schiffen vorn war nichts auszumachen, was nach einem Treffer aussah. *Lotus* erwiderte das Feuer, aber Hornblower bezweifelte, ob ihre Neunpfünder, diese Knallbüchsen, auf solche Entfernung etwas ausrichten konnten. Immerhin mochte wenigstens der Qualm des Mündungsfeuers einige Deckung bieten. Nun war ganz Saltholm in Rauch gehüllt, und der Donner der Batterien rollte unaufhörlich wie ein Paukenwirbel über das Wasser. Vorläufig waren sie noch außer Schußweite von Amager. Da, jetzt änderte Vickery Kurs und fiel weiter ab. Bush hatte Lotgäste in den Rüsten klar, sehr vernünftig von ihm.

»Gerade sieben!«

Sieben Faden war reichlich, zumal bei steigendem Wasser. Die braunen Flecke, die sich gegen das Grün abhoben, das waren die Batterien auf Saltholm, man konnte sie durch den Qualm hindurch nur undeutlich ausmachen. Auf dem Großdeck bemühte sich der junge Carlin, den Zwölfpfündern der Backbordseite das Ziel genau zu bezeichnen.

»Einhalb über sechs!«

Plötzlich ging alles in einem entsetzlichen Krachen unter. Geschlossen hatte die Backbordbatterie eine Salve gelöst, so daß die *Nonsuch* durch den Rückstoß nach Steuerbord überholte. Da sang auch schon der Lotgast wieder aus:

»Gerade sechs!«

»Backbord das Ruder!« kommandierte Bush, »klar bei den Steuerbordgeschützen!«

Langsam wanderte das Bugspriet der *Nonsuch* nach Backbord auf den neuen Kurs. Nach Hornblowers Beobachtungen hatte der Gegner bis jetzt noch keinen Schuß auf sie abgegeben.

»Gerade fünf!«

Offenbar rutschten sie genau am Rand der Untiefen entlang. Nun waren auch die Batterien auf Amager deutlich in Sicht und sogar für die Steuerbordgeschütze schon zu erreichen, weil sie sich die zusätzliche Erhöhung zunutze machen konnten, die sich aus dem Überliegen des Schiffes nach Backbord ergab. Schon feuerten beide Breitseiten zu gleicher Zeit, der Krach war geradezu ohrenzerreißend. Dann wogte der Qualm aus den Steuerbordrohren in dicken Schwaden über Deck, er verursachte Hustenreiz und gab einen bitteren Geschmack auf der Zunge.

»Einhalb über fünf!«

Schon besser. Mein Gott, die *Harvey* hatte einen Treffer. Das Kanonenboot, zwei Kabellängen vor der *Nonsuch*, verwandelte sich im Bruchteil einer Sekunde aus einem kämpfenden Kriegsschiff zum hilflosen Wrack. Sein hoher Großmast, für das kleine Schiffchen eine riesige Spiere, war gerade über Deck abgeschossen und hing nun samt dem Gewirr des stehenden Gutes und all seinen unhandig großen Segeln Backbord achtern im Wasser. Auch die kräftige Besanstenge war abgeknickt und hing am Eselshaupt ihres Mastes. Die *Raven* lief befehlsgemäß an der *Harvey* vorüber, die völlig hilflos dalag, als nun die *Nonsuch* herangebraust kam.

»Back das Großmarssegel!« brüllte Bush.

»Einhalb über fünf!« sang der Lotgast aus.

»Klar bei Wurfleine!« befahl Hurst.

»Luv das Ruder!« kommandierte Bush, dann brüllte mitten in all der Aufregung wieder die Steuerbordbatterie auf, als die Geschütze die Befestigungen auf Amager zu fassen vermochten. Die *Nonsuch* holte über, zugleich faßte das backgebraßte Marssegel Wind und brachte das Schiff allmählich zum Stehen, während es sich langsam wieder aufrichtete. Endlich trieb die *Nonsuch* ohne Fahrt dicht neben der zerschossenen *Harvey*. Hornblower konnte beobachten, wie drüben Mound, der Kommandant, von seinem Platz neben dem Besanmast aus die fieberhafte Arbeit seiner Besatzung leitete. Jetzt hob er das Megaphon an den Mund:

»Los, kappt das Zeug weg, beeilt euch!«

»Leine wahrnehmen!« rief Hurst.

Die Wurfleine war gut gezielt und verfing sich in den Besanwanten. Mound griff sie persönlich, und Hurst stürzte jetzt unter Deck, um dort das Hinübergeben der nächststärkeren Leine zu überwachen, die im unteren Batteriedeck klar lag und durch eine der Heckpforten ausgesteckt wurde. Ein splitterndes Krachen vom Vorschiff her gab Kunde, daß mindestens ein Schuß von

Amager sein Ziel getroffen hatte. Auf der *Harvey* hieben die Äxte wütend auf das Gewirr von Wanten und Stagen ein, das über die Reling hing, und eine andere Gruppe von Männern holte wie besessen die dreizöllige Trosse der *Nonsuch* ein, die man hier auf die Wurfleine gesteckt hatte. Wieder krachte es auf dem Vorschiff, daß Hornblower herumfuhr. Er sah sofort, daß ein paar von den Fockwanten am Rüst gebrochen waren. Die *Nonsuch* lag jetzt beinahe im Wind, so kam es, daß weder die Steuerbord- noch die Backbordgeschütze das feindliche Feuer erwidern konnten, weil sie kein Ziel fanden. Aber schon beeilte sich Carlin mit ein paar Geschützbedienungen, die beiden vordersten Kanonen mit Hilfe von Handspaken herumzuwuchten. Konnte man die Batterien wenigstens einigermaßen unter Feuer halten, so war das immer noch besser, als wenn das Gefecht für sie zur reinen Schießübung wurde. Hornblower wandte sich wieder nach achtern. Die beiden Schiffe lagen jetzt so zueinander, daß das Heck der *Nonsuch* jeden Augenblick mit dem Achterschiff der *Harvey* zusammengeraten konnte. Aber schon erschien irgendein tüchtiger Leutnant mit zwei Spieren auf der Heckgalerie, um das Kanonenboot abzusetzen. Inzwischen war das Manöver so weit gediehen, daß der Tamp der schweren Schlepptrosse drüben anlangte. Hornblower sah, wie er von der Besatzung wahrgenommen wurde.

»Über den Achtersteven, Mr. Mound, über den Achtersteven!« schrie er durch sein Megaphon. Man durfte nicht dadurch Zeit verlieren, daß man die Schlepptrosse erst lange nach vorn gab. Mound zeigte »Verstanden«.

»Dreiviertel über vier« hörte man dazwischen die Stimme des Lotgasten. Die beiden Schiffe machten natürlich starken Leeweg und trieben rasch auf die Sände bei Saltholm zu.

Unmittelbar nach dem Ruf des Lotgasten hörte man das »Bum, bum« der beiden Kanonen, die Carlin endlich auf Amager gerichtet hatte, und gleich darauf heulte ein Weitschuß über das Schiff hin. Das Groß- und Kreuzmarssegel zeigten Schußlöcher – offenbar versuchte der Feind, nun auch die *Nonsuch* zu entmasten.

»Kann ich Fahrt aufnehmen?« fragte Bush, der neben Hornblower stand.

Mound hatte nämlich mit der Schlepptrosse bereits einen Turn um den Fuß des Besanmastes genommen, der so weit achtern stand, daß er für dieses Schleppmanöver wie geschaffen war. Jetzt hob er beide Arme zum Zeichen, daß die Trosse sicher belegt war, und auch die Leute mit den Äxten kappten soeben die letzten Pardunen des Großmastes.

»Bitte, Herr Kapitän.« Es kostete Hornblower Überwindung, Bush Anweisungen für ein Manöver zu geben, das durchaus Aufgabe des Kommandanten war. »Lassen Sie aber langsam Kraft auf die Trosse kommen, sonst bricht sie Ihnen weg, oder Sie reißen der *Harvey* glatt ihren Besanmast aus. Holen Sie erst die Vorsegel back, und nehmen Sie ganz vorsichtig Fahrt auf, ehe Sie das Großmarssegel rundbrassen.«

»Aye, aye, Sir.«

Offenbar nahm es Bush nicht im mindesten übel, daß ihm Hornblower so genau auseinandersetzte, was er tun sollte. Er wußte eben gut, daß die Ratschläge dieses Seemannes nicht mit Gold aufzuwiegen waren.

»Wenn das mein Manöver wäre, dann würde ich auf jeden Fall mit kurzer Trosse schleppen. Die *Harvey* wird sich so bestimmt besser benehmen, bedenken Sie, daß Sie über den Achtersteven schleppen und daß Mound keine Gewalt über sein Schiff hat.«

»Aye, aye, Sir.«

Bush wandte sich ab und begann mit lauter Stimme seine Befehle zu geben. Durch das Backsetzen der Vorsegel drehte die *Nonsuch* aus dem Wind, und sogleich brachte auch Carlin seine Artillerie wieder ins Gefecht.

Das Schiff hüllte sich in dicken Qualm und dröhnte vom höllischen Lärm der Geschütze. Von Amager her fand immer noch ab und zu eine Kugel ihr Ziel oder sie jagte als Weitschuß darüber hin. Dazwischen hörte man in einem vergleichsweise ruhigen Augenblick wieder die Stimme des Lotgasten:

»Einhalb über vier!«

Je eher sie von diesen Untiefen freikamen, desto besser. Schon begannen sich Vor- und Kreuzmarssegel langsam zu füllen, die Vorsegel wurden übergenommen und zogen mit. Allmählich kam die Schleppleine steif, und als das Krachen der nächsten Salve verklungen war, da hörte man von unten ein unheimliches Knacken und Knirschen, ein Zeichen der riesigen Kraft, die Trosse und Betings beanspruchten, als sie den Zug aufnahmen. Auf dem Achterdeck der *Nonsuch* war deutlich zu hören, wie dabei auch der Besanmast der *Harvey* laut krachte. Langsam, langsam wurde das Kanonenboot herumgeholt, dabei ging es natürlich nicht ohne ein lautes Donnerwetter für den Rudergänger der *Nonsuch* ab, weil der quer zum Achterschiff wirkende Zug den Zweidecker aus dem eingeleiteten Dreh zu bringen drohte. Aber das Manöver gelang wunderbar, und Hornblower nickte befriedigt vor sich hin. – Sollte ihm Bush einen heimlichen Blick zuwerfen (was er bestimmt annahm), dann mochte er dieses Kopfnicken ruhig sehen, das konnte nicht schaden.

»An die Brassen!« brüllte Bush nun über das Deck hin, und seine Stimme klang für Hornblower wie ein Echo seiner eigenen Gedanken. Vor- und Kreuzmarssegel wurden für den anliegenden Kurs gebraßt und getrimmt, so daß die *Nonsuch* allmählich mehr Fahrt bekam. Das Kanonenboot folgte ihr, so gut man es von einem Fahrzeug erwarten konnte, das nicht mit dem Ruder auf Kurs zu halten war. Plötzlich schor die *Harvey* in gefährlicher Weise nach Steuerbord aus, und es vergingen einige ängstliche Sekunden, ehe sie die überanstrengte

Schlepptrosse wieder zurück ins Kielwasser zwang. Hornblower schüttelte zu diesem Schauspiel den Kopf, und Bush verschob den Befehl zum Anbrassen des Großtopps, den er eben hatte geben wollen.

»Backbord Ruder, Mr. Mound!« schrie Hornblower durch sein Megaphon hinüber. Es mochte etwas ausmachen, wenn die *Harvey* Ruder legte – sicher konnte man es allerdings nicht wissen, denn jedes Schiff benahm sich beim Schleppen anders. Jetzt bekamen sie immer mehr Fahrt, auch das konnte das Verhalten der *Harvey* im guten oder im schlechten Sinne beeinflussen.

»Gerade fünf!«

Das war günstig. Auch die *Harvey* schien allmählich Vernunft anzunehmen und gierte nur noch ein bißchen nach beiden Seiten. Entweder war das eine Folge des Ruderlegens, oder es kam von der höheren Fahrt.

»Ausgezeichnet, Kapitän Bush«, bemerkte Hornblower großartig.

»Danke, Sir«, gab Bush zur Antwort und befahl dann sogleich, das Großmarssegel vollzubrassen.

»Gerade sechs!«

Damit waren sie gut frei von den Bänken bei Saltholm. Jetzt fiel Hornblower plötzlich auf, daß die Geschütze schon seit einiger Zeit schwiegen und daß auch Amager nicht mehr schoß. Das bedeutete, daß sie die Durchfahrt hinter sich hatten und außer Schußweite der Batterien waren und daß das ganze Unternehmen ihn nicht mehr gekostet hatte als eine abgeschossene Spier. Von nun an konnte er außer Reichweite jedes feindlichen Geschützes bleiben, vor allem war es ein leichtes, beim Runden von Falsterbo die schwedischen Batterien zu vermeiden.

»Gerade neun!«

Bush blickte Hornblower mit jenem Ausdruck staunender Bewunderung an, den er schon von früher an ihm kannte. Dabei war das Ganze doch so einfach gewesen. Jedermann konnte, mußte einsehen, daß die *Nonsuch* zum Abschleppen havarierter Schiffe am besten taugte. War man sich aber erst einmal darüber im klaren, dann war es doch selbstverständlich, daß man eine geeignete Trosse aus der Last holte und achtern klar aufschoß, daß man Wurfleinen und alles andere nötige Geschirr bereithielt, um eine solche Aufgabe auch sofort und auf Anhieb lösen zu können. Außerdem wäre sicherlich auch jeder andere auf den Gedanken gekommen, die *Nonsuch* zum Schlußschiff der Linie zu bestimmen, weil dort das schwerste Feuer des Gegners zu erwarten war und weil sie selbstverständlich von dort aus jeden Havaristen am besten decken und ohne Zeitverlust in Schlepp nehmen konnte.

Alle diese Schlußfolgerungen ergaben sich doch ganz zwangsläufig – Hornblower mochte es nicht, und irgendwie ärgerte es ihn, daß ihn Bush deswegen so ansah.

»Geben Sie Signal an alle Schiffe: Beidrehen«, sagte Hornblower. »Kapitän Bush, machen Sie bitte klar zum Loswerfen. Die *Harvey* soll einen Notmast auftakeln, ehe wir Falsterbo runden. Vielleicht haben Sie die Güte, ein Arbeitskommando zur Hilfeleistung hinüberzuschicken.«

Mit diesen Worten verschwand er unter Deck. Für den Augenblick konnten ihm Bush und die ganze übrige Welt gestohlen bleiben. Er war hundemüde, und seine Energie war bis auf den letzten Rest erschöpft. Später fand er noch Zeit genug, sich am Schreibtisch mit den langweiligen Phrasen seines Berichts herumzuschlagen: »Sir, ich beehre mich zu melden...« Leider hatte er dann auch eine Liste von Toten und Verwundeten beizufügen.

7

Seiner Britischen Majestät Schiff *Nonsuch*, 74 Kanonen, stand in der Ostsee außer Sicht von Land. Es führte handliche Segel und lief platt vor dem immer noch getreuen Westwind nach Osten. In seinem Kielwasser folgten die beiden Kanonenboote und erinnerten an ein paar häßliche Entlein, die hinter ihrer stattlichen Mutter einherwatscheln. Weit an Steuerbord, an der Sichtgrenze, stand die *Lotus* und ebensoweit an Backbord die *Raven*. Jenseits der *Raven* und außer Sicht für die *Nonsuch* befand sich noch der Kutter *Clam*. So bildeten die vier Schiffe, eins immer in Sicht des anderen, eine Späherkette, der an dieser schmalen Stelle der Ostsee zwischen Rügen und der schwedischen Küste nichts entgehen konnte. Noch hatte er keine neueren Nachrichten, jetzt, im Frühjahr, nach der Eisschmelze, gab es in der Ostsee nur ausgehende Schiffahrt nach England und den westeuropäischen Häfen. Bei dem lang anhaltenden Westwind war aber bis jetzt auch davon nur wenig zu spüren. Trotz des Sonnenscheins war die Luft von schneidender Frische, und die See lag silbergrau unter einem mit hellen Schäfchen bedeckten Himmel.

Hornblower mußte schaudernd nach Luft schnappen, während er unter der Deckwaschpumpe sein gewohntes Morgenbad nahm. Fünfzehn Jahre lang hatte er in den Tropen und im Mittelmeer gedient, unzählige Male, solange er denken konnte, hatte er sich Wasser über den Rücken pumpen lassen, aber immer war es angenehm lau gewesen. Dieses Ostseewasser hingegen, das die Kälte des Eises aus dem Bottnischen und Finnischen Meerbusen und des Schneewassers aus der Oder und Weichsel in sich trug, ging ihm immer noch durch Mark und Bein. Gleichwohl wirkte es herrlich erfrischend, und er vollführte unter den schweren Güssen der Pumpe die seltsamsten Kapriolen. Wie immer, so vergaß er während seines Bades auch heute ganz, seine gesetzte Würde als Kommodore zu wahren. Ein halbes Dutzend Seeleute, die unter Anleitung des Zimmermanns gemächlich an der Reparatur einer zerschossenen Stückpforte arbeiteten, warfen ab und zu verstohlene Blicke zu der Szene hinüber, aus denen fassungsloses Staunen sprach. Die beiden Matrosen an der Pumpe jedoch und nicht minder Brown, der mit Handtuch und Schlafrock bereitstand, wahrten natürlich ihren feierlichen Ernst, da sie sich ja unmittelbar unter seinen Augen bewegten.

Plötzlich hörten die Fluten auf zu stürzen, und ein magerer, kleiner Fähnrich stand grüßend vor seinem nackten Kommodore. Natürlich war es für den Jungen ohnehin eine ernste und aufregende Sache, einem so bedeutenden Mann und hohen Vorgesetzten eine Meldung machen zu müssen. Als er nun gar das phantastische Gehaben dieses Offiziers beobachtete, dessen Taten schon sprichwörtlich waren, da bekam er vor Staunen ganz runde Augen.

»Was ist los?« fragte Hornblower, noch immer triefend und außerstande, den Gruß zu erwidern.

»Meldung von Mr. Montgomery, Sir: Signal von *Lotus*: Segel in Lee in Sicht, Sir.«

»Danke sehr.«

Hornblower riß Brown das Handtuch aus der Hand, aber die Meldung war viel zu wichtig, er konnte keine Zeit mit Abtrocknen verlieren, also lief er naß, wie er war, die Treppe zum Achterdeck hinauf, und Brown kam mit dem Schlafrock hinterher. Der wachhabende Offizier hob bei seinem Erscheinen grüßend die Hand an den Hut – es gab irgendein altes Märchen, an das man unwillkürlich denken mußte, wenn man sah, wie geflissentlich jedermann übersah, daß der Kommodore splitterfasernackt war.

»Neues Signal von *Lotus*, Sir: Gesichtetes Fahrzeug hat

gewendet, liegt jetzt mit Backbordhalsen, Peilung Ostnordost ein halb Ost.«

Hornblower sprang sofort an den Kompaß. Hier von Deck aus konnte man noch nichts erkennen, als er mit unbewaffnetem Auge in Richtung der Peilung die Kimm absuchte, nur die Marssegel der *Lotus* waren zu sehen. Was immer es mit diesem Segel auf sich haben mochte, er mußte das Fahrzeug anhalten, um sich auf jeden Fall Nachrichten zu verschaffen.

Da kam gerade Bush an Deck gestürzt und knüpfte sich im Laufen noch den Rock zu.

»Kapitän Bush, darf ich Sie bitten, zwei Strich nach Steuerbord Kurs zu ändern.«

»Aye, aye, Sir.«

»Neues Signal von *Lotus*, Sir: Gesichtetes Fahrzeug ist ein Vollschiff, vermutlich britisches Handelsschiff.«

»Sehr gut, danke. Kapitän Bush, bitte, setzen Sie alle Segel.«

»Aye, aye, Sir.«

Die Bootsmannspfeifen schrillten durch das Schiff, und vierhundert Mann enterten die Wanten empor, um die Royals loszumachen und die Leesegel zu setzen. Hornblower beobachtete das Manöver, das sich unter einem Sturm von Scheltworten und Ermahnungen des wachhabenden Offiziers vollzog, mit fachmännisch prüfenden Blicken. Die Mannschaft war noch immer recht schwerfällig, aber die Deckoffiziere taten ihr Bestes, daß es trotzdem so schnell wie möglich ging. Kaum aber standen alle Segel, da hörte man auch schon einen Ruf aus dem Topp:

»Segel Steuerbord voraus.«

»Muß das Schiff sein, das die *Lotus* in Sicht hat«, sagte Bush. »Hallo, Vortopp! Können Sie etwas Näheres ausmachen?«

»Ein Vollschiff, Sir, liegt beim Wind und kommt schnell näher, unser Kurs führt uns zusammen!«

»Setzen Sie die Flagge, Mr. Hurst. Wenn der andere nach dem Sund aufkreuzt, dann mußte er vorhin auf jeden Fall wenden, ganz gleichgültig, ob er die *Lotus* in Sicht bekam oder nicht.«

»Das stimmt«, sagte Hornblower.

Einer der Wachfähnriche war mit einem Glas in den Vortopp geentert, der Bengel hatte den Stimmbruch noch nicht ganz überwunden, deshalb hörte man jetzt nur ein häßliches, heiseres Krächzen:

»Britische Flagge, Sir!«

Hornblower fiel es ein, daß er immer noch naß und nackend war. Die Nässe hielt sich allerdings nur noch an den Stellen des Körpers, die der Wind nicht frei umspülen konnte. Eben hatte er begonnen, diese Winkel mit dem Handtuch, das er immer noch in der Hand hielt, abzutrocknen, da wurde er schon wieder unterbrochen.

»Da ist er ja!« sagte Bush. In der Tat waren die Obersegel des anderen Schiffes nun auch von Deck aus über der Kimm zu sehen.

»Steuern Sie bitte so, daß wir in Rufweite kommen«, sagte Hornblower.

»Aye, aye, Sir! Rudergänger, einen Strich Steuerbord. Mr. Hurst, lassen Sie die Leesegel wieder bergen.«

Das Schiff, dem sie rasch näher kamen, hielt stetig Kurs, nichts Verdächtiges war ihm anzumerken, bei näherer Überlegung konnte nicht einmal die Tatsache wundernehmen, daß es beim Insichtkommen der *Lotus* sofort gewendet hatte.

»Holz aus der südlichen Ostsee, nehme ich an, Sir«, meinte Bush, den Kieker am Auge. »Man kann bereits die Deckslandung erkennen.«

Wie die meisten Schiffe, die aus der Ostsee kamen, führte auch dieses eine hochgetürmte Deckslast von Brettern und Balken, die sich wie ein mächtiges Bollwerk über die Reling erhob.

»Setzen Sie bitte Erkennungssignal-Anruf für Handelsschiffe, Herr Kapitän«, sagte Hornblower.

Bald darauf sah er die Antwort zur Rahnock des anderen emporklettern:

»A-T-Zahlenwimpel 1-5-7, Sir«, las Hurst durch das Glas ab. »Das ist die richtige Antwort für den vergangenen Winter. Sie werden den neuen Code noch nicht an Bord haben.«

»Setzen Sie Signal: Beidrehen«, sagte Hornblower.

Von einem Handelsschiff, das eine schwache Besatzung hatte und dessen Offiziere wenig Übung im Signalwesen besaßen, konnte man wirklich kein schnelleres Manöver erwarten. Sein Großtopp wurde backgebraßt, dann lag es beigedreht und verlor seine Fahrt. Die *Nonsuch* kam nun rasch herangebraust.

»Drüben heißen sie die gelbe Flagge Q, Sir«, meldete Hurst plötzlich, »die Fieberflagge.«

»Schön, danke sehr. Kapitän Bush, bitte, drehen Sie bei.«

»Aye, aye, Sir. Mit Ihrem Einverständnis werde ich mich zu luward halten.«

Die *Nonsuch* braßte ihre Toppen und schwang herum. Sie wiegte sich leise in dem schwachen Seegang, als sie auf Pistolenschußweite in Luv des anderen Schiffes zum Stehen kam. Hornblower griff nach seinem Megaphon.

»Wie heißt das Schiff?«

»*Maggie Jones* aus London. Elf Tage von Memel unterwegs!«

Außer dem Rudergänger konnte man auf dem Achterdeck der *Maggie Jones* nur zwei Männer unterscheiden. Der eine trug weiße Segeltuchhosen und einen blauen Rock, das war offenbar der Kapitän, denn er gab auch die Antworten durch das Megaphon.

»Was bedeutet die Quarantäneflagge?«

»Die Pocken. Sieben Fälle an Bord, zwei gestorben, erster Fall vor einer Woche!«

»Mein Gott, die Pocken!« murmelte Bush vor sich hin und malte sich mit Schrecken aus, welche Verwüstungen diese Krankheit anrichten mußte, wenn sie auf die *Nonsuch* übergriff, wo neunhundert Mann auf engstem Raum zusammenhausten.

»Warum segeln Sie ohne Geleit?«

»In Memel war keines zu bekommen. Die Handelsschiffe sollen sich am 24. bei Langeland sammeln. Ich kreuze eben nach dem Belt hinauf.«

»Haben Sie neuere Nachrichten?« Hornblower hatte das endlose Frage-und-Antwort-Spiel geduldig abgewikkelt, ehe er diese Frage stellte.

»Rußland hält sein Embargo* immer noch aufrecht, aber wir haben für diese Reise besondere Auslaufgenehmigung bekommen.«

»Und Schweden?«

»Das weiß Gott allein, Sir. Manche behaupten, das Embargo sei dort strenger geworden.«

In diesem Augenblick hörte man auf der *Maggie Jones* ein höchst merkwürdiges, gedämpftes Heulen, das aus einem Raum unter Deck zu kommen schien und immerhin bis zur *Nonsuch* herüberdrang.

»Was ist das für ein Geheul?« fragte Hornblower.

»Einer der Pockenkranken, Sir, er ist im Delirium... Man erzählt, der Zar werde nächste Woche irgendwo in Finnland mit Bernadotte zu einer Konferenz zusammentreffen.«

»Gibt es Anzeichen dafür, daß es zwischen Frankreich und Rußland bald zum Krieg kommt?«

»In Memel habe ich nichts davon bemerkt.«

Der Patient drüben mußte in seinem Delirium geradezu tobsüchtig sein, daß sein Geschrei für Hornblower auf diese Entfernung gegen den Wind noch zu hören war.

---

* Die durch Napoleon verhängte Sperre der Festlandshäfen für Handel mit England (Kontinentalsperre).

Da war es schon wieder! Konnte ein einzelner Mensch überhaupt soviel Lärm machen? Das klang viel eher wie ein ganzer Chor von Stimmen, gedämpft nur durch das trennende Hindernis des Decks.

Hornblower fühlte, wie ihn, einer flutenden Woge gleich, plötzlich das Mißtrauen überkam. Diese weißbehoste Gestalt da drüben auf der *Maggie Jones* war ihm allzu glatt und gewandt, allzu sachlich in ihrer Redeweise. Wie kaltschnäuzig dieser Mann die Kriegsaussichten in der Ostsee erörtert hatte! So sprach höchstens ein Seeoffizier, ein richtiger Handelsschiffskapitän aber hätte bei einem solchen Thema bestimmt den Ton mehr auf seine persönlichen Gefühle gelegt, und der Krach in der Foksel da drüben stammte sicher nicht nur von einem einzigen Mann. Die Nachricht über die Zusammenkunft des Zaren mit Bernadotte war vielleicht nichts als ein Köder, der Hornblowers Aufmerksamkeit von dem Geschrei unter Deck ablenken sollte. Irgend etwas war da drüben faul.

»Kapitän Bush«, sagte Hornblower, »schicken Sie ein Boot mit einem Prisenkommando hinüber.«

»Sir!« fuhr Bush dagegen auf, »Sir – sie haben die Pokken an Bord – Sir! . . . aye, aye, Sir.«

Hornblowers Gesichtsausdruck erstickte bei Bush jede weitere Auflehnung. Schließlich sagte er sich, daß Hornblower genausogut wußte wie er selbst, welche fürchterlichen Folgen ein Übergreifen der Pocken auf die *Nonsuch* haben konnte. Hornblower wußte bestimmt genau, was er riskierte. Jeder Zug in seinem Gesicht verriet deutlich genug, daß ihm die Entscheidung bitter schwergefallen war.

Hornblower griff nun wieder nach seinem Megaphon.

»Ich schicke ein Boot zu Ihnen hinüber«, rief er. Auf diese Entfernung von gut zwanzig Metern war es schwer, zu erkennen, welchen Eindruck diese Nachricht auf den Mann drüben machte, zumal er auch noch durch das Megaphon behindert war. Hornblower glaubte aber trotzdem zu erkennen, daß er etwas zusammenfuhr. Jedenfalls verging eine gewisse Zeit, ehe er seine Antwort fand.

»Wie Sie wünschen, Sir. Ich habe Sie vor den Pocken gewarnt. Können Sie einen Arzt und Arzneimittel mitschicken?«

Das war genau die Antwort, die man von ihm erwarten konnte. Aber die verdächtige Pause, ehe sie zustande kam, ließ doch vermuten, daß der Mann mächtig überrascht war und sich krampfhaft bemüht hatte, in aller Eile nach den passendsten Worten zu suchen. Und Bush stand mit unglücklichem Gesicht daneben, er hoffte wohl immer noch, Hornblower würde seinen Befehl schließlich doch widerrufen. Aber der machte keine Miene dazu. Unter dem Kommando des Bootsmanns wurde der Kutter an seinen Taljen aus den Klampen geheißt, ausgeschwungen und zu Wasser gefiert. Ein Fähnrich und seine Bootsbesatzung sprangen hinein, sie machten kein begeistertes Gesicht dabei. Wäre es gegen einen bewaffneten Gegner gegangen, ja, da wären sie mit Freuden dabeigewesen, aber der Gedanke an diese widerliche Krankheit nahm ihnen wahrhaftig allen Mut und Schwung.

»Absetzen!« befahl der wachhabende Offizier nach einem letzten Blick auf Hornblower. Der Kutter tanzte über die Seen und näherte sich der *Maggie Jones*. Da sah Hornblower, wie der Kapitän plötzlich sein Megaphon an Deck schmetterte und dann in wilder Verzweiflung um sich blickte, als suchte er nach einer letzten Möglichkeit, seinem Schicksal zu entrinnen.

»Bleiben Sie beigedreht, oder ich versenke Sie!« rief Hornblower nun hinüber. Da blieb der drüben mit einer Geste der Verzweiflung stehen und sank dann in sich zusammen wie ein geschlagener Mann.

Der Kutter machte an den Großrüsten der *Maggie Jones* fest, und der Fähnrich enterte mit seiner Besatzung an Deck. Von Widerstand war nichts zu bemerken, als das Prisenkommando jedoch nach achtern stürmte, hörte man plötzlich den trockenen Knall einer Pistole, und dann sah Hornblower, wie sich der Fähnrich über den Kapitän neigte. Der lag an Deck und wand sich anscheinend in großen Schmerzen, man erkannte ihn an seinen weißen Hosen. Da ertappte sich Hornblower bei einem richtigen Wutanfall. Wenn dieser Fähnrich den Kapitän da drüben mir nichts, dir nichts über den Haufen geschossen hatte, dann, schwor er sich, wollte er ihm das Genick brechen. Vor ein Kriegsgericht wollte er ihn stellen, ruinieren wollte er ihn, im Rinnstein sollte er um sein Brot betteln. Sein Hunger, seine Gier nach Nachrichten, Fakten, Informationen war so groß, daß der bloße Gedanke, jener Kapitän möchte ihm im letzten Augenblick durch den Tod entwischen, ein Gefühl maßloser Erbitterung in ihm weckte.

»Zum Teufel, warum bin ich bloß nicht selbst hinübergefahren?« fuhr es ihm heraus, er erwartete aber schwerlich eine Antwort auf diese Frage.

»Kapitän Bush, haben Sie die Güte, mein Gig klarpfeifen zu lassen.«

»Aber die Pocken, Sir –«

»Ach was, Pocken! Auf dem Schiff da gibt es keine Pocken.«

Da schallte die Stimme des Fähnrichs über das Wasser:

»*Nonsuch*, ahoi! Das Schiff ist eine Prise. Gestern von einem französischen Kaperschiff aufgebracht!«

»Wer ist der Kapitän, mit dem ich vorhin gesprochen habe?« fragte Hornblower.

»Englischer Überläufer, Sir. Hat sich erschossen, als wir an Bord kamen.«

»Ist er tot?«

»Noch nicht, Sir.«

»Mister Hurst«, sagte Bush, »schicken Sie einen Arzt

hinüber. Ich gebe ihm eine Minute Zeit, seine Instrumente zusammenzupacken. Er muß diesen Kerl von Überläufer am Leben erhalten! Wir wollen doch sehen, wie er sich an der Rahnock ausnimmt.«

»Schicken Sie ihn mit meiner Gig«, fügte Hornblower hinzu, dann griff er wieder nach dem Megaphon: »Schicken Sie die Gefangenen und die Offiziere des Schiffs zu mir herüber.«

»Aye, aye, Sir.«

»Und jetzt muß ich mich, bei Gott, schnell anziehen«, sagte Hornblower. Es war ihm eben erst zu Bewußtsein gekommen, daß er schon länger als eine Stunde splitterfasernackt auf dem Achterdeck stand. Hätte er sich, seiner ersten Regung folgend, gleich selbst in der Gig übersetzen lassen, dann wäre er auf der *Maggie Jones* erschienen wie Adam vor dem Sündenfall.

Der Kapitän und die beiden Steuerleute der Prise wurden zu Hornblower in die Kajüte gebracht und dort durch ihn und Bush gründlich verhört. Vor ihnen lag eine Übersichtskarte der Ostsee.

»Nach dem, was wir hören konnten, hat Ihnen der Überläufer die Wahrheit gesagt, Sir«, meinte der Kapitän. »Wir waren zehn Tage von Memel in See und wollten nach dem Belt, da fingen sie uns gestern ab – ein vollgetakelter Kaper, auf jeder Seite zehn Geschütze, Glattdeck, Name *Blanchefleur* – kann kein vernünftiger Mensch aussprechen, die ›Froschfresser‹ nennen so etwas eine Korvette. Französische Flagge. Sie gaben uns ein Prisenkommando unter diesem Überläufer da – Clarke heißt er – an Bord, und ich glaube, wir sollten nach Kiel. Da stießen wir glücklicherweise auf Sie. Man sperrte uns ins Schiffslazarett. Mein Gott, was haben wir gebrüllt, weil wir hofften, daß Sie uns hörten.«

»Wir haben Sie auch gehört«, sagte Bush.

»Wie sah es in Memel aus, als Sie dort ausliefen?« fragte Hornblower.

Der Kapitän runzelte die Stirn. Wäre er Franzose gewesen, dann hätte er mit den Achseln gezuckt.

»Es ist noch alles beim alten. Die russischen Häfen sind für unsere Schiffahrt noch immer geschlossen, aber jeder, der einen Antrag stellt, bekommt anstandslos besondere Lizenz. Und auf der anderen Seite, bei den Schweden, ist es genau dasselbe.«

»Wie steht es mit dem Krieg zwischen Bonaparte und Rußland?«

Nun konnte auch der Kapitän seiner Unsicherheit und seinen Zweifeln nur noch dadurch Ausdruck geben, daß er beide Achseln hob.

»Alle Leute reden davon, aber noch ist keine Entscheidung gefallen. Überall wimmelt es von Soldaten. Wenn Boney wirklich anfangen will, dann findet er die Russen bereit zu seinem Empfang, soweit man bei ihnen überhaupt von so etwas reden kann.«

»Glauben Sie denn, daß er anfängt?«

»Ich wollte, *Sie* könnten *mir* darüber Aufschluß geben, Sir. Ich weiß es nicht. Aber das, was Clarke Ihnen gesagt hat, war richtig: Der Zar wird bald mit Bernadotte zusammentreffen. Vielleicht können Sie daraus Schlüsse ziehen. Ein einfacher Mann wie ich kann sich keinen Reim darauf machen. Wir haben ja in dieser Zeit schon so viele solche Zusammenkünfte, Konferenzen und Kongresse erlebt.«

So standen also die Dinge: Schweden und Rußland befanden sich immer noch in der gleichen zweideutigen Lage. Dem Namen nach waren sie Feinde Englands, dem Namen nach Verbündete Bonapartes, offiziell führten sie Krieg, inoffiziell war Friede, ihr Verhalten war halb feindselig, halb neutral, kurz, sie spielten beide jenes seltsame Spiel nach beiden Seiten, das heute so beliebt zu sein schien. Noch war es zweifelhaft, ob Bonaparte das ungeheure Wagnis eines Krieges gegen Rußland auf sich nahm. Es gab niemand, der es vermocht hätte, seine Gedankengänge nachzudenken. Eigentlich mußte man annehmen, daß er am besten fuhr, wenn er seine riesigen Hilfsquellen zunächst dazu einsetzte, den Krieg in Spanien zu beenden, und mit aller Kraft versuchte, England niederzuzwingen, ehe er seinen Eroberungszug nach Osten unternahm. Anderseits aber konnte ihn ein rascher, entscheidender Schlag gegen Rußland von der ständigen Bedrohung befreien, zu der sich diese starke Macht in seinem Rücken mit ihrer höchst zweifelhaften und brüchigen Freundschaft immer fühlbarer entwickelte. Bonaparte hatte schon so viele Erfolge errungen, alle europäischen Nationen außer England waren ihm zum Opfer gefallen. Da war es wenig wahrscheinlich, daß ausgerechnet Rußland dem Ansturm seiner zusammengefaßten militärischen Macht gewachsen sein sollte. War aber Rußland geschlagen, so hatte er auf dem Festland keinen Gegner mehr. Nur England leistete ihm dann noch Widerstand – ohne Bundesgenossen, ganz auf sich allein gestellt. In dieser Lage war es immerhin ein beruhigender Gedanke, daß England seinerzeit nichts zur Rettung Finnlands unternommen hatte, als Rußland dort einfiel. Das mochte den Abschluß eines wirksamen Bündnisvertrages mit den Russen jetzt wesentlich erleichtern.

»Erzählen Sie mir noch etwas über die *Blanchefleur*«, sagte Hornblower und beugte sich über die Karte.

»Sie erwischte uns vor Rügen, Sir. Saßnitz peilte SW acht Seemeilen. Sehen Sie, hier, Sir –«

Hornblower hörte den Erklärungen aufmerksam zu. Eine Korvette mit zwanzig Geschützen, die sich unter einem tüchtigen französischen Kapitän in der Ostsee herumtrieb, stellte eine ernste Bedrohung dar. Da jetzt mit der Eisschmelze die Schiffahrt aufging, war es seine vordringlichste Pflicht, den Kaper so schnell wie möglich aufzubringen oder wenigstens in einen Hafen zu jagen und dort zu blockieren. Ein Schiff mit dieser Bestükkung konnte auch einer seiner eigenen Korvetten allerhand zu schaffen machen. Er hoffte, daß es ihm gelang, ihr eine Falle zu stellen, denn wahrscheinlich war sie viel zu schnell, als daß er sie mit der *Nonsuch* eingeholt hätte, wenn er sie jagen mußte. Sie sandte ihre Prisen nach Kiel. Wahrscheinlich wurden sie dort die Gefangenen los und bekamen eine französische Besatzung an Bord, mit der sie dann die unsichere Reise um Dänemark nach dem Westen antraten. Bonaparte hatte unbegrenzten Bedarf an allen Gütern, die für den Schiffbau und die Seefahrt nötig waren, da doch in allen Häfen, von Hamburg bis Triest, Kriegsschiffe auf Stapel lagen.

»Ich danke Ihnen, meine Herren«, sagte er zuletzt, »Kapitän Bush, wir wollen uns jetzt die Gefangenen vornehmen.«

Von den Seeleuten der gefangenen Prisenbesatzung war jedoch nicht viel zu erfahren, obgleich sie einzeln zum Verhör hereingebracht wurden. Vier von ihnen waren Franzosen. Hornblower vernahm sie selbst, während Bush voll Bewunderung zuhörte. Bei ihm hatte sich nämlich das bißchen Französisch, das er während seines Zwangsaufenthalts in Frankreich so mühsam gelernt hatte, schon wieder restlos verflüchtigt. Außer den Franzosen waren da noch zwei Dänen und zwei Deutsche. Zu ihrem Verhör wurde Mr. Braun als Dolmetscher zugezogen. Alle acht waren erfahrene Seeleute und hatten, das entnahm Hornblower ihren Aussagen, nur deshalb auf der *Blanchefleur* angeheuert, weil sie damit der Aushebung zum Heer oder zur Flotte Bonapartes entgehen konnten. Die Franzosen lehnten ohne Zögern ab, als ihnen jetzt angeboten wurde, in der englischen Flotte Dienst zu nehmen, obwohl sie bei Weigerung unter Umständen mit lebenslänglicher Haft in englischen Gefängnissen zu rechnen hatten, die anderen nahmen dagegen sofort an, als Braun ihnen den Vorschlag dazu machte. Bush rieb sich hocherfreut die Hände, kam er doch so auf billige Art zu vier erstklassigen Seeleuten, mit denen er auf seinen chronisch unterbesetzten Schiffen wieder einige Lücken füllen konnte. Auf der *Blanchefleur* hatten sie schnell ein bißchen Französisch aufgeschnappt, auf der *Nonsuch* oder der *Lotus* lernten sie sicher bald Englisch, besonders dann, wenn ein erfahrener Unteroffizier ihren diesbezüglichen Bemühungen mit dem Tauende etwas nachhalf.

»Nehmen Sie die vier gleich mit und lesen Sie ihnen die Kriegsartikel vor, Mr. Hurst«, sagte Bush und rieb sich abermals die Hände.

»Darf ich fragen, Sir, ob wir uns jetzt mit dem verdammten englischen Verräter befassen wollen?«

Clarke lag auf dem Großdeck der *Nonsuch*, man hatte ihn mit einer an der Rahnock angeschlagenen Talje aus dem Boot geheißt. Der Arzt kniete immer noch bei ihm. Er hatte versucht, sich eine Kugel durch den Kopf zu schießen, dabei aber nur seinen Unterkiefer zerschmettert. Sein blauer Rock und seine weiße Hose waren mit Blut beschmiert, sein Kopf stak in einem dicken Verband. Er litt wohl heftige Schmerzen, denn er warf sich unausgesetzt auf der Persenning herum, in der man ihn an Deck geheißt hatte. Hornblower sah auf ihn hinunter. Soweit der Verband etwas von seinem Gesicht freiließ, konnte man sehen, daß es kreidebleich war, so daß seine Bräune wie eine Schmutzschicht wirkte. Er hatte auffallend feine und ausgesprochen weiche Züge, eine schmale Nase und hohle Wangen. Der Blick seiner braunen, von dünnen rötlichen Brauen überwölbten Augen war der einer Frau. Das bißchen Haar, das Hornblower sehen konnte, war schütter und von der gleichen rötlichen Farbe wie die Brauen. Hornblower fragte sich, welche Fügung des Schicksals diesen Mann verleitet haben mochte, sein Vaterland zu verraten und unter Bonaparte zu dienen. Vielleicht hatte er es nicht ausgehalten, ein Gefangener zu sein – er, Hornblower, wußte ja, was das hieß, er hatte es in Ferrol, in Rosas und in Frankreich zu Genüge kennengelernt. Andererseits sahen diese überfeinerten Züge doch wieder nicht nach einem Mann aus, der sich hinter Gefängnismauern innerlich zerrieb. Ob etwa eine Frau dahinterstak, die ihn in dieses Abenteuer hineingetrieben oder hineingelockt hatte? Oder war er nur ein Deserteur der Navy, der geflohen war, um seiner Strafe zu entgehen – man mußte sehen, ob sein Rücken noch die unverkennbaren Narben zeigte, die die neunschwänzige Katze hinterließ. Er mochte endlich ein Ire sein, einer jener wilden Fanatiker, die nichts anderes im Sinn hatten, als England zu schädigen, und dabei ganz übersahen, daß das Schlimmste, das die Iren jemals von England erfahren hatten, ein Nichts war, verglichen mit dem, was Bonaparte ihnen zufügen würde, wenn er sie eines Tages in seine Gewalt bekäme.

Wie immer es um ihn stand, auf jeden Fall er war ein geschickter Mensch, der sich blitzschnell in jeder Lage zurechtfand. Kaum hatte er erkannt, daß ein Entkommen nach dem Festland nicht mehr in Frage kam, weil die *Lotus* ihm den Weg verlegte, da hatte er rasch entschlossen den zweiten Weg gewählt, der ihm noch einige Aussicht bot zu entkommen. Er hatte die *Maggie Jones* mit dem unschuldigsten Gebaren von der Welt geradewegs auf die *Nonsuch* zugesteuert, die Geschichte mit den Pocken war geradezu genial gewesen, und seine Erklärungen durch das Megaphon hatten fast völlig echt geklungen.

»Wird er am Leben bleiben?« fragte Bush den Arzt.

»Nein, Sir. Die Mandibula ist beiderseits weitgehend zerstört – ich meine, sein Unterkiefer ist zerschmettert, Sir. Außerdem ist die Maxilla gesplittert und seine Zunge – oder vielmehr die ganze Glossopharyngeal-Region zerrissen. Die Haemorrhagie kann sich als tödlich erweisen, mit anderen Worten, der Mann kann verbluten, obwohl ich das jetzt nicht mehr glaube. Aber es wird kaum ein

Mittel geben, ein Gangrän – mit anderen Worten den Brand – aufzuhalten, der an dieser Stelle sofort den Tod verursacht. Der Exitus wird aber sicher schon vorher durch Inanition herbeigeführt, das heißt, der Patient wird verhungern und verdursten, und zwar auch dann, wenn wir ihn noch kurze Zeit durch Injektiones per Rectum am Leben erhalten können.«

War es nicht infernalisch, daß man über diese feierliche Rede des Arztes lächeln mußte, daß man es nicht vermeiden konnte, in leichtem Tonfall weiterzusprechen?

»Danach scheint es also, daß er nicht mehr zu retten ist.«

Sie sprachen immerhin über ein Menschenleben.

»Wir müssen ihn hängen, Sir, ehe er stirbt«, sagte Bush, zu Hornblower gewandt. »Wir könnten gleich ein Kriegsgericht einberufen –«

»Er kann sich doch nicht verteidigen«, antwortete Hornblower.

Bush spreizte mit beredter Geste seine Hände:

»Wie sollte er sich denn verteidigen, Sir? Wir haben doch alle Beweise, die wir brauchen. Und die Gefangenen haben uns den Augenschein obendrein noch bestätigt.«

»Könnte er sprechen, dann wäre er vielleicht doch imstande, unsere Beweise zu widerlegen«, sagte Hornblower. Das war natürlich eine ganz ungereimte Behauptung. Ein Zweifel an Clarkes Schuld war ausgeschlossen – wenn nichts anderes den Beweis dafür lieferte, dann war es sein Selbstmordversuch. Aber Hornblower war sich ganz einfach darüber im klaren, daß er einen Mann nicht hängen konnte, der körperlich außerstande war, sich zu verteidigen. »Wenn wir lange warten, geht er uns durch die Lappen, Sir.«

»So lassen Sie ihn doch.«

»Und das Exempel für die Leute, Sir –?«

»Nein, nein und nochmals nein!« brauste Hornblower auf. »Das wäre mir ein schönes Exempel, einen sterbenden Menschen zu hängen, einen Menschen, der womöglich nicht einmal weiß, was mit ihm geschieht.«

Das beherrschte Mienenspiel in Bushs Gesicht nahm sich geradezu erschreckend aus. Dabei war Bush ein gütiger Mensch, er war seinen Schwestern ein guter Bruder und seiner Mutter ein liebevoller Sohn. Woher kam also dieser grausame Zug bei ihm, diese Begierde, einen wehrlosen Menschen hängen zu sehen? Nein, man tat ihm unrecht, wenn man die Frage so stellte. Bush dürstete es in Wirklichkeit nur nach Rache – Rache an einem Verräter, der sich nicht gescheut hatte, sein eigenes Vaterland mit der Waffe in der Hand zu bekämpfen.

»Es würde den Leuten das Desertieren verleiden, Sir«, sagte Bush, der noch immer, allerdings ohne rechten Nachdruck, seinen Standpunkt verfocht. Hornblower wußte aus zwanzigjähriger Erfahrung genau, was jeder englische Kommandant unter dieser Seuche des Desertierens zu leiden hatte. Die eine Hälfte der Zeit zerbrach er sich den Kopf darüber, wie er seine Leute an Bord bekam, die andere Hälfte, wie er sie an Bord festhielt.

»Vielleicht«, meinte Hornblower, »aber ich möchte es doch sehr bezweifeln.« Er konnte sich zwar nicht den Nutzen, sehr wohl aber den Schaden ausmalen, der entstand, wenn die Mannschaft gezwungen wurde, zuzusehen, wie man einen hilflosen Mann, der nicht einmal stehen konnte, eine Schlinge um den Hals legte und ihn dann zur Rahnock aufheißen ließ.

Bush wollte immer noch Blut sehen. Zwar wußte er nichts mehr vorzubringen, dafür sprachen aber seine Augen um so deutlicher, und auf seinen Lippen zitterte ein unausgesprochener Protest.

»Ich danke für alle weiteren Erörterungen in dieser Angelegenheit, Kapitän Bush«, sagte Hornblower. »Mein Entschluß ist gefaßt.«

Bush hatte eben kein Verständnis dafür, daß stumpfsinnige Rache, sinnlose Wiedervergeltung immer dumm waren und nie etwas Gutes zu zeugen vermochten. Vielleicht sah er es später einmal ein, das war aber sehr fraglich.

8

Wahrscheinlich betätigte sich die *Blanchefleur* immer noch in den Rügenschen Gewässern. Arkona war für ihre Zwecke der ergiebigste Jagdgrund. Dieses Kap wurde von allen Schiffen angesteuert, die aus russischen und finnischen Häfen kamen und weiter nach Westen wollten. Hier, wo ihnen zwischen der Insel und der Untiefe des Adlergrundes mit ihren zwei Faden Wasser die Bewegungsfreiheit fehlte, waren sie am leichtesten abzufangen. Sicher wußte der französische Kommandant noch nichts von der Ankunft eines britischen Kriegsschiffsverbandes in der Ostsee, noch weniger konnte er ahnen, daß er durch die rasche Befreiung der gekaperten *Maggie Jones* dem Gegner bereits verraten war.

»Ich nehme an, daß Sie sich über alles im klaren sind, meine Herren«, schloß Hornblower seine Erklärungen. Dabei blickte er sich im Kreise seiner Kommandanten um, die in der Kajüte seines Flaggschiffes versammelt waren. Ringsum erhob sich zustimmendes Gemurmel. Vickery von der *Lotus* und Cole von der *Raven* trugen eine grimmig entschlossene Miene zur Schau. Jeder von beiden hoffte, daß *sein* Schiff die *Blanchefleur* zu fassen bekam – ein erfolgreiches Einzelgefecht gegen ein solches annähernd gleichstarkes Fahrzeug war immer die beste Gelegenheit, um eine rasche Beförderung zum Kapitän zur See zu erreichen. Vickery war ein junger Draufgänger – damals, als sie die *Sevres* so schneidig herausholten, hatte er die Boote befehligt. Cole war ein gebeugter, grauhaariger Mann. Mound von der *Harvey* und Duncan von der *Moth* waren beides blutjunge Leutnants. Freeman, der Kommandant des Kutters *Clam*, wirkte in diesem Kreis fremd. Mit seinem dunklen Teint und seinen langen schwarzen Haaren sah er aus wie ein Zigeuner und wäre mit dieser Erscheinung als Schmugglerkapitän weniger aufgefallen denn als Kommandant eines Kriegsschiffes Seiner Majestät. Die nächste Frage kam von Duncan:

»Ich bitte um Auskunft, Sir, ob Schwedisch-Pommern neutral ist.«

»In Whitehall wäre man froh, wenn man Ihnen auf diese Frage eine klare Antwort geben könnte, Mr. Duncan«, gab ihm Hornblower vergnügt grinsend zur Antwort. Er hatte es sich zur Regel gemacht, immer eine strenge und distanzierte Haltung zu zeigen, aber diesen netten Kerlen gegenüber fiel es ihm doch verdammt schwer, seinem Grundsatz treu zu bleiben.

Nun grinsten sie alle fröhlich wider, und Hornblower durchfuhr es wie ein seltsam glückliches Erschrecken, als er fühlte, wie ihm schon jetzt die Herzen seiner Untergebenen zuflogen. Schuldbewußt sagte er sich, daß sie vielleicht nicht so begeistert von ihm wären, wenn sie etwas mehr von ihm wüßten. »Noch Fragen, meine Herren? Nein? Dann begeben Sie sich bitte wieder auf Ihre Schiffe. Gehen Sie sofort auf die für die Nacht vorgesehenen Positionen.« Als Hornblower in der Morgendämmerung des nächsten Tages an Deck kam, lag dicht über dem Wasser eine niedrige Nebelschicht. Nachdem der Westwind abgeflaut war, fand das von den schmelzenden Eismassen des Finnischen Meerbusens stammende kalte Wasser Gelegenheit, die warme, feuchte Meeresluft aus dem Westen abzukühlen, bis ihr Wassergehalt zu einer Nebelbank kondensierte.

»Könnte noch dicker sein, Sir, aber nicht viel«, brummte Bush. Vom Achterdeck aus war der Fockmast gerade noch zu erkennen, das Bugspriet schon nicht mehr. Zur Zeit stand nur eine ganz schwache Brise aus Norden, die *Nonsuch* kroch langsam und lautlos platt vor dem Wind dahin, die glatte See plätscherte kaum an der Bordwand, nur hie und da knarrte es leise in den Riggen.

»Bei sechs Glasen habe ich mit dem Tiefseelot gelotet, Sir«, meldete Montgomery. »91 Faden, Grund: grauer Schlick. Wahrscheinlich das Arkona-Tief, Sir.«

»Sehr schön, Mr. Montgomery«, sagte Bush. Hornblower hätte fast darauf schwören können, daß sich Bush diese kurz angebundene Art gegenüber seinen Wachoffizieren genau nach dem Muster der Behandlung zurechtgelegt hatte, die er selbst seinerzeit als Erster Offizier von ihm, Hornblower, erfuhr.

»Da tappen wir uns mit dem Lot mühsam durch den Nebel«, sagte Bush übelgelaunt, »wie ein besserer Heringslogger auf der Doggerbank. Erinnern Sie sich, was die Gefangenen über die *Blanchefleur* sagten, Sir? Da sind Lotsen an Bord, die diese Gewässer so genau kennen wie ihre Hosentasche.«

Ein schwerer Zweidecker war nun einmal nicht dazu gebaut, sich im Nebel in flachen Küstengewässern herumzutreiben. Aber die *Nonsuch* hatte für dieses Unternehmen doch einen ganz besonderen Wert. Diesseits des Sundes gab es wenig Schiffe, die ihr an Kampfkraft gewachsen waren, unter ihrem Schutz konnte daher der Verband überall auftreten, wo es nötig war. Dänen, Schweden, Russen und Franzosen verfügten zwar über eine Menge kleiner Fahrzeuge, aber die konnten alle nichts mehr ausrichten, sobald die *Nonsuch* in Erscheinung trat.

»Verzeihung, Sir«, sagte Montgomery und legte grüßend die Hand an den Hut, »war das nicht eben Geschützfeuer?«

Alle lauschten angespannt in den feuchten Nebel hinaus, der sie einhüllte, aber die Geräusche, die man hörte, stammten alle vom Schiff. Der Nebel hatte sich in der Takelage niedergeschlagen und fiel nun in dicken Tropfen an Deck. Halt! Da war es wieder, leise, aber unverkennbar, ein weich klingender, dumpfer Schlag.

»Das war ein Geschütz, Sir, oder mein Name ist nicht Sylvanus Montgomery.«

»Kam von achtern«, sagte Hornblower.

»Verzeihung, Sir, aber ich glaube, es war Backbord voraus.«

»Dieser verdammte Nebel«, sagte Bush.

Merkte die *Blanchefleur* auch nur das geringste davon, daß ein Verband britischer Kriegsschiffe hinter ihr her war, und gelang es ihr dadurch, rechtzeitig zu entschlüpfen, dann verschwand sie wie eine Nadel in einem Heuschober. Hornblower hielt einen nassen Finger in die Luft und warf einen Blick auf den Kompaß.

»Der Wind ist Nord«, sagte er, »höchstens Nordnordwest.«

Das war beruhigend. Wahrscheinlich suchte der Kaper nach Lee zu entkommen, dort aber lag, zwanzig Meilen entfernt, die Insel Rügen und die Küste von Schwedisch-Pommern. Wenn die *Blanchefleur* nicht durch die Maschen des Netzes entkam, das er ihr gestellt hatte, dann saß sie in der Falle.

»Nehmen Sie das Lot in Betrieb, Mr. Montgomery«, sagte Bush.

»Aye, aye, Sir.«

»Wieder ein Schuß!« sagte Hornblower. »Backbord voraus, ganz deutlich!«

Da hörte man ein wildes Gebrüll aus dem Topp.

»Segel in Sicht! Segel rechts voraus!«

In dieser Richtung war der Nebel etwas dünner, und dort, etwa eine Viertelmeile ab, war nun gespenstisch bleich der Schatten eines Schiffes aufgetaucht, das quer vor dem Bug der *Nonsuch* durch den Nebel kroch.

»Vollgetakelt, glattes Deck!« sagte Bush. »Ich fresse einen Besen, wenn das nicht die *Blanchefleur* ist.«

So plötzlich sie aufgetaucht war, so schnell verschwand sie im nächsten Augenblick wieder in einer dikkeren Nebelbank.

»Hart Steuerbord!« brüllte Bush. »An die Brassen!«

Hornblower stand am Kompaß und nahm schnell eine Peilung.

»Recht so, wie's jetzt geht!« befahl er dem Rudergänger. »Weiter steuern, was anliegt!«

Bei dieser leichten Brise machte das übertakelte Kaperschiff natürlich bessere Fahrt als der schwerfällige Zweidecker. Man konnte nur hoffen, die *Nonsuch* gut in Luv zu halten und den Gegner abzudrängen, wenn er die sperrende Kette durchbrechen wollte.

»Pfeifen Sie: Alle Mann!« befahl Bush. »Und lassen Sie Klarschiff anschlagen.«

Die Trommeln rasselten durch die Decks, und die Männer strömten auf ihre Gefechtsstationen.

»Geschütze ausrennen«, fuhr Bush fort, »eine Breitseite, die sitzt, und der Kerl ist unser.«

Die Lafettenräder quietschten und ächzten, als die dreihundert Tonnen Metall zur Bordwand rollten, um die Bodenstücke standen in höchster Spannung die Geschützbedienungen, die Luntenstöcke schwelten und verursachten einen unangenehmen Qualm.

»Vortopp gut aufpassen!« rief Bush hinauf, dann meinte er etwas ruhiger zu Hornblower: »Er könnte unbemerkt kehrtmachen, dann ist er uns los.«

Es konnte sein, daß der Topp über die niedrige Nebelbank hinausragte. So entdeckte der Ausguckposten der *Nonsuch* vielleicht die Stengen der *Blanchefleur*, während von Deck aus nichts zu sehen war. Minutenlang hörte man jetzt nichts als das Aussingen des Lotgasten, die *Nonsuch* rollte ganz leise in der querlaufenden See, dabei war im Nebel kaum zu erkennen, daß sie Fahrt machte.

»Gerade zwanzig!« rief der Lotgast.

Ehe noch sein Ruf verklungen war, tauschten Bush und Hornblower einen Blick. Bis dahin hatten sie das Aussingen der Wassertiefen nur mit dem Unterbewußtsein aufgenommen, ohne wirklich darauf zu achten. Erst die letzte Zahl ließ sie aufhorchen. Sie bedeutete, daß die Wassertiefe an dieser Stelle nur noch zwanzig Faden betrug.

»Es wird flacher«, meinte Bush.

Gleich darauf rief der Ausguck aus dem Topp:

»Segel in Lee, achterlicher als querab!«

Bush und Hornblower sprangen zur Leereling, aber hier unten war es so dick, daß man nichts erkennen konnte.

»Hallo, Ausguck, was sehen Sie?«

»Nichts mehr, Sir! Nur vorhin, einen Augenblick die Royals eines Schiffs. Da sind sie wieder. An Backbord, zwei – nein drei Strich achterlicher als querab.«

»Welchen Kurs liegt es an?«

»Den gleichen wie wir, Sir. Jetzt ist es wieder weg.«

»Sollen wir auf ihn abhalten, Sir?« fragte Bush.

»Nein, noch nicht«, sagte Hornblower.

»Klar bei den Backbordgeschützen!« kommandierte Bush. Auch eine auf größere Entfernung gefeuerte Breitseite konnte den Gegner drüben vielleicht ein paar Spieren kosten. Das genügte aber, ihn den Verfolgern auszuliefern. »Daß mir keiner ohne Befehl schießt! Sagen Sie das den Leuten«, sagte Hornblower. »Es könnte die *Lotus* sein.«

»Bei Gott, ja, das wäre möglich«, sagte Bush.

Die *Lotus* hatte Backbord querab von der *Nonsuch* gestanden, als sie in breiter Formation auf Rügen zuliefen. Vorhin hatte ohne Zweifel irgendwer geschossen – das konnte aber der Richtung nach niemand anderes gewesen sein als die *Lotus*. Sie hatte sicher angeluvt, um der *Blanchefleur* nachzusetzen, in diesem Fall mußte sie jetzt genau da stehen, wo die Royals in Sicht gekommen waren. Die Royals zweier vollgetakelter Korvetten unterschieden sich in diesem Nebel bestimmt so wenig voneinander, daß sich auch der erfahrenste Seemann irren konnte.

»Der Wind wird frischer, Sir«, bemerkte Hurst.

»Ja«, sagte Bush, »wenn er nur endlich diesen elenden Nebel verjagen wollte!«

Die *Nonsuch* legte sich in der auffrischenden Brise fühlbar über. Von vorn hörte man das muntere Geplätscher der Bugwelle.

»Gerade achtzehn!« ließ sich der Lotgast hören.

Da riefen zwanzig Stimmen zugleich: »Segel Backbord querab, die *Lotus*!« Der Nebel hatte sich an dieser Stelle etwas gelichtet, richtig, es war die *Lotus*, unter allen Segeln, etwa drei Kabellängen in Lee.

»Fragen Sie an: Wo steht der Gegner?« befahl Bush in barschem Ton. »Segel – zuletzt – recht voraus – in Sicht«, las der Signalfähnrich durch das Glas ab.

»Nutzt uns verdammt wenig«, brummte Bush.

Wenn jetzt auch dünner, wäßriger Glanz die Luft erfüllte und die Sonne – nicht golden, sondern als blasse silberne Scheibe – am östlichen Himmel zum Vorschein kam, so blieb die Kimm doch immer noch hinter den ziehenden Schwaden versteckt.

»Dort ist er!« rief plötzlich eine Stimme aus dem Topp. »Backbord achteraus, der Rumpf ist bereits unter der Kimm!«

»Entkommen! So ein Fuchs!« sagte Hurst. »Er muß sofort abgefallen sein, als er uns sah.«

Die *Blanchefleur* war jetzt gute sechs Meilen entfernt, vom Deck der *Nonsuch* waren nur noch ihre Royals zu erkennen, und sie lief unter allen Segeln mit raumem Wind davon. Auf der *Lotus* stieg eine Reihe bunter Flaggen am Mast empor, ein Kanonenschuß unterstrich die Dringlichkeit des Signals.

»Da drüben hat man sie auch entdeckt«, sagte Bush.

»Ich bitte zu halsen, Kapitän Bush. Signal: ›Allgemeine Jagd‹.«

Unter den Flüchen der Offiziere, denen alles zu langsam ging, drehte die *Nonsuch* vor den Wind und dann auf den anderen Bug. Die *Lotus* war schon herum, ihr Steven zeigte genau auf die *Blanchefleur*. Die hatte jetzt die pommersche Küste voraus, die *Nonsuch* in Luv, die *Lotus* auf der einen und die *Raven* auf der anderen Seite. Damit saß sie in der Falle.

»Die *Raven* müßte da drüben so ziemlich auf gleicher Höhe mit ihr stehen, Sir«, sagte Bush und rieb sich die Hände. »Die Kanonenboote werden wir auch bald wieder haben, wo sollten sie im Nebel schon hingeraten sein.«

»Gerade vierzehn!« sang der Lotgast aus.

Hornblower beobachtete den Mann dort in den Rüsten, wie er kraftvoll und gewandt sein Lot im Kreise schwang und weit voraus warf, wie er dann die Tiefe ablas, wenn das Schiff genau über dem Lot stand und die Leine einen Augenblick auf und nieder zeigte, und wie er sein Lot dann immer wieder einholte, um alsbald mit dem nächsten Wurf zu beginnen. Das war eine ermüdende Arbeit, eine schwere körperliche Anstrengung, die keine Unterbrechung duldete. Abgesehen davon wurde der Lotgast natürlich naß bis auf die Haut, wenn er immer und immer wieder die hundert Fuß tropfnasser Leine einzuholen hatte. Hornblower kannte die Zustände in den Mannschaftsdecks gut genug; um zu wissen, daß der Mann wenig Aussicht hatte, sein Zeug je wieder trocken zu bekommen. Er erinnerte sich daran, wie er als Fähnrich in jener wilden Nacht auf Pellews *Indefatigable* am Lot gestanden hatte, als sie dicht unter Land gegangen waren und die *Droits de l'Homme* buchstäblich in der Brandung der Biskaya zusammengeschossen hatten. Damals hatte er wirklich bis auf die Knochen gefroren, und seine Finger waren so steif und gefühllos gewesen, daß er die einzelnen Lappen der Markierung kaum noch zu unterscheiden vermochte, den weißen Stoffetzen, das Lederstück mit dem Loch und all die anderen. Heute hatte er wahrscheinlich gar nicht mehr genug Kraft zu einem vernünftigen Lotwurf, und außerdem konnte er sich sicher nicht mehr auf die willkürlich aufgestellte Reihenfolge der Markierung besinnen. Er hoffte, daß Bush so menschenfreundlich und so vernünftig war, seine Lotgäste in angemessenen Abständen ablösen zu lassen und ihnen auch die Möglichkeit zu verschaffen, ihr nasses Zeug zu trocknen. Natürlich durfte er sich in diese Angelegenheit beileibe nicht einmischen. Für den inneren Dienstbetrieb des Schiffes war Bush ganz allein verantwortlich und wachte mit Recht eifersüchtig darüber, daß niemand in seine Befugnisse eingriff. Ja, auch ein Kommodore war zuweilen auf *welke* Rosen gebettet.

»Gerade zehn!« sang der Lotgast aus.

»*Raven* jenseits des Gegners in Sicht, Sir«, meldete ein Fähnrich. »Scheint ihm den Weg verlegen zu wollen.«

»Ausgezeichnet«, sagte Hornblower.

»Die Insel Rügen ist jetzt auch in Sicht, Sir«, sagte Bush. »Da drüben ist Stubbenkammer oder wie es heißt, jedenfalls ein hohes weißes Kliff.«

Hornblower suchte mit dem Glas die Kimm ab. Das Schicksal der *Blanchefleur* schien besiegelt, wenn es ihr nicht noch gelang, in den Gewässern von Schwedisch-Pommern Zuflucht zu finden. Dies aber war offenbar ihre Absicht. Bush hatte die Karte vor sich liegen und nahm Peilungen von Stubbenkammer, das als feiner weißer Strich in der Ferne zu sehen war. Auch Hornblower sah sich die Karte an, blickte dann nach den fernen Schiffen und vertiefte sich darauf von neuem in das Studium der Karte. Stralsund war eine Festung – es hatte in letzter Zeit mehr als eine Belagerung ausgehalten. Entkam die *Blanchefleur* dorthin, dann war sie in Sicherheit, vorausgesetzt, daß sich die Schweden in der Lage sahen, ihr

Schutz zu gewähren. Sonst aber gab es an der vorausliegenden Küste nichts als Sandbänke und Untiefen. Nur ein paar Buchten boten Küstenfahrzeugen eine ausreichende Wassertiefe; wie aus der Karte hervorging, waren ihre Einfahrten durch Küstenbatterien geschützt. Lief die *Blanchefleur* in eine dieser Buchten ein – wahrscheinlich hatte sie ja einen geringen Tiefgang, der ihr das erlaubte –, dann konnte man noch etwas gegen sie unternehmen, erreichte sie dagegen Stralsund, dann war sie hoffnungslos außer Reichweite.

»Signal an *Lotus*«, befahl er, »Fahrwasser nach Stralsund für Gegner sperren.«

Im Lauf des endlosen Krieges waren allmählich alle Navigationshilfen verschwunden. Es gab keine Fahrwassertonnen mehr, die tiefe Rinne – Bodden hieß sie in der Karte – zu bezeichnen, die nach Stralsund hineinführte. Vickery mußte also gut aufpassen und durfte nicht mit dem Loten sparen, wenn er mit seiner *Lotus* dort seinen Weg finden wollte.

»Gerade sieben!« rief der Lotgast. Für die *Nonsuch* wurde es hier schon gefährlich flach, und Bush machte ein sorgenvolles Gesicht.

»Bitte, kürzen Sie Segel, Kapitän Bush.«

Die *Nonsuch* hatte ohnehin keine Aussicht, die *Blanchefleur* einzuholen; hatte sie also schon das Pech, auf Grund zu geraten, dann sollte es wenigstens mit möglichst geringer Fahrt geschehen.

»Gegner geht an den Wind, Sir«, meldete Hurst.

Richtig! Auf der *Blanchefleur* gab man offenbar den Versuch, nach Stralsund durchzubrechen, auf. Das war dem Draufgänger Vickery zu verdanken, der entschlossen unter Vollzeug zwischen die Untiefen hineingesteuert war, um sie abzuschneiden.

»Wenn sie so durchhält, dann wird sie noch von der *Raven* geschnappt!« rief Bush in höchster Aufregung.

»Gegner wendet!« meldete Hurst.

»Einhalb über fünf!« rief der Lotgast.

Bush biß sich nervös auf die Lippen. Da lag er mit seinem geliebten Schiff auf Legerwall zwischen lauter gefährlichen Untiefen und hatte jetzt glücklich nur noch ganze dreiunddreißig Fuß Wasser.

»Drehen Sie bei, Kapitän Bush«, sagte Hornblower. Es gab keinen Grund, diesen gefährlichen Kurs weiter zu steuern, ehe man wußte, was die *Blanchefleur* unternahm. Die *Nonsuch* schwang an den Wind und stemmte sich nun mit ihrem Backbordbug gegen den leisen Schwell, der aus Norden stand. Die Sonne schien angenehm warm. Plötzlich rief Bush: »Was ist denn mit der *Raven* los?« Auf der Korvette war plötzlich die Vorstenge samt Rah, Segel und allem dazugehörigen Gut von oben gekommen. Das Ganze hing nun in einem wüsten Durcheinander zwischen den Vorsegeln.

»Sitzt auf Dreck, Sir«, sagte Hurst, ohne das Glas vom Auge zu nehmen. Offenbar war sie mit solcher Fahrt aufgelaufen, daß bei dem Stoß die Stenge glatt abgeknickt war.

»Sie hat acht Fuß weniger Tiefgang als wir«, bemerkte Bush. Aber Hornblower hatte nur noch Augen für die *Blanchefleur*.

Offenbar benutzte sie jetzt ein Fahrwasser, das sie in den Schutz der Insel Hiddensee bringen mußte. Die Karte gab dort nur eine einzige Tiefenangabe, zweieinhalb Faden stand da lakonisch zu lesen, fünfzehn Fuß Wasser also, und dazu noch eine Küstenbatterie auf dem hohen Vorland von Dornbusch. Damit hatte die *Blanchefleur* das Spiel gewonnen, immer vorausgesetzt, daß sie die Hilfe der Schweden fand. Drüben in Luv sah Hornblower jetzt die seltsam geformten Toppsegel der Kanonenboote über der Kimm auftauchen. Offenbar hatten Duncan und Mound nach einer Irrfahrt im Nebel den befohlenen Sammelplatz bei Kap Arkona angesteuert und dabei die *Nonsuch* in Sicht bekommen.

»Kapitän Bush, bitte schicken Sie die Boote, um *Raven* Hilfe zu leisten«, sagte Hornblower.

»Aye, aye, Sir.«

Es gehörten ein paar hundert Mann dazu, Barkaß und Kutter aus den Klampen zu heißen und zu Wasser zu bringen. Die Pfeifen der Maate zwitscherten, und der Stock des Bootsmanns machte den Säumigen Beine. Die Scheiben quietschten in den Blöcken, nackte Füße schlugen einen dumpfen Wirbel auf den Planken des Decks, und beim Ausschwingen der großen Gewichte holte selbst die schwere *Nonsuch* etwas über. Aber Hornblower griff gleich wieder nach seinem Kieker.

Die *Blanchefleur* hatte inzwischen einen merkwürdigen Ankerplatz gefunden. Sie lag nämlich zwischen der Insel Rügen selbst und dem langen, schmalen Streifen der vorgelagerten Insel Hiddensee. Diese war eigentlich nur eine schmale Sandbank, eine Kette sandiger Dünen, die hier aus dem seichten gelben Wasser über den Sänden aufstiegen. Vor den niedrigen Bodenwellen der Insel Rügen im Hintergrund hoben sich die Masten der *Blanchefleur* deutlich ab, nur ihr Rumpf war durch die Dünen von Hiddensee verdeckt, die wie eine lange, gebogene Mole schützend vor ihr lag. Das Nordende dieser Insel trug eine Küstenbatterie, dort konnte Hornblower sogar die Geschütze unterscheiden, die sich schwarz von dem Grün der grasbewachsenen Wälle abhoben. Diese Batterie deckte die Einfahrt zu der winzigen Reede, am Südende der Insel aber war nicht einmal genug Wasser für eine Schiffsbarkaß, das erkannte man schon von weitem an der Art, wie sich die See dort brach. Der Verband hatte also insofern mit Erfolg operiert, als es gelungen war, den Kaper von Stralsund abzuschneiden, aber es schien doch, als böte ihm dieser Ankerplatz mitten zwischen meilenweiten Untiefen und obendrein unter dem Schutz einer Küstenbatterie mindestens den gleichen Schutz wie jener Hafen. Wollte man ihn da herausholen, dann konnte man das höchstens mit Booten versuchen. Dazu mußte man aber in voller Sicht einige Meilen über die Untiefen pullen, dann unter den Geschützen der Batterie eine enge Fahrrinne passieren und zuletzt die Prise auf dem gleichen Weg an denselben Geschützen vorbei durch ein unbekanntes, unbezeichnetes Fahrwasser in Sicherheit bringen. Nein, das waren keine verlockenden Aussichten. Gewiß, er konnte an der Seeseite von Hiddensee vielleicht Seesoldaten landen und versuchen, die Batterie mit Gewalt im Sturm zu nehmen. Das ging aber nur, wenn ihm ein überraschender Überfall gelang, bei geordneter Abwehr kam es allzu leicht zu einem blutigen Rückschlag. Außerdem war die Batterie sicher durch Schweden besetzt, er wollte jedoch auf keinen Fall schwedisches Blut vergießen. Schweden gehörte einstweilen nur dem Namen nach zur Gegenpartei, unternahm er aber eine Angriffshandlung, dann konnte sich diese Haltung nur allzu leicht in aktive Feindseligkeit verwandeln. Hornblower mußte an seine Instruktionen aus London denken, die unter anderem ausdrücklich auf diese Möglichkeit Bezug nahmen.

Wie ein Echo seiner Gedanken nahm sich die Meldung aus, die ihm jetzt der Signalfähnrich grüßend übergab: »Signal von *Lotus*, Sir.«

Hornblower las, was in ungelenken, großen Buchstaben auf der Schiefertafel stand:

»Fahrzeuge unter Parlamentärflaggen kommen aus Stralsund, haben Weiterfahrt gestattet.«

»Geben Sie ›Verstanden‹«, sagte er dann.

Was zum Teufel sollte das heißen? Gewiß, er konnte erwarten, daß ein Parlamentär zu ihm herauskam, aber Vickery meldete mindestens ihrer zwei. Er richtete das Objektiv seines Glases auf den Punkt, den sich Vickery sehr klugerweise als Ankerplatz für die *Lotus* ausgesucht hatte. Dort, wo er lag, konnte er nämlich jeden Versuch unterbinden, der *Blanchefleur* in ihrem Schlupfwinkel von Stralsund aus zu Hilfe zu kommen. Da waren jetzt ein, zwei, drei kleine Segel zu erkennen. Sie hatten soeben die *Lotus* passiert und hielten nun genau Kurs auf die *Nonsuch*. Alle drei waren auf die seltsame Art getakelt, die man überall an den Ostseeküsten findet. Mit ihren runden Vorsteven, den Seitenschwertern und den großen Gaffelsegeln ließen sie einen bei aller Fremdartigkeit ihrer Erscheinung etwas an Holländer denken. Hoch am Wind schnoben sie daher, vor ihrem plumpen Bug stand ein dicker Bart weißen Schaums, und die Spritzer fegten nur so über das Deck, obgleich sich der Wind in mäßigen Grenzen hielt. Offenbar segelten sie alle drei auf Biegen und Brechen, als ginge es um den Sieg in einer Regatta.

»Was wollen denn die, um Gottes willen?« sagte Bush und richtete sein Glas auf sie.

Das Ganze konnte natürlich eine List sein, die den Zweck hatte, Zeit zu gewinnen. Hornblower richtete seinen Blick wieder auf die Masten der *Blanchefleur*, dort über der Sandbank. Sie hatte alle Segel festgemacht und lag vor Anker.

»Weiß über Gelb und Blau, Sir«, sagte Bush, der immer noch die aufkommenden Fahrzeuge beobachtete. »Die schwedischen Landesfarben unter einer Parlamentärflagge.«

Auch Hornblower richtete nun sein Glas wieder auf das erste der Boote und bestätigte die Beobachtung Bushs. »Der nächste, Sir – «, Bush lachte, als wollte er sich wegen seiner kindlichen Harmlosigkeit entschuldigen, »– ich weiß, es klingt komisch, Sir, aber es sieht genauso aus, als wäre das unsere alte englische Flagge und darüber eine Parlamentärflagge, genau wie bei dem ersten.« Das war kaum zu glauben. Schließlich konnte man sich aber bei einer kleinen Bootsflagge auf diese Entfernung leicht täuschen. Allerdings glaubte Hornblower, durch sein eigenes Glas das gleiche zu erkennen.

»Können Sie die Flagge auf dem zweiten Boot ausmachen, Mr. Hurst?«

»Englische Flagge unter Weiß, Sir«, meldete Hurst ohne Zögern.

Das dritte Fahrzeug folgte in größerem Abstand, und seine Flagge war entsprechend schwerer zu erkennen.

»Ich glaube, das ist ein Franzose«, sagte Hurst. Der erste der drei kam nun schnell näher.

Als der Bootsmannsstuhl aufgelaufen wurde, saß darin ein großer, wohlbeleibter Herr, der krampfhaft seinen Schiffshut festhielt. Er trug einen blauen Rock mit goldenen Knöpfen und Epauletten. Als er endlich an Deck stand, rückte er sein Säbelkoppel und seine Halsbinde zurecht, dann erst zog er zur Begrüßung seinen Hut, einen Schiffshut mit weißer Feder und schwedischer Kokarde, und nahm ihn mit feierlicher Verbeugung vor die Brust: »Baron Basse«, stellte er sich vor.

Hornblower erwiderte die Verbeugung:

»Kapitän Sir Horatio Hornblower, Kommodore dieses Geschwaders.«

Basse hatte schwere Hängebacken, eine große Hakennase und kalte graue Augen. Offenbar konnte er nur mühsam erraten, was Hornblower sagte.

»Sie werden kämpfen?« brachte er endlich mit Anstrengung heraus.

»Ich verfolge ein Kaperschiff unter französischer Flagge«, begann Hornblower, begriff aber sogleich, daß er sich nicht auf englisch verständlich machen konnte, wenn er seine Worte mit diplomatischer Vorsicht wählen wollte. Deshalb unterbrach er sich. »Hier, wo ist Mr. Braun?«

Der Dolmetscher trat herzu und gab auf schwedisch eine kurze Erklärung über seine Person. Hornblower beobachtete die Blicke, die die beiden dabei miteinander wechselten; das waren politische Todfeinde, die sich hier auf dem verhältnismäßig neutralen Boden eines britischen Kriegsschiffes gegenüberstanden. Basse zog einen Brief aus der Tasche und gab ihn Braun, der ihn las und Hornblower weiterreichte:

»Ein Akkreditiv des Generalgouverneurs von Schwedisch-Pommern«, erklärte er, »des Inhalts, daß dieser Herr, Baron Basse, sein volles Vertrauen besitzt.«

»Ich verstehe«, sagte Hornblower.

Basse redete bereits mit raschen Worten auf Braun ein. »Er sagt«, erklärte Braun, »daß er wissen möchte, was Sie unternehmen wollen.«

»Sagen Sie ihm«, sagte Hornblower, »dies hänge ganz davon ab, was die Schweden tun. Fragen Sie ihn, ob Schweden neutral ist.«

Die Antwort war jedenfalls kein einfaches »Ja« oder »Nein«. Basse gab vielmehr eine längere Erklärung ab.

»Er sagt, Schweden sei alles daran gelegen, mit der ganzen Welt in Frieden zu leben«, sagte Braun.

»Sagen Sie ihm, das heiße doch nichts anderes, als daß es neutral sein wolle. Jeder Neutrale habe Vorrechte, aber auch ganz bestimmte Verpflichtungen. Da drüben liegt ein Kriegsschiff unter französischer Flagge. Sein Kommandant muß davon in Kenntnis gesetzt werden, daß ihm der Aufenthalt in schwedischen Gewässern nur für eine bestimmte, begrenzte Zeit gestattet ist, und ich selbst muß davon unterrichtet werden, welche Frist ihm gewährt wird.«

Als Braun Hornblowers Forderung übersetzt hatte, sprach aus Basses massigen Zügen größte Verlegenheit. »Er sagt, er könne unmöglich die Gesetze internationalen Entgegenkommens verletzen«, sagte Braun.

»Sagen Sie ihm, das eben müsse *ich ihm* vorwerfen. Diesem Schiff dort darf nicht gestattet werden, einen schwedischen Hafen als Operationsbasis zu benutzen. Es muß unbedingt Order zum Auslaufen erhalten, und wenn es diese Order nicht befolgt, dann muß es interniert werden. In diesem Fall gehört eine Wache an Bord, die in der Lage ist, jeden Fluchtversuch wirksam zu verhindern.«

Während Braun das alles übersetzte, rang Basse buchstäblich die Hände, aber er kam nicht mehr dazu, zu antworten, weil Bush grüßend zu Hornblower trat.

»Der französische Parlamentär ist längsseit, Sir, soll ich überhaupt gestatten, daß er an Bord kommt?«

»Gewiß«, gab Hornblower mürrisch zur Antwort.

Der Mann, der jetzt durch die Fallreepspforte trat, sah noch glanzvoller aus als Basse, obwohl er wesentlich kleiner war als dieser. Über seinem blauen Rock lag das rote Moiréeband der Ehrenlegion, und ihr Stern glitzerte auf seiner Brust. Auch er zog mit einer förmlichen Verbeugung seinen Hut.

»Graf Joseph Dumoulin«, stellte er sich in französischer Sprache vor. »Seiner Kaiserlichen und Königlichen Majestät, Napoleons, des Kaisers der Franzosen, Königs von Italien, Protektor des Rheinbundes und Mediators der Helvetischen Republik, Generalkonsul für SchwedischPommern.«

»Kapitän Hornblower«, sagte Hornblower. Er war plötzlich überaus zurückhaltend, weil seine Regierung all diese klingenden Titel, die Dumoulin da herunterleierte, nie anerkannt hatte. In den Augen König Georgs und seiner Minister war Napoleon, »Kaiser der Franzosen«, nach wie vor General Bonaparte, was seinen persönlichen Rang, und Chef der französischen Regierung, was seine offizielle internationale Stellung betraf. Mehr als einmal waren englische Offiziere in ernsthafte Schwierigkeiten geraten, weil sie ihren Namen unter Dokumente – zum Beispiel Kartellverträge zum Austausch von Kriegsgefangenen und dergleichen – gesetzt hatten, die eine, wenn auch nur beiläufige Erwähnung des Kaiserreiches enthielten.

»Gibt es hier jemanden, der des Französischen mächtig ist?« fragte Dumoulin höflich. »Zu meinem größten

Bedauern bin ich der englischen Sprache völlig unkundig.«

»Sie können sich unmittelbar an mich wenden, mein Herr«, sagte Hornblower. »Ich wäre Ihnen vor allem für eine Erklärung über den Grund Ihrer Anwesenheit an Bord dieses Schiffes verbunden.«

»Sie sprechen ausgezeichnet Französisch, mein Herr«, sagte Dumoulin. »Ah, natürlich, ich erinnere mich. Sie sind der berühmte Capitaine Hornblower, der vor Jahresfrist jene aufsehenerregende Flucht aus Frankreich unternahm. Es ist mir ein besonderes Vergnügen, die Bekanntschaft eines Mannes zu machen, der so großen Ruf genießt.«

Dabei verbeugte er sich aufs neue. Und Hornblowers Selbstbewußtsein fühlte sich in angenehmer Weise geschmeichelt, als er hörte, daß ihm sein Ruf selbst in diesen abgelegenen Winkel der Ostsee vorausgeeilt war. Im gleichen Augenblick aber packte ihn auch schon der Ärger über dieses dumme Gerede, das mit der dringenden Frage des Augenblicks überhaupt nichts zu tun hatte.

»Ich danke Ihnen«, sagte er, »aber ich warte immer noch auf Ihre Erklärung, welcher Umstand mir die Ehre Ihres Besuchs verschafft.«

»Ich bin gekommen, um Monsieur le Baron bei seiner Feststellung zu unterstützen, daß Schwedisch-Pommern sich im Kriegszustand mit England befindet.«

Braun verdolmetschte diesen Satz, und Basses Verlegenheit wurde augenscheinlich immer größer.

»Das Boot mit der englischen Flagge ist längsseit«, unterbrach Bush.

Der Mann, der nun an Bord kam, war ungeheuer dick und trug einen nüchternen schwarzen Zivilanzug.

»Hauptmann«, stellte er sich vor und verbeugte sich dabei in den Hüften. Sein Englisch hatte einen unverkennbaren deutschen Akzent. »Seiner Britischen Majestät Konsularagent in Stralsund.«

»Was kann ich für Sie tun, Mr. Hauptmann?« fragte Hornblower und gab sich Mühe, sein Erstaunen zu bemeistern.

»Ich bin gekommen«, sagte Hauptmann, »um Sie über die Lage in Schwedisch-Pommern zu unterrichten.«

»Ich habe kein Bedürfnis nach weiteren Informationen«, sagte Hornblower. »Ist Schweden neutral, dann muß dieses Kaperschiff entweder auslaufen oder an die Kette gelegt werden, führt Schweden aber Krieg, dann habe ich freie Hand und kann tun, was ich für richtig halte.« Dabei sah er die Umstehenden der Reihe nach an, und Braun begann seine Worte ins Schwedische zu übersetzen.

»Was haben Sie da eben gesagt, Herr Kapitän?« fragte Dumoulin.

Verzweifelt machte sich Hornblower daran, das Ganze auf französisch zu wiederholen, und nun wurde die *Nonsuch* vom Fluch der babylonischen Wirrnis heimgesucht. Alle versuchten, gleichzeitig zu sprechen, Übersetzungen, Erklärungen, Vorstellungen klangen wild durcheinander. Basse hatte natürlich die allerbesten Absichten und wollte sowohl England als auch Frankreich von der freundwilligen Haltung Schwedens überzeugen. Dumoulin dagegen wollte nur eins: erreichen, daß die *Blanchefleur* ihre Raubzüge gegen die britische Schiffahrt fortsetzen konnte. Hornblower warf einen Blick auf Hauptmann.

»Kann ich Sie eine Minute allein sprechen?« sagte der. Er legte Hornblower, der etwas zurückwich, seine fette Hand auf den Arm und führte ihn quer über das Achterdeck außer Hörweite der anderen.

»Sie sind noch jung«, sagte er, »und ich kenne die Seeoffiziere. Das sind alles Hitzköpfe. Hören Sie bitte auf meinen Rat, und fassen Sie keinen übereilten Entschluß, Sir. Die Lage ist hier gespannt, äußerst gespannt sogar, und der geringste Fehler kann verheerende Folgen zeitigen. Ein einziger unfreundlicher Akt gegen Schweden kann genügen, um den formellen Kriegszustand in richtigen Krieg zu verwandeln. Sie müssen sich also genauestens überlegen, was Sie tun.«

»Ich überlege immer genau, was ich tue«, gab Hornblower unwirsch zurück. »Aber Sie können nicht im Ernst von mir erwarten, daß ich diesem Kaper gestatte, hier ein- und auszulaufen, als wäre er in Brest oder Toulon.«

Nun gesellte sich Braun wieder zu ihnen.

»Baron Basse bittet mich, Ihnen zu sagen, daß Bonaparte zweimal hunderttausend Mann an der pommerschen Grenze stehen hat. Ich soll Ihnen klarmachen, daß man es vermeiden sollte, einen Mann zu vergrämen, der über solche militärischen Machtmittel verfügt.«

»Das unterstreicht meine Worte, Herr Kapitän«, sagte Hauptmann.

Nun kam auch Dumoulin und gleich hinterher Basse – keiner der Herren wollte seine Kollegen auch nur einen Augenblick mit dem englischen Kapitän allein verhandeln lassen. Hornblower besaß einen sicheren taktischen Instinkt, der ihm jetzt zu Hilfe kam. Die beste Verteidigung war in diesem Fall ein kräftiger örtlicher Angriff. Er wandte sich an Hauptmann:

»Darf ich fragen, mein Herr, wie es kommt, daß Seine Majestät in einem Hafen, dessen Neutralität nicht über allen Zweifel erhaben ist, einen Konsularagenten unterhält?«

»Das ist zur Beschaffung der Lizenzen für die Schiffahrt unbedingt notwendig.«

»Sind Sie von Seiner Majestät bei der schwedischen Regierung akkreditiert?«

»Nein, mein Herr, ich bin von Seiner Bayrischen Majestät akkreditiert.«

»Von Seiner *Bayrischen* Majestät?«

»Ja, ich bin Untertan Seiner Bayrischen Majestät.«

»Die sich mit Seiner Britischen Majestät im Krieg befindet«, fügte Hornblower trocken hinzu. In dem Wirrsal dieser Ostseepolitik mit all ihren heimlichen Feindseligkeiten und versteckten Neutralitäten konnte sich wirklich kein Mensch zurechtfinden. Hornblower hörte sich die Bitten und Beschwörungen geduldig an, bis er einfach nicht mehr konnte und seine wachsende Gereiztheit so deutlich zeigte, daß sie auch den ganz mit ihren Sorgen und Wünschen beschäftigten Besuchern nicht mehr entging.

»Ich kann im Augenblick noch keine Entscheidung treffen, meine Herren«, sagte Hornblower. »Geben Sie mir etwas Zeit, Ihre Informationen in Ruhe zu überdenken. Herr Baron Basse, da Sie Vertreter des Generalgouverneurs sind, steht Ihnen, glaube ich, beim Verlassen des Schiffes ein Salut von siebzehn Schuß zu.«

Der Salut rollte über die gelblich-grünen Gewässer, während die Regierungsvertreter von Bord gingen. Siebzehn Schuß für Baron Basse, elf für Dumoulin, den Generalkonsul. Hauptmann, der Konsularagent, bekam nur fünf, das war der kürzeste Salut, der in der Salutordnung vorkam. Hornblower stand grüßend am Fallreep, als Hauptmann in sein Boot stieg; aber schon im nächsten Augenblick begann er wieder zu handeln.

»Signal an die Kommandanten von *Moth, Harvey* und *Clam*: ›Sofort an Bord kommen‹«, befahl er ganz unvermittelt. Die Kanonenboote und der Kutter waren inzwischen so nahe herangekommen, daß die Signalverbindung mit ihnen leicht aufzunehmen war. Noch blieb es drei Stunden Tag, und wenn er jenseits der Dünen von Hiddensee die Masten des französischen Kaperschiffes sah, dann hatte er das Gefühl, als wollten sie ihn verhöhnen.

9

Hornblower kletterte aus seinem Boot und schwang sich über die Reling der *Harvey*, wo ihn Mound mit einer Ehrenbezeigung empfing und seine beiden Bootsmannsmaate auf ihren Pfeifen trillerten. Da krachte ganz unerwartet und kaum einen Meter von ihm entfernt ein Kanonenschuß, so daß er heftig erschrak. Wenn der Kommodore seinen Breitwimpel auf einem anderen Schiff seines Verbandes setzte (in diesem Augenblick wurde er hoch im Großtopp der *Harvey* aufgerissen), war es Vorschrift, ihm von neuem zu salutieren, und dieser Salut wurde auf der *Harvey* mit einem der auf dem Achterschiff stehenden vier Sechspfündern abgewickelt. »Stopp mit diesem Unfug!« sagte Hornblower.

Dann befiel ihn aber sofort heftiges Schuldbewußtsein. Hatte er nicht eben das geliebte Zeremoniell der britischen Navy als Unfug bezeichnet – und hatte er mit diesem unfreundlichen Ausdruck nicht erstaunlicherweise seine eigene Ehrung gemeint, eine Ehrung, die ihn doch um so mehr hätte freuen müssen, als er sie erst zum zweiten Male empfing? Der Disziplin hatte seine Unbedachtsamkeit augenscheinlich nichts geschadet, obschon der junge Mound ein breites Grinsen aufsetzte, als er den Befehl gab, das Salutschießen einzustellen.

»Brassen Sie voll, Mr. Mound, damit wir in Gang kommen!« sagte Hornblower.

Während die *Harvey* Fahrt aufnahm und die *Moth* dichtauf im Kielwasser folgte, sah sich Hornblower an Bord etwas um. Dies war nämlich eine neue Erfahrung für ihn. Er hatte in seiner zwanzigjährigen Dienstzeit noch nie ein Kanonenboot im Gefecht erlebt. Hoch über ihm ragte der riesige Großmast, übrigens ein tadellos ausgeführtes Stück, mindestens ebenso schön wie der alte, im Sund abgeschossene. Die Segelfläche, die er trug, war deshalb so ungewöhnlich groß, weil sie gleichzeitig den fehlenden Vortopp ersetzen mußte. Der Besanmast stand sehr weit achtern und paßte in seiner Höhe besser zu den sonstigen Abmessungen des kleinen Fahrzeuges. Am erstaunlichsten war das Vorstag, das offenbar nötig war, um den Großmast genügend zu sichern. Es bestand nämlich aus einer eisernen Kette, die sich zwischen all dem laufenden und stehenden Gut aus Hanf seltsam genug ausnahm. Das Mittelschiff eines Kanonenboots liegt vorn – das klingt vielleicht ungereimt, gibt aber den besten Begriff von dem Aussehen eines solchen Fahrzeugs –, und dort vorn, beiderseits der Mittschiffslinie, standen auch die beiden gewaltigen Mörser, die eigentliche Ursache dieser seltsamen Bauart. Hornblower wußte, daß ihre Bettung aus einem massiven Block Eichenholz bestand, der bis zum Kielschwein hinunterreichte. Unter der Leitung eines Stückmeistersmaaten legten vier Mann eben die schweren dreizehnzölligen Granaten zurecht, die diese Mörser verschossen. Eine andere Gruppe von Leuten unter einem Bootsmannsmaaten arbeitete an einer schweren Trosse, die an Backbord achtern durch eine Geschützpforte herausgegeben und außenbords nach vorn gemannt wurde. Dort steckte man sie auf den Roring des Ankers, der an seinem Kranbalken hing. Das war die sogenannte Spring. Hornblower hatte schon oft genug eine Spring auf seine Ankerkette gesteckt, aber er hatte sie noch nie praktisch im Gefecht verwandt. Dicht neben ihm, in den Backbord-Großrüsten, schwang der Lotgast sein Blei. Da machte sich Hornblower klar, daß er das Lot wohl neun Zehntel der ganzen Zeit in Betrieb gesehen hatte, die er sich jetzt in der Ostsee aufhielt, und er nahm an, daß sich daran für die Dauer dieses Kommandos auch in Zukunft nichts ändern würde.

»Einhalb über drei!« rief der Lotgast. Die Kanonenboote gingen keine neun Fuß tief.

Da drüben traf die *Raven* alle Vorbereitungen, sich von der Untiefe frei zu warpen, auf der sie festgekommen war. Hornblower konnte die Kette des ausgefahrenen Ankers unterscheiden, die sich schwarz gegen das Wasser abhob. Die geknickte Vorstenge war samt dem Gewirr ihres herabhängenden Gutes bereits verschwunden. Hinter der *Raven* sah man jetzt langsam die *Clam* vorüberkriechen, und Hornblower war gespannt, ob ihr junger Kommandant, der so zigeunerhaft aussah, seine kniffligen Anweisungen wirklich alle ganz begriffen hatte. Mound stand neben ihm und führte sein Schiff. Er war der einzige Offizier an Bord, ein Fähnrich und zwei Steuermannsmaaten gingen die Wachen. Die beiden letzteren standen breitbeinig auf dem Achterdeck und maßen mit Sextanten den Höhenwinkel der Masten der *Blanchefleur*. Hornblower genoß den Geist unbeschwerten Frohsinns, den er hier an Bord so deutlich spürte und den man eben nur auf Schiffen fand, deren Kommandant erst zwanzig Jahre zählte. Die Disziplin war auf diesen kleinen Fahrzeugen etwas lockerer, Hornblower hatte oft genug mit angehört, wie uralte, mißvergnügte Kapitäne ihr Klagelied über diesen Zustand sangen.

»Dreiviertel über zwo!« rief der Lotgast.

Das waren siebzehn Fuß Wasser.

»Wir sind in Schußweite, Sir«, meldete Mound.

»Die Treffsicherheit Ihrer Mörser ist aber größer, wenn Sie nicht auf die äußerste Entfernung zu schießen brauchen. Ist es nicht so?«

»Jawohl, Sir, außerdem hätte ich gern etwas Spielraum, für den Fall, daß er seinen Ankerplatz noch weiter zurückverlegen kann.«

»Sehen Sie aber auch zu, daß Sie genügend Platz zum Schwojen behalten. Wir wissen ja nichts über die Lage dieser Untiefen.«

»Aye, aye, Sir.«

Mound blickte noch einmal prüfend in die Runde, um sich ein Bild von der taktischen Lage zu verschaffen. Dort über den Dünen sah man die Spieren der *Blanche-*

fleur, die drüben, tief in der Bucht, vor Anker lag. Und am Ende der Insel lag drohend die Batterie. Außerhalb ihrer Schußweite lag die *Clam* auf einer Position, von der aus sie das Innere der Bucht überblicken konnte, und die *Lotus* endlich blockierte die Einfahrt, um der *Blanchefleur* auch für den Fall ein Entwischen unmöglich zu machen, daß es ihr durch ein Wunder gelang, nach Luv aus ihrer Bucht herauszukreuzen und einen neuen Durchbruchsversuch nach Stralsund zu unternehmen. Mound war mindestens ein dutzendmal im Begriff, seine Hände in die Hosentaschen zu versenken, aber im letzten Augenblick fiel ihm jedesmal ein, daß ja der Kommodore neben ihm stand, und dann zuckte er immer erschrocken zurück. Alle paar Augenblicke wiederholte sich dieses komische Zusammenzucken, bis ihm Hornblower schließlich ein Ende machte:

»Mein Gott, Mann, so stecken Sie doch endlich Ihre Hände in die Taschen und hören Sie mit dem Getue auf.«

»Aye, aye, Sir«, sagte Mound ein wenig erschrocken. Dann aber vergrub er die Hände dankbar in seiner Hose und genoß es, endlich die korrekte Steifheit vergessen und einen bequemen, aber höchst unmilitärischen Bukkel machen zu dürfen. Er nahm noch einen letzten Rundblick, dann rief er:

»Mr. Jones, let go!«

Das galt dem Fähnrich, der schon wartend vorn am Kranbalken stand. Der Anker fiel, und die Kette rasselte schnell durch die Klüsen, während die Besatzung in die Riggen enterte, um die Segel festzumachen.

Langsam törnte die *Harvey* ein. Als sie zuletzt im Wind lag, zeigte ihr Bug fast genau auf die unsichtbare *Blanchefleur*.

Hornblower konnte beobachten, wie nun auch die *Moth* beinahe querab von ihrem Schwesterschiff zu Anker ging. Mound machte sich nun mit täuschend gespielter Ruhe und Gemächlichkeit an die Vorbereitungen zum Schießen. Zunächst nahm er eine Reihe von Peilungen, um sicherzugehen, daß der Anker gut hielt. Auf seine Anordnung knotete ein Matrose einen weißen Zeugfetzen als Markierung auf die Spring, die von achtern längsdeck zum Spill genommen war, dann fischte er in seiner Tasche, brachte ein Stück Kreide zum Vorschein und malte dort, wo diese Marke saß, einen Strich an Deck.

»Mr. Jones«, befahl er darauf, »hiev rund!«

Vier Mann vermochten das Spill leicht zu drehen, und während sie so die Spring einhievten, wanderte der weiße Lappen langsam über das Deck nach vorn. Die Spring lief bekanntlich durch eine der achteren Geschützpforten und von dort zu dem nunmehr weit vorn im Grund liegenden Anker.

Holte man sie ein, dann holte man damit natürlich das Heck des Schiffes herum, so daß dieses schließlich in einem Winkel zur Windrichtung lag. Die Größe dieses Winkels war, allerdings nur grob, an der Strecke abzulesen, die der weiße Lappen beim Hieven von der Kreidemarke an Deck nach vorn gewandert war.

»Weiter, Mr. Jones«, sagte Mound, während er eine rohe Peilung der *Blanchefleur* nahm.

Klankend drehte sich das Gangspill, als die Männer an den Spaken rundum liefen.

»Fest!« rief Mound nun, und sie hielten an.

»Noch ein Pall«, sagte er dann wieder. Jetzt peilte er den Großmast der *Blanchefleur* mit größter Sorgfalt.

»Klank!« sagte das Spill, als die Männer sich einen Augenblick mit ihrem Körper gegen die Spaken legten.

»Und noch eins.«

»Klank!«

»Ich glaube, es stimmt, Sir«, sagte Mound. Die Mittschiffslinie der *Harvey* zeigte nun genau auf die *Blanchefleur*.

»Natürlich kann sich die Kette noch strecken, auch der Anker selbst holt sich vielleicht noch etwas durch den

Grund, aber es ist ganz einfach, trotzdem die Richtung genau festzuhalten, indem man die Spring eine Kleinigkeit fiert oder einholt.«

»Ja, gewiß«, sagte Hornblower.

Theoretisch war er mit der Handhabung von Kanonenbooten vertraut; um so interessanter, ja aufregender war für ihn die unmittelbar bevorstehende praktische Erprobung. Seit er damals in einer verzweifelten Lage versucht hatte, von der *Witch of Endor* aus mit einem Sechspfünder auf größere Entfernung ein Boot zu treffen, war Hornblower sich darüber im klaren, daß das Schießen auf See eine höchst unvollkommene Kunst war, die man, wenn irgend möglich, verbessern sollte.

Zur Zeit schoß man immer noch mehr oder weniger nach Giß, und das Treffen war buchstäblich Glückssache. Das Schießen mit dem Mörser eines Kanonenbootes stellte in der Marineartillerie den Höhepunkt der Entwicklung dar.

Wenn es sich auch eigentlich um einen illegitimen Zweig der seemännischen Schießkunst handelte, so erzielte man damit einstweilen doch weitaus die besten Ergebnisse.

Man schoß mit steiler Flugbahn und geringer Mündungsgeschwindigkeit, man vermied mit den kurzen Rohren alle Fehlerquellen, die sich aus den Ungenauigkeiten in der Bohrung der Geschütze ergaben, und erzielte so eine erstaunliche Treffsicherheit.

»Ich bitte, jetzt nach vorn gehen zu dürfen«, sagte Mound, »ich lege nämlich besonderen Wert darauf, meine Zünder selbst abzuschneiden.«

»Ich komme mit«, sagte Hornblower.

Die Mörser standen wie zwei mächtige Kochkessel auf dem Vordeck des kleinen Bootes.

»1100 Yards«, sagte Mound, »versuchen wir es zuerst mit eindreiviertel Pfund Pulver, Mr. Jones.«

»Aye, aye, Sir.«

Das Pulver war in Beuteln zu einem, einem halben und einem viertel Pfund verpackt. Der Fähnrich riß von jeder Größe einen auf, schüttete den Inhalt in den Steuerbordmörser und preßte die ganze Ladung mit einem riesigen Filzpfropfen nieder. Mound hatte einen Maßstab in der Hand und blickte eine Weile angestrengt kopfrechnend zum Himmel. Dann beugte er sich über eine der dicken Granaten und schnitt deren Zündschnur nach sorgfältigster Messung mit einer Schere ab.

»Einen und elfsechzehntel Zoll, Sir«, sagte er, als wollte er sich rechtfertigen. »Im Grunde habe ich mich nur gefühlsmäßig für diese Länge entschieden. Die Zündschnur brennt ja nach dem Wetter verschieden schnell, und für heute scheint es mir so gerade richtig. Natürlich soll die Granate nicht in der Luft krepieren, wählt man aber die Zündschnur zu lang, dann gelingt es womöglich einem der Froschfresser, sie auszumachen, ehe die Granate krepiert.«

»Natürlich«, sagte Hornblower.

Jetzt wurde die große Granate angehoben und in die Mündung des Mörsers eingeführt. Etwas tiefer in dessen Innerem verengte sich plötzlich die Bohrung und bildete dadurch eine Stufe, auf welcher der vorspringende Rand der Granate sicher auflag. Die geschwungene Spitze des dreizehnzolligen Geschosses, aus der die Zündschnur heraushing, schnitt genau mit der Mündung des Mörsers ab.

»Heiß den roten Doppelstander!« rief Mound nun mit erhobener Stimme, so daß der Steuermannsmaat auf dem Achterdeck den Befehl verstand.

Hornblower nahm sein Glas an das Auge und beobachtete die *Clam*, die einige Meilen entfernt zwischen den Sänden vor Anker lag. Der Signalcode, der nun zur Anwendung kam, war unter seiner persönlichen Anleitung aufgestellt worden, und nun war er geradezu darauf erpicht, daß er auch einwandfrei arbeitete. Solche Signale wurden ja so leicht mißverstanden. Jetzt stieg an der Gaffelpiek der *Clam* ein roter Doppelstander empor.

»Verstanden, Sir«, rief der Steuermannsmaat.

Mound ergriff den schwelenden Luntenstock und hielt ihn an die Zündschnur der Granate. Diese fing sofort Feuer und ließ ein leises Sprühen hören.

»1-2-3-4-5«, zählte Mound langsam. Das Sprühen hörte nicht auf. Offenbar ließ er vor dem Schuß noch diese fünf Sekunden verstreichen, um sicherzugehen, daß die Zündschnur auch einwandfrei brannte. Wenn es sich als nötig erwies, konnte er sie dann noch einmal in Brand setzen.

Nun drückte er den Luntenstock in das Zündloch des Mörsers, der sich sofort mit donnerndem Getöse entlud. Hornblower stand unmittelbar dahinter und konnte beobachten, wie die Granate stieg. Der glühende Funke der Zündschnur zeichnete ihre Bahn an den Himmel. Höher stieg sie und höher, und er verlor sie erst aus den Augen, als sie wieder zu fallen begann, weil sie sich nun senkrecht zu seiner Blickrichtung bewegte. Sie warteten und warteten – nichts.

»Vorbei«, sagte Mound. »Nieder den Doppelstander!«

»*Clam* setzt weißen Wimpel, Sir«, rief der Steuermannsmaat.

»Das heißt ›Weitschuß‹«, sagte Mound, »jetzt, bitte, eineinhalb Pfund Pulver, Mr. Jones.«

Moth hatte zwei rote Doppelstander gesetzt, und *Clam* wiederholte das gleiche Signal. Um jede Verwechslung zu vermeiden, hatte Hornblower bestimmt, daß alle Signale, die die *Moth* betrafen, verdoppelt werden sollten. Dann konnte es nicht vorkommen, daß die *Harvey* irrtümlich die Fehler der *Moth* verbesserte und umgekehrt. Nun donnerte der Mörser der *Moth*, daß es laut über das Wasser scholl. Von der *Harvey* aus war die Flugbahn der Granate nicht zu verfolgen.

»*Clam* setzt zwei gelbe Flaggen, Sir.«

»Das heißt, die *Moth* liegt kurz«, sagte Mound. »Heiß den roten Doppelstander.«

Wieder feuerte der Mörser, wieder stieg der Funke der Zündschnur zum Himmel empor und verschwand, wieder kein Aufschlag, keine Wirkung.

»*Clam* zeigt weißen Wimpel, Sir.«

»Was, schon wieder weit?« sprach Mound verwundert. »Ich hoffe nur, daß die da drüben nicht schielen.«

Nun feuerte wieder die *Moth* und wurde diesmal von der *Clam* durch zwei weiße Wimpel belohnt. Das hieß, daß die zweite Granate das Ziel überschossen hatte, während die erste kurz gefallen war. Für die *Moth* mußte es nun ein leichtes sein, das Ziel zu fassen. Mound kontrollierte noch einmal die Peilung.

»Stimmt noch genau«, brummte er vor sich hin. »Mr. Jones, nehmen Sie von den eineinhalb Pfund ein Achtel weg.«

Unterdes versuchte Hornblower sich vorzustellen, was der Kommandant der *Blanchefleur* drüben auf der anderen Seite der Nehrung in diesem Augenblick unternehmen mochte. Wahrscheinlich hatte er sich bis zum ersten Schuß der Kanonenboote ganz sicher gefühlt, weil er bestimmt annahm, daß nur ein Angriff auf die Küstenbatterie für ihn gefährlich werden konnte. Nun schlugen plötzlich ganz dicht um sein Schiff herum diese Granaten ein, und er war weder imstande, darauf zu antworten, noch sonst irgendwelche wirksamen Maßnahmen zu seiner Verteidigung zu ergreifen. Anker aufzugehen war sicherlich alles andere als einfach für ihn, da er ganz am inneren Ende der schmalen Lagune lag. Die nähere, südliche Ausfahrt war ganz flach, nach den Brechern zu urteilen kam dort nicht einmal ein Ruderboot durch. Nach Norden zu aber hätte er bei der herrschenden Windrichtung kreuzen müssen, um näher an die schützende Batterie heranzukommen; das jedoch war in der schmalen Fahrrinne ganz ausgeschlossen. Wahrscheinlich reute es ihn jetzt, so weit in Lee geankert zu haben, er hatte wohl angenommen, sein Schiff damit am besten gegen Überfall und Wegnahme zu sichern. So wie die Dinge lagen, konnte er sich höchstens mit Hilfe seiner Boote oder durch Warpen näher an die Batterie heranarbeiten, nahe genug, daß ihre Geschütze die Kanonenboote außerhalb des Schußbereichs ihrer Mörser zu halten vermochten.

»Roter Doppelstander wird gedippt, Sir!« meldete aufgeregt der Steuermannsmaat.

Das bedeutete wieder einen Kurzschuß, aber diesmal dicht am Ziel.

»Zwei Prisen mehr Pulver, Mr. Jones«, sagte Mound.

Wieder donnerte der Mörser der *Moth*, und diesmal sahen sie die Granate krepieren, anscheinend genau über den Toppen der *Blanchefleur*. Dort stand plötzlich ein dicker Ballen Qualm, und etwas später hörte man schwach den Knall der Detonation. Mound schüttelte dazu ernst den Kopf. Entweder hatte Duncan da drüben nicht aufgepaßt, als er seine Zündschnur abschnitt, oder aber diese war schneller abgebrannt als gewöhnlich. Zwei blaue Flaggen an der Gaffelpiek der *Clam* bedeuteten, daß die Lage des Schusses nicht beobachtet worden war – das Signalverfahren arbeitete also immer noch einwandfrei. Wieder beugte sich der schlaksige Mound nach vorn und hielt seinen Luntenstock erst an die Zündschnur und dann an das Zündloch. Wieder donnerte der Mörser, und diesmal wollte es irgendeine ballistische Laune, daß ein brennendes Stück des filzenen Verschlußpfropfens dicht über Hornblowers Kopf hinwegflog, so daß er sich erschrocken duckte, während ihn der dicke Mündungsqualm ganz in Nebel hüllte. Als er wieder aufsah, entdeckte er hoch oben am Himmel gerade noch den Funken der Zündschnur, der im Scheitelpunkt der Flugbahn etwas zu zögern schien, ehe er den Blicken entschwand und seinen Sturz in die Tiefe begann. Hornblower, Mound, Jones, die ganze Bedienung des Mörsers, alle warteten gespannt auf das Ergebnis. Da zeigte sich über dem Rand der Düne eine Spur weißen Rauches, und gleich darauf drang auch der Knall der krepierenden Granate zu ihnen herüber.

»Ich glaube, das war ein Treffer, Sir«, sagte Mound mit gutgespielter Gleichgültigkeit.

»*Clam* setzt schwarzen Ball im Topp, Sir!« rief der Steuermannsmaat.

Das bedeutete wirklich einen Treffer. Eine dreizehnzöllige Granate war aus riesiger Höhe auf das Deck der *Blanchefleur* gefallen und dort explodiert. Hornblower konnte sich keine Vorstellung machen, welche Zerstörungen sie dort verursacht haben mochte.

»Salve aus beiden Mörsern!« stieß Mound jetzt heiser hervor – er hatte alles Posieren vergessen. »Gebt's ihnen, Kerls!«

Zwei gedippte weiße Wimpel auf der *Clam* bedeuteten, daß der nächste Schuß der *Moth* auch dicht am Ziel, aber etwas zu weit lag.

Dann brüllten die beiden Mörser der *Harvey* gleichzeitig auf, und der Rückstoß drückte so stark auf den Bug des kleinen Fahrzeuges, daß es vorn kräftig eintauchte. Und schon stieg der schwarze Ball wieder in den Topp der *Clam*.

»Wieder ein Treffer!« jubelte Mound.

Da wanderten die Stengen der *Blanchefleur*, die über die Dünen herübersahen, plötzlich auseinander, ein Zeichen, daß sie sich drehte. Ihre Mannschaft machte wohl den verzweifelten Versuch, sie durch die Fahrrinne zurückzuschleppen oder zu warpen.

»Gebe Gott, daß wir sie zum Wrack schießen, ehe sie außer Reichweite ist!« sagte Mound. »Hol's der Teufel, warum schießt die *Moth* nicht?«

Hornblower sah ihm genau auf die Finger. Natürlich

war die Versuchung für ihn sehr groß, seine Mörser sofort wieder abzufeuern, sobald sie geladen waren, ohne sich weiter um die *Moth* und die vereinbarte abwechselnde Schußfolge zu kümmern. Aber er durfte diesem Wunsch auf keinen Fall nachgeben, weil das die Beobachter auf der *Clam* verwirren mußte und damit unter Umständen den ganzen Erfolg in Frage stellte. Da fiel auf *Moth* auch schon der Schuß, und die *Clam* zeigte mit zwei schwarzen Bällen an, daß auch sie einen Treffer erzielt hatte. Aber inzwischen hatte die *Blanchefleur* ihre Drehung beendet, und Hornblower konnte feststellen, daß sich ihre Stengen auf dem Dünenrand um ein winziges, kaum wahrnehmbares Stückchen verschoben, es handelte sich um einen, höchstens zwei Meter. Wieder feuerte Mound seine beiden Mörser ab, und noch ehe die Granaten am Ziel waren, sprangen seine Männer ans Spill und warfen sich gegen die Spaken.

Klank, klank! Zweimal sprangen die Pallen über die Sperrzähne, als sie die Spring etwas einholten, um das Kanonenboot ein bißchen weiter herumzuschwenken und die Mörser am Ziel zu halten. In diesem Augenblick verschwand die Vorstenge der *Blanchefleur*, nur Groß- und Besanmast blieben sichtbar.

»Ha, wieder ein Treffer!« rief Hornblower, und die Worte schossen ihm hervor wie der Pfropfen aus einem Luftgewehr. Er war aufgeregt wie ein Schuljunge und ertappte sich dabei, daß er an Deck richtige Luftsprünge machte. Der Fockmast war also weg, er versuchte sich auszumalen, welche Zerstörungen diese Granaten verursachen mußten, wenn sie auf den schwachen Holzdecks da drüben einschlugen. Nun sah man über dem Dünenkamm auch Rauch aufsteigen, und zwar mehr, als man von der Detonation der Granaten allein erwarten konnte. Überdies war dieser Qualm auch auffallend schwarz, so daß es schien, als ob ein Brand ausgebrochen sei. Großmast und Besanmast kamen nun wieder in Linie, das hieß, die *Blanchefleur* legte sich wieder quer zur Fahrrinne. Das beabsichtigte Manöver schien ihr nicht mehr zu gelingen. Vielleicht hatte eine Granate ihre Warpankertroß getroffen oder die schleppenden Boote beschädigt.

Wiederum feuerte die *Moth*, und nun zeigten zwei gedippte rote Doppelstander, daß ihre beiden Granaten kurz, aber dicht am Ziel lagen – die *Blanchefleur* mußte ein merkliches Stück quer zur Fahrrinne getrieben sein. Mound zog gleich den richtigen Schluß und ließ die treibende Pulverladung seiner Mörser entsprechend vergrößern. Da war wieder Rauch, zweifellos stammten diese wirbelnden Schwaden von der *Blanchefleur*. Jetzt war es sicher, daß sie brannte. Und daraus, daß sie sich nun überhaupt nicht mehr rührte – Hornblower stellte fest, daß die Verschiebung der Stengen gegen die Sanddünen des Vordergrundes ganz aufgehört hatte –, konnte man entnehmen, daß sie auf Grund saß. Wieder schoß Mound, wieder warteten sie. Da fiel der Besanmast, er neigte sich langsam zur Seite, und gleich hinterher verschwand auch der Großmast. Außer dem Rauch, der immer stärker aufbrodelte, war jetzt nichts mehr zu sehen. Mound blickte Hornblower fragend an, er erwartete einen Befehl.

»Weiterfeuern«, befahl Hornblower mit belegter Stimme. Er hatte die Pflicht, dafür zu sorgen, daß der *Blanchefleur* gründlich der Garaus gemacht wurde, auch auf die Gefahr hin, daß ihre Besatzung an Bord bei lebendigem Leibe verbrannte. Wieder donnerten die Mörser los, wieder durchmaßen die Granaten ihre steile Bahn, zehn volle Sekunden stiegen sie, ehe sie wieder zu fallen begannen. Die *Clam* signalisierte: »Weit, dicht am Ziel.« Dann kam wieder die *Moth*, und die *Clam* gab »Treffer«. Hornblower machte sich mit der Kraft seiner Phantasie ein Bild davon, wie die Granaten vom Himmel herab mitten unter die Besatzung der *Blanchefleur* fielen, die, eingehüllt in Rauch und Flammen, alles daransetzte, ihr brennendes, entmastetes und gestrandetes Schiff zu retten. Nur für den Bruchteil einer Sekunde sah er diese Bilder vor seinem geistigen Auge aufsteigen. Kaum hatte nämlich Mound das Signal der *Clam* erkannt und den Luntenstock vorgestreckt, um eine neue Salve abzufeuern, da ließ ihn, ehe er noch die Zündschnüre in Brand zu setzen vermochte, der Donner einer heftigen Explosion innehalten. Hornblower riß sein Glas ans Auge. Über den Dünen stieg eine riesige schwarze Rauchsäule auf, und er glaubte zu erkennen, daß darin kompakte Dinge – waren es menschliche Körper oder Wrackteile? – durch die Luft wirbelten. Das Feuer oder eine der letzten Granaten der *Moth* hatte die Pulverkammer der *Blanchefleur* erreicht.

»Signal an *Clam*, Mr. Mound«, sagte Hornblower. »Was sehen Sie vom Feind?«

Sie warteten auf die Antwort.

»Gegner – völlig – vernichtet, Sir«, las der Steuermannsmaat ab, und die Besatzung brach in ein wildes Hurra aus.

»Sehr gut, Mr. Mound. Ich glaube, wir wollen von diesen Untiefen weg, ehe es dunkel wird. Bitte setzen Sie das Rückrufsignal mit Anruf für *Clam* und *Lotus*.«

Die wässerige Sonne dieser nördlichen Breiten war recht trügerisch. Sie gab ihren freundlichen Schein, wärmte aber dabei nicht ein bißchen. Jedenfalls wurde Hornblower jetzt mit einem Male von heftigem Zittern befallen, das kurze Zeit anhielt. Er hatte stundenlang untätig an Deck der *Harvey* gestanden, und zwar dummerweise ohne Mantel – so versuchte er sich wenigstens seinen Zustand zu erklären. Dabei wußte er ganz genau, daß diese Erklärung nicht den Kern der Sache traf. Spannung und Aufregung waren nun vorbei, was blieb, waren Schwermut und Niedergeschlagenheit. Ein Schiff zu zerstören, das selbst keine Möglichkeit besaß, das Feuer zu erwidern, war eine brutale, unmenschliche Aufgabe. Später, in seinem Bericht, nahm sich das ganze Unternehmen bestimmt glänzend aus, und er konnte sich gut vorstellen, wie die Kameraden einander von seinem neuesten Erfolg erzählten: Ein großes französisches Kaperschiff unter den Augen der Schweden und der Franzosen und noch dazu inmitten unzähliger Untiefen zu vernichten, das war ja auch wirklich keine Kleinigkeit. Das Gefühl für die unrühmliche Kehrseite dieser Aktion blieb wahrscheinlich ihm allein vorbehalten.

10

Bush wischte sich mit seiner Serviette – wie immer unter umständlicher Wahrung der besten Manieren – den Mund.

»Was, glauben Sie, werden die Schweden dazu sagen, Sir?«

Das war eine kühne Frage, denn er wußte aus Erfahrung, daß Hornblower es nicht liebte, wenn er, Bush, sich mit solchen Dingen befaßte.

»Sie können sagen, was sie wollen«, antwortete Hornblower, »jedenfalls können sie nichts sagen, was die *Blanchefleur* wieder heil macht.«

Bush war ganz überrascht, wie herzlich das klang, verglichen nämlich mit der Abfuhr, auf die er gefaßt war. Nun wunderte er sich, wie diese ungewohnte Zugänglichkeit zustande kam. Vielleicht war sie eine Wirkung des Erfolgs, der Anerkennung, der Beförderung oder aber seiner Heirat.

Und seltsamerweise stellte sich Hornblower in diesem Augenblick die gleiche Frage und kam zu dem Ergebnis, daß dieses veränderte Benehmen eine Folge seines zunehmenden Alters war. Für einige Augenblicke versenkte er sich in eine seiner unerbittlichen, fast krankhaft strengen Selbstprüfungen. Im Lauf der Zeit hatte er sich mit der leidigen Tatsache abgefunden, daß sein Haar immer dünner wurde und daß sich seine Schläfen allmählich grau färbten.

Als er zum ersten Male beim Kämmen seine Kopfhaut rosig durchschimmern sah, da war er völlig aus dem Gleichgewicht gekommen, jetzt hatte er sich längst daran gewöhnt. Sein Blick wanderte über die beiden Reihen junger Gesichter hier an seinem Tisch, und er spürte, wie dabei ein warmes Gefühl in ihm aufstieg. Das war es, er bekam väterliche Empfindungen.

Daß ihm diese Jugend plötzlich so nahe stand, war ihm eine ganz neue Erfahrung. Und nun entdeckte er noch mehr, daß nämlich sein Herz nicht nur der Jugend, sondern allen Menschen, jungen und alten, gehörte. Damit verlor er aber auch – zeitweilig, wie er sich vorsichtig einschränkend zuflüsterte – jenes unwiderstehliche Bedürfnis, sich selbstquälerisch von seiner Umgebung abzusondern.

Er hob sein Glas.

»Meine Herren«, sagte er, »ich trinke auf das Wohl der drei Offiziere, deren vorbildlicher Pflichterfüllung und hervorragendem beruflichem Können wir die Vernichtung eines gefährlichen Gegners zu verdanken haben.«

Bush, Montgomery und die beiden Fähnriche hoben ihre Gläser und taten begeistert Bescheid, Mound, Duncan und Freeman dagegen hielten ihren Blick mit echt englischer Bescheidenheit auf das Tischtuch gesenkt. Mound, den diese Ehrung völlig überrascht hatte, errötete wie ein junges Mädchen und rutschte in verlegener Unruhe auf seinem Stuhl hin und her.

»Wollen Sie nicht antworten, Mr. Mound?« sagte Montgomery. »Sie sind der Älteste.«

»Es war doch der Kommodore und nicht wir«, sagte Mound immer noch mit niedergeschlagenen Augen. »Er hat alles gemacht.«

»Richtig!« stimmte ihm Freeman zu und warf seine schwarzen Zigeunerlocken zurück.

Es wird Zeit, das Gesprächsthema zu wechseln, dachte Hornblower bei sich. Nach diesem Austausch von Glückwünschen war sonst eine unangenehme Stockkung der Unterhaltung unvermeidlich.

»Wie wäre es mit einem Lied, Mr. Freeman. Wir wissen alle nur vom Hörensagen, daß Sie ein großer Sänger sind. Geben Sie uns einmal eine Probe davon.«

Was Hornblower nicht sagte war, daß seine Kenntnis über Freemans Talent von einem der jüngeren Lords der Admiralität stammte, vor allem aber verheimlichte er, daß er selbst mit der Gesangskunst überhaupt nichts anzufangen wußte. Die anderen waren nun einmal seltsamerweise auf die Musik versessen, da war es schon das beste, wenn man ihnen ihr kindisches Vergnügen ließ.

Freeman dachte gar nicht daran, sich in Szene zu setzen, als er sich nun anschickte, zu beginnen. Er hob einfach den Kopf, öffnete den Mund und sang:

»Wann immer ich in Chloes Augen schau',
erblick' ich Meergeleucht und lichtes Himmelsblau.«

Es war doch etwas Eigenartiges um die Musik. Da führte dieser Freeman ein offenbar interessantes und auch schwieriges Kunststück vor, mit dem er den anderen (Hornblower blickte sie verstohlen an) entschieden eine Freude bereitete. Dabei bestand seine ganze Tätigkeit darin, auf verschiedene Art zu quieken und zu brummen und dabei die Worte willkürlich in die Länge zu ziehen – und was für törichtes Zeug! Zuletzt gab Hornblower wieder einmal, zum tausendsten Male in seinem Leben, den Versuch auf, vielleicht doch noch zu ergründen, was es mit dieser Musik auf sich hatte, in die andere Menschen so vernarrt waren. Wie immer sagte er sich, daß ein solches Unterfangen für ihn ebenso sinnlos war, als wenn sich ein Blinder darum bemühte, eine Vorstellung von der Farbe zu gewinnen.

»Chloe, ich liebe dich, nur di-i-ich allein.«

Freemans Lied war verklungen, und alle gaben ihren begeisterten Beifall kund, indem sie mit den Fäusten auf den Tisch donnerten.

»Ein sehr schönes Lied, und Sie haben es ausgezeichnet gesungen«, sagte Hornblower.

Montgomery versuchte, sich bemerkbar zu machen.

»Gestatten Sie, daß ich mich verabschiede, Sir?« sagte er. »Ich habe Mittelwache.«

Das war für alle das Zeichen zum Aufbruch. Die drei Leutnants mußten auf ihre Schiffe zurück, Bush wollte einen Rundgang an Oberdeck machen, und die beiden Fähnriche beeilten sich, in richtiger Würdigung ihrer bescheidenen Rolle, für die Einladung zu danken und gleichfalls zu verschwinden. Das war eine gelungene Einladung, dachte Hornblower, als er ihnen zum Abschied die Hand drückte: gutes Essen, angeregte Unterhaltung und rechtzeitiger Schluß. Er trat auf die Heckgalerie hinaus und nahm sich dabei sorgfältig in acht, nicht mit dem Kopf an die niederen Decksbalken zu stoßen. Es war jetzt um sechs Uhr abends immer noch heller Tag, die Sonne stand noch ein gutes Stück über der Kimm, sie schien genau von achtern in die Galerie, und gerade unter ihr lag als schwacher dunkler Schatten auf dem Horizont die Insel Bornholm.

Mit angeholter Großschot, so daß das Großsegel stand wie ein Brett, passierte dicht unter ihm der Kutter, der hart am Wind das Heck der *Nonsuch* rundete, um die Leutnants auf ihre Schiffe zurückzubringen. Der Wind stand jetzt wieder aus Nordwest. Drüben auf dem Achterdeck des Kutters trieben die drei jungen Offiziere ihren Schabernack, bis plötzlich einer von ihnen den Kommodore auf seiner Heckgalerie stehen sah. Da fuhren sie alle drei zusammen und grüßten ihn in militärischer Haltung. Hornblower mußte über sich selbst lächeln – daß ihm diese Jungen da so ans Herz wachsen konnten! Dann wandte er sich in die Kajüte zurück, er wollte sie von dem Zwang befreien, unter dem sie standen, solange sie unter seinen Augen waren. Drinnen wartete Braun auf ihn.

»Ich habe die Zeitungen durchgelesen, Sir«, sagte er. Die *Lotus* hatte am Nachmittag ein preußisches Fischerboot angehalten, den Fang beschlagnahmt und die an Bord befindlichen Zeitungen mitgenommen. Dann hatte sie das Fahrzeug wieder entlassen.

»Nun?«

»Dies hier ist die Königsberger Hartungsche Zeitung, Sir, sie steht natürlich unter französischer Zensur. Die Titelseite ist ausschließlich der Dresdener Zusammenkunft gewidmet. Bonaparte hat dort sieben Könige und einundzwanzig souveräne Fürsten um sich versammelt.«

»Sieben Könige?«

»Ja, die Könige von Holland, Neapel, Bayern, Württemberg, Westfalen, Sachsen und Preußen, Sir«, las Braun ab, »dann die Großherzöge von . . .«

»Den Rest können wir uns schenken«, unterbrach ihn Hornblower. Er warf selbst einen Blick in die zerfetzten Seiten des Blattes. Was war doch dieses Deutsch für eine barbarische Sprache! Das mußte er jedesmal denken, wenn er es gedruckt vor sich sah.

Aber was führte Bonaparte im Schild? Offenbar wollte er irgendwem Angst einjagen. England konnte es nicht gut sein, denn das trotzte seinem Zorn und seiner Macht nun schon seit einem Dutzend von Jahren, ohne mit der Wimper zu zucken. Vielleicht galt seine Einschüchterungspolitik nur den eigenen Untertanen, all den Völkern Westeuropas, die er schon mit Waffengewalt unterworfen hatte. Weitaus am nächsten lag jedoch die Annahme, daß er damit den Zaren von Rußland schrecken wollte. Rußland hatte wirklich allen Anlaß, sich gegen die ständigen Übergriffe seines unruhigen Nachbarn widerspenstig zu zeigen, da mochte diese unerhörte Machtentfaltung Bonapartes sehr wohl den Zweck haben, die aufkeimende Feindseligkeit in der Angst vor der drohenden Übermacht zu ersticken.

»Steht da auch etwas über Truppenbewegungen?« fragte Hornblower.

»Jawohl, Sir. Es überrascht mich, daß sie so offen gemeldet werden. Die kaiserliche Garde ist in Dresden. Dann ist noch das erste, das zweite und« – Braun blätterte um – »das neunte Armeekorps erwähnt. Sie sind in Preußen – Hauptquartier Danzig – und in Warschau.«

»Neun Armeekorps«, überlegte Hornblower, »das werden zusammen 300 000 Mann sein –«

»Da steht etwas über Murats Reservekavallerie: ›Sie ist 40 000 Mann stark und durchweg hervorragend beritten und ausgerüstet.‹ Bonaparte hat sie besichtigt.«

Offenbar wurde zur Zeit an der Grenze zwischen dem Herrschaftsbereich Bonapartes und Rußland eine riesige Truppenmasse angesammelt. Auch die preußische und die österreichische Armee standen ja unter Bonapartes Befehl. Eine halbe Million – vielleicht 600 000 Mann! Solche Zahlen überstiegen jede Vorstellungskraft. Eine wahre Flut von Menschen staute sich hier im östlichen Europa. Wenn sich Rußland durch diese gewaltige Drohung nicht einschüchtern ließ, dann konnte man sich wirklich kaum vorstellen, wie es diesem Massensturm widerstehen konnte. Das Schicksal Rußlands schien besiegelt, es blieb ihm nur die Wahl zwischen Unterwerfung oder Vernichtung. Noch hatte sich keine Festlandsmacht mit Erfolg gegen Bonaparte zur Wehr gesetzt, jeder einzelne von ihnen hatte die brutale Gewalt seines Angriffs erfahren müssen. England allein leistete ihm Widerstand, und Spanien kämpfte unerschrocken weiter gegen ihn, obgleich Napoleons Armeen jedes Dorf, jedes Tal der unglücklichen Halbinsel verwüsteten.

Und doch kam Hornblower nicht über seine Zweifel hinweg. Was gewann denn Bonaparte, wenn er Rußland niederwarf? Stand dieser Gewinn in irgendeinem Verhältnis zu dem riesenhaften Aufwand, den das Unternehmen kostete, ja selbst zu dem geringen Risiko, das er dabei lief? Man sollte doch glauben, daß Bonaparte für seine Soldaten und sein Geld eine bessere Verwendung hätte. Nein, wahrscheinlich kam es eben doch nicht zum Krieg. Rußland gab sicher nach, und dann, ja dann stand England ganz allein gegen dieses Europa, das nun von einem Ende bis zum anderen in der Gewalt des Tyrannen war. Und doch ...

»Dies hier ist die Warschauer Zeitung, Sir«, fuhr Braun fort. »Obgleich sie polnisch geschrieben ist, bringt sie den offiziellen französischen Standpunkt sogar noch etwas deutlicher zum Ausdruck als das andere Blatt. Hier ist zum Beispiel ein längerer Artikel über Rußland. Darin stehen Sätze über die ›Bedrohung Europas durch die Kosaken‹. Alexander wird der ›barbarische Beherrscher eines barbarischen Volkes‹ und der ›Nachfolger Dschingis-Khans‹ genannt. Weiter heißt es darin, St. Petersburg sei ›der Brennpunkt aller Bestrebungen, die in Europa auf Anarchie abzielten‹ – ›eine Bedrohung des Weltfriedens‹ – ›der grimmigste Feind aller Segnungen, die das französische Volk der Welt gebracht‹ habe.«

»Und das alles wird mit Bonapartes Einverständnis gedruckt«, bemerkte Hornblower halb zu sich selbst. Aber Braun war noch immer in seinen Artikel vertieft.

»›Der unersättliche Räuber Finnlands‹«, las Braun weiter und mehr halb für sich. Dann hob er seine grünen Augen von dem Blatt. In ihrem Blick glühte ein solcher Haß, daß Hornblower förmlich erschrak. Natürlich – er war auf dem besten Wege gewesen, es zu vergessen –, der Angriff auf Finnland hatte diesen Braun zum mittellosen Emigranten gemacht. Er war in englische Dienste getreten, aber zu einer Zeit, als Rußland mindestens dem Namen nach Englands Gegner war. So wie die Dinge jetzt lagen, war es nicht ratsam, Braun in irgendwelche vertraulichen Angelegenheiten einzuweihen, die Rußland betrafen. Hornblower wollte sich das auf jeden Fall merken. Daß Rußland freiwillig die finnische Unabhängigkeit wiederherstellte, kam gar nicht in Frage, viel eher war so etwas von Bonaparte zu erhoffen, das war dann natürlich eine Unabhängigkeit nach Bonapartes Begriffen. Aber immerhin! Es gab immer noch Leute genug, die sich durch Bonapartes Erklärungen trotz aller seiner Betrügereien, Wortbrüche, Grausamkeiten, Raubzüge nach wie vor täuschen ließen. Er mußte also ein wachsames Auge auf Braun halten, folgerte Hornblower – noch eine Sorge mehr, als ob er nicht schon genug zu bedenken, genug zu verantworten hätte. Wenn er auch mit Bush über die Schweden und Russen Witze machte, insgeheim nagte an ihm die Sorge. Die Zerstörung der *Blanchefleur* in den pommerschen Gewässern konnte in Schweden leicht böses Blut gemacht haben. Vielleicht gab sie für Bernadotte den Ausschlag, sich offen auf die Seite Bonapartes zu stellen und am Krieg gegen England aktiven Anteil zu nehmen. Die Aussicht aber, Schweden *und* Frankreich zu Gegnern zu haben, mochte Rußland veranlassen, seinen möglicherweise schon gefaßten Entschluß zum Widerstand wieder umzustoßen. Dann bestand das Endergebnis seiner Handlungsweise darin, daß sich England allein einer ganzen Welt in Waffen gegenübersah. Das wäre wahrhaftig ein glänzender »Erfolg« seines ersten, unabhängigen Kommandos! Er malte sich im Geist schon das süffisante Grinsen aus, mit dem die Brüder Barbaras, diese ekelhaften Kerle, einen solchen Versager ihres Schwagers zur Kenntnis nehmen würden.

Es kostete Hornblower Mühe, diesen Alptraum von sich abzuschütteln; als es ihm endlich gelungen war, bemerkte er erst, daß Braun den seinigen immer noch weiter träumte. Der glühende Haß in seinem Blick, der finstere Ausdruck seines Gesichts waren geradezu erschreckend anzusehen. Es klopfte an der Tür. Davon erwachte auch Braun aus seinen Träumen und fand sofort zu seiner alten, respektvoll dienstbereiten Haltung zurück.

»Herein!« rief Hornblower.

Es war einer der Fähnriche der Wache.

»Mr. Montgomery schickt mich mit diesem Signal der *Raven*, Sir.«

Er reichte ihm die Schiefertafel, auf die der Signaloffizier den Wortlaut hingekritzelt hatte:

»Habe schwedisches Fahrzeug getroffen, das mit Kommodore Verbindung aufnehmen will.«

»Ich komme gleich an Deck«, sagte Hornblower. »Sagen Sie dem Kommandanten, ich ließe ihn bitten, auch an Deck zu kommen.«

»Der Kommandant ist an Deck, Sir.«

»Sehr schön.«

Bush, Montgomery und noch ein halbes Dutzend anderer Offiziere richteten ihre Gläser auf die Marssegel der *Raven*, die ihren Posten weit draußen an Backbord hatte, während der Verband in breiter Formation durch die Ostsee streifte. Noch war eine gute Stunde Tageslicht.

»Kapitän Bush«, sagte Hornblower, »ich wäre Ihnen verbunden, wenn Sie auf die *Raven* zuhalten wollten.«

»Aye, aye, Sir.«

»Und dann bitte Signal an den Verband: ›Nachtpositionen einnehmen.‹«

»Aye, aye, Sir.«

Dick und schwerfällig wälzte sich die *Nonsuch* auf den neuen Kurs und legte sich über, als sie den Wind von der Seite bekam. Die Wache braßte die Rahen Steuerbord an.

»Gleich hinter der *Raven* ist ein Segel in Sicht, Sir«, sagte Montgomery. »Sieht aus wie eine Brigg. Nach dem Schnitt der Marssegel ist es ein Schwede, Sir, einer der

Ostseefahrer, wie man sie auf der Reede von Leith sehen kann.«

»Danke«, sagte Hornblower.

Nun dauerte es nicht mehr lange, bis er hörte, was es Neues gab. Vielleicht, ja wahrscheinlich, waren es höchst unerfreuliche Dinge. Ob es schon die gefürchtete Unglücksbotschaft war? Auf jeden Fall lud man ihm neue Verantwortung auf die Schultern. Er ertappte sich dabei, daß er Montgomery um seine herrlich einfache Aufgabe als wachhabender Offizier beneidete. Der brauchte nur seine Befehle auszuführen und ein wachsames Auge auf das Wetter zu richten und damit basta! Und bei allen wichtigen Entscheidungen *mußte* er einen Vorgesetzten zu Rate ziehen. War das nicht wunderbar?

Allmählich verringerte sich der Abstand zwischen der *Nonsuch* und der Brigg, zuerst kamen ihre Untersegel in Sicht, und endlich tauchte auch ihr Rumpf über dem Horizont auf. Hornblower zwang sich dazu, ruhig wartend auf dem Achterdeck stehenzubleiben. Am Westhimmel stand schon ein flammendes Abendrot, aber die Dämmerung zog sich in die Länge, so daß immer noch Zwielicht herrschte, als die Brigg endlich in den Wind schoß.

»Kapitän Bush«, sagte Hornblower, »bitte, drehen Sie bei. Drüben wird ein Boot ausgesetzt.«

Er wollte keine pöbelhafte Neugier zur Schau tragen und hinüberstarren, während man das Boot aussetzte, oder über die Reling blicken, wenn es längsseit kam. Also schritt er in der herrlichen Abendstimmung genießerisch auf dem Achterdeck auf und ab und ließ seine Blicke nach allen Richtungen schweifen, nur nicht nach dem Boot. Die übrigen Offiziere und die Mannschaften scherzten, gafften und stellten Vermutungen an. Das erste, was Hornblower sah, war ein Schiffshut mit einer weißen Feder, die ihm sofort bekannt vorkam. Dann tauchte unter dem Hut das massige Gesicht und die stattliche Figur des Barons Basse auf. Wieder legte er, wie neulich, zu seiner feierlichen Verbeugung den Hut auf die Brust. »Ihr Diener, Sir«, sagte Hornblower mit einem steifen Gegengruß. Zu dumm, daß ihm der Name des Mannes nicht einfallen wollte. Dabei wußte er genau, wen er vor sich hatte, und hätte jederzeit eine treffende Beschreibung von ihm geben können. Er wandte sich an den Fähnrich der Wache: »Mr. Braun soll zu mir kommen.« Der schwedische Gentleman sagte etwas, aber Hornblower hatte keine Ahnung, was er meinte.

»Wie bitte, Sir?« fragte er, und Basse wiederholte seinen Satz, konnte sich jedoch ebensowenig verständlich machen wie das erstemal. Geduldig wollte er zum dritten Male beginnen, unterbrach sich aber, als er bemerkte, daß Hornblower nicht mehr aufpaßte, sondern gespannt nach der Fallreepspforte sah. Hornblower gab sich alle Mühe, immer höflich zu sein, aber der unverhoffte Anblick einer englischen Bärenmütze, die jetzt dort in der Pforte auftauchte, war eben doch so aufregend und rätselhaft, daß er es nicht vermochte, bei der Sache zu bleiben. Die riesige Bärenmütze mit einer roten Feder, darunter ein struppiger, roter Schnurrbart, ein scharlachroter Waffenrock mit roter Schärpe, alles schwer mit Gold bestickt, blaue Reithosen mit roten Streifen, hohe Stiefel und ein Säbel, dessen goldener Griff in dem schwindenden Tageslicht seltsam aufglühte. Kein Zweifel, das war die Uniform der britischen Garde! Der Träger dieser Uniform war für einen Gardisten etwas klein geraten, aber er beherrschte die militärischen Formen, das mußte man ihm lassen. Während er durch die Fallreepspforte trat, hob er, nach dem Achterdeck gewandt, seine Hand zum Gruß, dann schritt er mit seinen kurzen Beinen feierlich auf Hornblower zu und klappte in echter, eleganter Gardemanier vor ihm die Hacken zusammen.

»Guten Abend, Sir«, sagte er. »Sie sind Kapitän Sir Horatio Hornblower?«

»Ja«, sagte Hornblower.

»Darf ich mich vorstellen? Mein Name ist Lord Wychwood, Oberst à la Suite des Ersten Garderegiments.«

»Guten Abend«, sagte Hornblower kühl. Als Kommodore war er entschieden dienstälter als ein Oberst und konnte es sich leisten, die Weiterentwicklung der Dinge gelassen abzuwarten. Es dauerte wohl nicht mehr lange, bis er erfuhr, was diesen Obersten der Gardegrenadiere in voller Uniform hierher, mitten auf die Ostsee, geführt hatte.

»Ich habe eine eilige Depesche unseres Gesandten in Stockholm für Sie«, sagte Lord Wychwood und fuhr in die Brusttasche seines Waffenrocks.

»Wir gehen besser in meine Kajüte, Sir«, sagte Hornblower und warf dabei einen raschen Blick auf Basse.

»Sie haben bereits mit Baron Basse Bekanntschaft gemacht, nicht wahr? Er hat gleichfalls Nachrichten für Sie.«

»Dann hat der Baron vielleicht die Güte, sich uns anzuschließen. Wenn die Herren mir gestatten, voranzugehen, zeige ich Ihnen den Weg.«

Während Hornblower sich anschickte, die Prozession anzuführen, dolmetschte Braun mit großer Förmlichkeit seine höflichen Worte.

In der Kajüte war es schon dunkel, aber Brown eilte bereits nach den Lampen und stellte Stühle bereit. Wychwood ließ sich in seiner engen »Stehhose« ganz langsam und vorsichtig nieder.

»Wissen Sie schon, was Boney sich geleistet hat?« begann er.

»Nein, ich habe keine neueren Nachrichten.«

»Er hat 50 000 Mann nach Schwedisch-Pommern geschickt, als er hörte, was Sie ihm vor Stralsund angetan haben.«

»Nein, wirklich?«

»Sie sind in der üblichen Weise vorgegangen. Vandamme hatte das Kommando. Das erste war, daß er der Stadt Stralsund eine Buße von 100 000 Franken auferlegte, weil bei seinem Einmarsch nicht die Glocken geläutet hatten. In der Heiliggeistkirche unterbrach er den Gottesdienst, um den Abendmahlskelch zu beschlagnahmen. Der Generalgouverneur wurde verhaftet und ins Gefängnis gesteckt. Da die Besatzung von Rügen versuchte, die Franzosen am Übersetzen auf die Insel zu hindern, kam es dort zu Ausschreitungen. Auf ganz Rügen wurde geplündert, wurden Menschen gemordet und vergewaltigt. Der Baron hier ist in einem Fischerboot entkommen, alle anderen Beamten und die Truppen sind gefangen.«

»Also führt Boney jetzt Krieg gegen Schweden?«

Wychwood zuckte die Achseln. In der Ostsee schien jeder die Achseln zu zucken, dem man zumutete, eine eindeutige Aussage über Krieg oder Frieden zu machen. »Darüber kann Ihnen der Baron Auskunft geben«, sagte Wychwood. Damit wandten sich beide Baron Basse zu, der alsbald eine längere Erklärung in schwedischer Sprache hervorzusprudeln begann. Braun, der am Schott der Kajüte stand, übersetzte:

»Er sagt, die Entscheidung über Krieg und Frieden liege beim Kronprinzen, Seiner Königlichen Hoheit dem Prinzen Karl Johann, dem früheren Marschall Bernadotte. Seine Königliche Hoheit ist im Augenblick nicht in Schweden, er weilt zu einem Besuch des Zaren in Rußland.«

»Ich nehme an, daß sich darauf auch die Depesche bezieht, die ich Ihnen übergeben soll, Sir«, meinte Wychwood. Damit brachte er einen großen, schwer versiegelten Leinenumschlag zum Vorschein und händigte ihn Hornblower aus. Der riß ihn auf und las den Inhalt.

*Gesandtschaft Seiner Britischen Majestät
zu Stockholm*

den 20. Mai 1812

*Sir,
der Überbringer dieser Depesche, Oberst Lord Wychwood, à la Suite des Ersten Garderegiments, wird Sie über die politische Lage in Schweden unterrichten. Es ist zu hoffen, daß der Einfall Bonapartes in Schwedisch-Pommern eine Kriegserklärung der schwedischen Regierung gegen ihn zur Folge haben wird. Deshalb ist es nötig, diejenigen schwedischen Amtspersonen, die die Absicht haben, mit Seiner Königlichen Hoheit dem Kronprinzen in Verbindung zu treten, bei Durchführung dieses Vorhabens nach Kräften zu unterstützen. Sie werden daher ersucht und angewiesen, solche Amtspersonen unter Anwendung aller erdenklichen Sorgfalt und Eile auf ihrem Weg nach Rußland zu geleiten oder selbst zu befördern. Sie werden weiterhin ersucht und angewiesen, diese Gelegenheit voll auszunutzen, um Lord Wychwood eine persönliche Fühlungnahme mit der russischen Regierung zu ermöglichen, mit dem Ziel, seine Kaiserliche Majestät den Zaren für den Fall eines Krieges zwischen Seiner Kaiserlichen Majestät und der französischen Regierung der vollen Unterstützung durch die Streitkräfte Seiner Britischen Majestät zu Lande und zu Wasser zu versichern. Sie werden auch sonst jede sich bietende Gelegenheit benutzen, die guten Beziehungen zwischen Seiner Majestät und Seiner Kaiserlichen Majestät nach Kräften zu festigen.*

*Ihr ergebener Diener
H. L. Merry,
Seiner Britischen Majestät Gesandter
am Hof zu Stockholm*

Herrn Kapitän z. S. Sir Horatio Hornblower, K. B., Kommodore und Befehlshaber des Britischen Ostseegeschwaders.

Hornblower las diese Order mit aller Aufmerksamkeit zweimal durch. Es galt nun, eine wichtige Entscheidung zu treffen. Merry hatte ihm keine Befehle zu erteilen, es stand ihm vor allem nicht zu, solche Befehle in die Formel »Sie werden ersucht und angewiesen« zu kleiden, diese Formel, die das eifersüchtig gehütete Vorrecht seiner militärischen Vorgesetzten war. Gewiß, ein Gesandter war eine wichtige Amtsperson – für einen Seeoffizier in fremden Gewässern sicher die wichtigste nach den Lords der Admiralität –, aber deshalb konnte er doch höchstens bitten und empfehlen, hatte aber niemals das Recht, Anweisungen zu geben. Wenn Hornblower sie befolgte, hatte er der Admiralität gegenüber keine Entschuldigung, falls die Sache schiefging. Andererseits wußte er aber nur zu gut, daß Merry sich in London bitter über ihn beklagen würde, wenn er seine Weisungen nicht beachtete.

Hornblower rief sich die Befehle der Admiralität ins Gedächtnis. Sie gaben ihm für sein Verhalten gegen die skandinavischen Mächte große Handlungsfreiheit. Der Brief Merrys entband ihn nicht von seiner eigenen Verantwortung. Er konnte Wychwood und Basse entweder die Weiterreise mit der schwedischen Brigg gestatten, oder er konnte sie selbst befördern. Worauf es hierbei ankam, war die Frage, ob die Nachricht von der neuesten Angriffshandlung Bonapartes ausgerechnet durch ein britisches Geschwader überbracht werden sollte oder nicht. Wer eine schlechte Nachricht brachte, machte sich immer unbeliebt; es möchte lächerlich scheinen, wenn er solche Faktoren in Rechnung stellte, aber deshalb war es doch wichtig, es zu tun. Die beiden Herrscher mochten es aufreizend finden, in dieser Form wieder einmal an die britische Kriegsmarine erinnert zu werden, die ihre Finger in jeden Brei steckte und damit alle Welt in Ungelegenheiten brachte. Andererseits konnte es sehr nützlich und heilsam sein, wenn das Auftreten eines britischen Geschwaders in der östlichen Ostsee, ja, unmittelbar an den Toren von St. Petersburg, die Leute daran erinnerte, wie lang der Arm Englands war. Unterwerfung unter Bonaparte bedeutete für Schweden und Rußland Krieg, diesmal richtigen, wirklichen Krieg gegen England. Bonaparte fand sich da bestimmt nicht mit Halbheiten ab. Bei dieser Lage der Dinge mußte es für die Entscheidungen der Russen und der Schweden da drüben schwer ins Gewicht fallen, wenn die Marssegel britischer Schiffe an der Kimm gemeldet wurden, wenn sie wußten, daß dieser Krieg gegen England augenblickliche Blockade, Wegnahme jedes Schiffes, das sich hinauswagte, ständige Bedrohung aller ihrer Küsten bedeutet. Bonaparte stand vielleicht an ihren Grenzen, ja, aber England stand vor ihren Toren. Hornblower traf seine Entscheidung.

»Meine Herren«, sagte er, »ich glaube, es ist meine Pflicht, Sie mit meinem Geschwader nach Rußland zu bringen. Ich biete Ihnen die Gastfreundschaft dieses Schiffes und hoffe, daß Sie die Güte haben, sie anzunehmen.«

11

Wychwood war alter Adel und obendrein Gardeoffizier; mit seinem kleinen roten Schnurrbart, seinen komischen Glotzaugen und seiner ganzen sonstigen Erscheinung machte er in Uniform einen ausgesprochen belustigenden Eindruck und war dabei doch ein gewiegter und erfahrener Weltmann. Mit fünfunddreißig Jahren hatte er schon zwei Drittel der europäischen Höfe besucht, war vertraut mit ihren Intrigen, kannte ihre Schwächen und ihre Stärken, wußte um ihre militärischen Möglichkeiten, ihre Vorurteile und ihre Traditionen. Er saß auf Hornblowers Einladung in dessen Kajüte, während ein steifer West den Verband stampfend und rollend vor sich her immer tiefer in die Ostsee trieb. Basse war völlig mattgesetzt und lag seekrank in seiner Koje, sie waren also durch seine Gegenwart nicht gestört – allerdings zeigte auch Wychwood einen blassen Schimmer um die Wangen, und sein Benehmen ließ ab und zu die Vermutung aufkommen, daß ihm sein innerer Zustand stark zu schaffen machte; aber im ganzen hielt er sich doch in männlicher Zucht.

»Boneys Schwäche«, begann Wychwood, »besteht darin, daß er glaubt, jeden Widerstand in der Welt durch Gewalt überwinden zu können. Natürlich ist diese Meinung sehr oft richtig, man braucht nur seine Laufbahn anzusehen, um das zu begreifen. Aber manchmal irrt er sich eben doch. Es gibt immer noch Menschen, die lieber kämpfen, lieber sterben, als daß sie Sklaven seines Willens bleiben wollen.«

»Spanien hat den Beweis dafür geliefert«, sagte Hornblower.

»Gewiß, aber in Rußland könnten die Dinge einen anderen Verlauf nehmen. Rußland ist wirklich und im wörtlichen Sinne der Zar, während man nur sehr bedingt behaupten kann, daß die Bourbonenmonarchie Spanien dargestellt hätte. Wenn sich daher Alexander der drohenden Gewalt Bonapartes unterwerfen sollte, dann unterwirft sich mit ihm ganz Rußland; leider hat er schon allzu viele Beleidigungen eingesteckt.«

»Er hat auch noch andere Dinge eingesteckt – außer den Beleidigungen«, bemerkte Hornblower trocken.

»Sie meinen Finnland? Das ist richtig. Und dazu alle die anderen baltischen Provinzen: Litauen, Kurland und so weiter. Aber Sie, als Seeoffizier, wissen wohl besser als ich, wieviel das für die Sicherheit von St. Petersburg bedeutet. Ich finde es schwer, ihm vorzuwerfen, daß er diese Gelegenheit benutzt hat. Bei uns zu Hause hat der Angriff auf Finnland natürlich viel böses Blut gemacht.

Wir wollen hoffen, daß man diese Geschichte vergißt, wenn er unser Bundesgenosse wird.«

»Welche Aussichten haben wir denn, daß es dazu kommt?«

»Das weiß Gott allein. Hat er das Bündnis mit Schweden sicher in der Tasche, dann ist es immerhin möglich, daß er sich auf den Kampf einläßt. Das aber hängt wieder davon ab, ob sich Bernadotte die Wegnahme von Pommern gefallen läßt oder nicht.«

»Da hat Bonaparte einen Fehler gemacht«, sagte Hornblower.

»Ja, weiß Gott! Die englische Flagge wirkt auf ihn wie ein rotes Tuch auf den Stier. Man braucht sie nur zu zeigen, und schon geht er blindwütig darauf los. Die Art, wie Sie dieses Schiff – wie hieß es doch gleich? – richtig, die *Blanchefleur*, unmittelbar vor seiner Nase vernichtet haben, mußte ihn rasend machen. Was sich daraus ergab, sollte eigentlich hinreichen, die Schweden zum Kampf zu bestimmen, wenn sie überhaupt dazu zu bringen sind.«

»Wir wollen es hoffen«, sagte Hornblower. Er fühlte sich entschieden erleichtert.

Als er daranging, die *Blanchefleur* zu vernichten, da war er sich genau darüber im klaren, daß er damit ein großes Wagnis einging. Ergaben sich daraus ungünstige politische Rückwirkungen, dann lief er Gefahr, daß man ihn zur Rechenschaft zog. Nur der Enderfolg konnte sein Vorgehen rechtfertigen. Ein vorsichtigerer Mann als er hätte Zurückhaltung geübt und sich damit begnügt, das Kaperschiff unter Beobachtung zu halten. Wahrscheinlich wäre es ihm dann in der ersten nebligen Nacht entwischt, um in der britischen Schiffahrt weitere Verheerungen anzurichten – aber für die Folgen des Nebels konnte man ja schließlich niemand zur Verantwortung ziehen. Sein Vorgehen dagegen konnte Schweden zum aktiven Gegner Englands machen. Trat dieser Fall ein, dann forderte natürlich ganz England den Kopf des Offiziers, dem man die Schuld daran gab. Aber mochte kommen, was da wollte, er blieb bei seiner Überzeugung, daß sein Entschluß der einzig richtige gewesen war. Er hatte jedenfalls gezeigt, daß England die Macht hatte, zuzuschlagen, und sich durch keine Bedenken abschrecken ließ, davon Gebrauch zu machen. Es gab in der Geschichte wenig Gelegenheiten, bei denen sich ängstliche Vorsicht als die größere Weisheit erwiesen hätte.

Sie brachten überdies noch mehr Nachrichten nach St. Petersburg. Wellington war in Spanien in der Offensive begriffen, er hatte durch zwei verwegene Schläge, die Erstürmung von Ciudad Rodrigo und Badajoz, seine Front bereinigt und stand nun bereit, in das Herz der Halbinsel vorzustoßen. Das Wissen darum, daß ein großer Teil der Streitkräfte Bonapartes unten im Süden schwer zu ringen hatte, mochte den Beratungen im Norden die Kraft und Festigkeit verleihen, deren sie so nötig bedurften.

Sein Schwager war jetzt Earl, noch einen oder zwei weitere Siege, überlegte Hornblower, dann wurde er todsicher Herzog. Barbara war natürlich sehr stolz auf ihn. Für ihn selbst, Hornblower, war das nur ein Grund mehr, sich höllisch vor jedem Versager in acht zu nehmen. Barbara hatte ja nun einen gewaltig hohen Maßstab für ihre Vergleiche, aber sie hatte sicher auch Verständnis. Sie war klug genug, zu begreifen, um welch hohen Einsatz er hier in der Ostsee spielte – war er nicht ebenso hoch wie der, um den es ihrem Bruder in Spanien ging? Sie wußte, wieviel moralischer Mut zu den Entscheidungen gehörte, die er getroffen hatte. Deshalb konnte er jedenfalls bei ihr auf rücksichtsvolles Verständnis rechnen . . . Wie, durchfuhr es ihn im gleichen Augenblick, er sollte es nötig haben, das rücksichtsvolle Verständnis seiner Frau in Anspruch zu nehmen? Nein, das wollte er auf keinen Fall, das kam gar nicht in Frage! Dieser Gedanke wühlte ihn so auf, daß er nach einer kurzen Entschuldigung gegen Wychwood hinausstürzte und unter dem grauen Himmel im strömenden Regen auf dem Achterdeck auf und ab zu rennen begann. Die anderen Offiziere warfen heimliche Blicke nach ihm und hielten sich in sicherer Entfernung. Es gab ja im ganzen Geschwader keinen Menschen, der nicht wußte, daß nur ein ausgemachter Narr dem Kommodore in den Weg lief, wenn er auf seinem Achterdeck spazierenging.

Hier in der nördlichen Ostsee war der kräftige Wind auch im Mai noch empfindlich kalt, unter einem bleigrauen Himmel stampfte und rollte das Geschwader durch die kurzen und steilen Wogen einer bleigrauen See. Immer weiter ging es nach Norden, nach dem Finnischen Meerbusen, nach Rußland, wo jetzt das Schicksal der Welt in der Schwebe hing. Hier, auf dem sechzigsten Grad nördlicher Breite, war die Nacht kaum dunkler als der Tag, wenn einigermaßen klares Wetter herrschte. Die Sonne war nur eben unter dem Horizont, und der Mond schien kalt mit einem bleichen Zwielicht, als sie Hogland passierten und dann in Sicht von Lavansaari beidrehten, um erst nach Sonnenaufgang in Kronstadt einzulaufen. Braun war schon früh an Deck, er lehnte an der Reling und starrte nach der Kimm. Der feine graue Streif da drüben im Norden war ja seine Heimat. Das Finnland der Seen und Wälder, das der Zar soeben erobert hatte und aus dem er nun hoffnungslos auf immer verbannt war. Hornblower sah den armen Teufel stehen, und seine Haltung drückte ein solches Elend und solche Verzweiflung aus, daß er, ungeachtet der gespannten Erwartung, mit der er dem bevorstehenden Empfang entgegensah, aufrichtiges Mitleid mit ihm empfand. Schon erschien Bush im Schmuck seiner Epauletten und seines Säbels im Niedergang und warf sofort prüfende Blicke über Deck und in die Takelage, um sicherzugehen, daß sein Schiff auch im Hafen einer unfreundlich gesinnten Macht allen prüfenden Blicken standhielt.

»Kapitän Bush«, sagte Hornblower, »lassen Sie, bitte, voll brassen und Kurs auf Kronstadt nehmen.«

»Aye, aye, Sir.«

Hornblower hätte liebend gern gefragt, ob die Vorbereitungen für den Salut schon ordnungsgemäß im Gange seien, aber er mußte sich das versagen. Was den Dienstbetrieb des Schiffes betraf, konnte er sich völlig auf Bush verlassen, um so ängstlicher mußte er sich vor jeder Einmischung hüten. Mit Genugtuung stellte er fest, daß er bis jetzt nie vergessen hatte, alle Befehle, die er Bush gab, in die höfliche Form einer Bitte zu kleiden, da Bush immerhin den gleichen Dienstgrad bekleidete wie er selbst. Dabei wollten ihm die höflichen Floskeln »Ich wäre Ihnen verbunden« oder »Ich bitte« als Einleitung zu einem Befehl immer noch nicht recht über die Lippen. Nun kehrte er dem dämmrigen Morgenhimmel den Rücken und richtete das Glas auf seinen Verband. Überall wurde aufgebraßt, und dann strebte jeder nach seinem Platz in der Linie. Erst kamen die beiden Korvetten, dann die Kanonenboote und zuletzt der Kutter.

»Signal an alle«, befahl er in barschem Ton, »»Besser Kurs und Abstand halten«.«

Er wollte unbedingt, daß sein Verband in genauen, regelmäßigen Abständen, aufgereiht wie Perlen an einer Schnur, durch das schwierige Fahrwasser einlief. Ein flüchtiger Seitenblick sagte ihm, daß Basse und Wychwood an Deck erschienen waren, er tat aber, als hätte er sie nicht gesehen.

»Noch einmal dasselbe Signal«, knurrte er ärgerlich, »aber mit Anruf für *Harvey*!«

Die *Harvey* gierte etwas aus dem Kurs, mochte der junge Mound besser auf seinen Rudergänger aufpassen, sonst bekam er Unannehmlichkeiten. An Steuerbord waren der Küste von Oranienbaum breite Untiefen vorgelagert, und dort bezeichneten Tonnen die Grenze der Fahrrinne, die sich in unwahrscheinlichen Windungen hinzog. Wenn er je einmal gezwungen sein sollte, in diesen Gewässern als Gegner aufzutreten, dann hatte er bestimmt eine harte Nuß zu knacken. Dort, backbord voraus, lagen die niedrigen, grauen Festungswerke von Kronstadt, eine Biegung des Fahrwassers ergab, daß sie nun recht voraus lagen, so daß ihr Feuer im Fall eines Kampfes seine ganze Linie der Länge nach bestrichen hätte. Dann bog sich die Rinne wieder zurück und lief endlich gerade weiter, aber so, daß alle Schiffe gezwungen waren, dicht unter den Geschützen von Kronstadt entlang zu laufen. Durch sein Glas konnte Hornblower über den Festungswällen die blauweiße Flagge des Zarenreiches ausmachen.

»Ankersignal vor!« rief Hornblower dem Signalfähnrich zu. Dann bekam Bush einen fragenden Blick, den er durch Kopfnicken beantwortete. Er hatte alles klar. Das Schiff kroch vorwärts, dichter und dichter unter die Geschütze.

»Nieder!« rief Hornblower. Wie der Blitz verschwand die Ankerflagge aus dem Topp – der Ausführungsbefehl für das Ankermanöver. Im gleichen Augenblick rasselten sechs Ketten durch sechs Ankerklüsen, und auf den sechs Schiffen strömten insgesamt an die tausend Mann in die Takelage. Unter ihren Händen verschwanden wie durch Zauberei die Segel, während die Schiffe langsam an ihren Ketten in den Wind schwojten.

»Ganz anständig«, sagte Hornblower zu sich selbst und stellte dabei mit einem stillen Lächeln über seine eigene Schwäche fest, daß man ihm solche Manöver nie *ganz* recht machen konnte. Auf dem Vorschiff begann das Salutgeschütz Schuß für Schuß die Achtung des Besuchers vor der russischen Flagge zu dokumentieren. Da erblickte Hornblower auf der Festung einen Rauchballen, und gleich darauf drang von drüben der Knall des ersten Schusses an sein Ohr, mit dem man die Erwiderung des Saluts begann. Elf Schuß! Also hatten sie seinen Breitwimpel richtig erkannt und wußten auch, welche Ehrung einem Kommodore zustand. Nun erschien der Hafenarzt mit seinem Boot und gab ihnen Praktika.

Der Doktor hatte einen langen schwarzen Vollbart und sprach ein holpriges Französisch. Sein Besuch bot also eine gute Gelegenheit, die russischen Kenntnisse Brauns auf die Probe zu stellen. Er übersetzte mit Leichtigkeit Hornblowers Erklärung, daß an Bord seiner Schiffe keine ansteckenden Krankheiten herrschten. Dieser Besuch in Rußland verursachte an Bord allgemeine Aufregung. Jedermann stand an der Reling und musterte die russische Bootsbesatzung. Die Leute saßen auf ihren Duchten, der Bugmann hielt sich mit seinem Bootshaken an den Großrüsten fest – sie sahen wirklich aus wie jede andere Bootsbesatzung, trugen die gleichen bunten Hemden und abgerissenen Hosen und waren ebenso barfuß. Überdies schienen sie leidlich gute Seeleute zu sein. Jetzt griff Bush persönlich ein und verjagte seine Leute von der Reling. Er war wütend über ihre unverhohlene Neugier und über den Lärm, den sie vollführten.

»Wie eine Herde Affen!« sagte er ärgerlich zum Ersten Offizier. »Die Kerle machen ja mehr Krach als ein Baum voller Krähen. Was werden diese Russen von uns denken? Schicken Sie die Leute an die Arbeit und achten Sie darauf, daß sie dabeibleiben.«

Angesichts der höchst fragwürdigen russischen Neutralität war es sicher das beste, wenn Basse als erster Fühlung mit Land aufnahm. So konnte man sich notfalls immer auf die offenkundige Tatsache stützen, daß das Geschwader nur zu dem Zweck nach Kronstadt gekommen war, ihn mit seinen Nachrichten zum schwedischen Kronprinzen zu bringen. Hornblower ließ also seine Gig aussetzen und schickte Basse damit an Land. Das Boot kam ohne ihn und ohne weitere Nachrichten an Bord zurück. Basse war an der Anlegebrücke ausgestiegen, und die Gig hatte entsprechend Hornblowers Befehl sofort wieder abgelegt. Abgesehen von dem Salut und dem Besuch des Arztes schien das britische Geschwader für das russische Kaiserreich einstweilen Luft zu sein.

»Wofür halten sie uns eigentlich?« knurrte Bush, den, wie immer, das untätige Warten nervös machte. Er wußte genausogut wie Hornblower selbst, daß es in der Diplomatie immer am besten war, nichts von Ungeduld merken zu lassen, aber er brachte es einfach nicht fertig, sich so zur Ruhe zu zwingen wie jener. Er warf einen fragenden Blick auf Hornblowers große Uniform mit Ordensband und Stern. War er nicht schon klar für alle offiziellen Unternehmungen? Warum fuhr er also nicht an Land, um zunächst einmal den örtlichen Befehlshaber zu besuchen und sich ein Bild von der Lage zu verschaffen? Aber nein, Hornblower war hartnäckig. Er wartete auf eine Einladung. England hatte den Sturm in Europa bis jetzt ohne russische Hilfe überstanden, für die künftigen Beziehungen war es wesentlich günstiger, wenn nun Rußland den ersten Schritt unternahm – vorausgesetzt, daß man überhaupt dazu geneigt war. Sein Geschwader hatte nur Basse hierhergebracht, damit er sich bei seinem Kronprinzen melden konnte, das war der einzige Zweck seiner Anwesenheit. Wollte die russische Regierung diese Gelegenheit benutzen, um mit ihm in Verbindung zu treten – um so besser. Tat sie es nicht, dann mußte er sich einen anderen Plan ausdenken.

»Seit Basse an Land ist, hat der Semaphor nicht aufgehört zu arbeiten«, bemerkte Bush, mit dem Glas am Auge. Die drei dünnen schwarzen Arme des Zeigertelegraphen oben auf dem höchsten Punkt der Festung wirbelten geschäftig herum, um einen Signalspruch nach dem anderen an die nächste Station tiefer drinnen in der Bucht zu übermitteln. Sonst war fast nichts zu sehen. Über das niedrige Land der Insel hinweg konnte man ein paar Masten unterscheiden, sie bezeichneten die Lage der Marinewerft. In der gleichen Richtung lagen zwei oder drei Handelsschiffe vor Anker, und ein paar Fischerboote gingen ihrem Gewerbe nach.

»Da kommt ein Boot«, sagte Montgomery plötzlich.

Richtig, drüben bei der Marinewerft kam eben eine schnittige Pinaß um die Ecke geschossen. Sie hielt aber nicht auf die *Nonsuch* zu, sondern steuerte fast in entgegengesetzter Richtung quer über den Schiffahrtskanal.

»Die kaiserlich russische Kriegsflagge«, sagte Bush. »Kann jemand unterscheiden, wer an Bord ist?«

Aber die Pinaß war viel zu weit weg, selbst durch das Glas waren keine Einzelheiten auszumachen.

»Ich glaube, ich sehe goldene Ärmelstreifen«, sagte Carlin mit unsicherem Ausdruck.

»Das sagt gar nichts«, sagte Bush, »goldene Ärmelstreifen auf einer Marinepinaß in Kronstadt, die könnte sogar ein Blinder erraten.«

Die Pinaß steuerte mit Backstagsbrise über den breiten Kanal und verschwand rasch in der Ferne, bis ihr weißes Segel nur noch ein leuchtender Punkt war.

»Kapitän Bush, bitte lassen Sie mich erfahren, wenn sich irgend etwas ereignet«, sagte Hornblower.

Dann verschwand er in seiner Kajüte. Dort befreite ihn Brown von seinem lästigen Galarock mit den schweren Epauletten und ließ ihn dann allein. Nun begann er in der Kajüte herumzukramen. Zuerst holte er den Kasten mit den Pistolen hervor, den ihm Barbara geschenkt hatte, öffnete ihn, las das Kärtchen, das darin lag – ihren letzten Gruß –, und klappte ihn dann wieder zu. Er trat auf die Heckgalerie hinaus, kam aber sofort wieder herein. Wie zuwider, daß er so aufgeregt war! Er langte sich die *Reisen* des Erzdiakons Coxe aus dem Bücherregal und machte sich ernstlich daran, die ungemein langweiligen Ausführungen dieses geistlichen Herrn über die Zustände in Rußland in sich aufzunehmen, weil ihm darum zu tun war, seine Kenntnisse über die Mächte des Nordens nach Möglichkeit zu bereichern. Aber die Worte wollten ihm keinen Sinn ergeben, deshalb ließ er es bald wieder sein und griff nach dem schmalen Bändchen, das den Titel *Childe Harold* trug.

»Schwülstiges Zeug«, dachte er, während er die Seiten überflog.

Es schlug sechs Glasen: Erst elf Uhr vormittags! Vor zwei Uhr konnte er sich unmöglich zu Tisch setzen. Er erhob sich wieder von seinem Stuhl, legte sich auf die Koje, schloß die Augen und zwang sich mit krampfhaft geballten Fäusten dazu, gedankenlos vor sich hin zu dösen. Am liebsten wäre er wieder an Deck auf und ab gewandert, aber das verbot sich von selbst, denn damit hätte er seine nervöse Unruhe öffentlich zur Schau gestellt. Die Minuten schlichen auf bleiernen Füßen, er war sich darüber klar, daß er sich noch nie in seinem Leben so unfrei und unglücklich gefühlt hatte.

Acht Glasen! Er hörte, wie die Wache abgelöst wurde, dann begann eine neue Ewigkeit. Endlich vernahm man draußen auf dem Halbdeck Schritte, und dann klopfte jemand an der Tür. Hornblower blieb auf seiner Koje liegen und war beflissen, eine ruhevoll entspannte Haltung zu zeigen.

»Herein!« rief er und wandte blinzelnd den Kopf nach dem eintretenden Fähnrich, als hätte er bis zu diesem Augenblick fest geschlafen.

»Ein Boot nähert sich der *Nonsuch*, Sir«, sagte der Fähnrich.

»Ich komme sofort an Deck«, sagte Hornblower. »Mein Bootssteurer soll kommen.«

Brown half ihm wieder in den Galarock, dann ging er nach oben. Das Boot war noch immer nicht ganz herangekommen.

»Es ist wieder die Pinaß, die schon vorhin zu sehen war, Sir«, meldete Hurst. Die Pinaß schoß in den Wind und barg ihr Großsegel, während der Bugmann das Schiff auf russisch anrief.

»Wo ist Mr. Braun?« fragte Hornblower.

Der Anruf wurde wiederholt, und Braun übersetzte:

»Er bittet anlegen zu dürfen, Sir, und sagt, er habe eine Nachricht für Sie.«

»Sagen Sie ihm, er soll längsseit kommen«, sagte Hornblower. Diese Abhängigkeit von dem Dolmetscher ging ihm immer wieder auf die Nerven.

Die Bootsbesatzung machte einen tadellosen Eindruck. Die Leute trugen so etwas wie eine Uniform, blaue Hemden und weiße Hosen, und achtern stand klar zum Übersteigen ein Offizier, dessen Waffenrock auf Husarenart verschnürt war. Dieser Husar kam nun schwerfällig an Bord geklettert, sah sich etwas ratlos um und grüßte dann dorthin, wo ihm eine Anhäufung goldener Tressen entgegenblinkte. Dann zog er einen Brief hervor, den er mit einer weiteren Erklärung in russischer Sprache übergab.

»Von Seiner Kaiserlichen Majestät dem Zaren«, übersetzte Braun mit stockender Stimme.

Hornblower nahm den Brief entgegen, die Adresse war französisch:

M. Le Chef D'Escardre
Le Capitaine Sir Hornblower,
Vaisseau Britannique Noonsuch.

Der Sekretär des Zaren mochte auf allen möglichen Gebieten hervorragend tüchtig sein, mit seiner Kenntnis englischer Titel und englischer Rechtschreibung war es offenbar nicht weit her. Der Brief selbst war auch französisch geschrieben – das war angenehm, da konnte man endlich einmal ohne Brauns Hilfe auskommen.

Kaiserlicher Palast zu Peterhof
Der Großmarschall des Kaiserlichen Hofes

den 30. Mai 1812

Sir –
Seine Kaiserliche Majestät der Zar aller Reußen hat mich beauftragt, Sie davon in Kenntnis zu setzen, daß Seine Kaiserliche Majestät mit Vergnügen von Ihrer Ankunft in Seiner Kaiserlichen Majestät Gewässern vernommen haben. Seine Kaiserliche Majestät und Seine Königliche Hoheit der Prinz von Schweden befehlen Sie und Ihren Stab für heute nachmittag 4 Uhr zum Diner in den Palast zu Peterhof. Seine Exzellenz der Herr Marineminister stellt Ihnen ein Boot zur Verfügung, das Sie und Ihre Herren an Land bringen wird. Der Offizier, der diesen Brief überbringt, wird sich erlauben, Ihre Führung zu übernehmen.

Gestatten Sie mir, Sir, die Versicherung meiner ausgezeichneten Hochachtung!

Kotschubey
Großmarschall des Kaiserlichen Hofes

»Ich bin vom Zaren und Bernadette zum Diner eingeladen«, sagte Hornblower zu Bush und gab ihm den Brief.

Bush nahm ihn und sah mit schiefem Kopf hinein. Es machte sich besser, so zu tun, als ob er Französisch lesen könnte.

»Sie gehen natürlich hin, Sir?«

»Gewiß.«

Es wäre ja auch kaum taktvoll von ihm gewesen, bei seinem ersten Zusammentreffen mit dem offiziellen Rußland und Schweden gleich gegen einen kaiserlichen und königlichen Befehl zu verstoßen.

Hornblower blickte kurz um sich und bemerkte dabei, daß gut die Hälfte der Offiziere des Schiffes um ihn herumstand und aufmerksam auf jedes seiner Worte lauschte. Diese öffentliche Erörterung seiner Angelegenheiten bedeutete eine ganz unzulässige Beeinträchtigung seiner persönlichen Würde und war geeignet, der geheimnisvoll feierlichen Atmosphäre, die einen Kommodore immer umgeben sollte, schweren Abbruch zu tun. Er hatte seine alten Grundsätze wirklich in unverantwortlicher Weise vernachlässigt.

Nun wandte er sich dem Haufen zu und fuhr ihn an: »Haben Sie nichts Besseres zu tun, als hier herumzustehen und Maulaffen feilzuhalten? Im Notfall kommt es mir nicht darauf an, auch ältere Herren noch in den Topp zu schicken.«

Erfreulicherweise fuhr ihnen allen ein heilsamer Schrecken in die Glieder, sie machten sich leise davon und vermieden es ängstlich, den finsteren Blicken zu begegnen, mit denen er um sich sah. Das war das, was er gewollt hatte. Jetzt bemerkte er, daß der Husar noch einen zweiten Brief in der Hand hielt.

Er nahm auch diesen in Empfang und las die Adresse.

»Herr Oberst, für Sie«, sagte er dann und händigte ihn Wychwood aus, ehe er sich wieder an Bush wandte: »Der Zar und Bernadotte sind in Peterhof – der Palast ist auf der Karte eingezeichnet, er liegt da drüben an der Küste von Oranienbaum. Sie haben während meiner Abwesenheit natürlich das Kommando.«

In Bushs Gesicht spiegelte sich eine Vielfalt von Empfindungen. Hornblower sah ihm an, daß er an andere Gelegenheiten dachte, bei denen er ihm auch den Befehl übergeben hatte: Als er zum Beispiel an Land ging, um sich an der Küste von Mittelamerika mit einem wahnsinnigen Tyrannen einzulassen, oder ein andermal bei jenem haarsträubenden Abenteuer an der Küste von Frankreich.

»Aye, aye, Sir«, sagte Bush.

»Ich soll meinen Stab mitbringen«, sagte Hornblower. »Wer, glauben Sie, hat wohl am meisten Lust, beim Zaren zu essen?«

Mit Bush, der den gleichen Dienstgrad bekleidete wie er selbst, konnte er sich diesen scherzhaften Ton schon erlauben, zumal er vorhin seinen Anspruch auf Distanz so nachdrücklich geltend gemacht hatte.

»Sie werden vor allen Dingen Braun nötig haben, Sir.«

»Sicher.«

Ein Diner beim Zaren war für jeden jungen Offizier ein ganz großes Erlebnis, das ihm für sein gesamtes späteres Leben Stoff zum Erzählen bot. Eine Aufforderung zur Teilnahme war eine gute Belohnung für dienstliche Tüchtigkeit, aber davon abgesehen konnte so ein künftiger Admiral dabei auch unerhört viel lernen.

»Ich nehme Hurst mit«, entschied Hornblower. Der Erste Offizier hatte zwar nicht gerade das Zeug zum Admiral, aber er durfte ihn aus Gründen der Disziplin nicht zurücksetzen. »Und dann den jungen Mound. Rufen Sie ihn bitte durch Signal an Bord. Außerdem noch einen Fähnrich. Wen schlagen Sie vor?«

»Somers ist der geweckteste, Sir.«

»Der Dicke? Gut, nehmen wir den. Sind Sie auch eingeladen, Herr Oberst?«

»Jawohl, Sir«, gab ihm Wychwood zur Antwort.

»Wir sollen um vier Uhr dort sein. Wie lange dauert die Fahrt?«

Diese Frage war an den Husaren gerichtet, der sie aber nicht verstand. Hornblower sah sich also wieder nach Braun um, aber der war offenbar unter Deck gegangen. Unerhört von dem Mann. Als sich Hornblower vorhin gegen die herumstehenden Gaffer wandte, hatte er natürlich nicht Braun gemeint, aber ausgerechnet der mußte ihn beim Wort nehmen! Das sah diesem Kerl mit seiner gespielten Unterwürfigkeit ähnlich. Wütend schickte er nach ihm und rauchte förmlich vor Zorn, bis er endlich erschien. Dabei hatte sein Eingreifen obendrein wenig Wert. Als er nämlich Hornblowers Frage übersetzt hatte, hob der Husar nur den Blick zum Himmel und zuckte die

Achseln, dann meinte er – und Braun übersetzte wieder –, es könne vielleicht zwei, vielleicht aber auch vier Stunden dauern. Als Landsoldat könne er nicht schätzen, wie lange man zu einer solchen Bootsfahrt brauche.

»Verdammt noch mal!« rief Hornblower. »Wir dürfen auf keinen Fall zu spät kommen, wenn wir vom Zaren zu Tisch befohlen sind. In einer halben Stunde wird abgelegt!«

Er erschien pünktlich auf die Minute am Fallreep, wo ihn die anderen schon erwarteten. Die dicken Backen des jungen Somers waren purpurn angelaufen, weil ihn sein enger Kragen halb erdrosselte, Hurst und Mound fühlten sich in ihrer Gala alles andere als wohl, und Braun trug ebenfalls eine steife Uniform.

»Also los!« sagte Hornblower.

Es ist ein uralter Brauch, daß der Jüngste zuerst ins Boot steigt, also machte der junge Somers den Anfang, ihm folgte Braun. Als dieser beim Hinuntersteigen den Arm hob, zog sich für einen Augenblick sein enger Rock samt der Weste in die Höhe. Da sah man für den Bruchteil einer Sekunde an seinem Hosengurt etwas blitzen, etwas Schwarzes war es – da Hornblower gerade hinsah, fiel es ihm auf. Das war doch der Griff einer Pistole! Der Lauf steckte im Hosengurt, gerade in der Hüfte, an der Stelle, wo die Waffe am wenigsten auftrug. Außerdem trug der Kerl natürlich seinen Säbel. Hornblower fragte sich erstaunt, was ihn wohl dazu veranlaßt haben mochte, eine Pistole zu sich zu stecken.

Aber inzwischen waren ihm schon Mound und Hurst über das Fallreep gefolgt, und eben traf Lord Wychwood in seinem roten Waffenrock und mit der Bärenmütze auf dem Kopf Anstalten, gleichfalls über die Seite zu steigen. Als nächster war der Husar an der Reihe, so daß der Kommodore den Schluß bilden konnte. Aber er hielt sich unangebrachterweise immer noch höflich zurück und wollte dem Kommodore unter ständigen Verbeugungen hartnäckig den Vortritt einräumen.

»Nach Ihnen, Sir«, sagte Hornblower, aber er predigte tauben Ohren.

Erst als er ungeduldig mit dem Fuß stampfte, begriff der unwissende Landsoldat, daß er vorausgehen sollte, und dann bildete Hornblower endlich, begleitet von dem Trillern der Bootsmannsmaatenpfeifen und den steifen Ehrenbezeigungen der zurückbleibenden Offiziere, den Schluß.

Da ihn der lange Bootsmantel behinderte, landete er mit einem schwerfälligen Sprung in der Achterplicht des Bootes. Vorn gab es eine winzige Kabine, wo er sich mit Wychwood und Hurst in den Platz teilte. Mound, die beiden Deckoffiziere und der Husar blieben bescheiden draußen und hielten sich achtern auf. Der Bootssteurer gab ein paar unverständliche Befehle, das Luggersegel wurde gesetzt, und dann nahmen sie Kurs nach der Küste von Oranienbaum.

Von seinem Platz aus konnte Hornblower Braun sehen, der achtern steif auf seiner Ducht saß. Seltsame Geschichte das, mit dieser Pistole! Wahrscheinlich dachte er daran, daß er Rußland noch vor kurzem aufrührerischen Widerstand geleistet hatte, und fürchtete nun, an Land angegriffen oder verhaftet zu werden. Vielleicht hatte er deshalb Bedürfnis nach einer Verteidigungswaffe. Aber es konnte doch nicht einmal einem Russen einfallen, Hand an einen englischen Offizier zu legen, der britische Uniform trug. Der Pistolengriff war ziemlich dick gewesen – und schwarz, das hatte er genau gesehen. Von plötzlicher Unruhe gepackt, rutschte er auf der Backskiste hin und her, auf der er saß. Er nahm sein übergeschlagenes Bein herab, schlug es jedoch im nächsten Augenblick wieder über das Knie. Das war doch ... nein, es gab keinen Irrtum. Die Pistole, die er vorhin in Brauns Gürtel stecken sah, gehörte ihm, es war die eine der beiden Waffen, die ihm Barbara geschenkt hatte. Er kannte diese Ebenholzgriffe viel zu genau, als daß er sich hätte täuschen können.

Einen Dieb an Bord zu wissen, war immer höchst aufregend und unangenehm. Auf einem Schiff war das Stehlen ja so einfach, und war ein Diebstahl vorgekommen, dann wucherte das Mißtrauen wie giftiges Unkraut. Das letztere war in diesem Fall allerdings nicht zu befürchten. Immerhin stand ihm die üble Aufgabe bevor, Braun seines Verbrechens zu überführen und ihn dafür zu bestrafen. Für eine gezogene Zündplättchenpistole englischen Fabrikats – wahrscheinlich überhaupt die erste ihrer Art, die Rußland erreichte – konnte man am russischen Hofe sicher einen fabelhaften Preis erzielen. Braun konnte ohne weiteres auf einen Erlös von zwei- bis dreihundert Guineen rechnen. Und doch – bei all seinem Vorurteil –, er konnte einfach nicht glauben, daß dieser Braun einen gemeinen Diebstahl beging.

Plötzlich rief der Bootssteurer einen neuen Befehl, und die Pinaß wendete auf den anderen Bug. Das Luggersegel, mit dem sie ausgerüstet war, mußte dabei geborgen und nach der Wendung auf der anderen Seite des Mastes wieder gesetzt werden. Hornblower beobachtete dieses Manöver mit dem Interesse des Fachmannes. Diese russischen Seeleute schienen recht fix und tüchtig zu sein, aber das konnte man schließlich bei einem Boot der russischen Admiralität auch erwarten. Die *Nonsuch* lag schon weit achteraus, ihr Rumpf verschwand bereits hinter der Kimm. Jetzt kamen sie dicht an einer Tonne vorüber, an der Schnelligkeit, mit der sie achteraus sackte, konnte man erkennen, daß die Pinaß ausgezeichnete Fahrt durchs Wasser machte.

»Wir steuern jetzt Südwest, Sir«, bemerkte Hurst, »und haben das Fahrwasser verlassen.«

Er kletterte aus der kleinen Kabine an Deck und warf einen Blick nach vorn.

»Land recht voraus, Sir«, meldete er, »aber von einem Palast ist nichts zu sehen.«

»Peterhof kenne ich nicht«, sagte Wychwood. »Vor Tilsit war ich als Subalternoffizier im Stabe Wilsons in Zarskoje Selo und im alten Winterpalast, Peterhof ist einer der kleineren Paläste, ich nehme an, man hat ihn für diese Zusammenkunft gewählt, weil Bernadotte unmittelbar von Bord aus hingelangen konnte.«

Es war natürlich müßig, Vermutungen darüber anzustellen, was von der heutigen Zusammenkunft zu erwarten war, und doch war die Versuchung zu solchen Spekulationen fast unwiderstehlich. Die Minuten vergingen. Endlich gab der Bootssteurer wieder einen Befehl, das Luggersegel wurde geborgen, und als die Pinaß aufdrehte, sah man von der Kabine aus, daß sie an den Pfählen einer Brücke entlang schor. Die Leinen flogen an Land, und dann wurde das Boot an eine breite Treppe verholt, die von der Brücke herab zum Wasser führte. Diesmal traf der russische Offizier mit seiner Höflichkeit das Richtige. Der Dienstälteste verläßt ein Boot als erster, steigt aber als letzter ein, so verlangt es die Etikette der Navy. Hornblower mußte sich ducken, als er die kleine Kabine verließ, dann betrat er die Treppe und stieg hinauf. Dabei prüfte er in aller Eile, ob sein Dreimaster gerade saß und sein Säbelkoppel nicht vertörnt war. Als er oben anlangte, vernahm er ein Kommando. Dort war eine zwanzig Mann starke Wache angetreten, es waren Grenadiere in Bärenmützen und blauen Röcken. Sie nahmen beim Präsentieren den linken Arm hoch und legten ihn quer über die Brust. Für jemand, der den Präsentiergriff der englischen Seesoldaten gewohnt war, sah diese Ehrenbezeigung ausgesprochen linkisch aus. Und doch kamen ihm Uniform und Haltung dieser Männer seltsam bekannt vor. Alsbald entdeckte Hornblower auch, daß sie ihn an die hölzernen Soldaten erinnerten, mit denen der kleine Richard immer so gern gespielt hatte – es handelte sich um eine jener Schachteln mit deutschen Soldaten, die trotz der Kontinentalsperre ihren Weg nach England fanden und die ihm einer von Barbaras Diplomatenfreunden einmal geschenkt hatte. Natürlich, die russische Armee war ja nach deutschem Muster organisiert, und Peter III. hatte auch deutsche Uniformen eingeführt. Hornblower erwiderte den Gruß des Offiziers, der die Wache befehligte, und zog diese Ehrenbezeigung so in die Länge, daß die anderen aufschließen konnten. Der Husar sagte rasch auf russisch etwas zu Braun.

»Es stehen Wagen für uns bereit, Sir«, dolmetschte dieser. Hornblower sah sie am Ende der Brücke stehen, zwei große offene Landauer, jeder mit zwei schönen Pferden davor. Auf den Böcken saßen bezopfte und gepuderte Kutscher in roten Röcken – es war nicht das Scharlachrot der britischen Armee und der Livreen des königlichen Hofes in England, sondern ein helleres, weicheres Erdbeerrot. Die Pferdehalter und die Diener am Wagenschlag trugen die gleiche Livree.

»Der erste Wagen ist für die Herren Stabsoffiziere bestimmt«, erklärte Braun.

Hornblower kletterte hinein, gefolgt von Wychwood und Hurst. Mit einem Lächeln der Entschuldigung stieg der Husar zu ihnen und setzte sich auf den Rücksitz. Der Schlag wurde zugeknallt, der eine Diener stieg auf den Bock, der andere sprang hinten auf, und schon jagten die Pferde los. Der Weg wand sich durch einen ausgedehnten Park, Rasenflächen und baumbestandene Haine lösten einander ab, hier und dort sandten Fontänen ihre silbernen Strahlen hoch zum Himmel empor, und auf den Rändern marmorner Becken spielten marmorne Najaden. An jeder Biegung der Straße bot sich ein wundervoller Blick abwärts über gestufte Wiesenterrassen, da gab es lange Fluchten marmorner Treppen und reizende, kleine Marmorpavillons. Aber an jeder Ecke, neben jedem Brunnen, jedem Pavillon standen Schildwachen, die die vorüberjagenden Wagen mit strammen Präsentiergriffen grüßten.

»Jeder Zar der drei letzten Generationen fiel durch Mörderhand«, bemerkte Wychwood. »Nur die Frauen starben in ihren Betten. Alexander ist jedenfalls vorsichtig.« Wieder ging es um eine scharfe Kurve, dann mündete der Weg auf einen mit Kies bestreuten Paradeplatz. An seinem gegenüberliegenden Rand stand der Palast, Hornblower fand gerade noch Zeit, das weitläufige Rokokobauwerk aus rosa und grauem Stein mit seinen kuppelgekrönten Flügeln mit dem Blick zu umfassen, da fuhren sie auch schon beim Portal vor. Wieder präsentierte eine Wache, weißgepuderte Diener öffneten die Wagenschläge. Mit einigen höflichen Worten auf russisch führte der Husar die englische Gesellschaft über eine Treppenflucht aus rosa Marmor in einen weiten Vorsaal. Hier trat ihnen ein ganzer Schwarm von Dienern entgegen, um ihnen die Bootsmäntel abzunehmen. Hornblower besann sich darauf, den Dreimaster, wie es sich gehörte, unter den Arm zu klemmen, und die anderen folgten seinem Beispiel.

Nun öffnete sich gegenüber die Flügeltür, sie schritten darauf zu und wurden an der Schwelle von einem würdevollen Hofbeamten in Empfang genommen. Der Staatsrock dieses Herren zeigte wieder das gleiche kaiserliche Rot, wenn auch zwischen all den goldenen Tressen und Stickereien wenig davon zu erkennen war. Er hatte Puder aufgelegt und trug in der Hand einen Stab aus Ebenholz mit goldenem Knauf.

»Kotschubey«, sagte er in recht gutem Französisch, »Großmarschall des Palastes. Kommodore Hornblower? Lord Wychwood?«

Sie verbeugten sich, und dann stellte Hornblower die anderen vor. Er beobachtete, wie der Großmarschall ihre Uniformen mit einem Blick musterte, dem nichts entging. Offenbar wollte er sicherstellen, daß niemand in die inneren Räume des Palastes Zutritt erhielt, dessen äußere Erscheinung der Würde des Zarenhofes nicht entsprach. Dann wandte er sich wieder an Hornblower und Wychwood:

»Seine Exzellenz der Herr Marineminister wäre Herrn Kapitän Hornblower für die Ehre einer kurzen Unterredung besonders verbunden.«

»Ich stehe Seiner Exzellenz zu Diensten«, sagte Hornblower. »Allerdings bin ich auf Befehl Seiner Kaiserlichen Majestät hier erschienen.«

»Sehr gütig von Ihnen, Sir. Es steht uns noch genügend Zeit zur Verfügung, ehe Seine Kaiserliche Majestät erscheinen. Seine Exzellenz, der Herr Minister für auswärtige Angelegenheiten, würde sich geehrt fühlen, wenn er in gleicher Weise Lord Wychwood für einige Minuten in Anspruch nehmen dürfte.«

»Ich stehe Seiner Exzellenz zur Verfügung«, sagte Wychwood. Für einen Mann von seiner Erfahrung und Weltläufigkeit war sein Französisch auffallend dürftig.

»Ich danke Ihnen«, sagte Kotschubey.

Dann wandte er sich um und winkte drei weitere Hofbeamte heran. Sie trugen etwas weniger goldene Tressen als Kotschubey, auf ihren Rockaufschlägen waren goldene Schlüssel eingestickt, woraus Hornblower entnahm, daß es sich um Kammerherren handelte. Es gab neue Vorstellungen, neue Verbeugungen.

»Wenn Sie jetzt die Güte haben wollen, mit mir zu kommen, Sir ...«, sagte Kotschubey zu Hornblower.

Zwei der Kammerherren nahmen sich der jüngeren Offiziere an, einer geleitete Wychwood, Kotschubey selbst aber entführte Hornblower. Der warf noch einen letzten Blick auf seine Begleiter. Da sah er, daß selbst der schwerfällige Hurst, ja sogar der betont gleichmütige Mound recht ängstliche Mienen aufsetzten, als sie sich in diesem unheimlichen Kaiserpalast von ihrem Kapitän einfach im Stich gelassen sahen. Hornblower mußte bei ihrem Anblick unwillkürlich an Kinder denken, die von ihren Eltern einer wildfremden Erzieherin überantwortet werden. Braun allerdings sah ganz anders aus. Seine grünen Augen glühten vor Erregung, sein Gesicht hatte einen gestrafften Ausdruck, der ganz neu an ihm war, er hatte den Blick eines Mannes, der vor einer entscheidenden Tat steht. Eine Woge schlimmster Befürchtungen brach über Hornblower zusammen. Über all der Aufregung, die mit ihrer Landung auf russischem Boden verbunden war, hatte er diesen Braun ganz vergessen gehabt, war ihm die gestohlene Pistole ebenso entfallen wie jene anderen Bedenken, die er seinetwegen gehegt hatte. Er brauchte jetzt unbedingt etwas Zeit zum Nachdenken, aber dieser Kotschubey hastete mit ihm davon und schenkte ihm keine Sekunde. Sie gingen durch einen prachtvollen Saal – Hornblower gewann nur einen flüchtigen Eindruck von Möbeln, Gemälden und Plastiken –, dann öffneten zwei Diener, von denen es Hunderte zu geben schien, wieder eine Flügeltür zu einem hohen und breiten Korridor, der eigentlich eher einer Bildergalerie glich. Hier machte Kotschubey nach wenigen Metern vor einer unansehnlichen, kleinen Pforte halt. Zwei Diener, die davorstanden, gaben ihm bei seiner Annäherung mit einer gewandten Wendung Raum. Die Tür führte unmittelbar auf eine steile Wendeltreppe.

Etwa auf halber Höhe derselben gelangten sie an eine weitere Tür, vor der vier kräftige Soldatengestalten in roten Uniformen, Reitstiefeln und weiten Reithosen Wache hielten. Hornblower erkannte sie als Kosaken, die ersten, die er leibhaftig zu sehen bekam. Als sie sich jetzt an die Wand drückten, um ihnen Platz zu machen, verstopften sie beinahe das enge Treppenhaus. Hornblower konnte sich kaum an ihnen vorbeizwängen. Kotschubey kratzte nur leise an der Tür, dann öffnete er sofort und zog Hornblower mit der Miene eines Verschwörers rasch hinter sich her.

»Sir Hornblower«, stellte er vor, nachdem er die Tür hinter sich geschlossen hatte. Der große Mann, dessen Uniform mit Epauletten und quer über der Brust befestigter Ordensspange entfernt an einen Seeoffizier erinnerte, mußte der Marineminister sein. Er begrüßte Hornblower auch gleich herzlich in fließendem Französisch und entschuldigte sich höflich, daß er des Englischen nicht mächtig sei. In einer Ecke im Hintergrund saß aber noch jemand, ein großer, schlanker Mann in einer herrlichen hellblauen Uniform. Er war auffallend hübsch, aber von einer Schönheit, die aus einer anderen Welt zu stammen schien. Die Elfenbeinblässe seiner Wangen, die durch den schwarzen Backenbart noch unterstrichen wurde, wirkte weniger ungesund als unnatürlich. Ohne die geringste Bewegung saß er steif und aufrecht in seiner dunklen Ecke, seine Fingerspitzen ruhten auf einem niedrigen Tisch, der vor ihm stand, und keiner der russischen Herren nahm auch nur im geringsten Notiz von seiner Anwesenheit. Dennoch war sich Hornblower im klaren darüber, daß er den Zaren vor sich hatte. Er sagte sich, daß er nichts anderes tun konnte, als dem Beispiel der russischen Staatsbeamten zu folgen, wenn diese über ihren eigenen Zaren hinwegsahen, als wäre er gar nicht anwesend. Er hielt also seinen Blick auf den Marineminister gerichtet.

»Ich hoffe«, begann dieser, »Sie bei guter Gesundheit zu sehen.«

»Danke«, sagte Hornblower, »ich bin bei bester Gesundheit.«

»Und Ihr Geschwader?«

»Erfreut sich gleichfalls der besten Gesundheit, Eure Exzellenz.«

»Haben Sie irgendwelche Bedürfnisse?«

Hornblower mußte wieder rasch nachdenken. Einerseits wünschte er seine völlige Unabhängigkeit zu betonen, dagegen stand andererseits die beunruhigende Tatsache, daß ihm das Wasser bald ausging. Frisches Trinkwasser, das brauchte man immer, das war eine Lebensfrage, und seine Beschaffung war die ständige Sorge eines jeden Kommandanten, ob er nun ein Schiff oder ein ganzes Geschwader zu führen hatte. Ein Marineminister – und wenn es ein russischer war – mußte mit dieser Sorge vertraut sein.

»Feuerholz und Wasser«, sagte Hornblower, »wäre, wie immer, besonders willkommen.«

»Ich werde sofort anfragen lassen, ob wir Ihrem Geschwader schon morgen früh ein Wasserfahrzeug schicken können«, sagte der Minister.

»Ich danke Eurer Exzellenz«, sagte Hornblower und war neugierig, welche Gegenleistung man von ihm verlangen würde.

»Sind Sie schon darüber unterrichtet, Sir, daß Bonaparte Schwedisch-Pommern besetzt hat?«

Hornblower konnte sich diesen sprunghaften Wechsel des Gesprächsthemas nur dadurch erklären, daß die Anwesenheit des Zaren den Minister nervös machte.

»Ja, Eure Exzellenz.«

»Und wie denken Sie über diese Aktion?«

Hornblower zögerte etwas mit der Antwort, um seine Gedanken zu ordnen und sich die französischen Sätze zurechtzulegen.

»Sie ist für Bonaparte typisch«, begann er dann, »er duldet die Neutralität einer schwächeren Macht nur so lange, als er daraus Nutzen ziehen kann. Sobald sie ihm irgendwie lästig wird, unternimmt er einen heimtückischen Gewaltstreich mit seiner Armee, der die Landplagen seines berüchtigten Systems, Terror, Hunger und Elend, auf dem Fuße folgen. Die Gefängnisse füllen sich, Geheimpolizei und Erschießungskommandos verbreiten Furcht und Schrecken. Bankiers und Kaufleute werden ihrer gesamten Habe beraubt. Die Männer werden in den Soldatenrock gesteckt und die Frauen – nun, was den Frauen geschieht, das ist wohl kein Geheimnis mehr.«

»Aber Sie nehmen doch nicht an, daß es ihm *nur* auf das Plündern ankommt?«

»Nein, Eure Exzellenz, obwohl diese systematische Ausplünderung natürlich seinen topplastigen Finanzen immer wieder etwas auf die Beine hilft. Er hat Pommern genau in dem Augenblick überrannt, als es mit dem Auftreten meines Geschwaders für ihn seinen Wert als neutraler Stützpunkt seiner Kaperschiffe eingebüßt hatte.«

In diesem Augenblick kam es über Hornblower wie eine Erleuchtung. Man mußte ihm etwas davon angesehen haben, denn als er nun zögerte fortzufahren, drängte ihn der Minister mit offenkundigem Interesse zum Sprechen:

»Monsieur waren im Begriff zu sagen ...?«

»Bonaparte beherrscht jetzt die ganze Ostseeküste bis an die Reichsgrenze Seiner Kaiserlichen Majestät. Diese Tatsache ist für ihn in einem besonderen Fall von unschätzbarem Wert, Eure Exzellenz, wenn er sich nämlich anschickt, Rußland anzugreifen.« Hornblower legte in diese Worte allen rednerischen Nachdruck, dessen er fähig war. Der Minister nickte nur – Hornblower hätte nur zu gern einen kurzen Blick auf den Zaren geworfen, um zu sehen, wie der seine Worte aufnahm, aber er wagte es nicht.

»Solange Pommern schwedisch war und gleichzeitig eine englische Flotte die Ostsee beherrschte, hätte er ja immer für die Sicherheit seiner rückwärtigen Verbindungen fürchten müssen. Ein schwedisches Pommern war für ihn viel zu gefährlich als Stützpunkt für einen Angriff in seinem Rücken, einen Angriff über See, vorgetragen unter dem Schutz meines Geschwaders. Jetzt hat er diese Gefahr beseitigt – er braucht nicht mehr zu fürchten, daß er abgeschnitten wird, wenn er Rußland angreift, wenn er gegen St. Petersburg marschiert. Die Drohung gegen das Reich Seiner Kaiserlichen Majestät hat sich verstärkt . . .«

»Glauben Sie, daß seine Drohungen gegen Rußland wirklich ernst gemeint sind, Sir?«

»Die Drohungen Bonapartes sind immer ernst gemeint, Eure Exzellenz kennen doch seine Methoden. Es fängt immer damit an, daß er einige Zugeständnisse verlangt. Werden sie ihm gewährt, dann folgen alsbald neue Forderungen, jede darauf berechnet, den Partner immer mehr zu schwächen, bis das unglückliche Opfer seiner Aufmerksamkeiten zuletzt alle Kraft zum Widerstand verloren hat oder hoffnungslos in sein Unglück rennt, wenn es im letzten Augenblick versucht, sich mit Waffengewalt zur Wehr zu setzen. Er wird nicht ruhen, bis seine Wünsche erfüllt sind. Die Wünsche aber richten sich auf nichts Geringeres als die Weltherrschaft, die Knechtung und Unterwerfung aller Völker der Erde unter seinen Willen.«

»Monsieur sind sehr beredt . . .«

»Ich bin beredt, weil mir die Worte wirklich aus dem Herzen kommen, Eure Exzellenz. Neunzehn Jahre, seit meiner Knabenzeit, diene ich meinem Vaterland gegen jenes Machtungetüm, das seinen Schatten über ganz Europa wirft.«

»Und was hat Ihr Land mit diesem Kampf erreicht?«

»Mein Land ist frei geblieben. Das war zu allen Zeiten der Geschichte etwas Großes, heute aber zählt es mehr als je. Aber England schlägt auch zurück. Portugal und Sizilien verdanken ihm ihre Freiheit; während ich hier mit Ihnen spreche, Eure Exzellenz, sind seine Armeen in Spanien auf dem Vormarsch. Bonaparte wird sich bald gezwungen sehen, die Grenze seines Parvenüreiches gegen sie zu verteidigen. Wir haben an diesem ungeschlachten Gebilde eine schwache Stelle entdeckt, da bohren wir rastlos nach, bis es uns gelingt, seine Grundmauern zu zerstören. Dann wird der ganze kunstvolle Bau bald in sich zusammenstürzen.«

Es mußte in dem kleinen Zimmer sehr warm sein, Hornblower merkte, daß er in seiner schweren Uniform in Schweiß geraten war.

»Und hier in der Ostsee?«

»England ist auch hierher vorgedrungen. Von heute an kann kein Schiff Bonapartes ohne meine Erlaubnis die Ostsee befahren. England ist aber auch bereit zu helfen. Es wird jedes Land, das dem Tyrannen die Stirn bietet, mit einem Strom von gutem Geld und guten Waffen unterstützen. Bonaparte ist von Süden, von Westen und von Norden eingekreist. Es bleibt ihm also nur noch der Osten. Hier wird er zuschlagen, und hier gilt es, ihn abzuwehren.«

In Wirklichkeit waren diese Sätze alle zu dem hübschen bleichen jungen Mann gesprochen, der dort in der dunklen Ecke des Zimmers saß. In diesem Spiel der internationalen Politik war ja der Einsatz des Marineministers viel, viel kleiner als der seines Kaiserlichen Herrn. Für andere Fürsten standen in einem Kriege vielleicht eine oder zwei Provinzen auf dem Spiel, ging es höchstens um Ehre und Kriegsruhm. Der Zar aller Reußen aber, der mächtigste und selbstherrlichste von ihnen allen, setzte jedesmal sein Leben ein. Das war eine Tatsache, die niemand in Abrede stellen konnte. Ein Wort des Zaren genügte, um einen russischen Edelmann lebenslänglich nach Sibirien zu verbannen, ein anderes Wort von ihm bedeutete vielleicht Krieg und setzte eine halbe Million Soldaten in Bewegung. Erwies sich aber einer dieser Schachzüge als falsch, dann zahlte der Zar mit seinem Leben dafür. Erlitt er eine militärische Niederlage, entglitt ihm nur für einen Augenblick die Gewalt über seine Höflinge und seine Gardetruppen, dann war er verloren, dann wurde er entthront und in der Folge unweigerlich ermordet. Sein Vater, sein Großvater und sein Urgroßvater hatten dieses Schicksal erlitten. Ob er nun im Kampf geschlagen wurde oder ob er dem Kampf auswich und dadurch sein Prestige verlor, in beiden Fällen konnte er damit rechnen, einen Seidenschal um die Kehle oder zwanzig Degenspitzen zwischen die Rippen zu bekommen.

Eine Bronzeuhr auf einer Wandkonsole begann silberhell zu schlagen.

»Die Stunde schlägt, hören Sie es, Exzellenz?« sagte Hornblower. Die Erregung, die in ihm tobte, ließ ihn am ganzen Körper zittern. Er fühlte sich schwach und leer.

»Ja, die Stunde schlägt«, gab der Minister zur Antwort. Man sah ihm an, wie verzweifelt schwer es ihm fiel, sich nicht nach dem Zaren umzusehen. »Übrigens erinnert mich diese Uhr zu meinem tiefsten Bedauern, daß ich Sie nicht länger in Anspruch nehmen darf, weil Sie sonst zum Kaiserlichen Empfang zu spät kommen würden.«

»Selbstverständlich darf ich mich da nicht verspäten«, sagte Hornblower.

»Ich möchte Ihnen meinen Dank dafür aussprechen, Herr Kapitän, daß Sie mir Ihre Auffassung von der Lage so klar und eindringlich dargelegt haben. Es wird mir ein besonderes Vergnügen sein, Sie beim Empfang wieder begrüßen zu können. Seine Exzellenz, der Herr Großmarschall, wird die Ehre haben, Ihnen den Weg zum Tauridensaal zu zeigen.«

Hornblower machte seine Verbeugung, immer darauf bedacht, seine Augen nicht unversehens in die Ecke wandern zu lassen, in der der Zar saß. Schließlich gelang es ihm, das Zimmer zu verlassen, ohne dem Zaren den Rücken zu kehren, aber auch ohne die Absichtlichkeit seines Verhaltens allzu auffällig zu machen. Auf der Treppe angelangt, quetschten sie sich wieder an den Kosaken vorbei und stiegen dann zum Erdgeschoß hinunter.

»Darf ich bitten, Sir!«

12

Galonierte Lakaien öffneten zwei weitere Flügeltüren, und dann betraten sie einen riesigen Saal, dessen Decke sich hoch über ihren Köpfen zu einer mächtigen Kuppel wölbte. Die Wände waren komplett aus Marmor und Gold.

Eine zahlreiche Menge stand in Gruppen umher, Männer, deren Uniformen in allen Farben des Regenbogens leuchteten, Frauen in Hoftoiletten mit kostbarem Federschmuck und langen Schleppen. Ordenssterne und Juwelen von unschätzbarem Wert glitzerten und strahlten im Licht unzähliger Kerzen.

Hornblower und der Großmarschall traten zu einer Gruppe von Damen und Herren, die fröhlich lachten und in französischer Sprache miteinander scherzten.

»Ich habe die Ehre vorzustellen . . .«, begann Kotschubey dienststeifrig.

Die Vorstellung dauerte ziemlich lange. Da waren die Gräfin X, die Baronin Y, die Herzogin Z, lauter schöne Frauen, keck und lebenslustig die einen, müde und gleichgültig die anderen. Hornblower verbeugte sich ein um das andere Mal vor ihnen, und so oft er sich wieder aufrichtete, schlug ihm der Stern des Bath-Ordens gegen die Brust.

»Sie werden Gräfin Canerine zu Tisch führen, Herr Kapitän«, sagte der Großmarschall, und wieder machte Hornblower eine Verbeugung.

Die Gräfin war entschieden die hübscheste von allen, sie sprühte von Jugend und Lebensfreude, unter hochgeschwungenen Brauen blickten ein paar dunkle, feucht schimmernde Augen hervor, in denen verzehrendes Feuer glomm. Ihr Gesicht war ein vollkommenes Oval, ihr Teint glich einer Rosenblüte, und das tiefe Dekolleté ihrer Hoftoilette enthüllte die vollendete Schönheit ihrer schneeweißen Brust.

»Als ausländischer Gast von Rang«, fuhr der Großmarschall fort, »rangieren Sie gleich hinter den Gesandten und Ministern. Den unmittelbaren Vortritt vor Ihnen hat der persische Gesandte, Seine Exzellenz Lorza Khan.« Dabei deutete der Großmarschall auf einen Mann, der einen diamantenbesetzten Turban trug; angesichts der Tatsache, daß Hornblower ihm zu folgen hatte, war es ein angenehmer Glückszufall, daß er in der ganzen Schar der Hofgesellschaft weitaus am leichtesten zu entdecken war. Unter dem Eindruck der ehrenvollen Behandlung, die dieser englische Kapitän augenscheinlich erfuhr, nahm das Interesse der Gäste für ihn, nach ihren Blicken zu urteilen, noch zu. Die Gräfin musterte ihn mit einem nachdenklichen Blick ihrer großen Augen. Aber der Großmarschall unterbrach dieses stumme Spiel, indem er mit der Vorstellung fortfuhr. Die Herren erwiderten Hornblowers Verbeugungen.

Als die Vorstellung beendet war, geriet das Gespräch ins Stocken. Um die entstehende Pause auszufüllen, bemerkte der Großmarschall: »Seine Majestät wird die Uniform der Simonauskigarde tragen.«

Hornblower entdeckte Wychwood drüben am anderen Ende des Saales. Er trug seine Bärenmütze unter dem Arm, neben ihm stand Basse. Beide wurden soeben einer anderen Gruppe von Gästen vorgestellt. Sie nickten einander zu, dann wandte sich Hornblower etwas zerstreut zu dem Gespräch seiner eigenen Gruppe zurück. Die Gräfin befragte ihn über sein Schiff, und er versuchte, ihr etwas von der *Nonsuch* zu erzählen. Durch die Türen am anderen Ende kam jetzt eine Doppelreihe von Soldaten einmarschiert, alles große, junge Männer in Brustharnischen, die wie Silber glänzten – und wahrscheinlich wirklich aus Silber waren –, und silbernen Helmen, von denen weiße Federn wallten.

»Die Kavaliergarde«, erklärte die Komtesse, »alles junge Leute aus dem Adel.«

Sie fand augenscheinlich großen Gefallen an ihnen. Nun reihten sie sich in Abständen von zwei bis drei Metern entlang der Wände auf, und jeder, der seinen Platz erreicht hatte, stand unbeweglich wie eine silberne Statue. Langsam zog sich die Menge aus der Mitte des Raumes zurück und ließ dort einen freien Raum. Hornblower hätte gern gewußt, wo der Rest seiner Offiziere geblieben war, er blickte sich suchend um und entdeckte eine weitere Menge uniformierter Gestalten auf der Galerie, die sich in Höhe des ersten Stockes auf drei von den vier Seiten des Saales um die Kuppel zu ihren Häupten herumzog. Von dort aus durften wohl die kleineren Leute dem Treiben der Großen hier unten zusehen. Er sah Hurst und Mound an der Balustrade lehnen, und hinter ihnen redete Somers, seinen flachen Hut in der Hand, lebhaft gestikulierend auf ein Dreigespann hübscher Mädchen ein, die sich ganz schwach vom vielen Lachen aneinander festhielten. Der Himmel mochte wissen, in welcher Sprache dieser Somers sich verständlich zu machen suchte, aber wie immer er es anfing, er machte sich offenbar beliebt.

Hornblower war aber vor allem in Sorge wegen Braun. Dabei fiel es ihm unendlich schwer, einen klaren Gedanken zu fassen. Das kam wohl von der geistigen Abgespanntheit, die ihn nach seiner Rede von vorhin befallen hatte, dazu kam das Stimmengewirr, das bunte Geglitzer um ihn her und nicht zuletzt die schwülen Blicke der jungen Gräfin neben ihm. Er mußte sich eisern zusammenreißen, um bei der Sache zu bleiben, auf die es jetzt ankam. Die Pistole in Brauns Gurt – der Ausdruck finsterer Entschlossenheit in seinem Gesicht – die Galerie dort oben. Verstattete man ihm nur einen Augenblick ungestörten Nachdenkens, dann fügten sich diese Teilbilder zu einem sinnvollen Ganzen.

»Der Prinz von Schweden wird zusammen mit seiner Kaiserlichen Majestät Einzug halten«, hörte er die Gräfin neben sich sagen.

Der Prinz von Schweden! Das war Bernadotte, der Gründer einer neuen Dynastie, der Mann, der den König Gustav vom Thron verdrängt hatte. Und für Gustav hatte Braun sein Leben und sein Vermögen geopfert. Alexander hatte Finnland erobert, und Bernadotte hatte zu seinen Gunsten darauf verzichtet. Braun hatte wahrhaftig allen Grund, diese beiden Männer, Alexander und Bernadotte, grimmiger zu hassen als irgendeinen anderen Menschen auf der Welt. Und der gleiche Braun trug in diesem Augenblick eine Doppelpistole mit gezogenen Läufen und Blättchenzündung bei sich, bei der es keinen Versager gab und die auf fünfzig Meter Fleck schoß. Hornblower musterte die Galerie mit einem Blick. Dort stand er, am entferntesten Ende, unauffällig zwischen zwei Säulen versteckt. Es mußte etwas geschehen, und zwar sofort! Der Großmarschall plauderte gerade leutselig mit einigen Höflingen, aber nun gab es keine Rücksicht. Hornblower ließ die Gräfin einfach stehen und platzte unter Mißachtung aller gesellschaftlichen Formen in seine Unterhaltung. Er hatte nur noch einen Gedanken, einen Wunsch.

»Ganz ausgeschlossen«, sagte der Großmarschall mit einem Blick auf die Uhr. »Seine Kaiserliche Majestät und Seine Königliche Hoheit betreten in dreieinhalb Minuten den Saal.«

»Ich bedaure es selbst unendlich«, sagte Hornblower, »es tut mir außerordentlich leid, aber es ist unvermeidlich – eine Sache von höchster Dringlichkeit, Sie müssen mir gestatten . . .«

Hornblower tanzte vor Ungeduld von einem Fuß auf den anderen. Sein ganzes Gehaben unterstrich die Dringlichkeit seiner Bitte. Der Großmarschall erwog unterdessen, ob es nicht doch vielleicht besser sei, die unliebsame Unterbrechung einer Hofzeremonie in Kauf zu nehmen, als sich diesem Mann zu versagen, der nach dem Eindruck, den man bei der Unterredung von vorhin gewinnen mußte, wahrscheinlich das Ohr des Zaren besaß.

»Verlassen Sie den Saal durch jene Tür dort, Sir«, sagte er schließlich zögernd und deutete dabei nach dem Ausgang, den er meinte. »Aber ich bitte Sie sehr darum, Sir, jedes Aufsehen zu vermeiden, wenn Sie den Saal wieder betreten.« Hornblower hastete davon, er wand sich eilig durch die Gruppen der Gäste, um zu der bezeichneten Tür zu gelangen, und war gleichzeitig bemüht, niemand lästig zu fallen. Endlich war er am Ziel und schlüpfte hinaus. Mit einem verzweifelt suchenden Blick sah er sich um. Dort links, die breite Treppe mußte zur Galerie führen. Er faßte seinen Säbel an der Scheide, damit er ihm nicht zwischen die Beine kam, und stürmte dann, immer zwei Stufen auf einmal nehmend, hinauf. Auf der Treppe kamen ihm ein paar Lakaien entgegen, aber sie hatten nur einen flüchtigen Blick für ihn. Auf der Galerie drängten sich die Menschen, allerdings waren die Toiletten nicht so schön, die Uniformen nicht so glänzend wie unten. Ohne Aufenthalt eilte Hornblower weiter dem Ende zu, wo er soeben Braun hatte stehen sehen. Er machte möglichst lange Schritte und bemühte sich doch, so auszusehen, als schlenderte er genießerisch durch die Menge. Da war Mound! Auch er hatte ihn gesehen, das war gut – Hornblower hatte keine Zeit, sich zu erklären, er hätte nicht gewagt, auch nur ein Wort zu verlieren, dafür warf er ihm einen Blick zu, mit dem er sein Anliegen auszudrücken versuchte, so gut er es vermochte. Hoffentlich verstand ihn Mound und folgte ihm. Nun hörte er, wie unten die Flügeltüren aufgerissen wurden; mit einem Schlag verstummte das Gemurmel der Unterhaltung und eine laute, harte Stimme verkündete: »L'Empereur, l'Impératrice, le Prince Royal de Suède!«

Da stand Braun zwischen den beiden Säulen und starrte hinunter. Er hatte die Hand an der Hüfte, er zog die Pistole! Es gab nur noch eine einzige Möglichkeit, seine Absicht zu durchkreuzen, ohne Lärm und Aufsehen zu erregen. Hornblower riß seinen Säbel aus der Scheide – es war der Säbel im Wert von hundert Guineen mit dem goldenen Griff, das Geschenk der patriotischen Stiftung, seine Klinge war scharf wie ein Rasiermesser – und führte einen raschen Hieb nach dem Gelenk der Hand, die die Pistole hielt. Der Hieb durchschnitt die Sehnen der getroffenen Hand, ihre Finger öffneten sich kraftlos, und die Pistole schlug dumpf auf den teppichbedeckten Fußboden. Fassungslos vor Schreck fuhr Braun herum. Er sah zuerst hinunter auf sein verwundetes Handgelenk, aus dem das Blut hervorspritzte, und dann starrte er Hornblower an. Der setzte ihm im gleichen Augenblick die Spitze seines Säbels auf die Brust. Er konnte ihn mit einer einzigen Bewegung durchbohren und töten, und sein Gesichtsausdruck ließ offenbar keinen Zweifel darüber, daß er im Fall der Not keinen Augenblick zögern würde, es auch zu tun. Braun gab nämlich keinen Laut von sich und machte keine Bewegung. Da merkte Hornblower, daß jemand neben ihm stand. Gott sei Dank, das war Mound.

»Kümmern Sie sich weiter um ihn!« flüsterte Hornblower. »Unterbinden Sie ihm das Handgelenk, und schaffen Sie ihn irgendwie von hier weg.«

Er warf einen Blick über die Balustrade in den Saal hinunter. Durch die gegenüberliegende Flügeltür hielten die Hoheiten soeben ihren Einzug. Da war Alexander in seiner hellblauen Uniform, der große, dunkle Mann mit der gewaltigen Nase, der neben ihm ging, mußte Bernadotte sein. Dann folgte eine Anzahl Damen, zwei von ihnen hatten Kronen auf dem Haupt, das waren natürlich die Zarin und die Zarinmutter, die übrigen trugen einen Schmuck von Straußenfedern. Braun hätte sich wirklich keinen leichteren Schuß wünschen können. Rings in dem weiten Saal erwies der versammelte Hof seine Ehrenbezeigung, die Herren mit einer tiefen Verbeugung, die Damen mit dem Hofknicks. Als sich alles gleichzeitig wieder erhob, da hatte Hornblower den Eindruck, als wogten alle die Straußenfedern, Juwelen und bunten Uniformen dort unten wie ein Meer kostbarer Blüten. Aber er riß sich von dem wunderbaren Schauspiel gleich wieder los, steckte seinen Säbel in die Scheide, hob die Pistole auf und barg sie in seinem Hosengurt. Mound war nicht wiederzuerkennen. Seine ewig müde Gleichgültigkeit war wie weggeblasen, und er bewegte sich plötzlich so flink wie eine Katze. Im Nu hatte er Braun, der sich gegen ihn stemmte, mit einem festen Griff seiner langen Arme umfaßt. Hornblower zog sein Taschentuch und drückte es Mound in die Hand, mehr zu helfen hatte er keine Zeit.

Er wandte sich ab und eilte über die Galerie zurück, um wieder nach unten zu gelangen. Auch die niedrigen Chargen hier oben hatten ihre Verbeugungen und Hofknickse hinter sich und begannen eben erst, sich umzusehen und die unterbrochene Unterhaltung wiederaufzunehmen. Ein Glück, daß im kritischen Augenblick alles auf die Hoheiten geachtet hatte und kein Mensch für andere Vorgänge Augen und Ohren besaß. Hurst und Somers wollten sich gerade wieder ihren Damen zuwenden, als Hornblower plötzlich vor ihnen stand.

»Gehen Sie rasch dort hinten zu Mound«, sagte er, »er braucht Ihre Hilfe.«

Dann eilte er die Treppe hinunter, fand sogleich die Tür zum Empfangssaal und drängte sich an den Lakaien vorbei, die dort Wache hielten. Ein Blick zeigte ihm die Gruppe, die er vorhin verlassen hatte, auf einem Umweg schob er sich wieder zu ihr durch und nahm seinen Platz neben der Gräfin ein. Die Hoheiten hielten Cercle, wobei sie Persönlichkeiten von Rang und Namen in der üblichen Form durch eine kurze Anrede auszeichneten. Schon nach wenigen Minuten waren sie bei Hornblower angelangt. Der Großmarschall stellte ihn vor, und Hornblower machte der Reihe nach vor jeder der Fürstlichkeiten und vor Bernadotte eine tiefe Verbeugung. Dabei wirbelte ihm von der eben überstandenen Aufregung der Kopf, und die ganze Szene mutete ihn an wie ein böser Traum.

»Wir freuen Uns, Kapitän Hornblower kennenzulerne«, sagte Alexander lächelnd. »Wir haben alle von seinen Taten gehört.«

»Eure Majestät sind zu gütig«, würgte Hornblower hervor.

Im nächsten Augenblick waren die Hoheiten weitergegangen, Hornblower wandte sich der Gräfin zu und begegnete ihrem Blick, der jetzt wieder etwas nachdenklich Prüfendes hatte. Die Tatsache, daß ihn der Zar durch einige persönliche Worte ausgezeichnet hatte, bestärkte sie offenbar in ihrer Vermutung, daß er irgendwie besonderen Einfluß besaß.

»Werden Sie sich lange in Rußland aufhalten?« fragte sie ihn.

Solange ihm die Nachwirkungen seines Erlebnisses noch so stark mitspielten, fiel es ihm unendlich schwer, sich auf irgendeinen Gegenstand zu sammeln. Nur den einen Wunsch hatte er jetzt: sich niedersetzen und ungestört ausruhen zu dürfen. Dabei mußte er nun seinem Verstand sozusagen mit der Peitsche eine höfliche Antwort abtrotzen. Und als ihm gar die Herren der Gesellschaft mit Fragen über die britische Flotte und über das Seewesen im allgemeinen zuzusetzen begannen, da gab er sich zwar alle Mühe, vernünftige Auskünfte zu geben, aber es kam doch nicht mehr viel dabei heraus.

Diener rollten lange, mit blitzendem Gold- und Silbergeschirr überladene Anrichtetische herein. Hornblower zwang sich dazu, seine Umgebung genau zu beobachten, um auf keinen Fall gegen die Hofetikette zu verstoßen. Die Hoheiten hatten an der einen Seite des Saales Platz genommen, die Zarin und der Zar in Armsesseln, die Prinzen und Prinzessinnen auf Stühlen. Alle übrigen Gäste mußten sorgfältig darauf bedacht sein, ihnen bei ihren Bewegungen und Verrichtungen stets zugewandt zu bleiben. Es galt nämlich als verabscheuungswürdiges Verbrechen, den Fürstlichkeiten den Rücken zu kehren. Nun begannen die Leute, sich an den Büfetts zu bedienen, und dabei konnte Hornblower mit dem besten Willen nichts von einer Rangordnung entdecken. Dort stand auch der persische Gesandte, einen goldenen Teller in der Hand, und kaute mit vollen Backen, also war jedenfalls auch er berechtigt, sich etwas zu holen. Das war wohl das seltsamste Diner, das er je mitgemacht hatte! Alles, mit Ausnahme der Hoheiten, stand herum, und ausgerechnet die Hoheiten rührten offenbar keinen Bissen an.

»Darf ich Ihnen meinen Arm anbieten, Gräfin?« sagte er, als auch die Umstehenden sich nach dem Büfett hin in Bewegung setzten. Alle diese Höflinge verstanden sich anscheinend dank langer Übung auf die Kunst, im Stehen und mit dem Hut unter dem Arm eine Mahlzeit einzunehmen. Die Sache war nämlich alles andere als einfach. Man war immer in Gefahr, über den lose herabhängenden Säbel zu stolpern, und dabei drückte die im Gurt steckende Pistole ganz infernalisch in die Seite. Die Lakaien an den Büfetts verstanden kein Französisch, deshalb kam die Gräfin Hornblower zu Hilfe.

»Das hier ist Kaviar«, erklärte sie ihm, »und dies ist Wodka, unser Volksgetränk. Sie werden mir sicher bestätigen, daß das eine wunderbar zum anderen paßt.«

Und ob die Gräfin recht hatte! Das graue, unappetitlich aussehende Zeug schmeckte geradezu köstlich. Dann nippte Hornblower vorsichtig an seinem Wodka, in seinem überreizten Zustand merkte er jedoch gar nicht, wie scharf dieser Schnaps war. Eins war jedenfalls sicher: Kaviar und Wodka paßten herrlich zusammen. Als ihn nun der Alkohol angenehm zu durchwärmen begann, entdeckte er, daß er entsetzlich hungrig war. Auf dem

Büfett standen alle erdenklichen Speisen, die einen wurden in Wärmeschüsseln heiß gehalten, die anderen waren kalt. Unter Anleitung der Gräfin ging Hornblower nun diesen Herrlichkeiten kräftig zu Leibe. Da war etwas besonders Gutes, anscheinend gedünstete Pilze, dann gab es Scheiben von geräuchertem Fisch, einen undefinierbaren Salat, mehrere Sorten Käse, Eier in warmer und kalter Zubereitung, eine Art Ragout aus Schweinefleisch. Dazu konnte man alle möglichen Sorten Schnaps trinken. Hornblower aß und trank mit Genuß. Da kehrten alsbald auch seine Lebensgeister zurück, er beteiligte sich lebhaft an der Unterhaltung und fühlte sich seiner freundlichen Tischdame immer herzlicher verpflichtet. Das war wohl eine sonderbare Art zu dinieren, aber Hornblower gestand sich doch, daß er noch nie so vortreffliche Dinge gekostet hatte. Von dem vielen Schnaps begann ihm schon der Kopf zu wirbeln, das war ein Gefahrsignal, er kannte es nur zu genau, aber er dachte nicht daran, sich wie sonst darüber zu ärgern. Er hielt nur mitten im Lachen inne, um nicht einen allzu ausgelassenen Eindruck zu machen. Rings um sich hörte er lachende, plaudernde Stimmen, sah er blitzende Lichter. Hatte er sich je in einer Gesellschaft wohler gefühlt? – Der Mann, der vor einer Stunde Brauns Handgelenk durch einen Säbelhieb zerschlagen hatte, war das nicht ein ganz anderer gewesen? Hornblower stellte seinen wunderbaren Porzellanteller zwischen all die goldenen Platten auf das Büfett zurück und wischte sich mit einer der seidenen Servietten, die dort lagen, den Mund. Er war angenehm gesättigt und hatte das erfreuliche Gefühl, ein klein wenig zuviel gegessen und gerade genug getrunken zu haben. Nun wartete er darauf, daß bald der Kaffee serviert würde, eine Tasse Kaffee war nämlich das einzige, was ihm zur Krönung seines leiblichen Wohlbefindens noch zu wünschen blieb.

»Das war ein ausgezeichnetes Diner«, bemerkte er zu der Gräfin gewandt.

Auf diesen Satz hin sah ihn die Gräfin mit einer unbeschreiblichen Miene an. Mit hochgezogenen Brauen öffnete sie den Mund, um etwas zu sagen, machte ihn aber gleich wieder zu. Sie lächelte zwar, sah aber gleichzeitig ganz verwirrt und unglücklich drein. Wieder wollte sie sprechen, aber diesmal wurde ihr das Wort dadurch abgeschnitten, daß sich feierlich eine neue Flügeltür öffnete, durch die alsbald zwanzig bis dreißig Diener einmarschierten, um ein doppeltes Spalier nach dem Nebensaal zu bilden. Jetzt bemerkte Hornblower auch, daß die Hoheiten ihre Plätze verlassen hatten und sich wieder zum Zug ordneten. Das Gespräch verebbte, daraus entnahm er, daß ein besonders feierlicher Augenblick gekommen war. Die einzelnen Paare bewegten sich durch den Saal wie Schiffe, die nach ihrem richtigen Platz in der Linie streben. Die Gräfin legte ihm die Hand auf den Arm, er fühlte ihren leisen Druck, offenbar wollte sie ihn führen. Wahrhaftig, da bildete sich ja hinter den Hoheiten eine richtige Prozession! Und dort ging auch schon der persische Gesandte mit einem lächelnden jungen Mädchen am Arm. Hornblower konnte seine Dame eben rechtzeitig heranführen, um hinter ihnen Anschluß zu finden. Nach ihnen schlossen noch zwei oder drei weitere Paare auf, und schon setzte sich der Zug in Bewegung, während er ständig weiter in die Länge wuchs. Hornblower hielt seine Augen auf den persischen Gesandten gerichtet, der ihm voranging. Sie zogen durch das Spalier der Lakaien und gelangten dann in den nächsten Saal. Hier brachen die Paare wie bei einem Volkstanz abwechselnd nach rechts und links ab. Der persische Gesandte wandte sich nach links, und Hornblower wäre auch ohne die unterstützende Geste des Großmarschalls, der allen Zweifelnden zu Hilfe kam, nach rechts eingeschwenkt. Die Gesellschaft befand sich nun in einem zweiten riesigen Saal. Blitzende Kristallüster, es schienen an die hundert zu sein, hingen von der Decke und verbreiteten strahlende Helle. Eine geradezu endlose Tafel durchzog diesen Saal von einem Ende bis zum anderen – Hornblowers aus dem Gleichgewicht geratener Phantasie schien sie meilenlang zu sein. Sie war mit Goldgeschirr und blitzendem Kristall gedeckt und trug einen wundervollen Blumenschmuck. Diese Tafel hatte die Form eines T mit sehr kurzem Querbalken. Dort oben hatten die Hoheiten bereits Platz genommen. Von einem Ende der Tafel bis zum anderen stand hinter jedem Stuhl ein Diener in weißer Perücke. Da ging Hornblower ein Licht auf. Das richtige Diner sollte also jetzt erst beginnen. Was man drüben im Kuppelsaal geboten hatte, war nur ein zusätzlicher einleitender Imbiß gewesen. Daß er das nicht gleich erfaßt hatte! Hornblower war ganz in der Stimmung, sich über seine eigene Begriffsstutzigkeit lustig zu machen, gleichzeitig aber stöhnte er auf, wenn er dachte, daß er sich nun in seinem übersättigten Zustand noch durch das ganze kaiserliche Diner hindurchessen mußte.

Außer den Hoheiten blieben die Herren noch hinter ihren Stühlen stehen, während die Damen Platz nahmen. Der persische Gesandte gegenüber beugte sich liebenswürdig zu seiner jungen Tischdame herab, dabei nickte die Aigrette an seinem Turban und blitzten seine Diamanten. Als die letzte Dame ihren Platz eingenommen hatte, setzten sich alle Herren zugleich – das klappte nicht ganz, aber doch beinahe so gut wie ein Präsentiergriff der englischen Seesoldaten. Sofort erhob sich eine Woge allgemeiner Unterhaltung, einen Augenblick später wurde Hornblower ein goldener Suppenteller vor die Nase gestellt und eine goldene Terrine angeboten, die eine rote Suppe enthielt. Unwillkürlich blickte er die Tafel entlang. Wahrhaftig! Hier wurden alle Gäste zu gleicher Zeit bedient – es mußten also mindestens zweihundert Diener servieren.

»Dort sitzt der französische Botschafter, Monsieur de

Narbonne«, sagte die Gräfin und deutete mit den Augen auf einen hübschen jungen Mann schräg gegenüber, der zwei Plätze über dem persischen Gesandten saß. »Natürlich sind Sie ihm vom Großmarschall nicht vorgestellt worden. Dort ist der österreichische Botschafter, dann kommen die Gesandten von Sachsen und Dänemark, alles offiziell Ihre Gegner. Der spanische Botschafter kommt von Joseph Bonaparte, nicht von der Partisanenregierung, die England anerkennt, also konnten Sie auch ihm nicht gut vorgestellt werden. Ich glaube, außer uns Russen gibt es hier kaum einen Menschen, dem man Sie vorstellen könnte, ohne einen Fauxpas zu begehen.«

Vor Hornblower stand ein hoher Kelch mit einem blumigen, kühlen, goldenen Wein. Er nahm einen Schluck.

»Ich habe heute die Erfahrung gemacht«, sagte er, »daß es nirgendwo in der Welt reizendere Menschen gibt als die Russen und daß vor allem die russischen Frauen an Schönheit und bezaubernder Liebenswürdigkeit nicht ihresgleichen haben.«

Da traf ihn ein dunkler Blick aus den schwülen Augen der Gräfin, der ihm das Gehirn im Schädel kribbeln machte. Der goldene Suppenteller wurde weggezogen und durch einen goldenen Fleischteller ersetzt. In ein anderes Glas vor ihm wurde anderer Wein geschenkt – Champagner. Ja, genau wie der, so schienen heute abend die Gedanken in seinem Kopf zu moussieren! Sein Diener sprach ihn auf russisch an, offenbar stellte er ihm verschiedene Gerichte zur Wahl, und die Gräfin entschied für ihn, ohne ihn zu fragen.

»Da dies Ihr erster Besuch in Rußland ist«, erklärte sie, »bin ich sicher, daß Sie unsere Wolgaforellen noch nicht gekostet haben.«

Während sie sprach, nahm sie gerade selbst einen solchen Fisch von einer goldenen Platte, Hornblowers Diener reichte gleichzeitig auch ihm eine andere Platte.

»Ein Goldservice sieht zwar wunderschön aus«, sagte

die Gräfin mit betrübter Miene, »aber leider werden die Speisen, die man davon ißt, sofort kalt. Ich benutze das meinige zu Hause nur, wenn ich Seine Majestät zu Gast bei mir habe. Da dies in den meisten Häusern so ist, glaube ich, daß Seine Majestät kaum je warmes Essen erhält.«

Das goldene Besteck, mit dem Hornblower seinen Fisch zerteilte, lag schwer in der Hand und kratzte eigenartig auf dem goldenen Teller.

»Sie haben ein warmes Herz, Madame«, sagte er.

»Ja«, entgegnete die Gräfin mit vielsagender Betonung.

Hornblower begann wieder der Kopf zu wirbeln, der Champagner mit seiner köstlichen Frische schien ihm wie geschaffen, diese Gefahr zu bannen. Er trank in durstigen Zügen.

Nach der Forelle kamen ein paar fette, kleine Vögelchen auf Toast, die förmlich auf der Zunge zergingen. Der Champagner wurde von einem anderen Wein abgelöst. Dann gab es irgendein Wildbret und danach ein Steak, das wohl ursprünglich von einem Hammel stammte, aber auf den Pegasusschwingen des Knoblauchs zu einer Vollendung gediehen war, die jeder banalen Bezeichnung Hohn sprach. Irgendwo in dieser langen Reihe erlesener Dinge tauchte ein rotes Wassereis auf, das dritte oder vierte, das Hornblower in seinem Leben zu kosten bekam.

»Ausländische Kinkerlitzchen«, sagte er sich, dabei schmeckte es ihm doch ausgezeichnet, und er hegte auch keinerlei Vorurteil gegen die fremde Küche. Vielleicht war ihm der Ausdruck »Ausländische Kinkerlitzchen« wirklich nur deshalb in den Sinn gekommen, weil er an Bush denken mußte. Der würde bestimmt so etwas sagen, wenn er dieses Diner mitmachte. Oder war er etwa gar schon ein bißchen betrunken? – Die Frage war das natürliche Ergebnis seiner ständigen Selbstbeobachtung, und er erschrak so heftig über diese Möglichkeit wie ein Mann, der im Dunkeln unversehens gegen einen Laternenpfahl rennt. Hier, wo er England vertrat, durfte er sich auf keinen Fall betrinken, außerdem drohten ihm zweifellos nicht zu unterschätzende persönliche Gefahren, und er wäre ein Narr, setzte er in dieser Lage seine Denk- und Handlungsfähigkeit aufs Spiel. Hatte er nicht selbst einen Attentäter mit in den Palast gebracht? Wenn von dieser Geschichte etwas durchsickerte, konnte es ihm übel ergehen, vor allem, wenn der Zar erfuhr, daß die gezogene Pistole dieses Attentäters sein, Hornblowers, privates Eigentum war. Sein Kopf wurde noch klarer, als ihm einfiel, daß er seine jungen Offiziere ganz vergessen hatte. – Als er sie vorhin verließ, hatten sie die Aufgabe, den verwundeten Attentäter unauffällig beiseite zu schaffen, er konnte sich nicht entfernt denken, wie sie das machten.

Die Gräfin neben ihm trat ihm unter dem Tisch leicht auf den Fuß, da durchzuckte es ihn wie ein feiner elektrischer Schlag, und seine ganze, mühsam gewonnene Fassung drohte sich wieder zu verflüchtigen. Er antwortete ihr mit einem glücklichen Lächeln. Sie aber sah ihn unter halb gesenkten Lidern lange an und wandte sich dann ab, um sich mit ihrem Nachbarn zur Rechten zu beschäftigen. Das war ein taktvoller Wink für Hornblower, sich etwas mit der Baronesse zu seiner Linken zu befassen, mit der er bis dahin noch kaum ein Wort gesprochen hatte. Er stürzte sich sogleich in ein fieberhaftes Gespräch mit ihr, an dem auch der General in der fremdartigen Dragoneruniform teilnahm, der an ihrer anderen Seite saß. Er fragte ihn nach dem Admiral Keats, den er im Jahre 1807 einmal kennengelernt hatte. Wieder bot der Diener eine neue Platte. Das behaarte Handgelenk des Mannes, das beim Servieren zwischen Manschette und weißem Handschuh zum Vorschein kam, trug Flecke, die offenbar von Flohstichen herrührten. Hornblower erinnerte sich an eine Stelle in einem der Bücher über die Reiche des Nordens, die er an Bord studiert hatte. Da hieß es, das Ungeziefer würde um so schlimmer, je weiter man nach Osten käme. Der polnische Floh sei sehr lästig, der russische völlig unerträglich. Wenn er wirklich schlimmer war als der spanische, mit dem Hornblower enge Bekanntschaft gemacht hatte, dann mußte es sich allerdings um eine ganz besonders gut entwickelte Rasse handeln.

In diesem Palast gab es bestimmt Hunderte, nein Tausende von Bediensteten, und Hornblower konnte sich gut denken, wie eng aufeinander diese Leute hausten. Er hatte nicht umsonst zwanzig Jahre lang auf menschenüberfüllten Schiffen einen unablässigen Kampf gegen das Ungeziefer geführt und wußte genau, wie schwer es war, seiner Herr zu werden. Während ein Teil seines geistigen Ich mit dem Dragonergeneral ein Gespräch über die Grundsätze führte, nach denen man in der englischen Marine die Auslese unter den Offizieren traf und ihr Rangdienstalter festsetzte, verweilte er mit dem anderen bei dem flohzerstochenen Diener und sagte sich, daß er es wesentlich vorziehen würde, nicht von einem solchen Mann bedient zu werden. Allmählich verebbte sein Gespräch, und er wandte sich wieder zur Gräfin.

»Interessiert sich Monsieur etwa besonders für Bilder?« fragte sie.

»Natürlich«, gab Hornblower höflich zur Antwort.

»In diesem Palast befindet sich eine ganz hervorragende Gemäldegalerie. Haben Sie sie schon gesehen?«

»Nein, ich habe noch nicht das Vergnügen gehabt.«

»Wenn sich die Hoheiten zurückgezogen haben, kann ich sie Ihnen zeigen. Das heißt, wenn Sie nicht vorziehen, sich am Kartenspiel zu beteiligen.«

»O nein, ich sehe viel lieber die Bilder an«, sagte Hornblower und fand, daß sein Lachen wenigstens für die eigenen Ohren etwas zu laut klang.

»Erwarten Sie mich also bei der Tür dort am anderen

Ende des Saales, wenn die Hoheiten gegangen sind. Ich werde Sie führen.«

»Das ist reizend von Ihnen, Madame.«

Am Kopfende des Tisches wurden Trinksprüche gewechselt. Zuerst trank man auf den Prinzen von Schweden, dazu mußte sich alles erheben. Und nachher konnte kein richtiges Gespräch mehr in Gang kommen, weil die Folge der Trinksprüche immer neue Unterbrechungen verursachte. Ein riesiger, mit einer gewaltigen Stimme begabter Hofbeamter, der hinter dem Sessel des Zaren stand, kündete die einzelnen Redner an – Stentor in der Gestalt des Herakles, dachte Hornblower, und freute sich über seine klassische Ader. Zu den Trinksprüchen wurde musiziert, nicht durch ein Orchester, sondern durch einen Männerchor, der a capella sang und anscheinend aus Hunderten von Stimmen bestand, die den ganzen, riesigen Raum dröhnend erfüllten. Hornblower hörte mit der leisen, aber wachsenden Gereiztheit zu, die sich bei solchen Gelegenheiten des völlig Unmusikalischen bemächtigt. Es war eine Erlösung für ihn, als die Musik endlich aufhörte und die ganze Tischgesellschaft sich wieder erhob, während sich die Hoheiten durch eine Tür nahe dem Kopfende der Tafel zurückzogen. Kaum hatte sich diese Tür hinter ihnen geschlossen, da verließen auch die Damen, geführt von Madame Kotschubey, durch die entgegengesetzte Tür den Saal.

»A bientôt«, lächelte die Gräfin, als sie ihn verließ.

Die Männer scharten sich in Gruppen an der Tafel zusammen, während die Diener mit Kaffee und Likören hereingeeilt kamen. Wychwood, die Bärenmütze immer noch unter dem Arm, kam zu Hornblower herum. Sein Gesicht war röter als je, und die Augen standen ihm womöglich noch weiter aus dem Kopf als sonst.

»Wenn Rußland kämpft, gehen die Schweden mit«, sagte Wychwood mit heiserer Flüsterstimme. »Ich habe das unmittelbar von Basse, der den ganzen Tag bei Bernadotte war.«

Dann ging er weiter, und Hornblower hörte, wie er etwas höher oben am Tisch eine Gruppe uniformierter Herren mit seinem fabelhaften Französisch beglückte. Im Saal herrschte eine unerträgliche Hitze, die wohl von der Unzahl brennender Kerzen herrührte. Schon begannen einzelne Herren, sich durch die Tür zu entfernen, die vorhin auch die Damen benutzt hatten. Hornblower leerte seine Tasse, erhob sich und nahm den Dreimaster von den Knien wieder unter den Arm. Der Saal, den er nun betrat, mußte das Gegenstück zu dem anderen sein, in dem der kaiserliche Empfang stattgefunden hatte, er besaß nämlich die gleiche Kuppel und hatte auch die gleichen Abmessungen. Hornblower entsann sich der beiden Kuppeln, die er gesehen hatte, als der Wagen beim Palast vorfuhr. Aber hier standen überall Stühle und Sofas und Tische. An einem der Tische saß bereits eine Gruppe bejahrter Damen beim Kartenspiel, und zwei ältere Paare spielten miteinander Puff. Am gegenüberliegenden Ende erblickte er sofort die Gräfin. Sie saß mit ausgebreiteter Schleppe auf einer Couch, hielt ihre Kaffeetasse in der Hand und plauderte lebhaft mit einer anderen Dame. Jeder Zug ihres feinen Gesichts drückte mädchenhafte Unschuld aus. Nach der großen Zahl derer zu urteilen, die sich hier bereits eingefunden hatten, traf in diesem Saal offenbar die ganze Hofgesellschaft zusammen. Wie es schien, durften jetzt auch die paar hundert anderen Gäste hier erscheinen und sich unter die »Spitzen der Gesellschaft« mischen, die dem Empfang von der Galerie aus hatten zusehen müssen und dann auch getrennt und etwas weniger üppig gespeist hatten. Da kam der junge Mound auf ihn zugeschlendert. In seiner mageren Schlaksigkeit sah er wirklich aus wie ein großes Fohlen. »Wir haben ihn oben in einem Nebenzimmer, Sir«, meldete er. »Er wurde uns vom Blutverlust ohnmächtig, und wir mußten ihm den Arm abbinden, um die Blutung zum Stehen zu bringen. Zum Verbinden haben wir Somers' Hemd benutzt. Somers und Mr. Hurst bewachen ihn jetzt.«

»Hat irgend jemand davon erfahren?«

»Nein, Sir, wir haben ihn ungesehen in den Raum geschafft. Dann habe ich ein paar Glas Schnaps über seinen Rock geschüttet, jetzt riecht er so, daß ihn jeder für betrunken hält.«

Mound war offenbar gut zu gebrauchen, wenn es auf Findigkeit und rasches Handeln ankam, das hatte Hornblower schon immer vermutet.

»Sehr gut.«

»Je eher wir ihn hier wegbringen, desto besser ist es, Sir«, sagte Mound mit der Schüchternheit im Ton, die einem jungen Offizier wohl ansteht, wenn er einem älteren Vorschläge macht.

»Sie haben ganz recht«, sagte Hornblower, »nur . . .«

Hornblower mußte wieder blitzschnell überlegen. Auf keinen Fall war es möglich, jetzt gleich, unmittelbar nach dem Diner, zu verschwinden. Das wäre höchst unhöflich gewesen, und außerdem saß dort drüben die Komtesse, aller Wahrscheinlichkeit nach hatte sie die Szene genau beobachtet. Machten sie sich jetzt gleich nach dieser Unterredung davon, und brach er obendrein seine Verabredung mit ihr, dann schöpfte sie sicher Verdacht. Abgesehen davon aber hatte er dann mit der Rachsucht einer Frau zu rechnen, die sich mißachtet fühlte. Es war also ausgeschlossen, sich sofort zu entfernen.

»Wir müssen noch mindestens eine Stunde bleiben«, sagte er, »das verlangt der Anstand von uns. Gehen Sie zurück, und suchen Sie die Festung noch so lange zu halten.«

»Aye, aye, Sir.«

Aus jahrelanger Gewohnheit wollte Mound bei diesen Worten auf militärische Art zusammenfahren, gebot sich jedoch im letzten Augenblick Einhalt – wiederum ein Beweis für seine Geistesgegenwart. Er nickte nur mit dem Kopf und ging dann weg, als hätten sie etwa über das Wetter gesprochen. Hornblower aber begab sich auf etwas trägen Beinen zur Gräfin.

Sie lächelte ihm entgegen.

»Prinzessin«, sagte sie, »haben Sie Commander Hornblower schon kennengelernt? . . . Prinzessin von Stolp.«

Hornblower verbeugte sich. Die Prinzessin war eine ältere Dame, der man die märchenhafte Schönheit ihrer Jugend noch deutlich ansehen konnte.

»Der Kommodore«, fuhr die Gräfin fort, »hat den Wunsch ausgedrückt, die Gemäldegalerie zu sehen. Wollen Sie mitkommen, Prinzessin?«

»Ach nein, danke«, sagte die Prinzessin. »Ich fürchte, ich bin für Gemäldegalerien zu alt. Aber geht doch, Kinder, geht ruhig ohne mich!«

Aber die Gräfin erhob Einspruch: »Ich möchte Sie nicht gern allein hier lassen.«

»Ich darf mich sogar in meinem Alter noch rühmen, daß ich nie lange allein bleibe, Gräfin. Laßt mich also ruhig hier zurück. Viel Vergnügen, Kinder.«

Hornblower verbeugte sich wieder, dann nahm die Gräfin seinen Arm, und sie verließen langsam den Saal. Während die Diener beiseite traten, um ihnen den Weg frei zu geben, drückte sie seinen Arm heftig an sich.

»Die italienischen Bilder des Cinquecento sind am anderen Ende der Galerie«, sagte die Gräfin, als sie auf den breiten Korridor hinaustraten, »oder wollen Sie lieber die modernen Maler zuerst sehen?«

»Ganz wie Madame wünschen«, sagte Hornblower.

Wenn man erst die Repräsentationsräume des Palastes durch irgendeine Tür verlassen hatte, dann glaubte man in einem Kaninchenbau zu sein. Da gab es enge Gänge, unzählige Treppen und endlose Zimmerfluchten. Das Gemach, in das ihn die Gräfin führte, lag im ersten

Stock. Als sie den kostbar eingerichteten Salon betraten, verschwand ein verschlafenes Dienstmädchen, das sie offenbar dort erwartet hatte, im Nebenzimmer. Und fünf Minuten später rief ihn die Gräfin in das gleiche Nebenzimmer.

13

Stöhnend drehte sich Hornblower in seiner Koje auf die andere Seite, das bißchen Anstrengung genügte, um wieder die verdammten Stiche in den Schläfen hervorzurufen, es half nichts, daß er sich bei jeder Bewegung möglichst vorsah. Er war ein Narr gewesen, so viel zu trinken – seit einem halben Dutzend Jahren hatte er nun zum erstenmal wieder diese dummen Kopfschmerzen. Und doch! War es etwa zu vermeiden gewesen? War denn alles andere zu vermeiden gewesen? Er konnte sich jetzt noch keine anderen Möglichkeiten vorstellen, nachdem ihn die Ereignisse einmal in ihren Strudel hineingezogen hatten. Nun rief er mit erhobener Stimme nach Brown – oh, wie das weh tat! Außerdem klang es wie ein heiseres Gekrächze. Er hörte, wie der Posten an der Tür seinen Ruf weitergab, dann richtete er sich mit unsäglicher Anstrengung auf und schlug die Beine über den Rand der Koje. Brown sollte ihn wenigstens nicht liegend finden.

»Bring mir etwas Kaffee!« sagte er, als Brown eintrat.

»Aye, aye, Sir.«

Hornblower blieb auf dem Kojenrand sitzen. Oben an Deck schien Hurst gerade einem pflichtvergessenen Fähnrich ins Gewissen zu reden, jedenfalls drang seine heisere Stimme plärrend durch das Skylight zu ihm herunter.

»Sie sind mir ein schönes Flittchen – hallo!« hörte man Hurst schimpfen. »Schauen Sie sich einmal dieses Messing an! Nennen Sie das geputzt? Wo haben Sie eigentlich ihre Augen? Was hat Ihre Division die ganze letzte Stunde über getrieben? Antwort? Arme Navy, was wird aus dir, wenn man junge Maulaffen zu Vorgesetzten macht, die sich noch mit dem Marlspieker in der Nase bohren! Sie nennen sich einen Königlichen Seeoffizier? Wissen Sie, was Sie sind? Ein Wintertag sind Sie: kurz, finster und schmutzig!«

Hornblower nahm den Kaffee entgegen, den ihm Brown hereinbrachte.

»Meine Empfehlung an Mr. Hurst«, krächzte er, »er möchte gütigst über meinem Skylight keinen solchen Krach vollführen.«

»Aye, aye, Sir.«

Es verschaffte ihm heute die erste Genugtuung, zu hören, wie Hurst seine zornigen Entladungen plötzlich abbrach. Er nippte mit einigem Behagen an dem kochendheißen Kaffee. Kein Wunder, daß Hurst schlechter Laune war, was der gestern erlebt hatte, konnte den stärksten Mann mitnehmen. Hornblower mußte daran denken, wie Hurst und Mound den bewußtlosen und nach Schnaps stinkenden Braun am Tor des Palastes in den Wagen gehoben hatten. Hurst war völlig nüchtern gewesen, aber die nicht gerade alltägliche Aufgabe, im Palast des Zaren einen geheimgehaltenen Attentäter unter Bewachung zu halten, war ihm offenbar doch auf die Nerven gegangen.

Als Brown wieder erschien, gab er ihm die Tasse zurück, um sie ein zweites Mal füllen zu lassen. Während er darauf wartete, zog er sich das Nachthemd über den Kopf und legte es auf die Koje. Da sah er plötzlich einen Floh in hohem Bogen aus dem Ärmel springen. Angewidert blickte er an sich herunter, richtig, sein glatter, runder Bauch war ganz mit Flohstichen bedeckt, daß er aussah, als hätte er die Pocken. Das war wirklich ein schlagender Beweis für den himmelweiten Unterschied zwischen einem Zarenpalast und einem Linienschiff Seiner Britischen Majestät. Als Brown mit der zweiten Tasse Kaffee zurückkam, fluchte Hornblower immer noch über den allerhöchsten kaiserlichen Schmutz und über die lästige Aufgabe, sich von dem Ungeziefer, gegen das er so besonders empfindlich war, wieder zu befreien.

»Hör mit dem blödsinnigen Grinsen auf«, fuhr er Brown an, »sonst fliegst du ins Loch! Dann bin ich gespannt, ob du dort auch noch grinst.«

Brown grinste gar nicht, alles, was man gegen seinen Gesichtsausdruck einwenden konnte, war, daß er allzu betont *nicht* grinste. Was Hornblower so an ihm reizte, war die Überzeugung, daß dieser Brown jetzt die väterlich überlegene Gemütsverfassung genoß, die sich bei einem Mann mit freiem Kopf jedesmal einstellte, wenn er mit einem von Kopfschmerzen gequälten Mitmenschen zu tun hat.

Das übliche Sturzbad stellte Hornblowers Gleichgewicht einigermaßen wieder her, er zog frische Unterwäsche an, befahl Brown, seine ganzen Sachen zu desinfizieren, und ging dann an Deck. Der erste, der ihm dort begegnete, war Wychwood. Der hatte ganz trübe Augen und litt offenbar noch viel schlimmer unter Kopfschmerzen als er selbst. Aber die scharfe Morgenluft dieser russischen Breiten wirkte herrlich erfrischend und belebend. Die gewöhnliche Frühroutine des Schiffsdienstes, der Anblick der Männer, die reihenweise mit Sand und Steinen das Deck scheuerten, das lustige Plätschern des Wassers auf den Decksplanken, alles das brachte Behagen und weckte zugleich die Lebensgeister.

»Ein Boot hält auf uns zu, Sir«, meldete ein Fähnrich dem wachhabenden Offizier.

Es war die gleiche Pinaß, die sie gestern an Land gebracht hatte. Sie brachte diesmal einen Seeoffizier mit einem französisch geschriebenen Brief:

Seine Exzellenz der Minister der Kaiserlichen Marine er-

laubt sich, dem Kommodore Sir Hornblower seine ergebensten Empfehlungen zu übermitteln. Seine Exzellenz hat angeordnet, daß ein Wasserfahrzeug heute vormittag elf Uhr längsseit der Nonsuch *liegen soll.*

Ein vornehmer Standesherr, Monsieur le Comte du Nord, hat den Wunsch zum Ausdruck gebracht, eines der Schiffe Seiner Britischen Majestät zu besichtigen. Seine Exzellenz bittet daher, heute vormittag zehn Uhr zusammen mit dem Comte du Nord die Gastfreundschaft Sir Hornblowers durch einen Besuch auf der Nonsuch *in Anspruch nehmen zu dürfen.*

Hornblower zeigte Wychwood diesen Brief, und der bestätigte sofort seinen Verdacht.

»Das ist natürlich Alexander«, sagte er. »Er führte schon als Zarewitsch den Namen Comte du Nord, wenn er auf dem Kontinent reiste. Aber er kommt inkognito, deshalb entfällt das Zeremoniell für regierende Fürsten.«

»Ja«, sagte Hornblower trocken. Es wurmte ihn ein bißchen, daß ihm dieser Landsoldat dienstliche Ratschläge gab, um die er nicht gefragt war. »Aber ein Kaiserlicher Marineminister steht im Rang unseres Ersten Lords der Admiralität, das bedeutet neunzehn Schuß Salut und alles, was sonst dazu gehört. Fähnrich der Wache! Bestellen Sie dem Kommandanten meine Empfehlung, ich wäre ihm besonders verbunden, wenn er die Güte hätte, an Deck zu kommen.«

Bush pfiff leise durch die Zähne, als er die Nachricht hörte, dann flog sein Blick sogleich über Deck und Takelage. Sein Schiff sollte für den kaiserlichen Besuch in tadellosem Zustand sein.

»Wie können wir aber Wasser nehmen?« fragte er schließlich ganz kleinlaut, »und gleichzeitig für den Empfang des Zaren gerüstet sein? Was muß er von uns denken? Könnte nicht der Verband zuerst Wasser nehmen?«

»Der Zar ist ein vernünftig denkender Mensch«, sagte Hornblower heiter. »Wir zeigen ihm die Mannschaft beim Dienst. Er kann zwar das Kreuzstag nicht vom Außenklüverbaum unterscheiden, aber er weiß es sicher zu würdigen, wenn wir ihm tüchtige Seeleute bei der Arbeit vorführen. Fangen wir also ruhig mit dem Wassernehmen an, während er an Bord ist.«

»Und das Essen?« fragte Bush. »Wir müssen ihm doch etwas anbieten, Sir.« Hornblower mußte über die Sorgen seines Kommandanten lachen.

»Wir werden ihm schon etwas anbieten.«

Es war für Hornblowers eigenwilliges Wesen bezeichnend, daß seine Laune um so besser wurde, je größer in den Augen der anderen die Schwierigkeiten waren. Der einzige Mensch, der es fertigbrachte, Hornblower die Laune zu verderben, war Hornblower selbst. Das Kopfweh war jetzt vollständig verflogen, er konnte schon wieder lächeln, wenn er an den anstrengenden Vormittag dachte, der ihm bevorstand. Er frühstückte mit großem Appetit, dann legte er wieder seine Gala an und ging an Deck. Dort sah er Bush immer noch geschäftig umhereilen, die ganze Besatzung stak bereits in sauberen Blusen und Hosen, an Steuerbord war eine Fallreepstreppe mit schneeweißen Strecktauen ausgebracht, die Seesoldaten hatten ihr Lederzeug frisch geweißt und blitzblank poliert, und die Hängematten waren in mathematisch ausgerichteten Reihen verstaut.

Erst als der Fähnrich der Wache einen herannahenden Kutter meldete, merkte Hornblower, daß er doch ein bißchen aufgeregt war. Als er die Meldung hörte, stockte ihm ein wenig der Atem. Er mußte daran denken, daß die nächsten paar Stunden den Ablauf des Weltgeschehens vielleicht auf Jahre hinaus entscheidend beeinflussen konnten.

Die Pfiffe der Bootsmannsmaaten schrillten durch das Schiff, die Besatzung trat in Musterungsdivisionen an, und die Offiziere standen mit Epauletten und Säbeln vor der Front. Hornblower stand an der Querreling seines

Achterdecks und sah auf seine Männer hinunter. Britische Seeleute in Paradeaufstellung konnten natürlich, was Straffheit und Einheitlichkeit anbetraf, niemals die preußische Garde ausstechen. Wollte man sie nach deren Beispiel erziehen, dann mußte man ihnen genau die Eigenschaften austreiben, die ihnen ihren hohen Wert verliehen. Allein diese Reihen kluger, selbstbewußter Gesichter, die hier standen, mußten auch so, wie sie waren, auf jeden denkenden Menschen einen nachhaltigen Eindruck machen.

»Leg aus!« kommandierte Bush.

Wieder trillerten die Pfeifen, dann enterten die Toppsgasten wie ein regelmäßiger, bergauffließender Strom die Wanten empor, sie stoppten auch nicht ab, als es nach unten hängend über die Püttings ging, und stiegen, alles geübte Athleten, Hand über Hand weiter in die Bramwanten. Zuletzt liefen sie wie Seiltänzer an den Handpferden auf die Rahen hinaus und standen dort unbeweglich, sobald sie ihren Platz erreicht hatten.

Als Hornblower dieses Schauspiel beobachtete, erlebte er einen Widerstreit der verschiedensten Empfindungen. Im ersten Augenblick kam es ihm unwürdig vor, daß seine Männer, die Auslese der englischen Marine, hier zur Belustigung eines asiatischen Despoten wie Tanzbären ihre Kunststückchen vorführen mußten. Als aber dann jeder Mann auf seinem Platz stand, als wäre ein vom Wind hochgewirbelter Haufen dürrer Blätter mitten auf der Luftreise in vollendeter Ordnung erstarrt, da stellte die ästhetische Befriedigung über diesen Anblick alle Einwände eines empfindlichen Selbstbewußtseins in den Schatten. Hoffentlich war Alexander vernünftig genug, um angesichts dieser Vorführung die Überzeugung zu gewinnen, daß man von solchen Männern in jeder Lage alles verlangen konnte, daß sie in dunkler Nacht, bei heulendem Sturm und tobender See, wenn das Bugspriet gen Himmel ragte und die Rahnokken sich tief dem unsichtbaren Gischt entgegenneigten, dort oben genauso sicher und unerschrocken ihre Pflicht taten wie in diesem Augenblick.

Der Bootsmann spähte verstohlen über die Steuerbordreling und gab nun mit dem Kopf ein kaum merkliches Zeichen. Eine Anzahl Offiziere kam hintereinander die Fallreepstreppe herauf. Die Bootsmannsmaaten setzten ihre Pfeifen an die Lippen, der Tambourmajor der Seesoldaten schnalzte im Stillgestanden mit den Fingern der an der Hosennaht liegenden Hand, worauf die sechs Trommler den ersten dröhnenden Wirbel schlugen.

»Präsentiert das Gewehr!« kommandierte Hauptmann Norman, und die fünfzig Gewehre der Seesoldaten mit fünfzig aufgepflanzten Bajonetten wurden von fünfzig scharlachroten Schultern gerissen und kamen genau vor fünfzig Reihen blankgeputzter Knöpfe zu stehen, während die gezogenen Säbel ihrer drei Offiziere sich in graziösem Bogen zum militärischen Gruß senkten. Alexander betrat, gefolgt von zwei Adjutanten, langsamen Schrittes das Deck; neben ihm ging der Marineminister, dem diese Begrüßung offiziell zugedacht war. Er grüßte mit der Hand am Hut, während die Pfeifen mit einem letzten Schnepper erstarben, die Trommeln ihren vierten Wirbel beendeten, während vom Vorschiff her der erste Schuß des Saluts donnerte und die Pfeifer und Trommler der Seesoldaten ihr »Eichenfest sind unsere Schiffe« spielten. Hornblower trat grüßend vor.

»Guten Morgen, Kommodore«, sagte der Marineminister. »Gestatten Sie mir, daß ich Sie Monsieur le Comte du Nord vorstelle.« Wieder grüßte Hornblower und bemühte sich dabei nach Kräften, gleichgültig dreinzusehen, obwohl er sich, angesichts dieser seltsamen Vorliebe Alexanders für das Inkognito, zwingen mußte, ein Lächeln zu unterdrücken.

»Guten Morgen, Kommodore«, sagte Alexander. Hornblower hörte überrascht, daß er einigermaßen englisch sprach.

»Ich hoffe, unser kurzer Besuch bereitet Ihnen nicht zu viele Ungelegenheiten.«

»Jedenfalls stehen sie in keinem Verhältnis zu der Ehre, die Sie damit meinem Schiff erweisen, Sir«, sagte Hornblower und war sich dabei im unklaren, ob die Anrede »Sir« für einen Zaren inkognito wohl die richtige sei.

»Bitte, stellen Sie Ihre Offiziere vor«, sagte Alexander. Hornblower ließ einen nach dem anderen vortreten, sie grüßten und verbeugten sich so steif und gezwungen, wie es von jungen Offizieren, die sich dem Zaren aller Reußen gegenübersahen, nicht anders zu erwarten war, vor allem dann nicht, wenn dieser Zar auch noch inkognito erschien.

»Sie können jetzt mit den Vorbereitungen zur Wasserübernahme beginnen, Herr Kapitän«, sagte Hornblower zu Bush. Dann wandte er sich wieder an Alexander. »Wollen Sie das Schiff eingehender besichtigen, Sir?«

»Sehr gern«, sagte Alexander.

Er blieb noch auf dem Achterdeck stehen, um sich den Beginn der Vorbereitungen anzusehen. Die Toppsgasten ergossen sich aus den Riggen wieder an Deck. Gegen die Sonne blinzelnd, sah Alexander bewundernd zu, wie ein halbes Dutzend Seeleute an den Kreuzpardunen und am Kreuzmarsfall heruntergerutscht kamen und auf dem Achterdeck, unmittelbar neben ihm, glatt auf ihren Füßen landeten. Angefeuert von ihren Unteroffizieren, rannten die Leute hier- und dorthin, jeder mit irgendeinem Auftrag. Das Schiff glich einem aufgestörten Ameisenhaufen, nur daß mehr Ordnung herrschte und der Sinn des ganzen Treibens besser zu erkennen war. Die Luken wurden abgedeckt, die Pumpen klargemacht, an den Rahnocken wurden Taljen angeschlagen, und an der Backbordseite wurden Fender ausgebracht. Alexander staunte über eine Halbkompanie Seesoldaten, die hintereinander an einem Ende aufgereiht waren und damit in einer Art plattfüßigen Gleichtakts längsdeck holten.

»Die sind beides zur gleichen Zeit, Sir, Soldaten und Seeleute«, sagte Hornblower in einem etwas geringschätzigen Tonfall, während er seinen Besuch nach unten führte.

Alexander war ein Mann von sehr hohem Wuchs, er war noch einen oder zwei Zoll größer als Hornblower und mußte sich vor den niedrigen Decksbalken der unteren Decks gewaltig in acht nehmen, während er mit seinen kurzsichtigen Augen voll Interesse um sich sah. Hornblower führte ihn im unteren Batteriedeck nach vorn, dort gab es nicht mehr als fünfeinhalb Fuß Stehhöhe. Er zeigte ihm den Fähnrichsraum, die Deckoffiziersmesse und überhaupt alles, was es sonst im Seemannsleben an unerfreulichen Begleitumständen gab. So ließ er zum Beispiel eine Gruppe Matrosen Hängematten empfangen und aufhängen, dann mußten sich die Männer hineinlegen, damit Alexander sich ein Bild davon machen konnte, was es hieß, sich mit einem Schlafplatz von zweiundzwanzig Zoll Breite begnügen zu müssen. Dazu gab er eine anschauliche Schilderung, wie es in einem solchen Deck bei Sturm aussah, wenn die Hängematten mit den wie Heringe zusammengepferchten Schläfern ins Schwingen gerieten und gegeneinander geworfen wurden. Das breite Grinsen der Seeleute, die diese Vorführung veranstalteten, mochte Alexander davon überzeugen, daß Hornblower mit seiner Schilderung nicht übertrieb, darüber hinaus aber sagte es ihm wohl auch etwas über den Geist, der diese Männer beseelte, verriet es ihm etwas von dem gewaltigen Unterschied zwischen ihnen und den stumpfen und unwissenden Bauern, die er in den Gliedern seiner Regimenter zu sehen gewohnt war.

Sie warfen einen Blick in die Luke, um die Arbeitsgruppe zu beobachten, die unten im Raum mit den Wasserfässern hantierte, um auch die unteren Lagen derselben zum Auffüllen klarzumachen. Dabei schlug ihnen der Brodem aus dem Orlopdeck entgegen, in dem sich der Geruch von Bilgewasser, Käse und Masse Mensch zu einer unbeschreiblichen Mischung vereinigte.

»Sie haben sicher lange gedient, Kommodore?« fragte Alexander.

»Neunzehn Jahre, Sir«, gab Hornblower zur Antwort.

»Und wieviel von dieser Zeit haben Sie auf See zugebracht?«

»Sechzehn Jahre, Sir. Neun Monate war ich als Gefangener in Spanien und sechs Monate in Frankreich.«

»Ich habe von Ihrer Flucht aus Frankreich gehört. Sie haben viele Gefahren auf sich genommen, um zu diesem Seemannsleben zurückzukehren.«

Alexanders hübsche Stirn zog sich in nachdenkliche Falten. Er grübelte wohl darüber nach, wie man sechzehn Jahre seines Lebens unter solchen Bedingungen leben und dabei doch geistig und körperlich gesund bleiben konnte.

»Wann sind Sie zu Ihrem jetzigen Dienstgrad befördert worden?«

»Kommodore bin ich erst seit zwei Monaten, Sir, aber als Kapitän habe ich ein Rangdienstalter von neun Jahren.«

»Und davor?«

»Davor war ich sechs Jahre Leutnant und vier Jahre Fähnrich.«

»Was, vier Jahre? Vier volle Jahre haben Sie in einem Loch gewohnt wie dem Fähnrichsraum, den Sie mir gezeigt haben?«

»Nicht ganz so angenehm, Sir. Ich war nämlich die meiste Zeit auf einer Fregatte unter Sir Edvard Pellew. Auf einem Linienschiff wie diesem sind die Verhältnisse nicht so eng wie auf einer Fregatte.«

Hornblower hatte Alexander die ganze Zeit genau beobachtet. Er konnte ihm ansehen, daß ihm das Gesehene und Gehörte einen ziemlich starken Eindruck gemacht hatte, und erriet auch ungefähr, was Alexander jetzt dachte. Es waren bestimmt nicht sosehr die elenden Lebensbedingungen an Bord, die den Zaren beschäftigten – wenn er von seinem eigenen Volk auch nur die leiseste Ahnung hatte, dann mußte er wissen, daß dort die große Masse noch unter wesentlich schlechteren Verhältnissen lebte. Nein, ihm machte viel mehr die Tatsache zu schaffen, daß augenscheinlich auch unter solchen Bedingungen tüchtige Offiziere herangebildet werden konnten.

»Ja, es wird wohl so sein müssen«, bemerkte Alexander schließlich mit einem Seufzer. Damit gab er für eine kurze Sekunde die menschlich warmherzige Seite seines Wesens zu erkennen, die ihm das Gerücht von jeher zugeschrieben hatte.

Als sie wieder an Deck kamen, war das Wasserfahrzeug bereits längsseit. Einige Leute der *Nonsuch* waren drüben und halfen den Russen bei der Arbeit, andere Gruppen bewegten in munterem Gleichtakt die Pumpen, und die langen, schlangengleichen Segeltuchschläuche pulsten bei jedem ihrer Schläge. Auf dem Vorschiff wurde unter Absingen eines Shantys das Feuerholz bündelweise an Deck gehievt.

»Dank Ihrer Großzügigkeit, Sir«, sagte Hornblower, »sind wir nötigenfalls in der Lage, vier Monate die See zu halten, ohne einen Hafen anzulaufen.«

In Hornblowers Kajüte war für acht Personen zum Lunch gedeckt, nämlich für Hornblower selbst, Bush, die zwei ältesten Wachoffiziere und die vier Russen. Bush trat beim Anblick der ungastlichen Tafel vor Aufregung der Schweiß auf die Stirn. Noch im letzten Augenblick hatte er Hornblower beiseite gezogen und ihn vergeblich bestürmt, wenigstens neben dem gewöhnlichen

Bordessen einiges von den noch vorhandenen Kajütbeständen servieren zu lassen. Er konnte sich die fixe Idee, daß man dem Zaren unter allen Umständen etwas besonders Gutes vorsetzen müsse, einfach nicht aus dem Kopf schlagen. Jeder jüngere Offizier, der einmal in die Lage kam, einen Admiral bewirten zu müssen, konnte sich alle Beförderungsträume in den Schornstein schreiben, wenn es ihm etwa einfiel, dem hohen Herrn nichts als ein Stück Fleisch aus der Mannschaftsküche vorzusetzen. Bush aber konnte sich keinen anderen Maßstab denken als den, der für die Einladung von Admiralen galt.

Der Zar sah sich interessiert die verbeulte Zinnterrine an, die Brown vor Hornblowers Platz auf den Tisch setzte.

»Erbsensuppe, Sir«, erklärte Hornblower. »Eines der Lieblingsgerichte des Seemanns.«

Carlin begann nach alter Gewohnheit, sein Hartbrot an der Tischkante auszuklopfen. Als er sich über sein Tun Rechenschaft gab, hielt er erschrocken inne, machte aber dann gleich mit schuldbewußtem Gesicht weiter. Er dachte nämlich an Hornblowers ausdrücklichen Befehl, daß jeder sich genauso benehmen sollte, als ob niemand Besonderer anwesend wäre. Hornblower hatte sogar mit Bestrafung gedroht, falls jemand diesen Befehl vergessen sollte, und Carlin wußte genau, daß er solche Drohungen nie aussprach, ohne daß es ihm damit wirklich Ernst war. Alexander sah zuerst Carlin ein bißchen zu und wandte sich dann mit einem fragenden Blick an Bush, der neben ihm saß.

»Mr. Carlin klopft die Maden aus seinem Hartbrot«, erklärte Bush ernst und gewichtig. »Wenn man leise klopft, kommen sie ganz von selber heraus, sehen Sie, so, Sir.«

»Sehr interessant«, sagte Alexander, aber er aß doch nichts von dem Brot. Einer seiner Adjutanten machte selbst den Versuch, sah die fetten Maden mit ihren schwarzen Köpfen zum Vorschein kommen und brach dann, wenigstens nach dem Tonfall zu urteilen, in eine Reihe russischer Flüche aus, so ziemlich die ersten Worte, die er seit seinem Anbordkommen hören ließ.

Nach diesem wenig verheißungsvollen Beginn kosteten die Gäste mit einigem Mißtrauen ihre Suppe. Aber Erbsensuppe war, wie Hornblower schon gesagt hatte, mit das Beste, das die Navy zu bieten hatte. Jedenfalls ließ der Adjutant, dem die Maden solche Flüche entlockt hatten, gleich nach dem ersten Löffel einen Ausruf der Anerkennung hören, leerte rasch seinen Teller und bat dann gleich um einen zweiten. Als nächsten Gang gab es nur dreierlei Fleisch, nämlich gepökeltes Rindfleisch, gepökelte Ochsenzunge und gepökeltes Schweinefleisch. Dazu wurde eingelegter Kohl gereicht. Alexander sah sich die drei Schüsseln genau an und entschied sich dann klugerweise für die Zunge. Der Marineminister und die beiden Adjutanten nahmen sich auf Hornblowers Rat von jeder Sorte etwas, und Hornblower, Bush und Hurst legten ihnen persönlich vor. Der anfänglich so schweigsame und jetzt so gesprächige Adjutant kaute sein Salzfleisch mit echt russischem Appetit, obgleich ihn seine Vertilgung einen harten Kampf kostete.

Jetzt servierte Brown den Rum.

»Das Blut in den Adern unserer Flotte, Sir«, sagte Hornblower, während Alexander den Inhalt seines Glases betrachtete. »Meine Herren! Sie werden freudig und herzlich einstimmen, wenn ich rufe: Es lebe der Zar aller Reußen! Vive l'Empereur!«

Alle, außer Alexander, erhoben sich und taten stehend Bescheid. Kaum hatten sie wieder Platz genommen, da war Alexander seinerseits auf den Beinen:

»Der König von Großbritannien!«

Der eine der Adjutanten erlitt wieder einmal Schiffbruch mit seinem Französisch, als er den Eindruck zu schildern versuchte, den der Flottenrum auf ihn machte. Er hatte ihn hier zum ersten Male gekostet. Zuletzt brachte er sein Urteil über dieses Getränk einfach dadurch zum Ausdruck, daß er sein Glas auf einen Zug leerte und es Brown zum Nachschenken hinhielt. Als der Tisch abgeräumt war, erhob Alexander sein Glas zum zweiten Male:

»Es lebe Kommodore Sir Horatio Hornblower und die Britische Königliche Flotte!«

Als die Gläser geleert waren, warf Hornblower einen Blick in die Runde und wurde gewahr, daß seine Gäste eine formgerechte Antwort von ihm erwarteten.

»Die Flotte«, sagte er, »Schutzherrin der Freiheit in der ganzen Welt, treuester Freund oder härtester Gegner! Wenn der Zwingherr Europas darauf sinnt, seine Herrschaft durch offene Gewalt oder durch Winkelzüge zu erweitern, dann findet er stets die Flotte als Hindernis in seinem Weg. Die Flotte drückt dem Tyrannen langsam die Kehle zu. Die Flotte hat ihm Schlag um Schlag versetzt, sie läßt den aufgeblähten Koloß, den er sein Reich nennt, ununterbrochen zur Ader, sie bringt ihn mit Gewißheit eines Tages zu Fall. Mag sich der Tyrann zu Lande eines ununterbrochenen Siegeszuges rühmen, so trifft ihn doch auf See ohne Unterlaß die Vernichtung. Das Werk der Flotte ist es, daß ihn seine Siege nur schwächen, daß er, ein zweiter Sisyphus, immer von neuem beginnen muß, seinen Felsblock den Hang empor zu wälzen, einem Gipfel zu, den er nie erreichen wird. Denn der Felsen wird ihn eines Tages in seinem Sturz zerschmettern. Möge dieser Tag nicht mehr zu fern sein!«

Als Hornblower endete, hörte man die anderen Tischgäste erregt miteinander flüstern. Er war wieder in gehobener Stimmung, die Gelegenheit zu dieser Ansprache hatte ihn etwas überrascht, obgleich er eigentlich den ganzen Tag, seit er von dem bevorstehenden Besuch des Zaren wußte, auf eine Möglichkeit gehofft hatte, ihm noch einmal die Vorteile der britischen Bundesgenossenschaft vor Augen zu führen. Alexander war noch jung und empfänglich für Eindrücke. Man mußte sich an sein Gefühl genauso wenden wie an seinen Verstand. Hornblower warf einen heimlichen Blick auf den Zaren, um zu ergründen, ob er seinen Zweck erreicht hatte. Alexander saß tief in Gedanken da und hatte die Augen auf den Tisch gesenkt. Plötzlich hob er den Blick und sah Hornblower lächelnd an. Da packte diesen eine Woge jauchzenden Triumphes, er war felsenfest davon überzeugt, daß sein Plan gelungen war. Er hatte mit Vorbedacht zum Lunch gewöhnliche Schiffskost gereicht, er hatte Alexander gezeigt, wie die Flotte lebte, wie sie schlief, wie sie arbeitete. Wenn der Zar den Heldenruhm der englischen Flotte kannte – und er mußte ihn kennen –, dann war dieses anschauliche Bild von den Härten des Seemannslebens, das er ihm entworfen hatte, nichts als ein besonders feinfühliger Appell an seine edelsten Regungen. Hornblower besaß ein Einfühlungsvermögen, das ihm solche Zusammenhänge verriet. Er hätte wohl nicht zu sagen vermocht, *wie* diese Wirkung zustande kam, aber er war seiner Sache doch sicher. In Alexander mußte sich immer stärker der Wunsch regen, den Männern zu helfen, die Ruhm und Erfolg mit einem solchen Preis erkauften, und umgekehrt mußte er sich auch wünschen, diese zähen Kämpfer auf seiner Seite zu wissen.

Alexander traf Anstalten zum Aufbruch. Sein Adjutant goß in aller Eile noch sein fünftes Glas Rum hinunter. Es versetzte ihn im Verein mit seinen vier Vorgängern in einen so gehobenen Zustand, daß er nachher, auf dem Achterdeck angelangt, Bush den Arm um den Nacken schlang und ihn mit brüderlicher Herzlichkeit auf den Rücken klopfte. Dabei klingelte und klapperte die lange Reihe der Orden und Medaillen auf seiner Brust, als hämmerten ein paar Kesselflicker an ihren Töpfen und Pfannen herum. Bush war durch dieses Benehmen höchst peinlich berührt, weil er sich von der ganzen Besatzung beobachtet fühlte. Deshalb versuchte er, sich aus der Umarmung zu befreien, aber seine Bemühungen hatten wenig Erfolg. Hochrot im Gesicht, gab er den Befehl zum Paradieren und seufzte sichtlich erleichtert auf, als Alexander endlich die Fallreepstreppe hinunterstieg und sein Adjutant ihm wohl oder übel folgen mußte.

14

Der schöne Ostwind durfte nicht verpaßt werden. Die *Nonsuch* und der Verband liefen unter Vollzeug wieder aus dem Finnischen Meerbusen heraus, der Kommodore spazierte auf seinem Achterdeck auf und ab und wälzte dabei alle Probleme, die jeden Befehlshaber ständig beschäftigen. Die Trinkwasserfrage wenigstens war gelöst, er kam mit Leichtigkeit zwei, im Notfall sogar vier Monate damit aus. Die Tatsache, daß er seine Wasserfässer aufgefüllt hatte, war an und für sich eine Rechtfertigung für seine Verhandlungen mit dem Petersburger Hof, die auch dann stichhaltig blieb, wenn Whitehall gegen seine jüngsten Schritte Einwendungen erheben sollte. Hornblower überdachte noch einmal den Wortlaut seines Berichts. Er hatte darin ebendiesen praktischen Vorteilen seines Besuches die gleiche Bedeutung beigelegt wie dem politischen Nutzen, den die Fühlungnahme mit der russischen Regierung versprach. Er konnte in diesem Bericht gewiß eine gute Sache vertreten – und doch . . . Hornblower machte wieder kehrt und warf einen Blick auf den im Kielwasser folgenden Verband.

»Signal an *Lotus*«, befahl er. »Warum sind Sie nicht auf Ihrer Position?«

Die Flaggen stiegen hoch, und Hornblower konnte beobachten, wie die Korvette schnell ihren Fehler gutmachte. »*Lotus* gibt ›Verstanden‹, Sir«, meldete der Fähnrich. »Dann machen Sie zurück: ›Warum geben Sie keine

Antwort auf meine Frage?«", erwiderte Hornblower barsch.

Es dauerte mehrere Sekunden, ehe eine Antwort erschien.

»*Lotus* signalisiert: ›Unaufmerksamkeit des wachhabenden Offiziers‹, Sir.«

»Verstanden«, sagte Hornblower.

Das hatte da drüben eingeschlagen. Vickery war sicher wütend über diese öffentliche Rüge, und seinem Wachoffizier tat es wahrscheinlich in diesem Augenblick bitter leid, nicht aufgepaßt zu haben. Das hatte immer sein Gutes, auf keinen Fall konnte es etwas schaden. Dennoch war sich Hornblower völlig darüber im klaren, daß er dieses Monitum im Grunde nur deshalb erteilt hatte, weil er Zeit gewinnen wollte, ehe er daranging, sich mit der nächsten, alles andere als angenehmen Sache zu befassen, in der er jetzt unbedingt zu einer Entscheidung kommen mußte. Er hatte im Laufe seiner Dienstzeit schon genug Rügen austeilen sehen und im übrigen in jüngeren Jahren auch selbst sein Teil davon erhalten. Wie viele derartige Signale, so fragte er sich jetzt, waren vielleicht nur deshalb gegeben worden, weil ein sorgengequälter Admiral ein bißchen Ablenkung von den unerfreulichen Dingen suchte, die ihn Tag und Nacht beschäftigten. Für ihn selbst galt es jetzt, sich mit dem Fall Braun zu befassen.

Die niedrige Küste Finnlands war im Norden gerade noch in Sicht. Unten auf dem Großdeck machte Carlin mit einer Division Geschützexerzieren, die Männer übten das Laden und Ausrennen ihrer Kanonen. Die *Nonsuch* lief mit Leesegeln bei nahezu plattachterlichem Wind gute Fahrt. Für den Fall, daß der Seegang stärker wurde, mußte man Segel kürzen, damit die Kanonenboote nicht zurückfielen. Vorn schickte ein Bootsmannsmaat einen Seemann nach oben, um ein neues Geitau für das Vormarssegel zu scheren. Das Ende war aber für den gedachten Zweck viel zu dick. So etwas war natürlich eine reine Schiffsangelegenheit, die Hornblower nichts anging. Dennoch wollte er sich, wenn auch widerstrebend, gerade damit befassen, da sah er auch schon einen Leutnant einschreiten, der den Fehler gleichfalls bemerkt hatte, und fühlte sich dadurch von einer unangenehmen Verpflichtung befreit. Die jungen Offiziere schienen im übrigen über seine Wünsche und Vorurteile ganz gut Bescheid zu wissen. Sicher stammten diese Kenntnisse von Bush. Hornblower beobachtete, wie die drei sich wieder trennten, und sah dann noch so lange bei der Arbeit zu, bis es mit dem besten Willen nichts mehr zu sehen gab.

Nun blieb ihm wirklich keine Ausflucht mehr, er mußte sich endlich mit Braun befassen. Der Mann hatte einen Mordversuch unternommen, dafür mußte er nach englischem Recht wie auch nach den Kriegsartikeln sterben. Da ihm die Admiralitätsbehörde den Rang eines Deckoffiziers verliehen hatte, konnte ein Todesurteil gegen ihn nur von einem Gericht ausgesprochen werden, das aus fünf Kapitänen zur See oder Fregattenkapitänen bestand. Die aber waren in einem Umkreis von Hunderten von Meilen nicht aufzutreiben. Bush und er selbst waren die einzigen, die in Frage kamen, Vickery und Cole waren erst Korvettenkapitäne. Nach dem Gesetz mußte also Braun so lange in Haft bleiben, bis er vor das vorgeschriebene Gericht gestellt werden konnte, es sei denn, daß nach Hornblowers Ermessen wichtige Belange des Dienstes, die Sicherheit des Schiffes oder das Wohl Englands sofortiges Handeln geboten. In diesem Fall konnte er ein Gericht aus allen verfügbaren Stabsoffizieren bilden, das den Mann verurteilte. Dann wurde er sofort gehängt. Die Beweislast gegen ihn war erdrückend, sein eigenes Zeugnis und die Aussage Mounds reichten allein für zehn Todesurteile aus.

Aber einstweilen bestand wirklich kein Anlaß für ein

solches standrechtliches Verfahren. Braun lag völlig erschöpft im Lazarett, er konnte seine rechte Hand wohl nie mehr verwenden und war noch halbtot vom Blutverlust. Dieser Mann verführte sicher niemand zur Meuterei, es bestand auch keine Gefahr, daß er etwa das Schiff in Brand steckte oder die Offiziere zur Pflichtvergessenheit verleitete. Aber durch die unteren Decks schwirrten wahrscheinlich schon die wildesten Gerüchte. Sie hatten Braun schwer verwundet aus dem Zarenpalast an Bord gebracht. Hornblower konnte sich beim besten Willen nicht vorstellen, wie sich die Leute diesen Vorfall erklärten. Jedenfalls gab es darüber ein Gerede ohne Ende, das früher oder später todsicher einem der Agenten Bonapartes zu Ohren kam. Hornblower kannte die Methoden Bonapartes viel zu gut, um nicht zu wissen, daß er eine solche Gelegenheit, Uneinigkeit unter seinen Gegnern zu stiften, nach besten Kräften ausschlachten würde.

Alexander kannte keine Verzeihung für ein Land, das ihn um Haaresbreite einem Mörder ausgeliefert hätte. Erfuhr man bei den hohen Behörden zu Hause von dem Vorfall, dann war man auch dort bestimmt höchst ungehalten, und zwar richtete sich der Unwille dann auf alle Fälle gegen ihn, Hornblower. Wieder dachte er an seinen Bericht, der gut eingeschlossen im Schreibtisch lag und die Aufschrift »Ganz geheim und vertraulich« trug. Dort hatte er alles wahrheitsgemäß geschildert. Er konnte sich vorstellen, daß er eines Tages vor einem Kriegsgericht stand, dem dieser Bericht als Belastungszeugnis vorlag, und er konnte sich noch besser vorstellen, wie ihn seine Kameraden beurteilen würden, die dann über ihn zu Gericht saßen.

Einen Augenblick spielte Hornblower mit dem Gedanken, den Vorfall überhaupt zu vertuschen, überhaupt nichts darüber zu berichten, aber er verwarf die Idee sogleich als unzweckmäßig. Irgendeiner war immer dabei, der nicht dichthielt. Andererseits mochte ihn der ausdrückliche Hinweis in seinen Befehlen decken, daß er sich die Erfahrung Brauns in weitestem Umfang zunutze machen sollte. Überdies legte gerade dieser Hinweis die Vermutung nahe, daß Braun hochgestellte Freunde hatte, die ihn möglicherweise in Schutz nahmen, jedenfalls aber dafür sorgten, daß ihnen selbst kein Nachteil erwuchs, und daher einen öffentlichen Skandal unter allen Umständen unterdrückten. Das waren sehr verwikkelte Zusammenhänge.

»Mr. Montgomery«, sagte Hornblower in barschem Ton, »welchen Kurs steuert eigentlich Ihr Rudergänger? Sorgen Sie gefälligst dafür, daß die Ausschläge kleiner werden, sonst müßte ich Sie ersuchen, mir über die Ursachen dieses schlechten Steuerns ausführlich Meldung zu machen.«

»Aye, aye, Sir«, sagte Montgomery.

Wenigstens hatte er sein Teil dazu beigetragen, Rußland in den Krieg gegen Bonaparte hineinzuziehen. Die letzte Nachricht von Wychwood, die er vor dem Verlassen von Kronstadt bekam, lautete dahin, daß Alexander die jüngsten Forderungen Bonapartes rundweg abgelehnt habe. Kam es dadurch zum Krieg, dann mußte Bonaparte in diesem Sommer seine Hauptmacht im Osten einsetzen. Wellington hatte also eine günstige Gelegenheit, im Süden entscheidend zuzuschlagen. Welche Aussichten hatte aber Rußland, dem Angriffsstoß Bonapartes standzuhalten? Seit zwölf Jahren hatte ihm jedes Jahr einen entscheidenden Sieg gebracht, war eine Nation nach der anderen in Feldzügen von wenigen Wochen Dauer zu Boden geschlagen worden. Vielleicht sah schon der nächste Winter ein geschlagenes Rußland, das dem Tyrannen ebenso unterwürfig Gefolgschaft leistete, wie es Österreich und Preußen schon heute tun mußten. Angesichts des neuen russischen Gegners mochte man sich in Downingstreet mit Bedauern der zweifelhaften Neutralität früherer Tage erinnern, zumal Bonaparte die russische Niederlage natürlich sofort dazu benutzen würde, auch Schweden zu überrennen. Dann war wirklich das ganze europäische Festland vom Nordkap bis zu den Dardanellen gegen England vereint, das in einem solchen Fall natürlich auch seine schmale Basis in Spanien nicht lange zu halten vermochte, sondern vor die Entscheidung gestellt wurde, entweder ohne Aussicht auf Hilfe und Entlastung von außen weiterzukämpfen oder aber, was noch gefährlicher war, mit einem böswilligen, nach wie vor feindselig gesinnten Tyrannen Frieden zu schließen. Wenn es so kam, dann war es bestimmt kein Ruhmesblatt für ihn, zu dem unheilvollen Kriegseintritt Rußlands beigetragen zu haben.

Inzwischen war Bush an Deck gekommen, offenbar hatte Montgomery als Wachhabender nach ihm geschickt. Er las die Eintragungen, die dieser auf einer Schiefertafel gemacht hatte, und vertiefte sich dann in die Koppeltafel. Dann kam er auf das Steuerbord Achterdeck herübergestapft und machte grüßend vor Hornblower halt.

»Reval – oder Talinn, wie es auf den schwedischen Karten heißt, Sir – peilt nach meinem Besteck SO fünfundzwanzig Seemeilen. Die Huk dort an Backbord ist die Nordspitze der Insel Naissar – so spricht man das wohl aus.«

»Ich danke Ihnen, Kapitän Bush.«

Hornblower fühlte sich tatsächlich versucht, seine üble Laune sogar an Bush auszulassen. Er konnte sich Bushs unglückliches Gesicht und seinen verletzten Blick so gut vorstellen, wenn er ihm jetzt zum Beispiel versetzte, daß seine Kunst, fremde Ortsnamen auszusprechen, nicht ganz so groß war, wie er gern zu verstehen gab. Bush bot für solche Sticheleien eine bequeme Zielscheibe, man konnte bei ihm jederzeit eines sofortigen, sichtbaren Erfolges gewiß sein. Nun stand er da und erwartete Hornblowers Befehle, während dieser immer noch mit der Versuchung spielte, ihm eins auszuwischen. Lag nicht schon ein boshaftes Vergnügen darin, ihn so zappeln zu lassen? Wahrscheinlich, dachte Hornblower, zerbricht er sich jetzt schon ganz aufgeregt den Kopf, welche neue Niedertracht ihm bevorsteht. Gleich darauf aber sträubte sich Hornblowers besseres Empfinden so heftig gegen diese gehässigen Regungen, daß er sich geradezu verächtlich vorkam. Schlimm genug, daß Vickerys unbekannter Wachoffizier vorhin Unannehmlichkeiten bekam, nur weil der Kommodore sich wegen dieses Braun zu keinem Entschluß durchringen konnte, und noch viel übler wäre es, aus demselben lächerlichen Grund nun auch noch dem zuverlässigen, tüchtigen Bush Kummer zu bereiten.

»Setzen Sie bitte Kurs nach Königsberg ab, Kapitän Bush.«

»Aye, aye, Sir.«

Der plötzliche Sinneswandel gegen Bush hatte bei Hornblower die Wirkung, daß er ihm nun sogar die Gründe darlegte, die ihn zu seinem Entschluß bestimmt hatten. »Danzig, Königsberg und Ostpreußen sind die Operationsbasen Bonapartes. Die in Polen versammelte Armee erhält von dort ihren Nachschub über Flüsse und Kanäle – die Weichsel, den Pregel und den Memelstrom. Wir wollen einmal sehen, ob wir ihm dort nicht einen Knüppel zwischen die Beine werfen können.«

»Aye, aye, Sir.«

Bush strahlte förmlich über diese erstaunliche Mitteilsamkeit seines unberechenbaren Chefs. Er war eben ein überaus bescheidener, geduldiger Mensch. Als zweitältester Offizier des Verbandes hätte er es als sein gutes Recht in Anspruch nehmen dürfen, in die geheimen Pläne des Kommodore eingeweiht zu werden. Es bedurfte ja nur einer verirrten Kugel, einer fallenden Spier oder einer plötzlichen Erkrankung seines Vorgesetzten, und schon sah er sich als dessen rechtmäßigen Vertreter und Nachfolger mitten in die Verantwortung gestellt. Dennoch war und blieb er für jeden Brocken Information dankbar, den ihm Hornblower gnädig zuwarf.

Die *Nonsuch* kam mit Backbordhalsen an den Wind, während sich Bush und der Steuermann über den zu steuernden Kurs klar wurden. Unter dem Druck der riesigen Segelpyramide legte sich das Schiff leicht nach Lee über, in den steifen Luvriggen harfte der Wind mit schneidenden Tönen, und Hornblower begab sich von der Steuerbord- nach der Backbordseite, nach Luv, wie es ihm zustand. Er blickte nach achtern auf seinen Verband und sah, wie ein Schiff nach dem anderen scharf anbraßte und im Kielwasser des Führers folgte. Sie kamen der Reihe nach herum, erst *Lotus*, dann *Raven*, *Moth* und endlich *Harvey*. Die *Clam* war nicht dabei. Der Kutter war in Kronstadt zurückgeblieben und sollte später alle Nachrichten bringen, die Wychwood dort noch einholen konnte – aber zum Evolutionieren genügten auch fünf Schiffe.

»Bringen Sie mir das Signalbuch«, befahl Hornblower. Gleich darauf jagten die Signalflaggen an den Flaggleinen empor. Jedes Signal nahm sich zuerst aus wie eine Kette schwarzer Bälle, aufgereiht wie Perlen an der Schnur, bis es vorgeheißt war und mit einem Ruck ausgerissen wurde. Auf den anderen Schiffen beobachteten scharfe Augen das Flaggschiff durch Gläser und versuchten, womöglich die Flaggen schon vor dem Ausreißen abzulesen. Eifrige Offiziere ließen ohne Verzug die richtigen Antwortsignale anstecken und klar zum Heißen nehmen. Der Verband ging schiffsweise auf den anderen Bug, fiel dann in gemeinsamer Wendung bis zu einer befohlenen Linienpeilung ab und ging zuletzt wieder zur Kiellinie an den Wind. Im Anschluß daran wurden nach Vorgang des Flaggschiffes Segel geborgen, damit die Untersegel oder die Bramsegel ohne den geringsten Verzug verschwinden konnten. Sobald Hornblowers Absicht erkannt war, wurde auf allen Schiffen jeder verfügbare Mann von vornherein in die Riggen gejagt. Hinterher wurden die geborgenen Segel wieder gesetzt. Nun wurde in die Marssegel erst ein und dann ein zweites Reff eingesteckt und wieder ausgeschüttet. Die Schiffe drehten auf Signal gleichzeitig bei, setzten Boote mit bewaffneten Entermannschaften aus und nahmen sie wieder an Bord. Als sie danach wieder auf Kurs gingen, wurden die Stückpforten geöffnet, die Geschütze ausgerannt, wieder eingerannt und seefest gezurrt und das Ganze noch einmal wiederholt. Ein neues Signal kletterte an der Flaggleine der *Nonsuch* empor, diesmal unter dem Anrufwimpel der *Raven*:

»Kommodore an Kommandant: Warum haben Sie meinen Befehl nicht ausgeführt?«

Hornblower hatte durch sein Glas entdeckt, daß die *Raven* ihre Geschütze nicht vollständig seefest gezurrt hatte. Außerdem hatte sie ihre Geschützpforten nicht verriegelt, damit sie sich leichter öffnen ließen, wenn der Befehl dazu kam. Hornblower konnte sehen, wie sie beim Rollen des Schiffes immer etwas auf- und zuklappten. Außerdem konnte er aus der auffallend schnellen Arbeit der Geschützbedienungen drüben den Schluß ziehen, daß sie es unterlassen hatten, die Lafettentaljen vorschriftsmäßig abzuschlagen und zu verstauen. Das allein gab ihnen fünf Sekunden Vorsprung vor den übrigen Schiffen. Es war ausgesprochen töricht von Cole, diesen alten Trick zu versuchen, der obendrein so leicht zu entdecken war. Geschah ihm ganz recht, daß nun der Betrug der *Raven* vor dem ganzen Geschwader angeprangert wurde. Im übrigen mochten die Kommandanten ruhig versuchen, ihrem Kommodore ein Schnippchen zu schlagen, halb und halb hatten diese Manöver sogar den Zweck, sie zur Findigkeit zu erziehen, damit sie im Ernstfall auch den Franzosen um so besser den

Rang abliefen. Auf der *Raven* wurden hastig die Geschützpforten gesichert und die Lafettentaljen geborgen. Aber Hornblower wollte es denen da drüben noch gründlicher geben. Er wartete daher genauso lange, bis dort die entsprechenden Befehle gerade durch die Decks gelaufen sein mußten, und gab dann das Signal zum erneuten Ausrennen der Geschütze. Dieser Gegenbefehl folgte so schnell auf den ersten Befehl, daß er die *Raven* ganz unvorbereitet traf. Hornblower konnte sich die fluchenden Offiziere auf ihrem Großdeck so gut vorstellen. Sie hinkte daher auch mit ihrem »Manöver beendet«-Signal um volle sieben Sekunden hinter den anderen Schiffen her. Es war überflüssig, sich noch einmal mit diesem Ergebnis zu befassen – auf *Raven* wußte ohnehin jedermann genau, wie es zustande gekommen war, und ein weiterer Tadel mochte dem Ansehen Coles bei seiner Besatzung abträglich sein.

Das war ein heißer Vormittag für alle Mann im ganzen Geschwader. Hornblower dachte an seine eigene Fähnrichszeit und konnte sich gut ausmalen, wie alles erleichtert aufatmete, als er gegen Mittag endlich das Signal gab, die Marschfahrt fortzusetzen, so daß die Besatzungen zum Mittagessen wegtreten konnten. Er selbst sah zu, wie die Leute der *Nonsuch* an Deck antraten, um ihre Schnapsration zu empfangen. Da stand die lange Reihe der Männer, alle voll gieriger Erwartung, jeder mit der hölzernen Muck in der Hand, und vor ihnen war der Grogkessel aufgebaut, der die Aufschrift »Gott segne den König!« trug und durch einen Posten bewacht war. Montgomery und zwei Steuermannsmaaten überwachten die Ausgabe. Hornblower beobachtete, wie ein Matrose entrüstet abgewiesen wurde, als er an den Kessel trat, wahrscheinlich war es ein Sünder, der mit Entzug der Ration bestraft war und dennoch versucht hatte, ihrer habhaft zu werden. Ein solcher Versuch kostete den Mann auf manchen Schiffen mindestens zwei Dutzend Hiebe, nach Montgomerys Gebaren zu urteilen, gab es hier an Bord höchstens weiteren Entzug der Zuteilung, Strafdienst an den Pumpen oder als Galionsinspektor.

Es war beruhigend, sich von dem guten Geist und der Frische dieser Leute überzeugen zu können. Man konnte sich darauf verlassen, daß sie sich so tapfer und unerbittlich schlugen, wie es die Lage von ihnen verlangte, und – was ebenso wichtig war – man konnte sicher sein, daß sie die langen, öden Tage einer Kreuzfahrt, die ermüdende Eintönigkeit des Bordlebens auf einem Linienschiff überstanden, ohne daß es überraschende Unzuträglichkeiten gab. Bush mußte unbedingt zusehen, daß die Leute in dieser guten Verfassung blieben, er nahm sich vor, ihm einen entsprechenden Wink zu geben. Ein Wettbewerb im Hornpipe-Tanz, eine Theateraufführung, irgend etwas dieser Art mußte bald veranstaltet werden, falls es nicht genug Kampfaufgaben gab, um die Leute geistig in Schwung zu halten. Mit diesem Entschluß wandte er sich ab und ging unter Deck. In den ausgefüllten Vormittagsstunden war es ihm endlich gelungen, sich die sorgenvolle Frage, was er mit Braun anfangen sollte, aus dem Kopf zu schlagen. Zunächst mußte er wiederhergestellt sein. Vorläufig bestand noch immer die Möglichkeit, daß er an seiner Wunde starb.

Jetzt aber waren wichtigere Dinge zu tun. Er mußte die Karten des Frischen Haffs und die Ansteuerung von Königsberg studieren und den Plan für seinen Überfall auf Bonapartes rückwärtige Verbindungen entwerfen, den er in dieser Gegend unternehmen wollte, wenn sich dazu eine Möglichkeit bot. Stand dieser günstige Wind weiterhin durch, dann blieben ihm nur drei Tage Zeit, um diesen Angriff gründlich zu überlegen. Er hatte sich die Karten jener Gegend in der Kajüte auslegen lassen und machte sich nun daran, sie mit größter Sorgfalt zu studieren. Es dauerte aber nicht lange, da rief er gereizt nach Lampen, weil es ihm in dem dämmrigen Raum allzu schwerfiel, die winzigen Zahlen zu lesen, mit denen die Karten übersät waren. Die Tiefenverhältnisse waren unglaublich verwickelt, und die Aufgabe, sich ein klares Bild davon zu machen, wurde dadurch nicht eben erleichtert, daß er sich mit dreierlei verschiedenen Karten befassen mußte, einer schwedischen, die Tiefenangaben in schwedischen Fuß enthielt, einer französischen, die nach Metern rechnete, und einer recht skizzenhaften englischen, die die Wassertiefen in Faden gab. Es war daher eine mühsame Aufgabe, diese drei miteinander zu vergleichen, und das Ergebnis war alles andere als befriedigend, denn sie stimmten keineswegs überein.

Und doch lag es auf der Hand, daß gerade hier ein überraschender Schlag die allerbesten Aussichten hatte. In dem weglosen Polen und Ostpreußen war der Nachschub an Proviant und Munition für die immer stärker anschwellenden Heeresmassen Bonapartes auf den Wasserweg angewiesen. Sein vorgeschobener Hauptstützpunkt war Danzig, von dort aus konnten die in Mittelpolen stehenden Truppenverbände über die Weichsel versorgt werden. Aber die starken Streitkräfte in Ostpreußen und Ostpolen waren für ihre Versorgung von den anderen Flußgebieten abhängig, die bei Königsberg und Elbing ins Frische Haff mündeten. Auf diesem Frischen Haff, einer langgestreckten Lagune, die durch eine schmale Nehrung fast ganz von der Ostsee abgeschnitten wird, herrschte jetzt sicher ein lebhafter Binnenschiffsverkehr von Elbing nach Königsberg. In den Augen der Franzosen war dieses fünfzig Meilen lange und ein Dutzend Meilen breite Haff, dessen schmale Zufahrt durch die Geschütze der Festung Pillau gedeckt war, ein völlig sicherer Wasserweg für alle Versorgungsgüter, ebenso sicher vor allen Stürmen wie vor dem Zugriff der Engländer. Im Grunde genommen war natürlich Danzig das verlockendste Ziel an dieser ganzen Ostseeküste. Aber Danzig war sicher, es lag mehrere Meilen weichselaufwärts und war obendrein stark befestigt. Gegen eine Stadt, zu deren Einnahme Bonaparte mit hunderttausend Mann drei Monate gebraucht hatte, konnte Hornblower mit seinen paar hundert Seesoldaten natürlich nichts ausrichten. Danzig war also für ihn unerreichbar, und genauso stand es mit Königsberg und Elbing. Aber mit dem Verkehr zwischen diesen drei Festungen wollte er gründlich aufräumen. Mehr brauchte er nicht zu tun. Der Wind war seinen Plänen günstig – ein Römer hätte darin ein gutes Vorzeichen erblickt.

15

Zur Erkundung der Einfahrt in das Frische Haff herrschten heute nacht die günstigsten Witterungsverhältnisse, die man sich vorstellen konnte. Der Himmel war bedeckt, so daß die Sommernacht nicht zu hell war, obgleich die Sonne hier zu dieser Jahreszeit ja kaum unter den Horizont ging. Dazu wehte eine steife Brise – die Korvette, von der Hornblower eben von Bord gegangen war, hatte schon längst ein Reff in ihre Marssegel gesteckt. Steifer Wind und der dazugehörige steile Seegang brachten den Vorteil, daß man viel weniger Gefahr lief, Wachbooten zu begegnen, Wachbooten, die von Landsoldaten besetzt waren und an der Balkensperre, die Hornblower auskundschaften wollte, scharf Ausguck haltend auf und ab ruderten.

Aber der steile Seegang machte auch Hornblower erheblich zu schaffen. Der Kutter, in dessen Achterplicht er saß, stampfte wie wild und schien bald auf dem Kopf, bald auf dem Heck zu stehen. Der Gischt der Spritzer jagte ohne Unterbrechung über das Fahrzeug hin, so daß zwei Mann ständig ausösen mußten. Unbarmherzig bahnte sich das Spritzwasser seinen Weg durch alle Öffnungen seines Bootsmantels, so daß er bald ganz durchnäßt war und jämmerlich fror. Die Kälte, aber auch das heftige Arbeiten des Bootes lenkten seine Gedanken unwillkürlich auf die Seekrankheit, und bald war ihm ebenso übel wie unbehaglich zumute. In der Dunkelheit konnte er weder Vickery unterscheiden, der neben ihm an der Pinne saß, noch Brown, der die Schot bediente. Der Gedanke, daß sie sein Elend und seine Blässe wenigstens nicht sehen konnten, gab ihm einen armseligen Trost. Zum Unterschied von anderen Opfern der Seekrankheit, denen er begegnet war, konnte er nicht seekrank sein, ohne sich fortwährend über seinen Zustand Rechenschaft zu geben, auch jetzt kam ihm das mit einem bitteren Gefühl zu Bewußtsein. Aber dann hielt er sich als Ergebnis seiner unausgesetzt bohrenden Selbstanalyse sogleich entgegen, daß er sich darüber nicht wundern dürfe, da er ja keinen Augenblick leben könne, ohne sein eigenes Verhalten kritisch zu beobachten.

Er wechselte seinen Platz in der Achterplicht und hüllte sich dichter in seinen Mantel. Die deutschen und französischen Truppen, die Pillau verteidigten, ahnten noch nichts von der Nähe eines englischen Geschwaders. Vor noch nicht einer Stunde war er in der Dunkelheit mit den beiden Korvetten aufgekommen, die *Nonsuch* und die Kanonenboote hatte er draußen hinter der Kimm zurückgelassen. Wenn der Festungskommandant in Königsberg ein Herz für seine Leute hatte, dann mochte er wohl zögern, ehe er in dieser stürmischen Nacht ein Wachboot mühsam an der Sperre auf und ab rudern ließ, und selbst wenn er sich zu einem solchen Befehl entschlossen hätte, bestand immer noch alle Aussicht, daß sich der als Bootssteurer abgeteilte Unteroffizier um seine Ausführung drückte. Das Verhältnis zwischen den Franzosen, die die höheren Stellen bekleideten, und den Deutschen, die ihnen unterstellt waren, war ja gewiß alles andere als herzlich.

Vom Ausguck am Bug kam ein leiser Warnruf, Vickery gab darauf etwas Luvruder und brachte den Kutter höher an den Wind. Das Boot stieg auf den nächsten Wellenkamm, und als es eben wieder einsetzte, tauchte dicht neben der Bordwand etwas Dunkles auf, das im stäubenden Gischt nur undeutlich auszumachen war.

»Eine Ankertrosse, Sir«, meldete Vickery. »Da ist auch schon die Sperre – recht voraus!«

In dem wogenden Gewässer voraus tauchte ein schwacher Schatten auf.

»Bringen Sie mich längsseit«, sagte Hornblower. Vickery drehte in den Wind und ließ das Luggersegel bergen, der Kutter schor an der Balkensperre entlang. Da der Wind nicht genau in der Längsrichtung der Sperre stand, hatte der Kutter, da, wo er jetzt lag, etwas Lee. Auf der gegenüberliegenden Seite brachen sich die steilen Seen laut klatschend an den Balken, diesseits dagegen gab es einen schmalen, ruhigen Streifen. Aber auch hier war alles mit treibendem Gischt bedeckt, der in der Dunkelheit dieser wolkenverhangenen Nacht weiß leuchtete. Der Bugmann hatte seinen Haken in eine Ankertrosse der Sperre geschlagen, und zwar gerade dort, wo sie an dem Balken fest war. Ungeachtet der Spritzer, die ihn stechend trafen, ließ Hornblower seinen Mantel fallen, suchte einen sicheren Stand und sprang dann entschlossen ab. Als er auf der Sperre landete, brach gerade eine See darüber hin und durchnäßte ihn bis auf die Haut. Er mußte sich verzweifelt mit Händen und Füßen festklammern, um nicht hinuntergewaschen zu werden. Im nächsten Augenblick saß er rittlings auf einem riesigen, schwimmenden Baumstamm, von dem nur ein kleiner Teil über Wasser ragte. Natürlich hatten die Franzosen die dicksten und schwersten Bäume ausgesucht, um die Hafeneinfahrt zu schützen, was hier eine leichte Aufgabe war, weil ihnen ja das reichste Holzland von ganz Europa zur Verfügung stand und außerdem der bequeme Wasserweg den Transport ganz wesentlich vereinfachte. Auf allen vieren kroch er nun auf dem Stamm entlang und klammerte sich dabei auf seinem rollenden, stampfenden Rosse fest wie ein Nachtmahr auf seinem Opfer. Ein junger Toppsgast, auch ein Mann wie Vickery zum Beispiel, hätte es vielleicht fertiggebracht, sich aufrecht auf diesem Balken zu bewegen, jedenfalls besser als Hornblower selbst, der aber wollte sich, was diese Sperre betraf, nur auf seine persönlichen Feststellungen verlassen. Meldungen aus zweiter Hand genügten ihm nicht. Endlich gelangte er an die Ankertrosse, das war die stärkste Trosse, die er in seinem Leben gesehen hatte. Sie hatte mindestens dreißig Zoll Umfang – die dickste Trosse auf *Nonsuch* hatte nur neunzehn Zoll. Mit tastenden Händen untersuchte er das Ende des Stammes, während ihn das eisige Wasser bis auf die Haut durchnäßte, und fand dort auch gleich, was er erwartet hatte, nämlich eine der Ketten, die den Balken, auf dem er saß, mit dem nächsten verband. Das war eine zweizöllige Ankerkette mit einer Bruchfestigkeit von schätzungsweise hundert Tonnen, die mit schweren Krampen am Stamm befestigt war. Als er weiter suchte, entdeckte er sogleich eine zweite, und es war anzunehmen, daß es unter Wasser noch einige weitere gab, im ganzen vielleicht vier oder fünf. Selbst ein Linienschiff, das mit voller Fahrt vor dem Wind gegen diese Sperre brauste, war kaum in der Lage, sie zu durchbrechen, dagegen zog es sich bei einem solchen Unterfangen bestimmt die schwersten Unterwasserschäden zu. Durch Spritzer und Dunkelheit konnte er gerade noch das Ende des anschließenden Balkens und dessen Ankertrosse erkennen, die Lücke war knappe zehn Fuß breit. Der Wind, der beinahe an der Sperre entlang wehte, hatte sie natürlich so weit nach Lee auseinandergezogen, als die Verbindungsketten gestatteten. Die Balken und die Ankertrossen bildeten zusammen ein fischgrätenförmiges Gerippe, und die Ankertrossen standen zum Brechen steif.

Hornblower kroch auf seinem Stamm wieder zurück, richtete sich auf und sprang nach dem Boot. In der Dunkelheit und bei den ungleichen Bewegungen, die Balken und Boot in dem kurzen Seegang vollführten, war es schwer, den richtigen Augenblick zum Absprung zu wählen. Er landete deshalb recht ungeschickt auf dem Dollbord und hing mit einem Bein im Wasser. Vikkery holte ihn binnenbords, ohne noch viel auf Würde und Zeremoniell zu achten. »Lassen Sie das Boot nach Lee sacken«, befahl Hornblower, »und dann möchte ich, daß an jedem Balken gelotet wird.«

Vickery führte das Boot sehr geschickt. Nach dem Absetzen hielt er den Bug mit ein paar gleichmäßig pullenden Riemen im Wind und manövrierte sich an einer Ankertrosse nach der anderen vorbei, während das Boot langsam nach Lee trieb. Brown stand mittschiffs, er wahrte trotz der verrückten Bewegungen des Bootes sein Gleichgewicht und lotete dabei mit dem unhandlichen, dreißig Fuß langen Peilstock. Man mußte schon ein kräftiger Mann sein, um mit diesem Ding bei solchem Wind zu hantieren, aber bei einigem Geschick ging das Loten damit viel schneller und geräuschloser vonstatten als mit dem gewöhnlichen Handlot. Vier Faden – dreieinhalb – vier – die Sperre lag genau quer zum Fahrwasser, wie zu erwarten war. Das Luvende befand sich nur etwa zweihundert Meter – rund eine Kabellänge – vom Pillauer Ufer. Hornblower starrte angestrengt in die Dunkelheit, er hätte darauf schwören mögen, daß es hier an diesem Ende noch einen zweiten Sperrteil gab, der den ersten überlappte, so daß jedes einlaufende Schiff wenden mußte, um die geknickte Sperrlücke zu passieren. Die schweren Geschütze von Pillau konnten jedes Fahrzeug, das hier mit feindlichen Absichten eindringen wollte, bei diesem Manöver mühelos versenken oder zum mindesten in Brand schießen.

Sie erreichten das Lee-Ende der Sperre. Von hier bis zur Landzunge, der Nehrung – um dieses merkwürdige deutsche Wort dafür zu gebrauchen –, die das Haff auf eine Strecke von zwanzig Meilen von der Ostsee schied, war das Wasser frei von Hindernissen. Diese offene Strecke mochte etwa eine Viertelmeile breit sein, aber sie war für die Schiffahrt unbenutzbar. Brown fand mit seinem Peilstock ein paarmal zehn Fuß Wasser, dann ging die Tiefe weiter auf acht, auf sechs Fuß zurück.

Vickery legte Hornblower plötzlich die Hand auf den Arm und zeigte nach dem Land. Dort war an einer Stelle ein besonders dunkler Schatten zu erkennen, das Wachboot, das durch die Untiefen herauskam, um den Dienst an der Sperre zu übernehmen.

»Klar bei Riemen!« befahl Hornblower. »Nehmen Sie Kurs nach See.«

Die Schäfte der Riemen waren mit Tausendbeinen bekleidet, damit sie in den Dollen möglichst wenig Geräusch verursachten. Die Männer legten sich ins Zeug, und der Kutter kroch langsam nach See hinaus, während das Wachboot seinen Kurs beibehielt. Als der Abstand zwischen den beiden Booten groß genug war, daß man ein Segel nicht mehr erkennen konnte, ließ Hornblower Segel setzen, und dann ging es am Wind zurück zur *Lotus*. Hornblower wurde in seinem nassen Zeug willenlos von Frost geschüttelt. Es nutzte ihm nichts, daß er sich seiner Weichlichkeit bitter schämte. Wie, wenn Vickery merkte, daß sein Kommodore wegen einer nassen Jacke mit den Zähnen klapperte? Einem abgehärteten Seemann durfte das nichts ausmachen. Natürlich fanden sie die *Lotus* in dieser Finsternis nicht auf Anhieb. Das war nicht anders zu erwarten, aber er ärgerte sich doch darüber. Der Kutter mußte wenden und noch einen Schlag nach Luv machen, ehe sie endlich den Schatten des Schiffes in der Dunkelheit auftauchen sahen. Als der Anruf von drüben zu hören war, formte Brown aus seinen Händen ein Sprachrohr und erwiderte: »Kommodore!«

Vickery brachte den Kutter in Lee der *Lotus*. Als er längsseit schor, stieg Hornblower gleich die niedrige Bordwand empor. Auf dem Achterdeck bat ihn Vickery um weitere Befehle.

»Setzen Sie sich von Land ab, Mr. Vickery«, sagte Hornblower, »und stellen Sie sicher, daß die *Raven* uns folgt. Bei Anbruch der Dämmerung müssen wir außer Sicht von Land sein.«

In Vickerys winziger Kajüte begann Hornblower, unterstützt von dem umsichtigen Brown, sein nasses Zeug auszuziehen. Dabei versuchte er, sein müdes Gehirn auf das Problem anzusetzen, dessen Lösung er finden mußte. Brown brachte ein Handtuch zum Vorschein, damit frottierte Hornblower etwas Leben und Wärme in seine durchgefrorenen Glieder. Da klopfte Vickery und trat sogleich ein. Er hatte sein Schiff auf den richtigen Kurs gebracht und kam nun nachsehen, ob sein Kommodore auch alles hatte, was er brauchte. Hornblower hatte sich eben die Beine frottiert und richtete sich auf. Dabei krachte sein Kopf heftig gegen einen Decksbalken. Auf dieser kleinen Korvette gab es nur knappe fünf Fuß Stehhöhe. Hornblower erleichterte sich durch einen kräftigen Fluch.

»Unter dem Skylight ist ein Fuß mehr Platz, Sir«, bemerkte Vickery diplomatisch.

Das Skylight maß zwei zu drei Fuß; wenn Hornblower genau darunter stand, konnte er sich gerade noch aufrichten, aber auch hier streifte sein Haar schon die Scheiben des Oberlichtes. Außerdem aber schwang neben dieser Öffnung an einem Haken im Decksbalken die Lampe. Hornblower machte nur eine etwas unvorsichtige Bewegung, berührte sie mit seiner nackten Schulter, und schon ergoß sich das warme, stinkende Öl aus ihrem Behälter über sein Schlüsselbein. Da stieß er einen zweiten Fluch aus:

»Sie bekommen sofort heißen Kaffee, Sir«, sagte Vikkery. Aber diese Sorte Kaffee hatte Hornblower schon seit Jahren nicht mehr gekostet. Er bestand aus einem Aufguß von gebrannter Brotrinde, dem nur ein leiser Hauch von Kaffeegeschmack anhaftete – aber er wärmte wenigstens. Hornblower trank ihn und gab Brown die leere Tasse zurück, dann nahm er sein trockenes Hemd vom Bodenstück des Zwölfpfünders neben ihm und kämpfte damit, bis er glücklich drinnen war.

»Haben Sie noch Befehle, Sir?« fragte Vickery.

Hornblower stand mit vorgebeugtem Kopf, um sich nicht noch einmal an den Decksbalken zu stoßen, und sagte nur langsam: »Nein.« Er wollte dabei nichts von seiner Mißstimmung und Enttäuschung heraushören lassen, fürchtete aber, daß ihm diese Absicht mißlungen war. Es verdroß ihn, zugeben zu müssen, daß ein Angriff auf das Frische Haff so gut wie keine Aussichten auf Erfolg bot, und doch sagten ihm Klugheit, gesunder Menschenverstand und seemännischer Instinkt deutlich genug, daß es so war. Man konnte die Balkensperre weder durchbrechen noch umfahren, zum mindesten verfügte er über keine Schiffe, die dazu imstande waren. Jetzt bereute er die großen Worte, die er ganz unnötigerweise Bush gegenüber gebraucht hatte, als er von der dankbaren und wichtigen Aufgabe sprach, das Haffgebiet von See aus zu überfallen. Das war wirklich eine gute Lehre für ihn, weil er offenbar immer noch nicht wußte, daß man am besten den Mund hielt. Der ganze Verband brannte darauf, an den Feind zu kommen, und er mußte ihn nun enttäuschen, mußte absegeln, ohne das geringste ausgerichtet zu haben. In Zukunft wollte er seine Lippen doppelt versiegeln, seine ungebärdige Zunge dreifach im Zaum halten, denn wenn er nicht so leichtfertig mit Bush geredet hätte, dann wäre aus der Aufgabe des Planes nicht annähernd so viel Schaden entstanden, wie es jetzt der Fall war. Bush hatte die kommende Unternehmung natürlich mit seinen Offizieren besprochen, was ihm ja nicht verboten war. War es da ein Wunder, wenn alles vor Erwartung fieberte und jeder gespannt den großen Taten des »kühnen Draufgängers« Hornblower (er hatte nur ein höhnisches Grinsen für ihn übrig) entgegensah, dessen mutige und erfinderische Unternehmungen in aller Munde waren.

Ernüchtert befaßte er sich noch einmal mit der vorgefundenen Lage. Zwischen Nehrung und Balkensperre war schließlich Wasser genug, daß eine Flottille von Schiffsbooten passieren konnte. Auf diesem Wege konnte er drei oder vier Barkassen ins Haff schicken, die jede im Bug einen Vierpfünder trugen und zusammen hundertfünfzig Mann an Bord hatten. Höchstwahrscheinlich kamen sie des Nachts ungesehen an der Sperre vorbei. Waren sie erst einmal im Haff, dann hatten sie den Vorteil der Überraschung für sich und konnten in aller Eile der Küstenschiffahrt schweren Schaden zufügen. Wahrscheinlich konnten sie Tausende von Tonnen Schiffsraum vernichten, aber der Plan hatte einen Haken – sie kamen nie wieder heraus. Denn dazu war nachher die Ausfahrt viel zu scharf bewacht, am Ende der Sperre wimmelte es sicher von Kanonenbooten, die, auch wenn sie von Landsoldaten bemannt waren, die englische Bootsflottille durch ihre Überzahl einfach erdrücken mußten. Sein Verband konnte es sich aber nicht leisten, hundertfünfzig ausgebildete Seeleute – das war ein Zehntel der gesamten Besatzung – einzubüßen. Machte er jedoch das Kommando kleiner, dann war das ganze Unternehmen wahrscheinlich für die Katz.

Nein, die Zerstörung einer Anzahl von Küstenfahrzeugen war gewiß keine hundertfünfzig Seeleute wert. Es war Zeit, daß er sich diesen Gedanken aus dem Kopf schlug. Er fuhr in die trockene Hose, die ihm Vickery zur Verfügung gestellt hatte, als wollte er diesen Entschluß damit versinnbildlichen.

Da, er war eben mit einem Bein drin, mit dem anderen noch draußen, kam ihm plötzlich der rettende Gedanke. Im Hemd, das eine Bein nackt, das andere bis zum Knöchel in der Hose, hielt er inne und rief:

»Mr. Vickery, geben Sie schnell noch einmal die Karte her!«

»Aye, aye, Sir«, gab Vickery zur Antwort.

Auch aus seiner Stimme klang plötzlich erregte Spannung, als wäre sie der Widerhall dessen, was nun plötzlich aus Hornblowers Worten zu hören war. Vickery mußte genau gemerkt haben, was in ihm vorging, und Hornblower gab sich darüber Rechenschaft. Als er seinen Hosengurt zuschnallte, nahm er sich nochmals mit besonderem Nachdruck vor, sorgfältiger auf seine Redeweise zu achten, weil ihm alles daran lag, in den Augen der Welt »der große Schweiger« zu bleiben, als der er bisher gegolten hatte. Er starrte auf die Karten, die Vickery vor ihm ausgebreitet hatte, und war sich dabei bewußt, daß dieser sein Gesicht studierte. Deshalb nahm er sich sehr zusammen, um seine Entscheidung ja durch nichts zu verraten. Als er zu seinem Entschluß gekommen war, sagte er nichts als »Danke sehr« und bemühte sich dabei nach Kräften um einen möglichst beiläufigen Tonfall. Da fiel ihm plötzlich der alte, lange vergessene Laut ein, der so wunderbar unverbindlich klang, er räusperte sich und machte ohne Ausdruck oder Betonung »Ha-hm«. Das gefiel ihm offenbar nicht übel, denn er ließ sich gleich noch einmal besonders ausführlich vernehmen: »H-a-a-a, hm.«

Dann freute er sich königlich über Vickerys fassungslosen Blick.

Als er am nächsten Morgen in seiner Kajüte auf der *Nonsuch* seinen versammelten Kommandanten den Angriffsplan auseinandersetzte, fand er eine leise Genugtuung darin, ihre Gesichter zu beobachten. Alle, vom ersten bis zum letzten, waren sie auf dieses Kommando versessen, sie drängten sich geradezu danach, Leben und Freiheit an eine Aufgabe zu setzen, die jedem im ersten Augenblick als hirnverbrannte Tollheit erscheinen mußte. Die beiden Korvettenkapitäne brannten auf Beförderung zum Fregattenkapitän, die Leutnants hofften Korvettenkapitäne zu werden.

»Das Kommando bekommt Mr. Vickery«, sagte Hornblower und hatte wieder Gelegenheit, das Spiel der verschiedenen Empfindungen auf den Gesichtern seiner Zuhörerschaft zu studieren. Da in einem solchen Fall jeder der Anwesenden ein Recht darauf hatte, zu erfahren, warum die Wahl nicht auf ihn gefallen war, fügte er noch ein paar erläuternde Worte hinzu.

»Die beiden Kommandanten der Kanonenboote sind unersetzlich, wir haben im Geschwader keinen anderen Leutnant, der es ihnen in der Handhabung dieser Erfindungen des Teufels gleichtun könnte. Warum Kapitän Bush unabkömmlich ist, brauche ich nicht zu erklären. Mr. Vickery hat mit mir zusammen bereits die Sperre erkundet und kennt also die örtlichen Verhältnisse besser als Mr. Cole, der sonst als zweiter für dieses Kommando in Frage käme.«

Es konnte nicht schaden, wenn er Cole mit einer solchen Erklärung zu beruhigen trachtete, vor allem kam nichts Gutes heraus, wenn die Leute errieten, daß er Cole nur so lange Vertrauen schenkte, als er ihn unter den Augen hatte – der arme, alte Cole, er war mit seiner gebeugten Haltung, seinen grauen Haaren schon fast zu alt für seinen Posten und klammerte sich doch gegen alle Wahrscheinlichkeit immer noch an die Hoffnung, eines Tages Kapitän zur See zu werden. Hornblower hatte das peinliche Gefühl, daß Cole seine Entschuldigung durchschaute, und mußte sich mit der Binsenwahrheit trösten, daß man im Kriege nicht so ängstlich auf die Gefühle anderer Menschen Rücksicht nehmen kann. Er beeilte sich, zum nächsten Punkt zu kommen.

»Nachdem diese Frage erledigt ist, meine Herren, wäre ich Ihnen für Vorschläge dankbar, welche Offiziere Mr. Vickery für das Unternehmen unterstellt werden sollen. Ich bitte Mr. Vickery selbst, den Anfang zu machen, da ihn diese Angelegenheit am nächsten angeht.«

Als auch diese Einzelheit geklärt war, galt es, die vier Boote für das Unternehmen vorzubereiten – es waren die Barkaß und der Kutter der *Nonsuch* und die Kutter von *Lotus* und *Raven*. In den Bug der Barkaß wurde ein Vierpfünder gesetzt, die Kutter erhielten je einen Dreipfünder, außerdem wurden die Boote mit Lebensmitteln, Wasser, Munition und leicht entzündlichen Stoffen zum Inbrandsetzen der Prisen ausgerüstet. Die für das Unternehmen abgeteilten Mannschaften traten an und wurden gemustert, die Matrosen mit Pistole und Entermesser, die Seesoldaten mit Muskete und Bajonett. Am Abend kam Vickery noch einmal auf die *Nonsuch*, um sich endgültig über den künftigen Treffpunkt zu vergewissern.

»Ich wünsche Ihnen viel Glück«, sagte Hornblower.

»Danke, Sir«, antwortete Vickery.

Er sah Hornblower offen in die Augen.

»Ich habe Ihnen so viel zu verdanken, Sir«, fügte er unvermittelt hinzu.

»Sie brauchen mir nicht zu danken, danken Sie lieber sich selbst«, erwiderte Hornblower kurz angebunden.

Es ging ihm ausgesprochen gegen das Gefühl, von dem jungen Vickery einen Dank dafür entgegenzunehmen, daß er sein Leben in Gefahr brachte. Er rechnete sich aus, daß er heute einen Sohn in Vickerys Alter haben könnte, wenn er als Fähnrich geheiratet hätte.

Bei Dunkelwerden lief das Geschwader auf Land zu. Der Wind hatte etwas nördlicher gedreht und wehte immer noch als steife Brise, der Himmel war zwar nicht so bedeckt wie die Nacht zuvor, aber man konnte doch damit rechnen, daß die Boote ungesehen durchschlüpften. Hornblower beobachtete, wie sie ablegten, es schlug gerade zwei Glasen auf der Mittelwache. Als sie im Grau der Nacht verschwanden, wandte er sich ab. Jetzt blieb ihm nur eins: Warten. Er stellte mit Interesse fest, daß er auch heute noch ehrlich und aufrichtig vorgezogen hätte, selbst zu kämpfen, daß er lieber dort im Frischen Haff Leben, Gesundheit und Freiheit aufs Spiel gesetzt hätte, als hier draußen in Sicherheit die Erfolge der anderen abzuwarten. Er hatte sich nie für tapfer gehalten, der Gedanke, verstümmelt zu werden, war ihm gräßlich, und den Tod fürchtete er nicht viel weniger. Deshalb war es ihm jetzt wesentlich, zu erfahren, daß es doch Lagen gab, die ihm unangenehmer waren als die Gefahr. Als so viel Zeit vergangen war, daß die Boote die Sperre passiert haben mußten – wenn sie nicht vorher in die Hände des Feindes gefallen waren –, ging Hornblower unter Deck, um bis zum Anbruch der Dämmerung noch etwas zu ruhen. Aber der Schlaf wollte nicht kommen, er konnte sich nur zwingen, auf der Koje liegenzubleiben, und mußte seine ganze Willenskraft aufbieten, sich nicht immerzu herumzuwälzen. Als sich der Himmel endlich aufzuhellen begann, trat er mit einem Gefühl wahrer Erleichterung auf das Halbdeck hinaus, ließ sich mit Genuß von der Pumpe überspülen und trank dann auf dem Achterdeck seinen Morgenkaffee. Da das Schiff über Backbordbug beigedreht lag, mußte nämlich dort die Einfahrt von Pillau zum Vorschein kommen.

Mit zunehmendem Tageslicht konnte Hornblower durch sein Glas immer mehr Einzelheiten unterscheiden. Dort lag in einer Entfernung, die vielleicht für einen Zufallstreffer noch nicht zu groß war, die gelb und grün getönte Huk, auf der der Ort Pillau stand. Der Doppelturm seiner Kirche war schon deutlich zu erkennen.

Auch die Sperre, die quer über die Einfahrt lag, kam zum Vorschein, man sah dort eine Linie von Brechern und gelegentlich sogar einen der schwarzen Balken. Die dunkleren Hügel über dem Strand mußten die Batterien sein, die man zur Verteidigung der Einfahrt aufgestellt hatte. Drüben auf der anderen Seite lag der lange Strich der Nehrung, eine gelbgrüne Linie von Sanddünen, die sich in ganz geringen Höhenunterschieden hinzog, so weit, nein, viel weiter, als das Auge reichte. Innerhalb der Einfahrt selbst sah man gar nichts, nur graues Wasser, das sich hier und dort über den Untiefen des Haffs weißlich verfärbte. Das gegenüberliegende Ufer des Haffs war so weit entfernt, daß man es von Deck aus nicht mehr sehen konnte.

»Kapitän Bush«, befahl Hornblower, »haben Sie die Güte, einen Offizier, der besonders gute Augen hat, mit einem Glas bewaffnet in den Topp zu schicken.«

»Aye, aye, Sir.«

Hornblower beobachtete den jungen Leutnant, wie er die Riggen hocheilte. Er enterte natürlich, so schnell er konnte, weil er das Auge des Kommodore auf sich ruhen fühlte. In den Püttingswanten hing er mit dem Rücken nach unten, dann stieg er ohne Aufenthalt weiter in die Bramwanten. Hornblower wußte, daß er das bei seiner gegenwärtigen körperlichen Verfassung nicht gekonnt hätte, er hätte im Mars eine Atempause einlegen müssen. Er wußte auch, daß seine Augen nicht mehr so gut waren wie früher, jedenfalls nicht so gut wie die des Leutnants dort. Er sah ihm weiter zu, wie er sich zuletzt auf der Bramsaling niederließ, wie er das Glas einstellte und den Horizont damit absuchte. Voll Ungeduld wartete er auf eine Meldung. Endlich hielt er es nicht mehr aus und griff nach seinem Megaphon.

»Großtopp! Was sehen Sie von der Festlandküste?«

»Nichts, Sir. Zu diesig, um etwas zu unterscheiden. Ich kann auch keine Segel ausmachen.«

Vielleicht machte sich die ganze Garnison bereits über ihn lustig. Vielleicht waren ihnen die Boote geradewegs in die Hände gelaufen, und sie freuten sich jetzt zu sehen, wie das Geschwader wartete und wartete, um ein Lebenszeichen von den verlorenen Fahrzeugen und ihren Besatzungen zu erspähen. Aber dann zwang sich Hornblower dazu, diese pessimistischen Regungen zu unterdrücken. Statt dessen versuchte er, sich vorzustellen, wie es wohl in den Batterien und in der Stadt zuging, als man bei Hellwerden plötzlich ein englisches Geschwader entdeckte, das eben außer Schußweite beigedreht vor der Einfahrt lag. Wie da wohl die Trommeln schlugen und die Trompeten schmetterten, um die Garnison in aller Eile gegen etwaige Landungsversuche in Bereitschaft zu setzen! Das war es, was die Leute im Augenblick beschäftigte. Die Besatzung samt ihrem französischen Kommandanten konnte noch keine Ahnung haben, daß die Wölfe bereits in ihren Pferch eingebrochen waren, daß englische Bootsbesatzungen dabei waren, das Haff heimzusuchen, das keinen Feind mehr gesehen hatte, seit Danzig vor fünf Jahren an die Franzosen gefallen war. Hornblower suchte sich mit dem Gedanken an das zusätzliche Durcheinander zu trösten, das sich notwendig entwickelte, sobald der Gegner später die wirkliche Lage übersah. Dann galoppierten Meldereiter mit Befehlen nach allen Richtungen, die kleinen Boote mußten alarmiert, die Küstenfahrzeuge und Schuten angewiesen werden, schnellstens unter den Geschützen der nächsten Batterien Schutz zu suchen – sofern es welche gab. Hornblower wäre jede Wette eingegangen, daß zwischen Elbing und Königsberg keine einzige Kanone stand, man hätte ja auch nicht sagen können, wozu.

»Topp! Können Sie immer noch nichts ausmachen?«

»Nein, Sir ... Doch, Sir, von der Stadt her laufen Kanonenboote aus.«

Hornblower sah sie jetzt selbst. Es war eine Flottille kleiner, zweimastiger Fahrzeuge mit Spriet-Großsegeln, wie sie bei den kleinen Pillauer Küstenfahrern üblich sind. Sie erinnerten ihn, ihrer Erscheinung nach, etwas an die Norfolk-Ewer. Wahrscheinlich war jedes dieser Schiffe mit einem schweren Geschütz, vielleicht einem Vierundzwanzigpfünder, bewaffnet, das auf dem Vordeck stand. Sie ankerten in Abständen auf den Untiefen und bildeten offenbar einen weiteren Schutz der Sperre gegen jeden Versuch, sie zu durchbrechen. Vier der Fahrzeuge überquerten das ganze Fahrwasser und ankerten dann so, daß sie das flache Gewässer zwischen Sperre und Nehrung deckten. Nachdem die Kuh gestohlen ist, machen sie die Stalltür zu, schoß es Hornblower durch den Kopf, als er dieses Manöver sah. Bei näherem Nachdenken aber wurde ihm klar, daß dieses Bild nicht stimmte. Wenn sie schon wußten, daß ein Dieb drinnen war (was man allerdings bezweifeln konnte), dann machten sie womöglich die Tür nur deshalb zu, weil sie ihn nicht entkommen lassen wollten. Die Luft wurde rasch klarer, der Himmel begann schon, seine blaue Farbe anzunehmen, und eine wäßrige Sonne drang durch den weichenden Dunst.

»An Deck! Genau in der Mitte der Bucht ist jetzt etwas Rauch zu sehen, Sir. Ich kann nichts Genaues ausmachen, aber es ist schwarzer Rauch, Sir, und könnte von einem brennenden Schiff stammen.«

Bush schätzte die abnehmende Entfernung zwischen Schiff und Sperre und befahl aufzubrassen, um etwas nach See abzulaufen. Die beiden Korvetten machten die Bewegungen der *Nonsuch* mit. Hornblower fragte sich, ob er dem jungen Mound mit den Kanonenbooten nicht doch etwas zu viel zugetraut hatte. Mound hatte am nächsten Morgen ein höchst wichtiges Zusammentreffen herbeizuführen, er war mit *Moth* und *Harvey* längst außer Sicht und unter dem Horizont. Bis jetzt hatte die

Besatzung von Pillau also nur drei englische Schiffe gesehen und wußte nichts von der Existenz der beiden Kanonenboote. Das war gut, vorausgesetzt, daß Mound seine Befehle gewissenhaft und genau ausführte. Aber vielleicht gab es Sturm, vielleicht kam infolge einer Winddrehung so viel Brandung auf, daß der ganze Plan hinfällig wurde. Hornblower fühlte, wie ihn die Sorge wieder zu übermannen drohte, und zwang sich zu einer gelösten Haltung, um einen möglichst gelassenen Eindruck zu machen. Wenn er sich gestattete, an Deck auf und ab zu gehen, so legte er doch Wert darauf, sich nicht in einem nervösen Eilmarsch, sondern mit gemächlichen Schlenderschritten zu bewegen.

»An Deck! Unter Land ist noch mehr Rauch zu sehen, Sir. Er steigt an zwei Stellen auf, es sieht aus, als ob jetzt zwei Schiffe in Brand stünden.«

Bush hatte gerade Befehl gegeben, das Großmarssegel wieder back zu brassen. Als das Schiff wieder beigedreht lag, kam er zu Hornblower herüber.

»Es sieht so aus, als ob Vickery schon ein paar Opfer gefunden hätte, nicht wahr, Sir?« sagte er lächelnd.

»Wir wollen es hoffen«, antwortete Hornblower.

Bush machte sich offenbar nicht die geringste Sorge. Sein verwittertes Gesicht drückte nur wilde Freude aus, wenn er daran dachte, wie Vickery jetzt unter diesen Küstenfahrern aufräumen mochte. Seine über alle Zweifel erhabene Zuversicht begann auch Hornblower wieder sicherer zu machen, bis ihm plötzlich einfiel, daß Bush sich ja gar nicht um die verschiedenen Gefahrenmomente kümmerte. Bush wußte nur, daß Hornblower den Angriff geplant hatte, das genügte ihm. Er konnte sich überhaupt nicht vorstellen, daß ein solches Unternehmen fehlschlug. Hornblower wiederum fand dieses gedankenlose Gehaben höchst aufreizend.

»An Deck! Zwei kleine Fahrzeuge kommen hoch am Wind quer über die Bucht. Sie haben Kurs auf die Stadt.

Ich kann es noch nicht genau ausmachen, Sir, aber ich glaube, das zweite ist unser Kutter.«

»Es ist unser Kutter, Sir!« schrie eine andere Stimme. Jeder, der irgend abkommen konnte, hing jetzt in der Takelage.

»Das ist Montgomery«, sagte Bush. Er hatte die Zehe seines hölzernen Fußes in den Augbolzen für die Talje der achtersten Karronade gezwängt, so daß er auf dem leicht schwankenden Deck ohne Anstrengung stehen konnte.

»Er hat ihn, Sir!« schrie die Stimme von oben, »unser Kutter hat ihn!«

»Eine schöne Menge Fleisch und Brot, um die Boney ärmer wird«, sagte Bush.

Wenn es gelang, der Küstenschiffahrt im Haff wirklich schwere Verluste beizufügen, dann mochte das vielleicht die Einbuße von hundertfünfzig erstklassigen Seeleuten aufwiegen. Aber es war natürlich die Frage, ob sich die Lords der Admiralität dieser Ansicht anschlossen, wenn er für den dem Gegner zugefügten Schaden keine Beweise liefern konnte.

»An Deck! Die beiden Segel trennen sich wieder. Unser Kutter läuft vor dem Winde weg, der andere hat sein Großsegel aufgegeit, glaube ich, Sir. Es sieht aus, als ob . . .«

Der Leutnant unterbrach seine Meldung mitten im Satz.

»Da geht er hoch!« schrie eine andere Stimme, und gleich darauf brüllten alle, die in der Takelage waren, hurra.

»Das Fahrzeug ist explodiert!« rief der Leutnant und vergaß in der Aufregung sogar, das Wörtchen Sir hinzuzusetzen, wie es sich gehörte, wenn man mit seinem Kommodore sprach. »Da steht noch immer die Rauchsäule, sie ist so hoch wie ein Berg. Man kann sie wohl auch von Deck aus sehen.«

Natürlich konnte man das. Der dunkle, schwere Rauchpilz ragte ja hoch über die Kimm, und es dauerte erhebliche Zeit, bis er im Winde zerriß und zuletzt ganz verwehte.

»Das war bei Gott kein Fleisch und kein Brot!« rief Bush und hieb sich mit der rechten Faust in die linke Hand. »Das war Pulver! Eine ganze Schute voll Pulver. Fünfzig Tonnen Pulver!«

»Topp! Was macht der Kutter?«

»Ist in Ordnung, Sir. Die Detonation scheint ihn nicht mehr erreicht zu haben, Sir. Sein Rumpf ist von hier aus schon unter der Kimm.«

»Gebe Gott, daß er bereits dem nächsten auf den Fersen ist.«

Die Versenkung der Pulverschute war der deutlichste Beweis dafür, daß Bonaparte diesen Binnenschiffahrtsweg zum Transport militärischer Nachschubgüter benutzte. Hornblower war sich darüber klar, daß er einen Erfolg buchen konnte, auch wenn es ihm nicht gelang, Whitehall ganz davon zu überzeugen. Er ertappte sich dabei, daß er vor Freude lächelte. Sobald ihm jedoch dieses Lächeln zu Bewußtsein kam, suchte er es zu unterdrücken, denn seine Würde verlangte, daß man ihm jetzt seine Siegesfreude ebensowenig anmerkte wie vorhin das Bangen und die Ungewißheit.

»Bleibt uns nur die Aufgabe, Vickery und seine Männer heute nacht wieder herauszuholen, Sir«, sagte Bush.

»Ja, das ist das einzige, was uns noch zu tun bleibt«, sagte Hornblower so trocken, wie er es eben fertigbrachte.

Die Zerstörung der Pulverschute war der einzige sichere Beweis für den Erfolg der Boote auf dem Haff, den man an Bord der *Nonsuch* während der Unternehmung selbst erhielt. Die Ausguckposten wollten zwar außerdem noch mehr als eine Rauchwolke gesehen haben, aber sie machten doch nur zögernd davon Meldung. Gegen Abend erschien, wahrscheinlich von Königsberg her, eine weitere Flottille von Kanonenbooten und ging längs der Balkensperre auf Station. Auch eine Marschkolonne war an Land einige Zeit sichtbar, die waagrechten Linien der blauen Röcke und weißen Hosen hoben sich so deutlich ab, daß man sie sogar von Deck aus leicht unterscheiden konnte. Auch diese Truppe hatte wohl die Aufgabe, die Verteidigung von Pillau zu verstärken. Die Briten hatten jedenfalls mit kräftiger und entschlossener Abwehr zu rechnen, wenn es ihnen einfiel, einen Handstreich gegen die Hafeneinfahrt zu unternehmen.

Gegen Abend stieg Hornblower wieder an Deck, er hatte sich eben in seiner Kajüte so gestellt, als äße er mit Appetit sein Dinner. Nun sah er sich wieder um, obwohl alle seine Sinne auch unter Deck so wach gewesen waren, daß ihm der Anblick nichts sagte, was er nicht schon wußte. Mit dem sinkenden Tag wurde auch der Wind etwas flauer, die Sonne ging soeben unter, aber das Tageslicht hielt mindestens noch ein paar Stunden vor.

»Kapitän Bush, ich wäre Ihnen verbunden, wenn Sie Ihre besten Richtkanoniere an die Geschütze der Steuerbord-Unterbatterie schicken würden.«

»Aye, aye, Sir.«

»Lassen Sie die Geschütze klarmachen und ausrennen, bitte. Und dann wäre ich Ihnen dankbar, wenn Sie das Schiff in Schußweite der Batterien dort brächten. Ich möchte ihr Feuer auf uns ziehen.«

Die Pfeifen zwitscherten durch das Schiff, Bootsmann und Bootsmannsmaaten riefen Befehle aus, und die Leute liefen auf ihre Stationen. Ein langgedehntes, erdbebenähnliches Zittern erschütterte das Schiff, als die schweren Vierundzwanzigpfünder der Unterbatterie donnernd ausgerannt wurden.

»Sehen Sie, bitte, zu, daß die Geschützführer sich über das Ziel im klaren sind«, sagte Hornblower.

Er wußte, wie wenig man von der Unterbatterie aus

durch eine Geschützpforte sehen konnte, die höchstens einen Meter über Wasser lag, und wollte doch auch nicht, daß seine Finte allzu dürftig ausfiel und vom Gegner gleich als solche durchschaut wurde. Die Männer an der Leebraß des Großmarssegels holten willig längsdeck und braßten das mächtige Segel herum, so daß die *Nonsuch* an den Wind kam und allmählich Fahrt aufnahm.

»Etwas Steuerbord«, sagte Bush zum Rudergänger. »Ein bißchen voller! So, stütz! Recht so, wie's jetzt geht!«

»Recht so, wie's jetzt geht, Sir«, wiederholte der Rudergänger. Dann verpflanzte er seinen Priem durch ein gymnastisches Kunststück seiner Gesichtsmuskeln aus der Backe in den Mund und traf damit im nächsten Augenblick genau in den Spucknapf, der neben dem Ruder an Deck stand, ohne seine Aufmerksamkeit vom Luvliek des Großmarssegels und vom Kompaß in seinem Gehäuse abzuwenden.

Die *Nonsuch* näherte sich also stetig der Einfahrt und den Batterien. Sich freiwillig beschießen zu lassen, war immerhin eine kitzlige Aufgabe. Nicht weit von den Batterien zeigte sich Rauch wie von einem Feuer. Das waren vielleicht nur die Kochöfen der Besatzung, aber es konnte auch sehr gut eine der Essen sein, in denen man die Kugeln glühend zu machen pflegte. Bush dachte an diese Möglichkeit, mit der man beim Kampf gegen Landbatterien immer rechnen mußte, und brauchte nicht darauf aufmerksam gemacht zu werden. Jeder verfügbare Mann stand klar mit Feuereimern, jede Pumpe und jeder Schlauch waren angeschlagen. Jetzt schätzte er die Entfernung nach Augenmaß.

»Etwas näher heran, bitte, Kapitän Bush«, sagte Hornblower anfeuernd, weil er sah, daß sie noch nicht in Schußweite waren.

Steuerbord vorn, etwa zwei Kabellängen entfernt, sah man in dem kurzen, steilen Seegang eine Wasserfontäne aufspritzen.

»Noch immer nicht nah genug, Kapitän Bush«, sagte Hornblower.

Unter gespanntem Schweigen lief das Schiff weiter. Da sprang plötzlich Steuerbord achtern eine ganze Gruppe von Wassersäulen auf, eine davon so dicht am Schiff, daß dem guten Bush infolge einer Laune von Wind und Wellen eine ordentliche Ladung Wasser ins Gesicht klatschte.

»Tod und Teufel!« spuckte der und wischte sich die Augen.

Was war das? Wie konnte diese Batterie schon so dicht am Schiff liegen? Außerdem war in ihrer Nähe auch kein Mündungsqualm zu sehen. Hornblower ließ sein Glas nach der Seite wandern und mußte plötzlich einen Kloß hinunterwürgen. Da war ja noch eine ganz andere Batterie, und die hatte soeben gefeuert. Sie lag etwas weiter links, und er hatte von ihrem Vorhandensein bis zu diesem Augenblick nichts geahnt. Offenbar waren ihre Wälle schon dicht genug mit Gras bestanden, so daß sie auch scharfer Beobachtung entgingen. Aber die Leute hatten sich Gott sei Dank etwas zu früh verraten. Hätte der Kommandeur dort die Geduld gehabt, noch zehn Minuten zu warten, dann wäre die *Nonsuch* ohne Zweifel in eine schwierige Lage gekommen.

»Genug, Kapitän Bush«, sagte Hornblower.

»Voll und bei«, befahl Bush dem Rudergänger, dann erhob er seine Stimme:

»Leebrassen!«

Die *Nonsuch* luvte auf und kehrte nun ihre Steuerbordbreitseite den Batterien zu. Sie lag hart am Wind, und die weitere Annäherung vollzog sich daher erheblich langsamer. Hornblower erklärte dem Fähnrich der Wache genau die Lage der neu entdeckten Batterie und befahl ihm dann, hinunterzusausen und sie den Geschützführern als Ziel anzuweisen.

»Besser Luv halten«, knurrte Bush den Rudergänger an.

»Besser Luv halten, Sir.«

Einige Sekunden später sprangen wieder ringsum die Fontänen auf, und gleichzeitig hörte man das Geheul der sausenden Geschosse. Erstaunlich, daß sie noch nicht getroffen waren, ja, erstaunlich, aber nur so lange, bis Hornblower einen Blick in die Takelage warf und im Kreuzmarssegel zwei elliptische Löcher entdeckte. Dennoch war die Schießerei kümmerlich, wenn man sich vor Augen hielt, daß, nach dem Mündungsqualm zu urteilen, mindestens zwanzig schwere Geschütze auf sie feuerten. Hornblower machte sich eine genaue Notiz über die Lage der Batterien, denn man konnte nie wissen, wie einem eine solche Kenntnis zugute kam.

»Feuer eröffnen, wenn ich bitten darf, Herr Kapitän«, sagte Hornblower.

Ehe er noch seine abschließende Höflichkeitsformel ganz ausgesprochen hatte, wiederholte Bush bereits seinen Befehl mit voller Lungenkraft durch das Megaphon. Der Stückmeistersmaat, der als Befehlsübermittler am Großluk stand, gab das Kommando in die Unterbatterie weiter. Nun entstand eine kurze Pause, über die Hornblower sehr befriedigt war, weil sie ihm bewies, daß die Geschützführer sich Mühe gaben, genau zu zielen, und nicht einfach darauflosschossen, wenn der Feuerbefehl kam. Endlich rollte die Breitseite los, daß das Schiff erzitterte. Dicker Qualm wallte auf und verzog sich nach Lee. Hornblower erkannte durch das Glas, wie der Sand rings um die maskierte Batteriestellung aufspritzte. Wieder und wieder brüllten die siebzehn Vierundzwanzigpfünder auf. Der Rückstoß und das Rollen der schweren Lafetten ließen das Deck unter Hornblowers Füßen erzittern.

»Ich danke Ihnen, Kapitän Bush«, sagte Hornblower.

»Sie können jetzt über Stag gehen.«

Bush sah ihn von der Seite an. Die Kampfbegeisterung hatte ihn so gepackt, daß er einen Augenblick Bedenkzeit brauchte, um den neuen Befehl zu verarbeiten.

»Aye, aye, Sir«, bestätigte er schließlich. Dann hob er sein Megaphon: »Feuer einstellen! Klar zum Wenden!«

Der Befehl wurde an die Geschütze weitergegeben, augenblicklich erstarb der Lärm der Batterie, so daß das für den Rudergänger bestimmte »Rhe!« unnötig laut klang.

»Rund achtern!« brüllte Bush.

Die *Nonsuch* richtete sich auf und wälzte sich schwerfällig mit schlagenden Segeln auf den anderen Bug.

Da spritzten Steuerbord vorn wieder Wassersäulen auf, diesmal standen sie ganz dicht zusammen. Ohne die überraschende Wendung hätten die Schüsse sehr wahrscheinlich getroffen – und Hornblower läge womöglich als verstümmelte Leiche mit zerrissenen Eingeweiden auf dem Achterdeck.

Aber die *Nonsuch* war schon durch den Wind, und die Achtersegel begannen sich zu füllen.

»Rund vorn!« donnerte Busch. Als die Männer an den Leebrassen längs Deck liefen, begann auch der Vortopp zu ziehen, und bald hatte das Schiff auf dem neuen Bug wieder Fahrt aufgenommen.

»Haben Sie weitere Befehle, Sir?« fragte Bush.

»Nein, danke, für den Augenblick nicht.«

Mit Steuerbordhalsen beim Wind liegend, entfernte sich die *Nonsuch* nun rasch von der Küste und näherte sich wieder der Stelle, wo die Korvetten abwechselnd back- und vollbrassend auf ihr Flaggschiff gewartet hatten. An Land glaubten sie jetzt wohl voll Begeisterung, einen ernsthaften Angriff abgeschlagen zu haben, der eine oder andere schwatzhafte Kanonier mochte sogar darauf schwören, er hätte mit eigenen Augen die schweren Treffer beobachtet, die sie dem unerwünschten englischen Eindringling beibrachten. Nach Lage der Dinge mußten sie selbstverständlich annehmen, daß der Gegner irgendwo in der Nähe noch ein anderes verzweifeltes Unternehmen zu beginnen gedachte.

»Fähnrich!« sagte Hornblower.

Nun stieg eine Reihe bunter Flaggen nach der anderen zu den Rahen der *Nonsuch* empor. Es war für den Signalfähnrich eine ausgezeichnete Übung, den Vers: »The curfew tolls the knell of parting day« mit einer möglichst niedrigen Zahl von Flaggengruppen an den Empfänger zu übermitteln. Als das Geben beendet war, stand der Signalfähnrich mit gezücktem Kieker klar, um die Antwort der *Raven* abzulesen.

»The – «, las er, »l-o-w, aber das müßte doch ›blowing‹ heißen. Nein, es heißt ›lowing‹, ich weiß aber nicht, was das bedeuten soll. H-e-r-d, Herd. Zwei – fünf. Das bedeutet ›Wind‹ und ein s dazu. Das gibt ›Winds‹. S-l-o-.«

Cole auf der *Raven* kannte also die Elegie von Gray, und der Signalgeber war ein findiger Kopf, weil er für »wind« (winden) das Codesignal für »wind« benutzt hatte. Daß er auch für »lea« (Flur) das Codesignal für »lee« (Lee) gebrauchte, hatte Hornblower nicht anders erwartet. Er sparte auch damit wieder eine Flagge.

»The lowing heard winds slowly o'er the lea, Sir«, meldete zuletzt der Fähnrich mit völlig verdutztem Gesicht.

»Sehr gut, Signal verstanden.«

Diese ungezählten Signale zwischen dem Linienschiff und den Korvetten mußten von Land aus zu sehen sein und wurden wahrscheinlich mit höchster Spannung beobachtet. Hornblower gab noch ein weiteres Signal unter dem Anruf der *Lotus*: »The ploughman homeward plods his weary way«, bekam aber als Antwort nur ein verlegenes »Signal unverständlich«. Anscheinend war Purvis, der Erste Offizier der *Lotus*, der heute dort das Kommando hatte, kein besonders heller Kopf, vielleicht fehlte es ihm auch an literarischer Bildung. Was mochte er wohl jetzt über ihn und seinen Einfall denken? Selbst Hornblowers Phantasie reichte nicht aus, sich das auszumalen, aber er mußte bei dem Gedanken doch lächeln.

»Widerrufen Sie das Signal«, befahl er, »und geben Sie statt dessen: ›Sofort Anzahl der rothaarigen, verheirateten Besatzungsmitglieder melden.‹«

Hornblower wartete, bis die Antwort kam. Wie nett wäre es gewesen, hätte Purvis ihn nicht beim Wort genommen, sondern das Kunststück fertiggebracht, in seiner Antwort eine glückliche Mischung von Ehrerbietung und Witz zu finden, obwohl sich beides im allgemeinen schlecht miteinander vertrug. Statt dessen gab er nichts als die trockene Zahl Fünf.

Nach diesem Zwischenspiel wandte sich Hornblower wieder der eigentlichen Aufgabe zu.

»Signal an beide Korvetten«, befahl er, »Scheinangriff gegen Sperre, Feuergefecht vermeiden‹.«

Er beobachtete, wie die beiden Fahrzeuge im schwindenden Tageslicht anliefen, als hätten sie die Absicht, ernsthaft anzugreifen. Dann schwenkten sie herum, luvten bis in den Wind und fielen wieder ab. Zweimal sah Hornblower, wie sich drüben ein Ballen Rauch löste, und hörte gleich darauf den dumpfen Donner eines Vierundzwanzigpfünders. Das waren die Kanonenboote, die feststellen wollten, ob sie den Gegner schon in Reichweite hatten. Als es zum Erkennen der Flaggen gerade noch hell genug war, gab er das Signal: »In einer halben Stunde Unternehmung abbrechen.« Nun hatte er wirklich alles getan, um die Aufmerksamkeit des Gegners auf dieses Ende des Haffs und seinen einzigen Ausgang zu lenken. Die Führung an Land mußte aus seinem Verhalten den sicheren Schluß gezogen haben, daß seine Handelskrieg führenden Boote versuchen würden, hier wieder herauszukommen. Wahrscheinlich erwarteten sie einen Durchbruchsversuch beim ersten Morgengrauen, den die großen Schiffe durch einen Angriff von außen unterstützten. Er hatte dazu getan, was er konnte, nun blieb ihm nur noch übrig, zur Koje zu gehen und den Rest der Nacht ruhig zu verschlafen – das heißt, sofern er dazu imstande war.

Er war es natürlich nicht, solange er das Schicksal von hundertfünfzig tüchtigen Seeleuten in der Schwebe wußte und solange sein eigener Ruf als Glückskind und findiger Kopf auf dem Spiel stand. Eine halbe Stunde nach dem Zubettgehen begann es ihn zu reuen, daß er nicht lieber drei jüngere Offiziere zu einem Dauerwhist befohlen hatte und mit ihnen bis zum Morgengrauen durchspielte. Er ging mit dem Gedanken um, aufzustehen und das nachzuholen. Aber dann wußte natürlich gleich das ganze Schiff, daß er umsonst versucht hatte, Schlaf zu finden. Aus diesem Grund gab er seine Absicht wieder auf, drehte sich schicksalergeben auf die andere Seite und zwang sich liegenzubleiben, bis ihn der dämmernde Morgen aus seiner Haft befreite.

Als er an Deck kam, verwischte der perlmutterne Dunst des Ostseemorgens die verschwommenen Umrisse aller in Sicht befindlichen Objekte noch mehr. Alle Anzeichen deuteten auf einen schönen Tag, der Wind war mäßig und hatte noch etwas nördlicher gedreht. Bush war schon an Deck – Hornblower wußte das, ehe er selbst nach oben ging, weil er ihn mit seinem Holzbein über seinem Kopf herumstapfen hörte. Als er ihn dann vor sich sah, konnte er nur hoffen, daß man ihm selbst die schlaflose Nacht und die Sorge nicht ebenso deutlich anmerkte wie Bush. Sein Aussehen hatte wenigstens die Wirkung, daß Hornblower sich zusammennahm und seine eigenen Besorgnisse zu verbergen suchte, während er Bushs Morgengruß erwiderte.

»Ich hoffe, mit Vickery ist alles in Ordnung, Sir«, sagte Bush.

Allein die Tatsache, daß Bush es nach so vielen unter ihm verbrachten Dienstjahren wagte, Hornblower um diese Morgenstunde anzusprechen, war das sicherste Zeichen dafür, wie groß seine Besorgnis war.

»Dem fehlt nichts«, sagte Hornblower schroff. »Vickery hilft sich aus jeder Klemme.«

Diese Feststellung war völlig aufrichtig. Noch während Hornblower sie aussprach, wurde ihm klar – es war übrigens nicht das erstemal –, daß seine Sorge und seine Unruhe in diesem Fall wirklich durch keine Tatsachen begründet waren. Er selbst hatte alles getan, was überhaupt möglich war. Wie gründlich hatte er die Karten studiert, wie sorgfältig das Barometer beobachtet – wie sich jetzt erwies, mit bestem Erfolg! Müßte er in diesem Augenblick eine Wette eingehen, dann würde er auf jeden Fall darauf setzen, daß Vickery in Sicherheit war, er würde ihm sogar mindestens eine Chance von drei zu eins einräumen. Aber all das konnte ihn dennoch nicht von seiner Sorge befreien. Was ihn jetzt absurderweise ruhig machte, war vielmehr der Anblick des beunruhigten Bush.

»Bei diesem Wind kann nicht viel Brandung gewesen sein, Sir«, begann der wieder.

»Natürlich nicht.«

Über diesen Punkt hatte er heute nacht mindestens fünfzigmal nachgedacht, jetzt aber versuchte er so zu tun, als sei es höchstens einmal gewesen. Der Dunst hatte sich inzwischen so weit aufgelöst, daß man das Land gerade noch unterscheiden konnte. Die Kanonenboote lagen noch alle an der Sperre verteilt, und man sah ein verspätetes Wachboot daran entlangrudern.

»Unsere beiden Kanonenboote haben günstigen Wind, Sir«, sagte Bush, »eigentlich müßten sie Vickery um diese Zeit schon aufgenommen haben, dann wären sie jetzt auf dem Weg hierher.«

»Ja.«

Bush warf einen prüfenden Blick nach oben, um sicherzustellen, daß die Ausguckposten auf Station waren und auch gut aufpaßten. Die Stelle, wo Mound mit den Kanonenbooten Vickery und seine Männer aufnehmen sollte, lag etwa zwölf Meilen von Pillau an einer Stelle der Nehrung, jener langgestreckten, schmalen Randzunge, die das Haff von der Ostsee trennte. Vickery sollte im Schutz der Dunkelheit an der Nehrung landen, die Boote liegenlassen, die Landzunge überqueren und eine Stunde vor Dämmerung mit Mound zusammentreffen. Die Kanonenboote mit ihrem geringen Tiefgang liefen auf den Untiefen wenig Gefahr, sie konnten ihre Boote an den Strand schicken, um Vickery abzuholen. Die vier Boote Vickerys waren natürlich verloren, aber das war ein billiger Preis für die Zerstörungen, die er inzwischen angerichtet haben mußte. Jedenfalls hoffte Hornblower, daß Vickery auf der Nehrung selbst keinem Widerstand begegnete, zu diesem Zweck hatte er am vergangenen Abend vor Pillau demonstriert, und außerdem kam der Gegner wahrscheinlich gar nicht auf den Gedanken, daß es Vickery einfallen könnte, seine Boote im Stich zu lassen. Aber auch wenn die Nehrung besetzt sein sollte, so konnte die Besatzung bei deren Länge von fünfzehn Meilen doch höchstens aus einer dünnen Kette von Wachen und Zollbeamten bestehen, die Vickery mit seinen hundertfünfzig entschlossenen Männern jederzeit mit Leichtigkeit durchbrach.

Wenn alles planmäßig verlaufen war, dann mußten die Kanonenboote allerdings jeden Augenblick in Sicht kommen. Die nächsten Minuten brachten also die Entscheidung.

»Geschützfeuer im Haff hätten wir gestern nicht hören können, Sir«, begann Bush von neuem. »Das war bei der herrschenden Windrichtung ausgeschlossen. Sie konnten immerhin im Haff irgendwelchen bewaffneten Fahrzeugen begegnet sein.«

»Diese Möglichkeit bestand allerdings«, sagte Hornblower.

»Segel in Sicht!« rief da der Ausguck im Topp. »Zwei Segel backbord querab! Die Kanonenboote, Sir!«

Vielleicht kamen sie unverrichteterdinge zurück, aber es war sehr unwahrscheinlich, daß sie dann so pünktlich in Sicht gekommen wären. Bush hatte ein breites Grinsen aufgesetzt, alle seine Zweifel waren verflogen.

»Vielleicht könnten Sie ihnen entgegenlaufen, Kapitän Bush«, sagte Hornblower.

Es stand mit seiner Würde als Kommodore nicht in Einklang, wenn er jetzt, da die Schiffe eben einander ansichtig wurden, gleich eine Anfrage heißen ließ, damit man sie auf der *Harvey* ablas, sobald die Flaggen durch ein Fernrohr zu erkennen waren. Aber die *Nonsuch* lief ja ohnehin gute fünf Knoten, das muntere Geplätscher ihrer Bugwelle war deutlich zu hören, und die *Harvey* machte ebensoviel. Er brauchte also nur noch ein paar kurze Minuten zu warten.

»*Harvey* heißt ein Signal, Sir«, meldete der Fähnrich. Er las die Flaggen ab und blätterte dann eilig im Signalbuch. »›Seeleute an Bord‹, Sir.«

»Sehr gut. Machen Sie: ›Kommodore an Kommandant: Kommen Sie mit Mr. Vickery zur Meldung an Bord.‹«

Jetzt hatte das Warten bald ein Ende. Als die beiden Schiffe in Rufweite waren, drehten sie bei. Die Gig der *Harvey* klatschte zu Wasser und kam stampfend herüber zur *Nonsuch*. Dann kam, zusammen mit Mound, ein todmüder Vickery über das Seefallreep an Bord. Er war ganz grau im Gesicht, und die dunklen Ringe unter seinen Augen zeigten deutlich, daß er drei Nächte hintereinander kein Auge zugetan hatte. Hornblower bot ihm einen Stuhl an, sobald sie in seiner Kajüte angelangt waren, und er nahm Platz.

»Nun?« begann Hornblower. »Ich möchte Sie gern zuerst hören, Vickery.«

»Der Vorstoß nahm einen ausgezeichneten Verlauf, Sir«, begann dieser. Dabei holte er einen Zettel aus der Tasche, auf dem er offenbar Notizen gemacht hatte. »Das Passieren der Sperre am Abend des 15. machte keine Schwierigkeiten, wir haben dabei vom Feind nichts gesehen. In der Morgendämmerung des 16. standen wir vor der Mündung des Pregel, dort nahmen und zerstörten wir den *Friedrich* aus Elbing, ein Küstenfahrzeug von etwa zweihundert Tonnen, sieben Mann Besatzung, mit einer Ladung Roggen und lebender Schweine. Das Schiff wurde angezündet, die Besatzung im eigenen Boot an Land geschickt. Dann nahmen wir den *Blitz*, auch aus Elbing, etwa hundert Tonnen mit einer Ladung Korn. Das Schiff wurde gleichfalls verbrannt. Dann die *Charlotte* von Danzig. Ein vollgetakeltes Schiff von vierhundert Tonnen mit fünfundzwanzig Mann Besatzung und Stückgutladung, bestehend aus Truppenbedarf: Zelten, Tragbahren, Hufeisen und zehntausend Gewehren mit Bajonetten. Auch dieses Schiff wurde verbrannt. Ferner den *Ritter zu Pferde*, eine Pulverschute von etwa siebzig Tonnen, diese sprengten wir in die Luft.«

»Ich glaube, das haben wir gesehen«, sagte Hornblower.

»Das war doch der Kutter der *Nonsuch*?«

»Jawohl, Sir, das war an diesem Ende des Haffs alles. Wir liefen dann nach Westen ab und nahmen das *Weiße Roß* aus Kolberg mit zweihundert Tonnen. Dieses Schiff trug vier Sechspfünder und wollte sich zur Wehr setzen, aber Montgomery enterte über den Bug, da streckten sie die Waffen. Wir hatten zwei Verwundete. Das Schiff haben wir verbrannt. Dann kam die . . .«

»Wieviel waren es zusammen?«

»Eine Bark, Sir, elf Küstensegler und vierundzwanzig Binnenschuten, alle zerstört.«

»Ausgezeichnet«, sagte Hornblower. »Und dann?«

»Dann wurde es schon ziemlich dunkel, Sir. Ich ankerte im Nordteil des Haffs und blieb dort bis gegen Mitternacht liegen. Dann lief ich zur Landzunge hinüber. Dort trafen wir an Land auf zwei Soldaten, die wir gefangennahmen. Das Überqueren der Nehrung war dann ganz einfach. Wir brannten ein Blaufeuer ab und nahmen mit der *Harvey* Verbindung auf. Um zwei Uhr wurde mit der Einschiffung begonnen, um drei Uhr, als es eben zu dämmern begann, war ich als letzter an Bord. Ehe ich mich einschiffte, begab ich mich noch einmal zu den Booten zurück und steckte sie in Brand, Sir.«

»Noch besser.«

So hatte also der Feind nicht einmal die Genugtuung, als Entgelt für die furchtbaren Schläge von der Hand Vikkerys wenigstens vier englische Kriegsschiffsboote erbeutet zu haben. Hornblower wandte sich jetzt an Mound.

»Ich habe nichts Besonderes zu melden, Sir. Diese Gewässer sind zweifellos sehr flach. Ich konnte jedoch den vereinbarten Treffpunkt ohne Schwierigkeit erreichen. Als ich Mr. Vickery und sein Kommando an Bord hatte, geriet ich auf Grund, da mein Schiff mit dem zusätzlichen Gewicht von fast hundert Mann um etwa einen Fuß tiefer ging. Aber ich kam schnell wieder frei. Ich ließ die Leute von Bord zu Bord laufen, um das Schiff zum Schlingern zu bringen, und setzte dabei alle Segel back. Da waren wir gleich los.«

»Schön.«

Hornblower beobachtete Mounds ausdrucksloses Gesicht und lächelte insgeheim über seine studierte Gleichgültigkeit. Zwischen all den Untiefen im Dunkeln den Weg zu dem vereinbarten Treffpunkt zu finden, war ein seemännisches Meisterstück. Hornblower wußte sehr genau, welches Maß von Seemannschaft zur Durchführung einer solchen Aufgabe gehörte, aber es entsprach nicht der Tradition, überwundene Schwierigkeiten besonders zu betonen. Ein weniger zuverlässiger Offizier hätte die Tatsache, daß er mit seinem Schiff festgekommen war, vielleicht verschwiegen. Es sprach für Mound, daß ihm so etwas nicht in den Sinn kam.

»Ich werde Sie beide aufgrund Ihrer Leistungen der besonderen Aufmerksamkeit der Admiralität empfehlen«, sagte Hornblower und bemühte sich dabei nach

Kräften, den hochtrabenden Ton zu unterdrücken, der sich in seiner Rede hartnäckig geltend machen wollte. »Nach meinem Dafürhalten haben Sie sich hervorragend bewährt. Ich brauche natürlich von jedem von Ihnen sofort einen schriftlichen Bericht.«

»Aye, aye, Sir.«

Seit er selbst Kommodore war, bekam Hornblower nachträglich mehr Verständnis für seine eigenen Vorgesetzten von früher, über deren geschwollene Redeweise er sich damals oft genug geärgert hatte. Jetzt gebrauchte er die gleichen hochtrabenden Redensarten – weil ihm das nämlich half, die ausgestandene Angst zu verleugnen.

16

Hornblower saß allein bei seinem Dinner. Er hatte seinen Gibbon sicher an die vor ihm stehende Käseglocke gelehnt und streckte die Beine bequem unter den Tisch. Heute hatte er sich ausnahmsweise eine halbe Flasche Wein geleistet, und das Labskaus, von dem er sich eben nahm, duftete höchst appetitlich. Dies war einer jener Tage, an denen er mit Gott und der Welt zufrieden war. An solchen Tagen konnte er sich unbeschwert und ohne viel zu denken von seinem Schiff wiegen lassen, da schmeckte ihm jede Speise, da war jeder Schluck Wein ein köstlicher Genuß. Er hatte den Löffel eben in das Labskaus gesteckt, da klopfte es an die Tür, und ein Fähnrich trat ein.

»*Clam* zu luward in Sicht, Sir«, meldete er.

»Sehr gut.«

Hornblower fuhr fort, das Labskaus aus der Schüssel auf seinen Teller zu löffeln, und verteilte dann seine Portion so, daß sie schneller abkühlte. Erst jetzt begann sein Geist, sich mit der Gegenwart zu befassen. Die *Clam* brachte sicher Neuigkeiten, er hatte sie ja nur deshalb in St. Petersburg zurückgelassen, weil sie dort auf Nachrichten warten sollte. Vielleicht war Rußland schon im Krieg mit Bonaparte. Oder hatte sich Alexander doch wieder zu der verächtlichen Nachgiebigkeit verleiten lassen, die ihn allein vor dem Krieg bewahren konnte? Vielleicht war er aber auch schon tot, von seinen Offizieren ermordet wie sein Vater. Es wäre nicht das erstemal, daß ein Wechsel in der russischen Politik durch eine Palastrevolution eingeleitet würde. Vielleicht – vielleicht ... Was lag nicht alles im Bereich der Möglichkeiten? Aber darüber wurde das Labskaus kalt. Eben besann er sich wieder auf sein Essen, da klopfte der Fähnrich schon wieder an die Tür.

»*Clam* macht Signal: ›Habe Depeschen für Kommodore‹, Sir.«

»Wie weit ist sie noch weg?«

»Mit dem Rumpf über der Kimm in Luv, Sir. Wir laufen ihr entgegen.«

»Machen Sie: ›Kommodore an *Clam*: Senden Sie Depeschen so schnell wie möglich an Bord.‹«

»Aye, aye, Sir.«

Das Signal der *Clam* hatte nichts Überraschendes. Überraschend wäre es gewesen, wenn sie keine Depeschen gebracht hätte. Hornblower löffelte das Labskaus so hastig in sich hinein, als ob er dadurch die Ankunft der Depeschen hätte beschleunigen können. Als er es merkte, zwang er sich, langsam zu essen, und nahm dazu ab und zu einen Schluck Wein. Aber Wein und Labskaus wollten ihm nicht mehr schmecken. Nun servierte Brown den Käse, Hornblower kaute bedächtig weiter und sagte sich, daß er wirklich ganz anständig gegessen habe. Dabei lauschte er gleichzeitig nach den Geräuschen, die oben an Deck über seinem Kopf zu hören waren, und schloß daraus, daß ein Boot längsseit kam. Gleich darauf trat nach neuerlichem Klopfen Lord Wychwood bei ihm ein. Hornblower stand auf, bat ihn Platz zu nehmen, bot ihm ein Dinner an und nahm dann den dicken, im Leinwand eingeschlagenen Brief entgegen, den ihm Wychwood reichte. Er unterschrieb gleich einen Empfangsschein dafür und saß dann, den Brief auf den Knien haltend, einen Augenblick in regungsloser Spannung da.

»Es ist soweit«, begann Wychwood. »Der Krieg ist ausgebrochen.«

Hornblower verbot sich die drängende Frage: Krieg mit wem? Er zwang sich zur Geduld.

»Alexander hat sich dazu entschlossen, das heißt, eigentlich war es doch Boney. Er hat vor zehn Tagen den Njemen mit zehn Armeekorps überschritten. Natürlich ohne Kriegserklärung. Es wäre auch absurd gewesen, von zwei Machthabern, die einander auf jedem Blatt Papier, in jeder europäischen Sprache in gröblichster Art zu beschimpfen pflegten, eine solche Höflichkeit zu erwarten. Durch die Antwort, die Alexander vor einem Monat – am Tage, ehe Sie uns verließen – erteilte, war der Krieg unvermeidlich geworden. Nun werden wir ja sehen . . .«

»Wer, glauben Sie, wird siegen?«

Wychwood zuckte die Achseln.

»Ich kann mir nicht vorstellen, daß Boney geschlagen wird. Und nach dem, was ich gehört habe, hat sich die russische Armee trotz ihrer Reorganisation voriges Jahr in Finnland nicht gerade ausgezeichnet. Boney hat immerhin eine halbe Million Mann auf Moskau in Marsch gesetzt.«

Eine halbe Million, das war die größte Armee, die die Welt gesehen hatte, seit Xerxes den Hellespont überschritt.

»Jedenfalls«, fuhr Wychwood fort, »ist Boney für diesen Sommer gut aufgehoben. Und im nächsten Jahr werden wir weiter sehen. Vielleicht hat er so große Verluste, daß das französische Volk nicht mehr mitmacht.«

»Wir wollen es hoffen«, sagte Hornblower.

Dann zog er sein Messer und schnitt den Umschlag auf.

Britische Botschaft in St. Petersburg
den 24. Juni 1812

Sir –
Der Überbringer dieses Schreibens, Lord Wychwood, wird Sie von der Entwicklung der Lage unterrichten und davon in Kenntnis setzen, daß Seine Kaiserliche Majestät der Zar und Bonaparte sich nunmehr im Kriegszustand miteinander befinden. Sie werden natürlich alle notwendigen Maßnahmen treffen, um unserem neuen Verbündeten jede Unterstützung angedeihen zu lassen, die sie mit den Ihnen zu Gebote stehenden Machtmitteln gewähren können. Nach hier eingegangenen, glaubwürdigen Nachrichten rückt Bonaparte mit dem größten Teil seines Heeres gegen Moskau vor, soll aber außerdem erhebliche Streitkräfte, dem Vernehmen nach zwei preußische und ein französisches Korps, zusammen etwa sechzigtausend Mann, unter dem Befehl des Marschalls Macdonald, Herzogs von Tarent, in nördlicher Richtung gegen St. Petersburg in Marsch gesetzt haben. Es ist natürlich von höchster Bedeutung, zu verhindern, daß dieser Vorstoß sein Ziel erreicht. Auf Veranlassung des kaiserlich russischen Stabes soll ich Ihre Aufmerksamkeit auf die Tatsache richten, daß Ihr Geschwader unter den gegebenen Umständen vor Riga wertvolle Dienste leisten könnte, da sich die Franzosen dieser Stadt bemächtigen müssen, ehe sie ihren Vormarsch nach St. Petersburg fortsetzen können. Ich möchte diesen Vorschlag des russischen Stabes durch meinen persönlichen Rat unterstützen und stelle Ihnen daher auch von mir aus dringend anheim, der Stadt Riga so lange Ihre Unterstützung zu gewähren, als Ihre ursprünglichen Befehle das zulassen.

Aufgrund der mit meiner Stellung und Aufgabe verbundenen Vollmachten setze ich Sie davon in Kenntnis, daß ich es im Interesse der Landesverteidigung für wichtig halte, den gegenwärtig unter Ihrem Kommando stehenden Kutter Clam *unverzüglich nach England zu entsenden, um die Nachricht von dem Kriegsausbruch mit größtmöglicher Schnelligkeit dorthin zu übermitteln. Ich gebe mich der bestimmten Erwartung hin, daß Sie hiergegen keine Einwendungen erheben werden.*

Es ist mir eine besondere Ehre, Sir, usw. usw.
Cathcart
Seiner Britischen Majestät bevollmächtigter
Minister und außerordentlicher Gesandter am
Hofe seiner Kaiserlichen Majestät

»Cathcart ist ein tüchtiger Mann«, bemerkte Wychwood, als er sah, daß Hornblower fertiggelesen hatte. »Sowohl als Soldat wie als Diplomat kann er Merry in Stockholm zweimal einstecken. Ich bin froh, daß Wellesley ihm diesen Posten gegeben hat.«

Jedenfalls war dieses Schreiben in einem ganz anderen Ton abgefaßt als das von Merry damals. Cathcart maßte sich eben nicht an, einem Kommodore Befehle zu erteilen.

»Sie kehren also mit der *Clam* nach England zurück«, sagte Hornblower. »Ich muß Sie nur bitten, so lange zu warten, bis ich meinen eigenen Bericht an die Admiralität abgeschlossen habe.«

»Das ist doch klar«, sagte Wychwood.

»Es dauert nur ein paar Minuten«, sagte Hornblower. »Vielleicht leistet Ihnen Kapitän Bush solange Gesellschaft. Sicher wird auch sonst eine Menge Post nach England mitzunehmen sein. Außerdem möchte ich meinen Sekretär gleichfalls an Bord der *Clam* nach England zurückschicken und darf Ihnen wohl die seinen Fall betreffenden Papiere anvertrauen.«

Als Hornblower wieder allein in seiner Kajüte war, öffnete er seinen Schreibtisch und holte Tinte und Feder heraus. Dem Bericht war wenig hinzuzufügen. Er las die letzten Worte: *Ich darf mir erlauben, Korvettenkapitän William Vickery und Leutnant Percival Mound sowohl wegen ihres ausgezeichneten persönlichen Verhaltens als auch wegen ihrer beruflichen Tüchtigkeit der besonderen Aufmerksamkeit Ihrer Lordschaften zu empfehlen.* Dann begann er einen neuen Satz: *Ich nehme die Entsendung der* Clam *nach England zum Anlaß, dieses Schreiben zu übermitteln. In Übereinstimmung mit dem Vorschlag Seiner Exzellenz Lord Cathcarts werde ich mich mit dem Rest meines Verbandes sofort nach Riga begeben, um dort den russischen Streitkräften alle mögliche Unterstützung zuteil werden zu lassen.* Einen Augenblick dachte er daran, noch eine der üblichen Formeln hinzuzufügen, zum Beispiel: *Ich hoffe, daß dieses Vorgehen die Billigung Ihrer Lordschaften finden wird*, oder etwas Ähnliches. Aber er ließ seine Absicht gleich wieder fallen, denn das wären doch nur leere und nichtssagende Worte gewesen. Er tauchte seine Feder ein und schrieb dann einfach: *Ich habe die Ehre zu sein Ihr gehorsamer Diener Horatio Hornblower, Kapitän zur See und Kommodore.*

Während er das Schreiben zusammenfaltete, rief er nach Brown. Dann schrieb er die Adresse: *Edward Nepean Esq., Sekretär der bevollmächtigten Lords der Admiralität.* Brown brachte ihm Kerze und Siegellack, er versiegelte seinen Brief mit Sorgfalt und legte ihn beiseite. Jetzt nahm er einen neuen Bogen und begann wieder zu schreiben:

H. M. S. Nonsuch, Ostsee

Meine liebe Frau –
Der Kutter wartet auf die Post nach England, deshalb kann ich den Briefen, die ich Dir in Erwartung einer solchen Gelegenheit schon früher geschrieben habe, nur diese wenigen Zeilen hinzufügen. Ich bin bei bester Gesundheit, und meine Unternehmungen haben bis jetzt einen günstigen

Verlauf genommen. Soeben hat mich die große Nachricht vom Ausbruch des Krieges zwischen Bonaparte und Rußland erreicht. Ich hoffe, daß dieser Schritt Bonapartes sich zuletzt als sein größter Fehler erweisen wird, für die nähere Zukunft sehe ich allerdings nur langwierige und verlustreiche Kämpfe voraus. Leider wird es mir durch diese Umstände fürs erste nicht vergönnt sein, Deine liebe Nähe zu genießen, wenigstens so lange nicht, bis das Eis in den Häfen weitere Operationen in diesen Gewässern verbietet.

Ich nehme als gewiß an, daß Du wohlauf und guter Dinge bist und daß die Anstrengungen der Londoner Season Dir nicht allzuviel anhaben konnten. Vor allem beruhigt mich der Gedanke, Dich wieder in der guten Luft von Smallbridge zu wissen, die bald wieder Rosen auf Deine Wangen zaubern wird, so daß auch die Launen der Schneiderinnen und Putzmacherinnen Deine Gesundheit und Deinen Seelenfrieden nicht mehr über Gebühr beeinträchtigen werden.

Ich hoffe auch, daß Richard so brav und gehorsam ist, wie es sich gehört, und daß seine Zähnchen auch weiterhin ohne größere Störungen und Schwierigkeiten durchbrechen. Wie schön wäre es, wenn er schon so groß wäre, daß er mir selbst schreiben könnte, besonders wenn er mir dann über Dich berichtete – nur ein Brief von Dir selbst könnte mir noch mehr Freude machen. Ich denke, daß auch uns bald Post aus England erreichen wird, und freue mich schon jetzt darauf, von Dir nur Gutes zu hören.

Wenn Du Deinen Bruder, Lord Wellesley, siehst, dann bestelle ihm bitte meinen ergebensten Gruß. Dir allein aber gehört meine ganze Liebe.

Dein getreuer Mann
Horatio

Wychwood nahm die Briefe, die ihm Hornblower gab, und schrieb auf Bushs Schreibtisch mit Bushs Feder eine Empfangsbescheinigung dafür. Dann streckte er ihm die Hand hin.

»Leben Sie wohl, Sir«, sagte er, zögerte einen Augenblick und fügte dann mit hastigen, verlegenen Worten hinzu: »Gott allein weiß, wie dieser Krieg ausgehen wird. Ich fürchte, die Russen werden geschlagen. Aber Sie haben mehr als irgendein anderer dazu beigetragen, den Krieg zum Ausbruch zu bringen. Sie haben wahrhaftig Ihre Pflicht getan, Sir.«

»Ich danke Ihnen«, sagte Hornblower.

Erregt und verstört stand er auf dem Achterdeck der *Nonsuch*, während über ihm zum Abschiedsgruß für die *Clam* die Kriegsflagge gedippt wurde, und beobachtete den Kutter, der jetzt seine Reise nach England antrat. Er sah ihm nach, bis er aus der Sicht verschwand. Inzwischen hatte auch die *Nonsuch* wieder vollgebraßt, um Riga anzusteuern, wo ihn gewiß neue, unbekannte Abenteuer erwarteten. Er wußte ganz genau, was ihm fehlte, er hatte ganz einfach Heimweh. Wie immer, wenn er nach Hause schrieb, brachte ihn auch jetzt wieder ein Sturm von Gefühlen völlig aus dem Gleichgewicht, und – seltsam genug – Wychwoods letzte Worte hatten diesen Aufruhr in seinem Inneren noch verstärkt. Sie hatten ihn an die schreckliche Last der Verantwortung erinnert, die er trug. Seine Handlungen und Unterlassungen hatten einen entscheidenden Einfluß auf die Zukunft der ganzen Welt und das Schicksal seines Vaterlandes. Endete dieses russische Abenteuer in Vernichtung und Niederlage, dann war es für jeden, der die Verantwortung dafür von sich abwälzen wollte, ein leichtes, ihm die Schuld daran zuzuschieben. Dann konnte man ihn als unfähig und kurzsichtig anprangern. Er ertappte sich sogar dabei, daß er sogar Braun beneidete, der jetzt als Gefangener auf dem Weg nach London war, den bestimmt ein Gerichtsverfahren und vielleicht sogar die Todesstrafe erwartete. Sehnsüchtig dachte er an seine winzigen Sorgen in Smallbridge und lächelte über sich selbst, als er sich daran erinnerte, welche Überwindung ihn der Empfang der Begrüßungsabordnung aus dem Dorf gekostet hatte. Er dachte auch an Barbaras immer bereite Herzlichkeit und an die Riesenfreude, die ihn durchströmte, als er sich darüber klar wurde, daß sein Richard ihn wirklich liebte und seine Gesellschaft genoß. Hier an Bord mußte er sich mit Bushs bedingungsloser Ergebenheit und der recht unbeständigen Bewunderung der jüngeren Offiziere begnügen.

Aber was nutzte diese Quälerei? Besser war es auf alle Fälle, sich ins Gedächtnis zu rufen, wie es wirklich gewesen war. Also zwang er sich, daran zu denken, mit welcher überschäumenden Erregung er jenen Befehl im Empfang genommen hatte, der ihn zum aktiven Dienst zurückrief, wie er leichten Herzens sein Kind verlassen und von seiner Frau sogar – hier gab es kein Beschönigen – mit einem Gefühl des Befreitseins Abschied genommen hatte. Die Aussicht, wieder einmal ganz sein eigener Herr zu sein, nicht auf Barbaras Wünsche hören zu müssen, nicht durch Richards Zähne belästigt zu werden, hatte ihm höchst erfreulich geschienen. Und nun beklagte er sich über die Last seiner Verantwortung, als ob Verantwortung nicht der Preis wäre, mit dem jede Unabhängigkeit unweigerlich zu bezahlen war! Es war unmöglich, gleichzeitig unabhängig und frei von Verantwortung zu sein. Das lag in der Natur der Dinge.

Das war alles gut und schön und logisch, aber es half ihm doch nicht an der Tatsache vorbei, daß er sich jetzt lebhaft wünschte, zu Hause zu sein. In der bloßen Vorstellung fühlte er den Druck von Barbaras Hand so lebhaft in der seinen, daß er nur mit einem Stich der Enttäuschung in die Wirklichkeit zurückfand. Er hätte auch Richard gern auf seinem Knie reiten lassen und hätte sich herzlich über den Jubel gefreut, in den er jedesmal ausbrach, wenn man sich den Riesenscherz erlaubte, ihn in die Nase zu kneifen. Dagegen hatte er nicht das geringste Bedürfnis, seinen Ruf, seine Freiheit und sein Leben bei gemeinsamen Operationen mit diesen undurchschaubaren Russen und in einem so gottverlassenen Winkel der Erde, wie Riga, aufs Spiel zu setzen. Bei diesem Gedanken überkam ihn jedoch ganz von selbst das Interesse an seiner neuen Aufgabe, und sogleich sagte er sich, daß er jetzt am besten unter Deck ging, um die Angaben des Segelhandbuchs über Riga nachzulesen und die Karte des Rigaischen Meerbusens genau zu studieren.

17

Der Festlandssommer war hier im Norden wie immer über Nacht gekommen. Während der vergangenen Woche vor Pillau war entschieden immer noch ein winterlich scharfer Hauch in der Luft zu spüren gewesen; heute, da Riga noch eben unter der Kimm lag, war voller, richtiger Sommer. Die brennende Hitze dieses Tages hätte den Doldrums Ehre gemacht, hätte die Luft nicht dennoch jene belebende Kraft besessen, die den Tropen fremd ist. Die Sonne stand wie eine Scheibe aus Messing am wolkenlosen Himmel, dabei war aber doch so viel Dunst in der Luft, daß die Kimm ihre Schärfe verlor. Es wehte eine leichte Zweimeilenbrise; da sie aus SW kam, reichte sie gerade aus, die *Nonsuch* unter allen Segeln – einschließlich der Leesegel zu beiden Seiten der Royals – im Steuer zu halten. Das Geschwader holte so viel Fahrt heraus, wie unter den gegebenen Umständen irgend möglich war; die *Lotus* stand Steuerbord vorn mit dem Rumpf unter der Kimm, die *Raven* folgte achtern ganz in der Nähe, und die Kanonenboote kamen in großem Abstand hinterher. Unter den heutigen Windverhältnissen war sogar die schwerfällige *Nonsuch* imstande, sie auszusegeln. Allenthalben herrschte tiefster Friede. Auf dem Vorschiff überholte eine Gruppe von

Seeleuten unter Anleitung des Segelmachers ein Großsegel, auf dem Mitteldeck holte eine andere Gruppe einen sogenannten Bären an Deck hin und her. Ein »Bär« ist eine riesige, mit Sand beschwerte Kokosmatte, er taugt noch besser zum Scheuern der Decksplanken als Sand und Steine. Auf dem Achterdeck hielt der Steuermann Unterricht in Navigation, seine Maaten und Fähnriche standen mit ihren Sextanten in der Hand im Halbkreis um ihn herum. Hornblower trat nahe genug heran, um hören zu können, wie ein Fähnrich – noch ein Kind vor dem Stimmbruch – seine Antwort auf die Frage herunterleierte, die soeben auf ihn abgefeuert worden war.

»Die Parallaxe ist der Winkel zwischen einer Linie vom Gestirn zum Erdmittelpunkt und einer Linie... und einer Linie... einer Linie...« Der Fähnrich hatte plötzlich zu seinem Schrecken bemerkt, daß der Kommodore hinter ihm stand. Seine Stimme begann zu zittern und erstarb dann völlig. Bis zu diesem Punkt hatte er Nories Leitfaden der Navigation wortwörtlich aufgesagt. Es war übrigens der junge Gerard, der Neffe des Zweiten Offiziers der *Sutherland*. Hornblower hatte ihn seinem Onkel zuliebe an Bord genommen, der immer noch in einem französischen Gefängnis saß.

Der Steuermann runzelte seine Stirn.

»Los, weiter, Mr. Gerard«, sagte er.

Hornblower sah im Geist den jungen Gerard schon vor sich, wie er, über ein Geschützrohr gebeugt, mit Hilfe eines geschmeidigen Stockes wenigstens darüber belehrt wurde, daß man Nories Leitfaden unbedingt auswendig können müsse. Da ihm der Junge leid tat, griff er eilends ein.

»... zwischen einer Linie vom Erdmittelpunkt zum Gestirn«, sagte er über Gerards Schulter hinweg, »und einer Linie vom Auge des Beobachters zum Mittelpunkt des Gestirns. Ist das richtig, Mr. Tooth?«

»Ganz richtig«, sagte der Steuermann.

»Ich glaube, Mr. Gerard hat es gewußt, nicht wahr, mein Junge?«

»Ja. Jawohl, Sir.«

»Das dachte ich mir, ich war auch in deinem Alter, als ich diesen Satz lernte.«

Hornblower nahm seinen Spaziergang wieder auf und hoffte, daß er Gerards mageres Hinterteil vor einer unsanften Behandlung bewahrt hatte. Daraus, daß der Fähnrich der Wache aufgeregt nach Tafel und Griffel rannte, entnahm er, daß auf einem Schiff des Verbandes ein Signal wehte. Zwei Minuten später trat der Fähnrich mit der Meldung in der Hand grüßend auf ihn zu.

»*Lotus* an Kommodore: ›Land in Sicht in Süd.‹«

Das war wohl Pissen, das an der Südseite der Einfahrt zum Rigaischen Meerbusen lag.

»Antworten Sie: ›Drehen Sie bei und erwarten Sie Kommodore.‹«

Wenn es nicht so diesig wäre, müßte die Insel Ösel im Norden aus dem Topp gerade noch zu erkennen sein. In diesem Augenblick überschritten sie also die Schwelle zu neuen Abenteuern. Einige siebzig Meilen weiter, im innersten Winkel der Bucht, lag die Stadt Riga und erzitterte wahrscheinlich gerade in diesem Augenblick bereits unter dem Angriff der Armeen Bonapartes. Er aber brauchte bei dieser bloßen Andeutung einer Brise gewiß noch mehrere Tage, ehe er die Stadt erreichte. Die Tatsache, daß sie nun erneut in die russischen Hoheitsgewässer einliefen, brachte nicht die geringste Störung in das ruhige Gleichmaß des Bordlebens. Alles und jedes nahm nach wie vor seinen planmäßigen Verlauf, und doch wurde Hornblower von einer dunklen Ahnung gepackt, als ob mancher, der jetzt mit ihm in diese Bucht einlief, nie mehr herauskommen sollte – wer wußte es, vielleicht kam keiner davon. Obgleich die Sonne heiß vom strahlenden Himmel auf ihn herunterbrannte, konnte er sich nur schwer von einem Frösteln befreien, das ihn bei all diesen düsteren Vorahnungen plötzlich befiel. Also auch er selbst – war es nicht ein seltsamer Gedanke, daß er ausgerechnet hier begraben sein sollte?

Irgendwer, die Russen, die Schweden oder die Finnen, hatte den Schiffahrtsweg durch die trügerischen Untiefen der Bucht von Riga gut ausgebojt. Obwohl das Geschwader für die Nacht ankern mußte, erlaubte es ein leichtes Auffrischen und Ausschießen des Windes, bis zum Abend des folgenden Tages das innerste Ende der Bucht zu erreichen. Am Mittag trafen sie einen Lotsen, einen Mann mit einem riesigen Vollbart, der selbst bei dieser glühenden Hitze Seestiefel und eine dicke, warme Jacke trug. Als Hornblower ihn mit Fragen über den Kriegsverlauf zu bestürmen begann, blinzelte er ihn an wie eine Eule. Ja, man hatte preußische und französische Kavalleriepatrouillen gesehen, die gegen Riga vorgingen. Und was den Hauptkampf betraf, da erzählte man sich von einer wütenden Schlacht bei Smolensk, und die Leute erwarteten allgemein, daß Bonaparte dort geschlagen würde. In Riga sehe es so aus, als träfe man Vorbereitungen für eine Belagerung – jedenfalls sei eine Unmenge Soldaten dort. Gestern sei er mit seinem Kutter ausgelaufen, da habe man überall Aufrufe angeschlagen, in denen das Volk aufgefordert wurde, bis zum letzten Mann zu kämpfen. Aber niemand könne sich im Ernst vorstellen, daß die Franzosen die Stadt wirklich angreifen würden.

Hornblower wandte sich zuletzt ungeduldig ab. Das war auch wieder so ein ahnungsloser Zivilist, der nichts von dem wußte, was wirklich vorging, und den Ernst der Lage keineswegs begriffen hatte. Livland, das in vergangenen Jahrhunderten ständig der Kampfplatz Nordeuropas gewesen war, hatte während der letzten drei Generationen keinen Gegner im Lande gesehen und alle Überlieferungen von früheren feindlichen Einfällen vergessen. Hornblower dachte nicht daran, mit seinem Geschwader in die Düna (seltsame Namen hatten diese Russen!) einzulaufen, wenn die geringste Gefahr bestand, daß ihm der Rückweg abgeschnitten wurde. Er starrte durch sein Glas nach dem flachen grünen Ufer hinüber, das nun endlich auch von Deck aus zu sehen war. Fast genau hinter dem Geschwader ruhte die Sonne in einem feurigen Wolkenbett auf dem Horizont, aber es blieb immer noch mindestens zwei Stunden hell. Die *Nonsuch* näherte sich leise und stetig ihrem Ziel, Riga. Da trat Bush auf ihn zu und hob grüßend die Hand an den Hut.

»Verzeihung, Sir, hören Sie es auch? Sollte das Geschützfeuer sein?«

Hornblower lauschte angespannt zum Land hinüber.

»Ja, weiß Gott, das ist Geschützfeuer!« sagte er.

Ein ganz schwaches, leises Brummen drang vom fernen Ufer gegen den Wind bis hierher.

»Die Froschfresser sind uns zuvorgekommen«, sagte Bush.

»Halten Sie sich bitte klar zum Ankern«, sagte Hornblower.

Langsam kroch die *Nonsuch* voran und glitt mit drei bis vier Knoten Fahrt dem Lande zu. Das Wasser ringsum war jetzt graugelb von dem Schlick, den der mächtige Strom zum Meer beförderte. Die Mündung der Düna war nur noch eine bis zwei Meilen entfernt. Nach den starken Frühjahrsregen und der Schneeschmelze führte sie bestimmt Hochwasser. Ein durch Tonnen bezeichneter Mittelgrund erlaubte Hornblower die genaue Bestimmung seines Schiffsortes. Danach gelangte er allmählich in den Bereich weittragender Geschütze, die an jenem flachen grünen Strand stehen mochten. Steuerbord vorn kam jetzt eine Kirche in Sicht, die in der gelben Flut zu stehen schien, ihr Zwiebelturm war von einem goldenen Kreuz gekrönt, das sogar auf diese Entfernung in der roten Glut des Sonnenunterganges leuchtete. Das war sicher der Ort Dünamünde am linken Stromufer. War er in französischer Hand, dann war das Einlaufen in die Mündung gefährlich und, wenn sie bereits schwere Geschütze aufgefahren hatten, unmöglich. Vielleicht war es schon soweit.

»Kapitän Bush«, sagte Hornblower, »ich wäre Ihnen verbunden, wenn Sie jetzt zu Anker gingen.«

Die Kette rasselte durch die Klüse, und die *Nonsuch* törnte in den Wind, während die Leute in die Toppen enterten, um die Segel festzumachen. Als eben die anderen Schiffe heranschlossen und gleichfalls ihr Ankermanöver vorbereiteten, beschlich Hornblower das Gefühl, übereilt gehandelt zu haben, am meisten bedauerte er, daß die Dunkelheit einbrach, ehe er Verbindung mit Land aufgenommen hatte.

»Lassen Sie mein Chefboot klarmachen«, befahl er. »Kapitän Bush, ich werde mich auf *Harvey* einschiffen. Während meiner Abwesenheit übernehmen Sie die Führung des Verbandes.«

Mound stand an Deck und empfing ihn grüßend, als er sich über das niedrige Schanzkleid der *Harvey* schwang. »Los, Mr. Mound, vollgebraßt! Wir wollen mit Kurs auf die Kirche da drüben näher ans Ufer heran. Sorgen Sie für einen guten Lotgast.«

Das Kanonenboot glitt wie ein Schatten über das glatte Wasser, sein Anker war gekattet und klar zum Fallen. Der Himmel war auch jetzt noch hell genug, denn hier auf 57 Grad nördlicher Breite sank die Sonne um diese Zeit kurz vor der Sonnenwende nur noch wenig unter den Horizont.

»Der Mond geht in einer Stunde auf, Sir«, sagte Mound, »er ist dreiviertel voll.«

Der Abend war wunderbar kühl und erfrischend, und das Schiff glitt lautlos über die silberne Fläche. Nur am Bug vernahm man das leiseste Plätschern. Jetzt noch ein paar hübsche Mädchen, kam es Hornblower in den Sinn, und ein Gitarrenspieler dazu, und wir haben die schönste Segelpartie. Da fiel ihm an Land etwas auf, er riß sein Glas ans Auge, und Mound tat im selben Augenblick das gleiche.

»An Land sind Lichter zu sehen«, sagte Mound.

»Das sind Biwakfeuer«, gab Hornblower zur Antwort. Wie Biwakfeuer von weitem aussahen, wußte er, weil er sie von früher kannte – er dachte an die Feuer von El Supremos Armee in Zentralamerika und die Feuer seines eigenen Landungskorps damals in Rosas. Sie funkelten rötlich im Zwielicht und bildeten einigermaßen ausgerichtete Reihen. Hornblower schwenkte sein Glas und entdeckte gleich noch eine zweite Gruppe solcher Feuer. Zwischen der einen und der anderen Anhäufung war ein dunkler Zwischenraum, auf den er Mound aufmerksam machte:

»Ich glaube, das ist das Niemandsland zwischen den beiden Parteien«, sagte er. »Wahrscheinlich halten die Russen das Dorf auf dem linken Flußufer.«

»Wäre es nicht denkbar, daß alle diese Feuer französisch sind, Sir?« fragte Mound. »Oder alle russisch?«

»Nein«, sagte Hornblower. »Soldaten fällt es nicht ein, zu biwakieren, wenn sie in Dorfquartieren unterkommen können, wo sie ein Dach über dem Kopf haben. Wenn diese Truppen hier nicht am Feind stünden, dann schliefe jetzt alles friedlich in den Betten und Scheunen der Bauern.«

Es entstand eine lange Pause, während derer Mound die Worte Hornblowers verarbeitete.

»Zwei Faden, Sir«, sagte er schließlich. »Wenn Sie gestatten, möchte ich abfallen.«

»Sehr schön, tun Sie das, aber halten Sie sich so dicht unter Land, als Ihnen zulässig scheint.«

Die *Harvey* fiel ab, bis sie den Wind querein hatte, ein paar Seeleute fierten die Großschot. Über Land ging rund und rot der Mond auf. Die Kuppel der Kirche stand als schwarze Silhouette davor. Da hörte man den scharfen Ruf des Ausguckpostens vom Bug.

»Boot voraus! Noch gut frei an Backbord. Ein Ruderboot, Sir!«

»Fangen Sie mir dieses Boot, Mr. Mound, wenn Sie irgend können!«

»Aye, aye, Sir, zwei Strich Steuerbord! Die Gig klar! Bootsbesatzung an Deck!«

Jetzt war, nicht weit voraus, der undeutliche Umriß des Bootes zu unterscheiden. Man konnte sogar die hellen Spritzer sehen, die seine Riemen bei jedem Schlag verursachten. Hornblower fiel gleich auf, wie ungeschickt diese Bootsbesatzung pullte, auch der Bootssteuerer stellte sich nicht eben begabt an, wenn ihm daran lag, der Gefangennahme zu entgehen. Wollte er das nämlich, dann hätte er sofort flaches Wasser aufsuchen müssen, statt sich auf ein Wettrennen Ruder gegen Segel einzulassen, dessen Ausgang selbst bei dieser leichten Brise nicht zweifelhaft war. Es dauerte Minuten, ehe sie auf den Gedanken kamen, sich dem Ufer zuzuwenden, bis dahin aber war ihr Vorsprung schon stark zusammengeschrumpft.

»Hart Steuerbord!« schrie Mound. »Gig zu Wasser!«

Die *Harvey* drehte in den Wind. Während sie allmählich Fahrt verlor, klatschte die Gig ins Wasser, und die Bootsbesatzung stürzte sich hinein.

»Ich brauche Gefangene!« rief Hornblower dem ablegenden Boote nach.

»Aye, aye, Sir«, kam die Antwort, während schon die ersten Ruderschläge das Wasser peitschten.

Unter den Schlägen ihrer geübten Bootsbesatzung kam die Gig dem unbekannten Boote rasch auf. Als sie trotz der Mondhelle aus Sicht kam, hatte sich der Abstand zwischen den beiden Booten schon beträchtlich verringert. Da flammte plötzlich ein halbes Dutzend roter Mündungsfeuer auf, und gleich darauf drang auch der schwache Knall von Pistolenschüssen über das Wasser.

»Hoffentlich sind es keine Russen, Sir«, sagte Mound.

Diese Möglichkeit machte auch Hornblower zu schaffen und versetzte ihn in unruhige Spannung. Aber er gab barsch zur Antwort:

»Ach was, die Russen würden nicht vor uns ausreißen. Sie können nicht annehmen, daß sich hier etwa französische Schiffe herumtreiben.«

Es dauerte nicht lange, da tauchten beide Boote wieder aus dem Halbdunkel auf. Sie ruderten mit langsamen Schlägen.

»Wir haben sie alle, Sir«, antwortete eine Stimme auf Mounds Anruf.

Fünf Gefangene wurden über das Schanzkleid der *Harvey* geschoben und gestoßen, einer von ihnen stöhnte vor Schmerz, weil eine Pistolenkugel seinen Arm durchschlagen hatte. Man schaffte eine Laterne herbei, um sie anzuleuchten, und Hornblower seufzte erleichtert auf, als er auf der Brust des Führers den glänzenden Stern der Ehrenlegion erkannte.

»Ich bitte Sie um Angabe Ihres Namens und Ihrer Dienststellung, Monsieur«, sagte er höflich in französischer Sprache.

»Jussey, Bataillonskommandeur im Geniekorps der kaiserlichen Armeen.«

Also ein Major der Pioniere, das war kein übler Fang. Hornblower machte eine Verbeugung und stellte sich vor. Unterdes überlegte er fieberhaft, wie er diesen Major dazu bringen könnte, alles zu sagen, was er wußte.

»Ich bedaure außerordentlich«, sagte er dann, »daß ich Monsieur le Chef de Bataillon als meinen Gefangenen betrachten muß, und noch dazu bei Beginn eines so aussichtsreichen Feldzuges. Aber vielleicht habe ich schon bald das Glück, einen Austausch in die Wege leiten zu können. Ich nehme an, Monsieur le Chef de Bataillon hat Kameraden in der französischen Armee, denen er gern Nachricht über sein Schicksal zukommen lassen möchte? Ich werde den ersten Parlamentär damit beauftragen, sie zu überbringen.«

»Der Marschall Herzog von Tarent wäre bestimmt froh, über mich zu hören«, sagte Jussey schon etwas weniger steif, »ich bin in seinem Stabe.«

Der Marschall Herzog von Tarent war Macdonald, der hier den Oberbefehl hatte – der Sohn eines schottischen Emigranten, der nach dem Aufruhr des jungen Prätendenten außer Landes gegangen war. Möglicherweise war Jussey sogar Chef seines Pionierstabes. Das war ein Fang, der alle seine Hoffnungen übertraf.

»Es war ein höchst unglücklicher Zufall, der Sie in unsere Hand fallen ließ«, sagte Hornblower. »Wie konnten Sie auch ahnen, daß zur Zeit ein britisches Geschwader in dieser Bucht operiert!«

»Ich wußte auch nichts davon. Unsere Gewährsmänner behaupteten das Gegenteil. Aber diese Livländer...«

Also ließ sich der französische Stab von livländischen Verrätern unterrichten. Das war nicht schwer zu erraten, und doch war es besser, die Bestätigung dafür zu haben.

»Sie sind so unzuverlässig wie alle Russen«, meinte Hornblower verständnisinnig. »Ihr Kaiser dürfte keinem starken Widerstand begegnet sein.«

»Smolensk ist unser, der Kaiser marschiert auf Moskau, und wir haben die Aufgabe, St. Petersburg zu besetzen.«

»Wird Ihnen die Überschreitung der Düna keine Schwierigkeiten bereiten?«

Jussey zuckte im flackernden Lampenlicht die Achseln. »Das glaube ich nicht. Wir brauchen nur hier an der Mündung beherzt überzusetzen, dann ziehen sich die Russen auf der ganzen Linie zurück, weil ihre Flanke eingedrückt ist.«

Das also war Jusseys Aufgabe, er suchte an der Mündung der Düna nach einem geeigneten Platz zur Landung französischer Truppen auf der noch von den Russen besetzten Seite des Stromes.

»Das ist ein kühnes Unternehmen, Monsieur, das die große Tradition der französischen Armee würdig fortsetzt. Zweifellos haben Sie reichlich Schiffsraum, um Ihre Truppen überzusetzen.«

»Ein paar Dutzend Schuten. Wir haben sie in Mitau erbeutet, ehe die Russen sie zerstören konnten.«

Jussey hielt plötzlich inne. Man sah ihm an, daß er über seine eigene Offenherzigkeit erschrocken war.

»Die Russen sind unfähig«, sagte Hornblower im Tone völligen Einverständnisses. »Entschlossener Angriff, der ihnen keine Zeit gibt, immer wieder Fuß zu fassen, ist natürlich das beste Mittel, mit ihnen fertig zu werden. Aber ich bitte Sie, mich zu entschuldigen. Die Pflicht ruft.«

Im Augenblick war aus diesem Jussey wohl nichts mehr herauszuholen. Aber das Wesentlichste hatte er ja schon erfahren, daß nämlich den Franzosen eine ganze Flotte von Schuten in die Hände gefallen war, die die Russen aus Nachlässigkeit oder infolge ungünstiger Umstände nicht rechtzeitig zerstört hatten, und daß sie damit zum Angriff auf die russische Flanke über die Flußmündung setzen wollten. Hornblower hoffte, Jussey dadurch wieder zu einer offenen Sprache zu verleiten, daß er sich für den Augenblick völlig gleichgültig stellte. Jussey verbeugte sich, und Hornblower wandte sich an Mound. »Wir wollen zum Geschwader zurück«, sagte er.

Mound gab sogleich die entsprechenden Befehle und brachte die *Harvey* auf dem Steuerbordbug hart an den Wind. Die französischen Kriegsgefangenen duckten sich ängstlich, als der schwere Großbaum über ihre Köpfe schwang, und wurden dabei von den an die Großschot rennenden Matrosen angerempelt. Während Jussey und Hornblower miteinander redeten, hatten zwei der Gefangenen ihrem verwundeten Kameraden den Ärmel aufgeschnitten und seinen Arm verbunden. Nun saßen sie alle im Wassergang, wo sie nicht störten, während die *Harvey* langsam zum Ankerplatz der *Nonsuch* zurückkreuzte.

18

»Auf Riemen!« kommandierte Brown, und die Chefbootsbesatzung hörte auf zu pullen. »Bug!«

Der Bugmann legte seinen Riemen ins Boot und griff nach dem Bootshaken, während Brown mit dem Chefboot in der wirbelnden Strömung der mächtigen Düna sauber an der Pier längsseit schor. Eine neugierige Schar von Rigensern beobachtete das Manöver und gaffte offenen Mundes, als Hornblower die steinernen Stufen zur Straße emporeilte, Epauletten, Ordensstern und Säbel glitzerten in der brennenden Sonne. Jenseits der Schuppenreihe am Quai vermutete er einen breiten, von spitzgieblign, mittelalterlichen Häusern umstandenen Platz, aber er hatte keine Zeit, sich mit diesen ersten Eindrücken von der Stadt Riga zu befassen. Da stand schon die übliche Ehrenwache, die er begrüßen mußte, an ihrer Spitze der übliche Offizier und neben ihm die wohlbeleibte Gestalt des Gouverneurs, General Baron von Essen.

»Die Stadt Riga heißt Sie willkommen«, sagte Essen. Er war ein Balte, ein Abkömmling jener deutschen Ritter, die Livland vor Jahrhunderten den Heiden entrissen hatten. Das Französisch, das er sprach, erinnerte in seiner explosiven Art etwas an den Dialekt der Elsässer. Ein offener Wagen mit zwei feurigen, unablässig tänzelnden Pferden erwartete sie. Der Gouverneur half Hornblower beim Einsteigen und setzte sich dann neben ihn.

»Unser Weg ist nur ganz kurz«, sagte er, »aber wir wollen doch die Gelegenheit benutzen, uns dem Volke zu zeigen.«

Der Wagen holperte und schwankte ganz fürchterlich durch die mit Katzenköpfen gepflasterten Straßen, Hornblower rutschte zweimal, nach besonders heftigen Stößen, der Dreimaster aufs Ohr, so daß er ihn mit einem raschen Griff wieder zurechtsetzen mußte, aber er brachte es doch fertig, aufrecht und mit gleichmütigem Gesicht sitzenzubleiben, während sie durch enge, menschenerfüllte Straßen rasten und von allen Leuten mit höchster Neugier angestarrt wurden. Es konnte nicht schaden, wenn die Einwohner der belagerten Stadt einen britischen Seeoffizier in voller Uniform zu Gesicht bekamen, sein Anblick bot ihnen die Gewähr, daß Riga in dieser Stunde der Prüfung nicht ohne Freunde war.

»Das Haus der Ritterschaft«, erklärte Essen, als der Kutscher vor einem schönen alten Gebäude anhielt, das von einer Postenkette bewacht war. Im Haus empfingen sie Offiziere in Uniform, einige wenige Zivilisten in Schwarz und viele, viele Frauen in großen Toiletten. Einige der Offiziere hatte Hornblower schon am Morgen bei der Besprechung in Dünamünde kennengelernt; Essen beeilte sich, ihn mit den übrigen Anwesenden bekannt zu machen, soweit es sich um Leute von Rang und Bedeutung handelte.

»Seine Exzellenz, der Herr Statthalter von Livland«, sagte Essen, »und Gräfin . . .«

»Ich habe bereits das große Vergnügen gehabt, Frau Gräfin kennenzulernen«, unterbrach ihn Hornblower.

»Der Kommodore war mein Tischherr bei einem Diner in Peterhof«, erklärte die Gräfin.

Sie war so schön und so lebenslustig wie je, während sie, die Hand auf dem Arm ihres Gatten, vor ihm stand, nur ihr Blick war vielleicht nicht ganz so schwül, wie er damals gewesen war. Mit höflicher Gleichgültigkeit neigte sie vor Hornblower den Kopf. Ihr Mann war groß und knochig und alles andere als jung, von der Oberlippe hing ihm ein dünner Schnurrbart herab, und seine

Kurzsichtigkeit zwang ihn dazu, ein Monokel zu tragen. Lächerlich, daß ihn diese Begegnung verlegen machte, und doch war es so, aber er durfte sich um Gottes willen nichts anmerken lassen. Der Statthalter mit seiner Vogelnase sah ihn womöglich noch gleichgültiger an als seine Frau. Die meisten anderen Leute waren begeistert, einen englischen Seeoffizier kennenzulernen, der Statthalter allein bemühte sich gar nicht, zu verbergen, daß er, der unmittelbare Stellvertreter des Zaren und ständige Gast in den kaiserlichen Palästen, diesen provinziellen Empfang langweilig fand und daß auch der Ehrengast in seinen Augen nur irgendein kleiner Niemand war.

Hornblower war jetzt mit der Etikette bei offiziellen russischen Festessen vertraut, vor allem wußte er, daß die Tische mit den Hors d'œuvres nur einen vorbereitenden Imbiß boten. Wieder bekam er Kaviar und Wodka zu kosten, und heute weckte der herrliche Zusammenklang dieser beiden guten Dinge plötzlich einen Sturm von Erinnerungen in ihm. Gegen seinen Willen suchten seine Augen nach der Gräfin, dort stand sie und plauderte mit einem halben Dutzend würdiger Herren in Uniform. Nun begegnete ihm ihr Blick – eine Sekunde nur –, und doch lange genug. Der Blick schien ihm zu sagen, daß auch sie an damals dachte. Hornblower wirbelte ein wenig der Kopf, da faßte er sofort den Entschluß, heute abend nicht mehr zu trinken. Er wandte sich ab und stürzte sich in ein Gespräch mit dem Gouverneur.

»Wie köstlich Kaviar und Wodka einander ergänzen«, sagte er, »dieses Paar reiht sich würdig all den anderen Zusammenstellungen an, die uns von den Pionieren des Feinschmeckertums geschenkt worden sind, wie Spiegeleier mit Speck, Rebhuhn mit Burgunder, Spinat und ... und ...«

Er suchte nach dem französischen Wort für Schinken, bis ihm der Gouverneur zu Hilfe kam, wobei seine kleinen blauen Äuglein in dem runden, roten Gesicht vor Begeisterung aufleuchteten.

»Sie sind selbst ein Gourmet, Sir?«

Nun fiel es leicht, die übrige Zeit bis zum Diner auszufüllen, denn Hornblower hatte einige Übung darin, sich mit einem Partner über Kochkunst zu unterhalten, der auf diesem Gebiet Interesse mit Sachkunde vereinte. Mit Hilfe einiger Anleihen an seine Phantasie beschrieb er die Tafelgenüsse Westindiens und Mittelamerikas. Glücklicherweise hatte er sich während seines letzten Urlaubs mit seiner Frau in wohlhabenden Londoner Kreisen bewegt und an verschiedenen berühmten Tafeln gegessen, von denen vor allem die des Mansion House Erwähnung verdiente. Das gab ihm eine gute Grundlage an europäischer Erfahrung als nützliche Stütze für seine Phantasie. Der Gouverneur dagegen hatte sich die Feldzüge, an denen er teilnahm, zunutze gemacht, um die Kochkunst der Länder zu studieren, in die er jeweils verschlagen wurde. Während der Kampagne von Austerlitz hatte er die Wiener und Prager Küche genossen, bei seinem Aufenthalt auf den Sieben Inseln rezinierten Wein gekostet, und als er die Frutti di mare erwähnte, die er in Livorno vorgesetzt bekam, während er unter Suwarow in Italien diente, da schlug er in heller Verzückung die Augen auf.

Ob bayerisches Bier, schwedischer Schnaps oder Danziger Goldwasser, er hatte von allem getrunken, genau wie er auch von allem gegessen hatte, ob es nun westfälischer Schinken war oder italienische Beccaficos oder türkische Rahat-Lakoumia. Gespannt hörte er Hornblower zu, als dieser von den gebackenen fliegenden Fischen oder von dem Pfeffertopf erzählte, der eine Spezialität von Trinidad ist, und trennte sich mit echtem Bedauern von seinem Gesprächspartner, als ihn seine Pflicht dazu zwang, den Vorsitz an der Tafel zu übernehmen. Aber auch dann ließ er sich angelegen sein, Hornblower immer wieder auf die Speisen aufmerksam zu machen, die aufgetragen wurden. Dabei lehnte er sich weit vor, um ihn über zwei Damen und den Statthalter von Livland hinweg anzusprechen, und als das Diner vorbei war, entschuldigte er sich bei ihm, daß das Essen mit so stilwidriger Plötzlichkeit beendet werden mußte. Er beklagte sich bitter darüber, daß er sein letztes Glas Kognak so hastig hinunterstürzen mußte, weil man für die Festvorstellung des Balletts, die noch auf dem Programm stand, schon eine volle Stunde verspätet sei.

Mit schweren Schritten stieg er etwas später die steinerne Freitreppe des Theaters empor, seine Sporen klingelten silbern dazu, und der schwere Schleppsäbel an seiner Seite rasselte laut über die Stufen. Zwei Ordner gingen voran, und hinter Hornblower und Essen folgten die höchsten Spitzen der Gesellschaft, die Gräfin mit ihrem Mann und zwei weitere hohe Beamte mit ihren Frauen. Die Ordner öffneten die Logentür, und Hornblower wollte vor der Schwelle warten, um die Damen zuerst eintreten zu lassen.

»Der Kommodore hat den Vortritt«, verkündete Essen. Hornblower kam der Aufforderung nach und trat ein. Das Theater war hell erleuchtet, vom Parkett bis zur Galerie drängte sich eine festliche Menge. Als Hornblower erschien, schlug ihm donnernder Applaus entgegen, der ihn für einen Augenblick förmlich lähmte, so daß er bewegungslos stehenblieb. In der nächsten Sekunde hatte er die glückliche Eingebung, sich erst nach der einen und dann nach der anderen Seite zu verbeugen – »Wie ein Schauspieler«, sagte er sich. Nun stellte jemand einen Stuhl hinter ihn, und er nahm inmitten der mit ihm Erschienenen Platz. Sofort begannen die Theaterdiener im ganzen Zuschauerraum die Lampen niederzuschrauben, und das Orchester setzte mit der

Ouvertüre ein. Dann hob sich der Vorhang, die Bühne zeigte eine Waldlandschaft. Und nun begann das Ballett.

»Ein frisches, junges Ding, diese Madame Nicolas«, sagte der Gouverneur im scharfem, durchdringendem Flüsterton. »Sagen Sie mir, ob sie Ihnen gefällt. Wenn Sie wollen, kann ich sie nach der Vorstellung kommen lassen.«

»Besten Dank«, flüsterte Hornblower zurück und war dabei verlegen wie ein Schuljunge. Dicht an seiner anderen Seite saß ja die Gräfin, und ihre warme Nähe wirkte so beunruhigend, daß er sich unmöglich wohl fühlen konnte.

Die Musik perlte durch den Raum, im goldenen Schein des Rampenlichts folgte das Ballett ihren verschlungenen Wegen, daß die Spitzenröckchen wehten und die schimmernden Beine flogen. Es wäre nicht ganz richtig, zu sagen, daß Musik auf Hornblower überhaupt keine Wirkung ausübte. Wenn er gezwungen war, längere Zeit ohne Unterbrechung Musik zu hören, dann wühlte ihr eintöniger Rhythmus in den dunklen Tiefen seines Wesens, während ihn die Melodie mit ihrem angeblichen Wohlklang quälte wie eine chinesische Wasserfolter. Fünf Minuten Musik konnte er stumpf und teilnahmslos über sich ergehen lassen, fünfzehn Minuten machten ihn zappelig, eine ganze Stunde aber war eine unerträgliche Qual. Er zwang sich mit Gewalt, während dieser endlosen Folter stillzusitzen, obwohl er seinen Stuhl jederzeit mit Freuden gegen das heißeste Kampfgewühl auf dem Achterdeck eines Schiffes eingetauscht hätte. Er suchte sein Gehör gegen das hartnäckige, zudringliche Geräusch abzuschließen, sich abzulenken, indem er seine ganze Aufmerksamkeit den Tänzerinnen widmete, der Madame Nicolas, die in schimmerndem Weiß über die Bühne pirouettierte, und den anderen, die in reizendem Gleichmaß, die Fingerspitzen am Kinn und den Ellenbogen in die Hand gestützt, auf Spitze an die Rampe getänzelt kamen. Aber das verschlug alles nicht, sein Elend wurde von Minute zu Minute schlimmer. Auch die Gräfin an seiner Seite begann unruhig zu werden. Ihre Gedanken teilten sich Hornblower mit, jedenfalls wußte er genau, was in ihr vorging. Aus der Literatur aller Zeiten, angefangen von der Ars amatoria bis zu den Liaisons dangereuses, kannte er rein theoretisch die Wirkung von Musik und Schauspiel auf das weibliche Gemüt, und in einem gewaltsamen Umschwung seines Gefühls haßte er in dieser Sekunde die Gräfin nicht minder als die Musik selbst. Er saß bewegungslos da und erduldete seiner Pflicht zuliebe stoisch die Qualen der verdammten Seelen. Nun rang er sich eine einzige Bewegung ab, die den Zweck hatte, seinen Fuß aus der Reichweite der Gräfin zu bringen. Er fühlte es, er wußte es, daß sie im nächsten Augenblick versuchen würde, ihn zu berühren, ohne Rücksicht darauf, daß ihr Mann mit seinem Vogelgesicht und dem eingeklemmten Monokel unmittelbar hinter ihnen saß.

Der Zwischenakt bot nur eine kurze Atempause, aber es schwieg doch wenigstens die Musik, und außerdem konnte man aufstehen. Die Logentür wurde aufgerissen, und er mußte sich blinzelnd an die einfallende Helligkeit gewöhnen. Dann verbeugte er sich höflich vor ein paar Nachzüglern, die dem englischen Gast ihre Aufwartung machen wollten und ihm durch den Gouverneur vorgestellt wurden. Aber die Pause schien ihm kaum begonnen zu haben, da war sie schon wieder vorbei, er mußte wieder Platz nehmen, das Orchester begann von neuem mit seinem infernalischen Gekratze, und dann öffnete sich der Vorhang für die nächste Szene.

Aber diesmal gab es eine wirksame Ablenkung. Hornblower war im ersten Augenblick noch nicht ganz sicher, was es war; der angespannte Wille, sich gegen die Außenwelt abzuschließen, hatte ihn vielleicht die ersten warnenden Schüsse überhören lassen. Aber dann erwachte er doch aus seinem Alptraum, weil er auch seiner Umgebung deutlich einen Wandel, eine neue, ängstliche Spannung anmerken konnte. Das Grollen des schweren Artilleriefeuers war nun deutlich zu vernehmen – das ganze Theater schien bei den heftigen Schlägen leise zu erzittern. Er hielt den Kopf ganz still, nur aus dem Augenwinkel versuchte er, einen Blick auf den Gouverneur zu erhaschen, der neben ihm saß, aber dieser war offenbar noch ganz von Madame Nicolas und ihrer Tanzkunst in Anspruch genommen. Dabei handelte es sich gewiß um ganz besonders schweres Feuer. Irgendwo in der Nähe schossen viele schwere Geschütze mit großer Feuergeschwindigkeit. Sein erster Gedanke waren natürlich seine Schiffe, aber die waren gut aufgehoben, das wußte er. Sie lagen vor der Mündung der Düna zu Anker, und wenn der Wind noch so stand, wie er beim Betreten des Theaters beobachtet hatte, dann konnte sie Bush unter allen Umständen in Sicherheit bringen, was immer geschah, auch wenn Riga selbst in diesem Augenblick einem Sturmangriff zum Opfer fiel. Das Publikum nahm sich ein Beispiel an der Haltung des Gouverneurs. Da sich dieser durch das Geschützfeuer nicht aus der Ruhe bringen ließ, machten auch die anderen Leute den tapferen Versuch, sorglos und unbeteiligt zu erscheinen. Dennoch wurde in der Loge die allgemeine Spannung deutlich fühlbar, als sich draußen auf dem steingepflasterten Gang rasche, sporenklirrende Schritte näherten. Sie kündigten die Ankunft eines Ordonnanzoffiziers an, der mit allen Zeichen der Eile eintrat und dem Gouverneur ein paar hastige Sätze ins Ohr flüsterte. Essen entließ ihn nach wenigen Worten. Als er wieder gegangen war, ließ er noch eine volle Minute verstreichen, die Hornblower so lang vorkam wie eine geschlagene Stunde. Erst dann beugte er sich zu ihm herüber:

»Die Franzosen haben versucht, Dünamünde durch

Handstreich zu nehmen«, erklärte er, »das ist natürlich völlig aussichtslos.«

Dünamünde war die Ortschaft, die am linken Dünaufer in dem von See und Strom gebildeten Winkel lag. Eine Belagerungsmacht, die darauf aus war, der Stadt Riga jede Hoffnung auf Entsatz von See her zu nehmen, mußte diesen Punkt natürlich zuerst angreifen. Dünamünde war fast eine Insel, die Bucht von Riga bot ihm Schutz von der Flanke, die eine volle Meile breite Düna deckte ihm den Rücken, und sonst war es von sumpfigen, grabendurchzogenen Marschen umgeben. Man hatte Meilen in der Runde die Bauern ausgehoben, um von ihnen schützende Brustwehren anlegen zu lassen. Wahrscheinlich versuchten die Franzosen, den Ort im Sturm zu nehmen, weil ihnen das im Fall eines Erfolges eine wochenlange Belagerung ersparte, außerdem wußten sie ja nicht, ob die Russen imstande oder willens waren, wirksamen Widerstand zu leisten. Macdonald begegnete hier der ersten ernsthaften Abwehr, seit er seinen Vormarsch durch Litauen begonnen hatte – die Hauptstreitkräfte der Russen verlegten Bonaparte bei Smolensk den Weg nach Moskau. Hornblower hatte erst heute morgen die Verteidigungswerke besichtigt, er hatte den besten Eindruck sowohl von der Stärke dieser Befestigungen als auch von der ruhigen Zuversicht der russischen Grenadiere, die sie besetzt hielten, und zog daraus die Folgerung, daß der Ort außer einer systematischen Belagerung nichts zu befürchten hatte. Und doch wünschte er sich jetzt, die felsenfeste Zuversicht teilen zu können, die der Gouverneur an den Tag legte.

Andererseits war wirklich alles getan, was getan werden konnte. Fiel der Ort, dann fiel er eben, das war nicht zu ändern, aber es bedeutete auch nicht mehr als den Verlust eines Außenwerks. Wurde der Angriff jedoch abgeschlagen, dann verbot es sich dennoch, den Erfolg auszunutzen, solange Macdonald über sechzigtausend

Mann verfügte, denen die Russen bestenfalls fünfzehntausend entgegenzusetzen hatten. Daß Macdonald gegen Dünamünde einen Handstreich versuchte, war klar. Es war interessant, zu überlegen, was er als nächstes unternahm, wenn dieser Versuch fehlschlug. Er konnte stromaufwärts marschieren und oberhalb der Stadt einen Übergang versuchen, dazu mußte er allerdings durch wegloses Bruch und Sumpf vordringen und an einer Stelle übersetzen, wo er keine Boote fand. Die andere Möglichkeit bestand darin, die Fahrzeuge zu benutzen, die ihm in Mitau in die Hand gefallen waren, und mit ihnen seine Truppen an der Mündung überzusetzen. Dünamünde blieb dann einfach im Rücken der Franzosen liegen, während sich die russische Besatzung von Riga vor die Wahl gestellt sah, entweder herauszukommen und sich dem Landungskorps zu stellen, oder aber den Rückzug auf St. Petersburg anzutreten. Es war wirklich schwer, zu raten, für welche Möglichkeit Macdonald sich entscheiden würde. Immerhin hatte er bereits Jussey vorgeschickt, um die Flußmündung zu erkunden. Obgleich er seinen Pionierchef bei diesem Unternehmen verloren hatte, mochte er die Aussicht, den Vormarsch gegen St. Petersburg ohne Verzug fortsetzen zu können, nach wie vor besonders verlockend finden.

Hornblower fand sich langsam wieder in seine Umgebung zurück und war höchst erfreut, daß ihm sein versunkenes Brüten über einen wesentlichen Teil des Balletts hinweggeholfen hatte. Er hätte natürlich nicht sagen können, wie lange seine Geistesabwesenheit gedauert hatte, glaubte aber doch, daß darüber eine ziemliche Zeit verstrichen war. Jedenfalls schwiegen jetzt die Geschütze, das hieß, daß der Überfall entweder abgeschlagen war oder aber einen vollen Erfolg gehabt hatte.

In diesem Augenblick ging wieder die Tür auf, wieder trat ein Ordonnanzoffizier ein und flüsterte dem Gouverneur eine Meldung ins Ohr.

»Der Angriff ist abgeschlagen«, sagte Essen zu Hornblower, »Jakouleff meldet, er habe fast keine Verluste gehabt, dagegen sei das Gelände vor der Ortschaft mit toten Franzosen und Deutschen übersät.«

Bei einem Fehlschlag des Angriffs war das nicht anders zu erwarten. Ein erfolgloser Überfall mußte dem Gegner schreckliche Verluste kosten. Macdonald hatte gehandelt wie ein Spieler, sein Einsatz waren ein paar tausend Menschenleben, der Gewinn, um den es ging, war das schnelle Ende der Belagerung. Er hatte dieses Spiel verloren. Dennoch konnte ein solcher anfänglicher Rückschlag eine »Grande Armée« höchstens zum Zorn reizen, nicht aber entmutigen. Die Verteidiger konnten also jeden Augenblick mit weiteren heftigen Angriffen rechnen.

Hornblower machte die herrliche Entdeckung, daß er wieder einen ganzen Akt des Balletts abgesessen hatte, ohne etwas davon zu merken. Da war schon die nächste Pause, durch die offene Tür fiel Licht in die Loge, und man konnte endlich wieder ein bißchen stehen und die Beine strecken. Er empfand es sogar als Erholung, höfliche Plattheiten mit den anderen auszutauschen und dabei ein Französisch anzuhören, das von den Sprachklängen halb Europas gefärbt war. Als die Pause zu Ende ging, nahm Hornblower mit ergebener Miene wieder auf seinem Stuhl Platz und war bereit, einen weiteren Akt des Balletts über sich ergehen zu lassen. Kaum hatte sich jedoch der Vorhang gehoben, da stieß ihn Essen heftig gegen den Schenkel, erhob sich und verließ die Loge. Hornblower folgte ihm auf dem Fuße.

»Wir wollen einmal nach dem Rechten sehen«, sagte er, sobald die Logentür hinter ihnen ins Schloß gefallen war. »Es hätte keinen guten Eindruck gemacht, wenn wir bei Beginn der Schießerei gleich aufgestanden wären. Jetzt ahnen die Leute nichts davon, daß wir in aller Eile aufgebrochen sind.«

Vor dem Theater hielt eine Gruppe Husaren zu Pferde, während zwei Diener ein paar weitere Pferde an den Köpfen hielten. Hornblower wurde sich darüber klar, daß er jetzt dazu verurteilt war, in seiner Galauniform einen Ritt zu unternehmen. Immerhin hatte eine solche Zumutung heute für ihn nicht mehr die ernsten Folgen von früher, er dachte mit Behagen an das Dutzend Paar seidener Strümpfe, das auf der *Nonsuch* wohlverwahrt in Reserve lag. Essen stieg in den Sattel, und Hornblower folgte seinem Beispiel. Der strahlendhelle Mond tauchte den ganzen Platz in sein klares Licht, als sie an der Spitze ihrer Eskorte klappernd über das Kopfpflaster trabten. Es ging um zwei Häuserecken und durch eine Straße, die mäßig bergab führte. Dann langten sie an der riesigen Schiffsbrücke an, die die Düna überspannte. Der Brückenbelag über den Pontons dröhnte hohl unter den Hufen der Gäule. Auf der anderen Seite lief der Weg auf einem hohen Steilufer entlang, das Land jenseits der Straße war von Gräben eingesäumt und durchschnitten, überall sah man Teiche und Tümpel, um die unzählige Lagerfeuer blinkten. Hier machte Essen halt und befahl dem Husarenoffizier, mit der halben Eskorte die Spitze zu nehmen.

»Ich habe keine Lust dazu, mich von meinen eigenen Leuten über den Haufen schießen zu lassen«, erklärte er dann, »die Wachen sind natürlich nervös, und in ein Dorf einzureiten, das gerade erst einen Nachtangriff hinter sich hat, ist sicher genauso gefährlich wie ein Sturmangriff auf eine Batterie.«

Hornblower war viel zu sehr mit sich selbst beschäftigt, als daß er dieser Sorge große Aufmerksamkeit hätte schenken können. Es fiel ihm ohnehin schwer, sich im Sattel zu halten, und der Säbel, das Ordensband, der Stern und der Dreimaster machten ihm seine Aufgabe nur noch schwerer. Wie er da hopsend auf seinem Gaul saß, bot er wirklich alles andere als eine gute Figur.

Trotz der nächtlichen Kühle vergoß er Ströme von Schweiß, und sobald er für einen Augenblick mit einer Hand die Zügel loslassen konnte, angelte er krampfhaft nach irgendeinem Stück seiner Ausrüstung. Sie wurden während ihres Rittes verschiedentlich angehalten, aber trotz der düsteren Prophezeiungen Essens fiel es keinem durchgedrehten Posten ein, auf sie zu schießen.

Wieder waren sie angerufen worden und zügelten ihre Pferde. Sie hatten sich inzwischen Dünamünde so weit genähert, daß die Kuppel der Kirche sich schon schwarz gegen den blassen Himmel abhob. Als das Hufgeklapper schwieg, drangen andere Laute an Hornblowers Ohr, ein klagendes Jammern, hie und da übertönt durch laute Schmerzensrufe – ein ganzer Chor stöhnender und schreiender Menschenstimmen. Die Wache ließ sie passieren, und sie ritten in das Dorf ein. Nun fanden sie auch die Erklärung für all das Stöhnen und Schreien, denn ihr Weg führte rechts an einer fackelbeleuchteten Wiese vorbei, auf der augenscheinlich ein Verbandsplatz eingerichtet war. Im Vorüberreiten fiel Hornblowers Blick auf einen nackten Körper, der sich in Schmerzen wand und mit Gewalt auf einem Tisch festgehalten wurde, während sich die Ärzte im Schein der Fackeln über ihn beugten wie Folterknechte aus der Inquisitionszeit und der Rasen ringsum mit stöhnenden, schmerzverkrümmten Verwundeten bedeckt war. Dabei hatte hier nur eine Plänkelei von Vorposten stattgefunden, eine ganz unbedeutende Affäre, die auf beiden Seiten höchstens ein paar hundert Mann gekostet hatte.

Am Kirchentor saßen sie ab. Essen trat als erster ein und erwiderte die Ehrenbezeigung der bärtigen Grenadiere, die das Tor bewachten. Mitten im Dunkel des weiten Raumes schimmerte ein heller Lichtkreis um einige Leuchter mit brennenden Kerzen. Dort saß eine Gruppe von Offizieren an einem Tisch. Sie tranken alle

Tee aus einem Samowar, der behaglich singend neben ihnen stand. Als der Gouverneur eintrat, standen alle auf, und Essen stellte vor:

»General Diebitsch, Oberst von Clausewitz – Kommodore Sir Hornblower.«

Diebitsch war Pole und Clausewitz Deutscher – es war jener preußische Offizier, von dem Hornblower schon früher einmal gehört hatte, ein hochgebildeter Soldat, der zu der Überzeugung gekommen war, daß wahre Treue zum Vaterland die Forderung an ihn stellte, Bonaparte unter allen Umständen zu bekämpfen, und zwar ohne Rücksicht darauf, auf welcher Seite sein König und sein Land dem Namen nach standen. Sie machten ihre Meldung in französischer Sprache. Der Feind hatte bei Mondaufgang den Versuch unternommen, die Ortschaft ohne Vorbereitung zu stürmen, und war blutig abgeschlagen worden. Man hatte auch Gefangene gemacht. Der Gegner hatte ein vorgeschobenes Gehöft besetzen können, war aber durch den eigenen Gegenangriff abgeschnitten worden. Außerdem waren auch an anderen Stellen des Dorfrandes einzelne Gefangene in russische Hand gefallen. Sie hatten den verschiedensten Einheiten angehört.

»Die Leute sind schon vernommen worden«, sagte Diebitsch, und Hornblower mußte denken, daß er sich als Gefangener alles andere wünschen möchte, als dem General Diebitsch zum Verhör in die Hände zu fallen.

»Ihre Aussagen waren recht wertvoll«, fügte Clausewitz hinzu und reichte dem Gouverneur ein Blatt Papier mit Notizen. Man hatte jeden Gefangenen nach seinem Bataillon gefragt, wie stark dieses sei, aus wie vielen Bataillonen das Regiment bestünde, zu welcher Brigade, welcher Division und welchem Armeekorps es gehöre. Clausewitz war im Begriff, nach diesen Angaben ein vollständiges Bild von der Zusammensetzung der französischen Kontingente der Angriffsarmee zu entwerfen, und glaubte, daraus auch ihre Stärke ziemlich genau schätzen zu können.

»Die Stärke der preußischen Korps wissen wir ja schon«, warf Essen ein. Auf diesen Satz folgte ein peinliches Schweigen, wobei jeder vermied, dem Blick Clausewitz' zu begegnen. Von ihm rührten nämlich diese Angaben her. »In einer halben Stunde wird es hell«, lenkte Diebitsch ab und bewies damit mehr Taktgefühl, als man bei seiner äußeren Erscheinung von ihm erwartet hätte. »Vielleicht wollen sich die Herren von der Galerie aus selbst von der Lage überzeugen.«

Als sie die enge Steintreppe in der dicken Kirchenmauer erstiegen hatten und auf die offene Galerie hinaustraten, die rings um die Kuppel lief, war der Himmel schon wesentlich heller geworden. Das ganze flache Marschland war von hier aus einzusehen, die Gräben, die Seen und die schmale livländische Aa, die sich in unzähligen Windungen aus der Ferne heranschlängelte, fast am Fuß der Kirche vorbei durch den Ort floß und schließlich gerade in dem Winkel zwischen der See und der gewaltigen Düna mündete. Die Linien der Brustwehren und Verhaue, die man zur Verteidigung des linken Dünaufers aufgeworfen hatte, waren deutlich zu verfolgen. Was man jenseits davon sah, waren dürftige Anfänge von Erdwerken, mit deren Errichtung sich der Gegner bis jetzt anscheinend noch nicht ernstlich befaßt hatte. Der Rauch von tausend Kochstellen überzog das ganze Land.

»Wenn sich der Gegner dazu entschließt, eine regelrechte Belagerung durchzuführen«, begann Clausewitz in achtungsvoller Haltung, »dann wird er meiner Meinung nach auf folgende Weise vorgehen. *Dort*, zwischen dem Fluß und dem Fichtengehölz, wird er seine erste Parallele ziehen, um von dieser aus Sappen gegen den Ort vorzutreiben. Die Batterien wird er *dort* auf jener Landenge aufstellen. Nach etwa drei Wochen Arbeit dürfte es ihm möglich sein, seine Batterien auf das Glacis selbst vorzuschieben und zum Sturm zu schreiten. Der Gegner muß dieses Dorf auf jeden Fall wegnehmen, ehe er den Angriff auf die Stadt selbst beginnen kann.«

»Vielleicht haben Sie recht«, sagte Essen.

Hornblower konnte sich mit dem besten Willen nicht vorstellen, daß eine in vollem Vormarsch auf St. Petersburg begriffene napoleonische Armee von sechzigtausend Mann sich wirklich drei Wochen mit der Belagerung eines nebensächlichen Vorwerks aufhalten sollte, statt zunächst mit allen Mitteln einen schnellen Erfolg anzustreben, zumal sie das bereits durch den gestrigen Überfall versucht hatte. Er lieh sich von einem der Herren des Stabes ein Glas aus und widmete sich dann einem genauen Studium der Wasseradern und der Marschen, die sich vor ihm ausbreiteten. Dann ging er auf der Galerie um die Kuppel herum und betrachtete das stolze Bild der Stadt Riga, deren Türme jenseits des riesigen Stromes in den Morgenhimmel ragten. Flußabwärts in der Ferne konnte er gerade noch die Masten seines Geschwaders unterscheiden, das dort vor Anker lag, wo sich die Gewässer des Stromes mit denen der Bucht vermengten. Als winzige Punkte erschienen sie von hier aus, aber mochten sie sich auch in dieser Umgebung klein und unwichtig ausnehmen, deshalb war und blieb ihr Einfluß auf den Ablauf der Weltgeschichte doch nicht minder entscheidend.

19

Hornblower schlief gerade in seiner Kammer auf der *Nonsuch*, als der Alarm gegeben wurde. Selbst während er schlief – oder war er zwischendurch gelegentlich aufgewacht, ohne es selbst zu merken? –, hielt er sich unterbewußt über alle Vorgänge auf dem laufenden. So kam es, daß er beim Erwachen schon so ungefähr über die Veränderungen im Bilde war, die sich während der Nacht ergeben hatten. Im Schlaf – oder im Halbschlaf – hatte er sowohl das Umlaufen des Windes gespürt, das die *Nonsuch* an ihrem Anker schwojen ließ, als auch die kurzen, heftigen Regenböen wahrgenommen, die auf das Deck herniederprasselten. Richtig aufgewacht war er dann von dem durchdringenden Schrei der Deckswache und hatte schon die Schritte des Wachfähnrichs über sich gehört, der ihm die Meldung brachte. Als der Fähnrich klopfte und hereinkam, war er jedenfalls bereits hellwach.

»Eine Rakete von der *Raven*, Sir!«

»Gut«, sagte Hornblower und schwang seine Beine aus der Koje.

Da war auch schon Brown, der tüchtige Bursche – Gott allein wußte, wer ihn gewahrschaut hatte –, und hängte eine brennende Laterne an den Decksbalken. Er hielt Hose und Rock bereit, die Hornblower gleich über das Nachthemd anzog, um so rasch wie möglich an Deck zu kommen. Auf dem Weg nach dem finsteren Achterdeck rannte er krachend mit einer anderen Schattengestalt zusammen, die es ebenso eilig hatte.

»Verdammt, kannst du nicht aufpassen!« hörte man die schimpfende Stimme Bushs und dann in ganz verändertem Ton: »Ich bitte um Entschuldigung, Sir.«

Überall im Schiff trillerten die Pfeifen, um die Männer aus den Hängematten zu holen, und auf dem Großdeck klangen die Tritte von Hunderten nackter Füße wie ein Trommelwirbel. Montgomery, der wachhabende Offizier, stand an der Steuerbordreling.

»Die *Raven* schoß vor zwei Minuten eine Rakete, Sir. Sie peilt Süd zu Ost.«

Bush warf einen Blick in das durch ein Lämpchen erhellte Nachthaus des Kompasses und stellte fest: »Der Wind ist West zu Nord.«

Westwind und dunkle, stürmische Nacht, das waren Bedingungen, wie sie sich Macdonald nicht besser wünschen konnte, wenn er an der Mündung des Stromes Truppen übersetzen wollte. Er hatte zwanzig große Flußschiffe, auf denen er zur Not fünftausend Mann und einige Geschütze unterbringen konnte. Gelang es ihm, einen Verband von dieser Stärke über den Fluß zu werfen, dann war die russische Stellung nicht mehr zu halten. Wenn er umgekehrt das Spiel verlor und die fünftausend Mann als Tote, Ertrunkene oder Gefangene einbüßte, dann bedeutete das einen Schlag, der ihm wahrscheinlich für einige Zeit Einhalt gebot und damit den Russen einen wertvollen Zeitgewinn verschaffte. Befestigte Stellungen hatten ja letzten Endes keinen anderen Zweck als den, Zeit zu gewinnen. Hornblower hoffte jetzt nur eins, daß Cole auf der *Raven* ruhig abgewartet hatte, bis der Kopf der Franzosen auch richtig in der Schlinge saß, ehe er sein Alarmsignal gab.

Ein Ruf aus dem Topp ließ ihn aufmerken:

»Geschützfeuer in Luv, Sir!«

Von Deck aus konnte man nur ein winziges Flämmchen beobachten, das weit im Westen, einer Nadelspitze gleich, die Dunkelheit durchstach, gleich darauf sah man ein zweites.

»Das ist zu weit westlich«, sagte Hornblower zu Bush.

»Das glaube ich auch, Sir, schade!«

In dieser Richtung lag die *Raven* dicht am Rande der Untiefen vor Anker. Ihr geringer Tiefgang bestimmte sie für diese Verwendung. Vickery mit der *Lotus* schützte das andere Flußufer, und die *Nonsuch* lag gezwungenermaßen im Fahrwasser. Alle bewaffneten Boote des Geschwaders pullten Streifendienst in der Mündung des Stromes – ein Kriegsschiffskutter mit einem Dreipfünder am Bug wurde allemal mit einem Flußschiff fertig, auch wenn dieses dreihundert Soldaten an Bord hatte. Nach der Richtung des Geschützfeuers zu urteilen, hatte Cole den Alarm doch zu früh gegeben. Nun flammte auch in Lee ein Geschütz auf, der Knall konnte jedoch gegen den Wind nicht zu ihnen herdringen.

»Lassen Sie mein Boot klarmachen«, befahl Hornblower. Er brachte es einfach nicht fertig, hier an Deck stehenzubleiben und sich in nutzloser Spannung zu verzehren.

Das Chefboot setzte gleich darauf von der *Nonsuch* ab, die Männer an den Riemen mußten alle Kraft aufbieten, um gegen den Wind anzukommen. Brown, der im Dunkeln neben Hornblower saß, fühlte die gespannte Unruhe seines Vorgesetzten.

»Pullt, ihr A...!« brüllte er die Bootsgäste an. Mit der Hand an der Pinne stand er achtern auf der Ducht, während das Boot in dem kurzen Seegang mühsam gegenan kroch.

»Wieder ein Schuß, Sir, recht voraus«, meldete er Hornblower.

»Danke.«

Es dauerte eine endlose Viertelstunde. Das Boot arbeitete sich mit harten Stampfbewegungen durch die kurzen, steilen Seen voran, während die Männer an den Riemen alles hergaben, was sie an Kraft besaßen. Das Klatschen der Spritzer und das Knarren der Riemen in den Dollen bildete die eintönige Begleitmusik zu Hornblowers rasenden Gedanken.

»Dort schießen jetzt eine ganze Menge Geschütze, Sir«, meldete Brown.

»Ja, ich sehe«, erwiderte Hornblower.

Schuß um Schuß durchbohrte das Dunkel der Nacht. Augenscheinlich hatten die Wachboote alle ein einzelnes Opfer umringt.

»Da liegt die *Raven*, Sir. Soll ich längsseit gehen?«
»Nein, halt auf das Feuer zu.«

Die dunklen Umrisse der Korvette waren voraus eben zu erkennen. Brown legte etwas Ruder und brachte das

Chefboot auf einen Kurs, der etwa eine Kabellänge an der *Raven* vorüberführte. Er hatte nun das Geschützfeuer genau voraus. Als sie die *Raven* einige Minuten später querab hatten, blitzte es an ihrer Bordwand plötzlich auf, dann donnerte ein Schuß, und die Kugel heulte dicht über ihre Köpfe hinweg.

»Um Gottes willen!« rief Brown. »Haben diese Narren denn keine Augen im Kopf?«

Wahrscheinlich hatte man auf der Korvette das vorüberfahrende Boot angerufen. Als keine Antwort kam, weil der starke Wind den Anruf verwehte, hatte man sofort zu feuern begonnen. Schon wieder fiel auf der *Raven* ein Schuß, und einer von den Bootsgasten stöhnte vor Angst. Es war auch ein scheußlich bedrückendes Gefühl, von den eigenen Leuten beschossen zu werden.

»Längsseit gehen!« befahl Hornblower. »Ein Blaufeuer abbrennen!«

Auf der Korvette konnte jeden Augenblick eine volle Breitseite losdonnern, und dann blieb wahrscheinlich von dem Chefboot nicht mehr viel übrig. Hornblower nahm jetzt die Pinne, während Brown leise fluchend mit Feuerstein, Stahl und Zunder hantierte. Der Schlagmann legte ihm durch eine Bemerkung nahe, sich damit etwas zu beeilen.

»Halts Maul!« fuhr in Hornblower an.

Ein heilloses Durcheinander! Das entging natürlich keinem der Leute. Endlich gelang es Brown, einen Funken in den Zunder zu schlagen. Sogleich hielt er die Zündschnur des Blaufeuers daran und blies sie dann in Glut. Im nächsten Augenblick tauchte der Feuerwerkskörper Boot und Wasser ringsum in sein unirdisches Licht. Hornblower stand auf, daß man sein Gesicht und seine Uniform von der Korvette aus möglichst deutlich sehen konnte. Es war eine etwas dünne Rache, sich die Bestürzung auf der *Raven* vorzustellen, wenn sie dort merkten, daß sie auf ihren eigenen Kommodore geschossen hatten. Hornblower raste innerlich vor Zorn, als er der Korvette längsseit kam. Cole stand natürlich am Fallreep, um ihn zu empfangen.

»Nun, Mr. Cole?«

»Ich bitte um Entschuldigung, daß ich auf Sie geschossen habe, Sir, aber Sie haben meinen Anruf nicht beantwortet.«

»Sind Sie nicht auf den Gedanken gekommen, daß ich Sie bei dieser Windrichtung nicht gut hören konnte?«

»Jawohl, Sir, aber wir wissen, daß die Franzosen unterwegs sind. Die Boote haben sie vor einer Stunde angegriffen, und meine halbe Besatzung ist mit den Booten unterwegs. Angenommen, ich wäre von zweihundert französischen Soldaten geentert worden! Darauf durfte ich es doch nicht ankommen lassen.«

Cole war so zerfahren und aufgeregt, daß es gar keinen Sinn hatte, ihm etwas klarmachen zu wollen.

»Haben Sie die Alarmrakete geschossen?«

»Jawohl, Sir. Ich hatte Befehl, Sie davon in Kenntnis zu setzen, daß die Franzosen unterwegs waren.«

»Haben Sie sofort geschossen, als Sie das bemerkten?«

»Jawohl, Sir, natürlich, Sir!«

»Haben Sie sich nicht überlegt, daß Sie damit auch die Franzosen alarmierten?«

»Ich dachte, das hätte Ihrer Absicht entsprochen, Sir.«

Hornblower wandte sich verärgert ab. Der Mann hatte in seiner Aufregung einfach jeden Befehl vergessen, den er erhalten hatte.

»Ein Boot nähert sich von Luv, Sir«, meldete da die Stimme eines Mannes, dessen weiße Bluse in der beginnenden Dämmerung undeutlich zu erkennen war. Sofort rannte Cole aufgeregt nach vorn, Hornblower eilte ihm mit großen Schritten nach und holte ihn ein, als er an dem Kranbalken stehenblieb und nach dem Boot Ausschau hielt.

»Boot ahoi!« rief Cole durch sein Megaphon.

»Ja, ja!« kam die Antwort von Luv. Das war die richtige Antwort für ein Boot, das einen Offizier an Bord hatte. Das Boot war ein Kriegsschiffskutter, der unter seinem Luggersegel rasch näher kam. Hornblower sah, daß das Segel recht ungeschickt geborgen wurde und daß man für den Rest des Weges zur Korvette die Riemen klarnahm. In gleicher Höhe mit dem Bug der *Raven* drehte der Kutter schwerfällig auf und schor dann längsseit. Hornblower konnte erkennen, daß er gedrängt voll Menschen war.

»Soldaten!« rief Cole plötzlich und deutete aufgeregt mit dem Zeigefinger auf das Boot. »An die Geschütze! Kutter! Sofort ablegen!«

Auch Hornblower erkannte Tschakos und Lederzeug; das war wohl genau der Anblick, mit dem Coles Phantasie schon die ganze Nacht über gespielt hatte. Da drang eine beruhigende englische Stimme aus dem Boot herüber.

»Halt! Stopp! Dies ist der Kutter der *Lotus* mit Gefangenen.«

Kein Zweifel, das war Purvis' Stimme. Hornblower ging zum Mittelschiff und sah hinunter. Richtig, achtern saß Purvis, und an den Riemen saßen englische Seeleute in ihren karierten Hemden. Sonst aber war jedes Plätzchen mit Soldaten ausgefüllt, die sich teils niedergeschlagen, teils ängstlich aneinanderdrängten. Ganz vorn, rings um das Bootsgeschütz, saßen vier Seesoldaten mit schußbereiten Gewehren. Diese Maßnahme hatte Purvis getroffen, um jeden Befreiungsversuch der Gefangenen von vornherein zu vereiteln.

»Lassen Sie sie an Deck kommen«, sagte Hornblower. Die Soldaten kletterten an der Bordwand empor und wurden von den Matrosen mit breitem Grinsen begrüßt, als sie das Deck betraten. Fassungslos starrten sie im dämmrigen Grau des Morgens um sich. Nun schwang sich auch Purvis über die Reling und machte grüßend vor Hornblower Front.

»Es sind alles Deutsche, glaube ich, Sir, keine Froschfresser. Wir haben sie von der Schute heruntergeholt, die wir erwischten. Mußten lange schießen, ehe sie sich ergaben – haben die ganze Schute in Trümmer geschossen, wir und die anderen Boote. Sie kommen mit den übrigen Gefangenen nach, Sir.«

»Haben Sie denn nur eine Schute erwischt?«

»Jawohl, Sir. Die anderen machten kehrt und fuhren Hals über Kopf nach Hause, als die Rakete hochging. Aber wir haben mindestens zweihundert Gefangene gemacht, glaube ich, Sir, und vorher hatten sie wohl noch an die hundert Tote.«

Das war also der ganze Erfolg, eine einzige Schute mit zweihundert Mann! Und Hornblower hatte mindestens auf ein Dutzend davon gehofft, mit gut dreitausend Mann an Bord! Aber Purvis in seiner Ahnungslosigkeit war von seinem Fang begeistert.

»Hier ist einer ihrer Offiziere, Sir.«

Hornblower wandte sich an den Mann im blauen Waffenrock, der soeben müde über die Reling kletterte.

»Wer sind Sie, Monsieur?« fragte er auf französisch.

Nach kurzem Zögern antwortete der Offizier stockend in der gleichen Sprache:

»Leutnant von Bülow, vom 51. Infanterieregiment.«

»Französische Infanterie?«

»Infanterie des Königs von Preußen«, gab der junge Offizier mit finsterer Miene zur Antwort. Dabei legte er einen Ton auf das Wort »Preußen«, der keinen Zweifel darüber ließ, daß er es als Beleidigung empfand, für einen Franzosen gehalten zu werden. Macdonald war es offenbar nicht eingefallen, bei diesem gefährlichen Unternehmen das Leben französischer Soldaten aufs Spiel zu setzen. Das war nicht anders zu erwarten, denn Bonaparte führte seine Kriege schon das ganze letzte Jahrzehnt hindurch hauptsächlich auf Kosten seiner Bundesgenossen.

»Ich werde dafür sorgen, daß Sie zu essen und zu trinken bekommen«, sagte Hornblower höflich. »Ihre Leute können sich längs der Reling hinsetzen, sagen Sie ihnen das, bitte.«

Der Offizier gab den Befehl dazu. Es war erstaunlich, aber kennzeichnend, zu sehen, wie diese völlig ermatteten Gestalten auf das erste Ankündigungskommando »Achtung!« zusammenfuhren und bewegungslos stillstanden. Die meisten waren durchnäßt und schmutzig, offenbar hatten sie vor ihrer Gefangennahme im Wasser gelegen. Auf Hornblowers Befehl wurde Essen an sie ausgegeben, während gerade die anderen Boote, jedes mit seinem Anteil Gefangener an Bord, vor dem Wind angesegelt kamen. Als die zweihundert schließlich vollzählig waren, boten sie auf dem überfüllten Deck der *Raven* ein buntes Bild. Cole ließ die beiden Jagdgeschütze am Bug einrennen und herumschwenken, so daß sie mit der Mündung auf den Menschenhaufen gerichtet waren. Dann wurden sie mit Kartätschen geladen, und die Geschützführer standen mit brennender Lunte klar, um nötigenfalls in die Menge hineinzufeuern. Die Matrosen gingen, immer noch grinsend, durch die Reihen und gaben Brot und Bier aus.

»Sehen Sie nur, wie gierig sie alles hinunterschlingen, Sir«, sagte Purvis. »Schauen Sie den dort an, er fällt über sein Hartbrot her wie ein Wolf. Mein Gott, da hat er es schon vertilgt! Es muß doch wahr sein, was man sich allgemein erzählt: daß Boney seinen Leuten nie etwas zu essen gibt.«

Die kaiserlichen Armeen pflegten auf dem Marsch aus dem Lande zu leben. Macdonalds sechzigtausend Mann traten aber nun schon vierzehn Tage auf der Stelle, und das noch dazu in einer ziemlich dünn bevölkerten Gegend. Kein Wunder, daß sie bereits auf schmale Rationen gesetzt waren. Jeder Tag, um den die Belagerung von Riga verlängert werden konnte, kostete Bonaparte Menschenleben in Fülle. Er pflegte zwar mit Menschen von jeher verschwenderisch umzugehen, aber einmal mußte doch der Tag kommen, an dem er keine mehr drangeben konnte, auch keine preußischen oder italienischen. Deshalb war es doppelt bedauerlich, daß ihn dieser Übersetzversuch nicht die ganze Division gekostet hatte. Hornblower gab sich selbst die Schuld an diesem Versager, er hätte bei dieser Operation einem nervösen alten Mann wie Cole niemals eine entscheidende Rolle zuteilen dürfen. Vielmehr hätte er selbst an Bord der *Raven* bleiben müssen. Und doch ließ sich auch darüber streiten, denn der andere Flügel, den er Vickery auf der *Lotus* anvertraut hatte, war ja nicht minder wichtig, und deshalb war es eben doch das richtigste gewesen, daß er in der Mitte auf der *Nonsuch* blieb, um von dort aus das Zusammenwirken der beiden Flügel sicherzustellen. Hätte er Vickery hüben und Cole drüben einsetzen sollen? Das wäre die andere Möglichkeit gewesen. Gewiß, dann hätte er sich darauf verlassen können, daß Vickery die Falle nicht vorzeitig zufallen ließ, aber konnte er in diesem Falle sicher sein, daß Cole sie eisern geschlossen hielt? Hätte er *ihn* damit betraut, die Landung abzuwehren, dann stünden in diesem Augenblick vielleicht fünftausend Preußen auf dem jenseitigen Dünaufer. Wenn er nur eine Ahnung gehabt hätte, in welcher Nacht Macdonald diesen Landungsversuch unternahm! Aber ebensogut mochte er sich das Blaue vom Himmel herunterwünschen.

»Mr. Cole«, sagte Hornblower, »geben Sie Signal an *Nonsuch*: ›Kommodore an Kommandant: Laufe mit Gefangenen nach Riga ein‹, und schicken Sie die Wachboote zu ihren Schiffen zurück. Dann wollen Sie bitte die Güte haben, Anker zu lichten und Segel zu setzen.«

20

Wieder stand Hornblower auf der Galerie, die um die Kuppel der Dünamünder Kirche lief.

»Hier sehen Sie jetzt, was ich Ihnen vorausgesagt habe«, sagte Clausewitz und deutete in das Land hinaus.

Drüben, jenseits der russischen Stellungen, hob sich eine lange, braune Linie gegen das Grün der Wiesen ab, der Wall des Grabens, den die Franzosen während der Nacht ausgehoben hatten. Macdonald war offensichtlich ein höchst tatkräftiger Befehlshaber. Er hatte diese Belagerungsarbeit begonnen, während er gleichzeitig die preußischen Truppen zu dem gefährlichen Übersetzversuch vorschickte. Wenn also das eine Unternehmen fehlschlug, dann hatte er dennoch einen handgreiflichen Vorteil erreicht, weil es ihm gelungen war, sich unter dem Schutz der dunklen, regnerischen Nacht so nahe am Feind festzusetzen.

»Dies hier ist der erste Parallelgraben, Sir. In der Mitte davon baut er jetzt seine Batterie ein. Und sehen Sie, dort, Sir! Da treibt er eine Sappe vor.« Hornblower sah angestrengt durch sein Glas. Nahe dem Ende des Parallelgrabens konnte er an dessen Stirnseite etwas erkennen, das wie eine Wand aus Holz aussah. Die Geschütze der Russen unter ihm feuerten darauf, man sah die Erde aufspritzen, als ringsherum die Schüsse einfielen. Am Ende dieser hölzernen Wand erkannte man ein seltsames Gebilde, das einem Schild auf Rädern glich. Während er dieses Ding noch genau betrachtete, sah er, wie es sich plötzlich vorwärtsbewegte, so daß zwischen ihm und dem Ende der Holzwand ein kleiner Zwischenraum entstand. In diesem tauchten für einen flüchtigen Augenblick ein paar Männer in Uniform auf. Aber man sah sie wirklich nur für den Bruchteil einer Sekunde, denn die Lücke wurde sogleich mit einem frischen Bündel Holz verschlossen. Über diesem neuen Bündel unterschied er gleich darauf blitzende Spatenblätter, die aber bald wieder verschwanden. Anscheinend war das Holzbündel hohl wie ein Faß und wurde, sobald es in der richtigen Lage war, von hinten her mit Erde vollgefüllt. Die Soldaten, die diese Arbeit ausführten, nahmen während deren Dauer hinter ihm Deckung. Hornblower war sich bald darüber im klaren, daß er hier Zeuge des klassischen Verfahrens war, gegen eine feindliche Stellung mit Hilfe von »Schanzkörben« und »Faschinen« eine Sappe vorzutreiben. Dieses große hölzerne Faß dort war ein Schanzkorb, der soeben mit Erde gefüllt wurde. Weiter hinten, im Schutz der gefüllten Schanzkörbe, bekleideten die Belagerer ihre Brustwehr mit Faschinen, die aus sechs Fuß langen Holzbündeln bestanden, und noch weiter hinten verwandelten sie das Ganze in einen soliden Erdwall, zu dem sie das Material aus einem Graben hinter der Brustwehr entnahmen. Während er noch weiter zusah, wurde der Schild wieder einen Meter vorgeschoben und ein weiterer Schanzkorb an seinen Platz gesetzt. Damit waren die Franzosen schon wieder um drei Fuß näher an die Erdbefestigungen herangekommen, die Dünamünde Schutz boten. Nein, es waren nicht ganz drei Fuß, es war etwas weniger. Die Sappe war nämlich nicht geradewegs auf ihr Ziel gerichtet, sondern schräg auf dessen Flanke zu. Auf diese Weise konnte sie nie der Länge nach bestrichen werden. Nach einiger Zeit wechselte man einfach die Richtung und zielte auf die andere Flanke. Man näherte sich also dem Verteidiger nicht geradeaus, sondern im Zickzack, aber mit unerbittlichem und unwiderstehlichem Gleichmaß. Von allen Operationen, die im Kriege vorkamen, nahm diese Art der Belagerung mit technischen Mitteln den sichersten Verlauf, vorausgesetzt, daß dem Verteidiger keine Hilfe von außen gebracht wurde.

»Sehen Sie dort, Monsieur«, sagte Clausewitz plötzlich. Hinter einer Anhöhe kam auf einmal eine lange Reihe von

Pferden zum Vorschein, sie sahen auf die große Entfernung aus wie Ameisen, aber die weißen Reithosen der Männer, die sie führten, leuchteten hell in der Sonne. Die Pferde zogen ein Geschütz. Verglich man dessen Größe mit der der Gäule, dann sah man, daß es sich um ein schweres Kaliber handeln mußte. Im Schneckentempo näherte sich der Zug der Batteriestellung in der Mitte des feindlichen Grabens, eine Unzahl weißbehoster Pünktchen wimmelte darum herum. Die hohe Brustwehr des ersten Parallelgrabens deckte dieses Manöver gegen die Sicht der russischen Kanoniere und schützte es vor ihrem Feuer. Die Öffnungen oder Schießscharten wurden nach Hornblowers Kenntnis erst dann in die Brustwehr eingeschnitten, wenn alle Geschütze in der Stellung eingebaut waren. Dann konnten sie das Feuer auf die Ortschaft eröffnen, um zunächst die Artillerie der Verteidiger zum Schweigen zu bringen und danach eine richtige Bresche zu legen. In der Zwischenzeit wurde die Sappe zu einem breiten Graben, der »zweiten Parallele«, ausgebaut. Von ihr oder, wenn es nötig war, von einer dritten Parallele aus traten die Angreifer zuletzt zum Sturm auf die Bresche an.

»Sie haben die Batterie bis morgen fertig bestückt«, sagte Clausewitz. »Sehen Sie nur! Schon wieder ein Schanzkorb.«

Diese Belagerungsoperationen hatten etwas von der kalten Grausamkeit, mit der die Schlange einen vor Schreck völlig gelähmten Vogel angreift.

»Kann Ihre Artillerie die Arbeit an der Sappe nicht verhindern?«

»Wie Sie sehen, versucht man das bereits. Aber auf diese Entfernung ist ein einzelner Schanzkorb nicht leicht zu treffen, und man kann nur dem letzten in der Reihe etwas anhaben. Bis die Sappe jedoch auf eine bequeme Entfernung vorgetrieben ist, sind unsere Geschütze längst durch die feindliche schwere Batterie zum Schweigen gebracht.«

Wieder war ein Belagerungsgeschütz hinter der Anhöhe erschienen und kroch nun langsam auf die Batteriestellung zu. Sein Vorgänger war inzwischen am Ziel angelangt und stand bereits auf seinem endgültigen Platz hinter der Brustwehr.

»Können Sie nicht Ihre Schiffe hierher bringen, Monsieur?« fragte Clausewitz. »Sehen Sie nur, wie dicht das Wasser an ihre Befestigungen heranreicht. Sie könnten ihnen mit Ihren schweren Schiffsgeschützen alles in Stücke schießen.«

Hornblower schüttelte den Kopf. Er hatte diese Möglichkeit schon selbst erwogen. Der lange, sonnenglitzernde Ausläufer der Bucht von Riga, der hier weit ins Land reichte, war in der Tat auf den ersten Blick höchst verlockend. Aber er hatte weniger als einen Faden (1,8 m) Wasser, während sogar seine flachgehenden Kanonenboote einen Tiefgang von neun Fuß (3 m) besaßen, den man höchstens auf sieben Fuß (2,2 m) verringern konnte, wenn man alle Gewichte und Vorräte außer den für das Gefecht benötigten von Bord nahm.

»Ich täte es, wenn ich nur könnte«, sagte Hornblower, »aber im Augenblick sehe ich keine Möglichkeit, meine Geschütze auf Schußweite heranzubringen.« Clausewitz warf ihm einen kalten Blick zu und ließ ihn damit fühlen, wie leicht Freundschaft und Wohlwollen zwischen militärischen Verbündeten in Scherben gehen. Heute morgen waren Engländer und Russen noch die besten Freunde gewesen, Essen und Clausewitz waren ganz begeistert, daß es gelungen war, Macdonalds Übergangsversuch abzuschlagen. Wie die gedankenlosen Subalternoffiziere seines Geschwaders hatten sie in der Vernichtung eines preußischen Halbbataillons einen beachtenswerten Erfolg erblickt. Sie ahnten natürlich nichts von dem viel weiter reichenden Plane Hornblowers, den Coles Nervosität fast ganz zunichte gemacht hatte. Solange alles gut ging, waren Verbündete immer die besten Freunde, traten jedoch Schwierigkeiten ein, dann suchte immer der eine dem anderen die Schuld zu geben. Jetzt, da sich die französischen Laufgräben an Dünamünde heranschoben, hatte er selbst gleich die Frage gestellt, weshalb denn die russische Artillerie nichts dagegen unternehme, und die Russen antworteten mit der Gegenfrage, warum er mit seinen Schiffsgeschützen nichts ausrichten könne.

Hornblower erklärte den Zusammenhang, so genau er konnte, aber Clausewitz schien ihn nicht verstehen zu wollen, und bei Essen, der das Problem noch einmal zur Sprache brachte, als Hornblower sich von ihm verabschieden wollte, stand es nicht viel anders. Für eine Flotte, die sich etwas darauf zugute tat, daß es bei ihr das Wort »unmöglich« nicht gab, war das immerhin so etwas wie ein Armutszeugnis. Kein Wunder, daß Hornblower am Nachmittag bei seiner Rückkehr auf die *Nonsuch* gereizt und kurz angebunden war. Nicht einmal für Bush, der eilig zur Begrüßung herbeikam, als er das Fallreep emporstieg, hatte er ein freundliches Wort. Er ließ seinen Blick gallig durch die Kajüte wandern; wie ungemütlich und häßlich hier alles war! An Bord war obendrein »Zeugflicken« angesetzt, und die Leute trieben überall an Deck ihren Schabernack. Er konnte also nicht einmal in Ruhe seinen gewohnten Spaziergang auf dem Achterdeck machen, weil er wußte, daß er dabei in seinen Gedanken immer wieder gestört würde. Einen Augenblick spielte er mit der Absicht, Bush zu befehlen, er solle das Zeugflicken unterbrechen lassen und irgendeine andere, ruhigere Beschäftigung anordnen. Aber dann wußte natürlich gleich die ganze Besatzung, daß es nur deshalb geschah, weil der Kommodore ungestört an Deck spazierengehen wollte. Die Leute bekamen dadurch vielleicht einen gewaltigen Eindruck von seiner

Bedeutung und Allmacht. Dennoch kam es für ihn keinen Augenblick in Frage, einen solchen Gedanken in die Tat umzusetzen. Es fiel ihm nicht ein, die Männer ihrer Freizeit zu berauben, und die Vorstellung, daß er sich vor ihnen gar durch einen derartigen Befehl in Szene setzen könnte, hatte geradezu etwas Abschreckendes für ihn. Statt dessen trat er nun auf die Heckgalerie hinaus und versuchte dort, auf den zwölf Fuß Raum, die sie ihm bot, auf und ab zu wandern. Dabei mußte er sich bücken, damit er nicht an die überstehenden Decksbalken stieß. Es war wirklich ein Jammer, daß er seine Schiffsgeschütze nicht gegen diese Belagerungswerke einsetzen konnte. Schwere Geschütze konnten diese französischen Brustwehren gründlich zerstören, wenn sie auf nahe Entfernung herankamen. Außerdem mußte hinter der Anhöhe, dort, wo die Geschütze zum Vorschein gekommen waren, der Artillerie- und Gerätepark der Franzosen liegen – ein paar Granaten seiner Kanonenboote mußten dort geradezu verheerend wirken. Dabei war es ein Kinderspiel, über diese lächerliche Höhe hinwegzuschießen, wenn es nur gelang, die Kanonenboote in die Bucht hineinzubringen. Aber dort gab es ja überall nur drei, höchstens vier Fuß Wasser, an keiner einzigen Stelle mehr als sieben. Unter diesen Umständen war eben einfach nichts zu machen, und das beste war, überhaupt nicht mehr daran zu denken. Um auf andere Gedanken zu kommen, stieg er über die Schranke, die die beiden Hälften der Galerie voneinander trennte, und warf einen Blick durch das Heckfenster in die Kammer Bushs. Da lag Bush schlafend flach auf dem Rücken und mit offenem Mund auf seiner Koje. Die Arme hatte er weit von sich gestreckt, sein Holzbein hing in einem Stropp an der Schottwand. Hornblower sah nicht ohne Gereiztheit, wie sein Kommandant hier friedlich schlummerte, während er, der Kommodore, eine solche Sorgenlast auf seinen Schultern trug. Es fehlte nicht viel und er hätte, nur um seinen Mittagsschlaf zu stören, jemand mit einem Befehl zu ihm geschickt. Aber er war sich dabei zu gleicher Zeit im klaren, daß er eine solche Absicht niemals ausführen würde. Er brachte es nicht fertig, seine Macht zur Befriedigung seiner Launen zu mißbrauchen.

Er turnte also wieder auf seine eigene Heckgalerie zurück. Eben hatte er ein Bein über die Schranke geschlagen und hörte in der Strömung unter sich die Fingerlinge des Ruders leise in ihren Ösen knarren, da überfiel ihn der rettende Gedanke mit solcher Gewalt, daß er eine ganze Zeit in seiner unbequemen Lage stocksteif stehen blieb. Dann zog er endlich das eine Bein nach, ging in seine Kajüte und rief nach dem Läufer.

»Ich lasse den Wachhabenden Offizier bitten, Mr. Mound von der *Harvey* sofort zu mir an Bord zu rufen.«

Jung, frisch und voller Erwartung betrat Mound die Kajüte, war aber wie immer darauf bedacht, seine Spannung unter einem dünnen Firniß gespielter Gleichgültigkeit zu verbergen. Hornblower beobachtete ihn belustigt, während er ihn begrüßte, dann kam ihm plötzlich der Gedanke, daß er es offenbar selbst war, der Mound als Vorbild diente, wenn er diese angenommene Ruhe zur Schau trug. Hornblower machte sich klar, daß er für diesen jungen Leutnant etwas wie ein Held, nein, das Beispiel eines Helden war, sonst hätte er ihm nicht die Ehre angetan, ihn nachzuahmen. Bei dieser Entdeckung lächelte er etwas gezwungen vor sich hin, während er Mound einen Stuhl anbot. Dann aber kam er sogleich auf die Hauptsache zu sprechen und vergaß darüber alles andere.

»Mr. Mound, wissen Sie, welche Fortschritte die Franzosen mit ihren Belagerungsarbeiten machen?«

»Nein, Sir.«

»Dann sehen Sie sich einmal mit mir diese Karte an. Hier haben sie eine Grabenlinie angelegt und hier eine Batterie. Ihr Hauptstützpunkt und ihr ganzes Gerät befindet sich hier, hinter dieser Höhe. Wenn wir die Kanonenboote in die Bucht hineinbringen könnten, dann wären wir imstande, ihnen mit unseren Granaten an beiden Stellen den Aufenthalt zu verleiden.«

»Leider ist es dort zu flach, Sir«, sagte Mound bedauernd.

»Ja«, sagte Hornblower, und dann konnte er einfach nicht anders, er mußte eine dramatische Pause einlegen, ehe er das entscheidende Wort aussprach, »aber wir könnten den Tiefgang verringern, in dem wir ›Kamele‹ längsseit legen.«

»Kamele!« rief Mound, und als er begriff, worauf Hornblower hinauswollte, begannen seine Augen zu leuchten. »Weiß Gott, Sir, Sie haben recht!« Diese sogenannten Kamele sind ein altes Mittel, den Tiefgang eines Schiffes zu verringern. Es handelt sich um Fahrzeuge, die man beladen an beiden Seiten besonders kräftig festmacht und dann entleert. Dadurch lüftet man das in der Mitte liegende Schiff im Wasser an. Mound befaßte sich bereits mit den Einzelheiten.

»In Riga liegen eine Menge Leichter und Schuten, Sir. Von denen bekommen wir todsicher ein paar zur Verfügung gestellt. Sand zum Beladen gibt es genug, sonst füllen wir sie einfach mit Wasser und pumpen sie dann aus. Mit zwei großen Leichtern kann ich den Tiefgang der *Harvey* bequem um fünf Fuß verringern – wenn es darauf ankommt, hebe ich sie damit glatt aus dem Wasser. Diese Leichter tragen mindestens zweihundert Tonnen und gehen leer nicht tiefer als zwei Fuß.«

Während Mound noch sprach, war Hornblower eine Schwierigkeit eingefallen, an die er vorher nicht gedacht hatte.

»Wie wollen Sie das Ganze steuern?« fragte er. »Die drei zusammengelaschten Fahrzeuge werden sehr unhandig sein.«

»Ich werde ein Donauruder zurechttakeln, Sir«, gab

Mound sofort zur Antwort. »Das braucht man nur groß genug zu machen, dann kann man alles damit steuern.«

»Gib mir einen Stützpunkt, und ich hebe die Welt aus den Angeln«, zitierte Hornblower.

»Jawohl, Sir. Ich werde Löcher in die Bordwand der Leichter schneiden lassen, damit wir unsere langen Riemen benutzen können. Mit dem Kreuzen wird es ja dann aus sein, weil wir treiben werden wie ein Floß. Ich könnte die Leute sofort an die Arbeit schicken, wenn Sie mir den Befehl dazu geben, Sir.«

Mounds Gehaben verriet einen Tatendrang, als wäre er nicht ein zwanzigjähriger Mann, sondern ein zehnjähriger Junge. Die müde Gleichgültigkeit war jetzt ganz vergessen.

»Ich werde gleich ein Schreiben an den Gouverneur schicken«, sagte Hornblower, »und ihn bitten, mir vier Leichter zu überlassen. Nein, vielleicht ist es besser, ich verlange gleich sechs, damit wir eine Reserve haben, falls etwas schiefgeht. Sehen Sie zu, daß Sie in einer Stunde mit der Planung des Manövers fertig sind. Wenn es nötig ist, können Sie auf die Ausrüstung und die Besatzung der *Nonsuch* und der beiden Korvetten zurückgreifen.«

»Aye, aye, Sir.«

Wenn das Unternehmen noch Zweck haben sollte, dann war Eile geboten. Schon am gleichen Abend drang nämlich das dumpfe Grollen schwerer Artillerie über die Bucht. Das war nicht der höhere, durchdringende Knall der Feldgeschütze, die sie schon immer gehört hatten, sondern das drohende Donnern der Belagerungsartillerie. Der Gegner gab wohl mit dem ersten in der Batterie aufgestellten Geschütz einige Probeschüsse ab. Und als Hornblower am nächsten Morgen gerade das Achterdeck betrat, krachte es an Land plötzlich wie rollender Donner – das war die erste Salve. Ihr Echo war noch nicht verklungen, da folgte auch schon die zweite, die nicht mehr so geschlossen war, und dann fiel die dritte mit noch größeren Abständen zwischen den einzelnen Schüssen. So ging es ununterbrochen weiter. Die Detonationen zerrissen die Luft wie das Rollen eines endlosen Gewitters, und das Ohr hoffte vergebens auf die erlösende Stille. Der Ausguckposten im Topp meldete eine lange Rauchfahne, die sich mit dem Winde von der feindlichen Batterie her über das Land hinzog.

»Lassen Sie mein Boot klarpfeifen«, sagte Hornblower. An den Backspieren der *Nonsuch* lag schon eine ganze Sammlung von Booten des Geschwaders, hoch beladen mit Ausrüstungsgegenständen, die von den beiden Kanonenbooten stammten. Der Morgen war von funkelnder Frische. Unter dem kräftigen Zug der Riemen tanzte das Chefboot hinüber zu den Ankerplätzen der Kanonenboote, die schon an beiden Seiten ihre Leichter längsseit hatten. Duncan, der Kommandant der *Moth*, ließ sich gerade in einer Jolle um sein Dreigespann herumrudern. Als das Chefboot sich näherte, legte er grüßend die Hand an den Hut.

»Guten Morgen, Sir«, sagte er, wandte sich aber dann gleich wieder seiner Aufgabe zu. Er hob das Megaphon an den Mund:

»Wir sind zu kopflastig! Die vordere Trosse noch ein Pall einhieven!«

Hornblower ließ sich auf die *Harvey* bringen, er sprang aus seinem Boot auf den Leichter, der an ihrer Steuerbordseite lag. Das war nicht schwer, weil der Leichter noch so mit Ballast beladen war, daß er sehr tief lag. Dabei verbat er sich jede Ehrenbezeigung von Offizieren oder Mannschaften. Mound stand auf seinem winzigen Achterdeck und prüfte mit dem Fuß die Beanspruchung der dicken Trosse – sie stammte von der *Nonsuch* –, die vorn und achtern in zwei Törns um sein Schiff und die beiden Leichter gelegt war.

»Backbordseite weitermachen!« rief er.

In jedem der Leichter befand sich ein starkes Arbeitskommando. Die Männer hantierten alle mit Schaufeln, die meist behelfsmäßig aus Holz zurechtgeschnitzt waren. Auf Mounds Kommando begannen die Leute in dem Backbordleichter, wieder frisch drauflos zu schaufeln und den Sand über Bord zu befördern. Eine Staubwolke trieb mit dem schwachen Wind achteraus. Wieder prüfte Mound die Kraft, die auf der Trosse stand.

»Steuerbord weitermachen!« rief er wieder. Da erblickte er den Kommodore und machte seine Ehrenbezeigung.

»Guten Morgen, Mr. Mound«, sagte Hornblower.

»Guten Morgen, Sir. Wir müssen mit den Leichtern sehr vorsichtig sein, Sir. Ich habe die gute *Harvey* so leicht gemacht, daß sie uns in den Trossen kentert, wenn wir nicht genau aufpassen.«

»Das ist klar.«

»Die Russen haben uns die Leichter erstaunlich schnell herausgeschickt, Sir.«

»Ist das ein Wunder?« gab Hornblower zur Antwort. »Sie hören doch die französische Batterie bei ihrer Arbeit.«

Mound lauschte und hörte nun den Geschützdonner anscheinend wirklich zum erstenmal. Er war so in seine Aufgabe vertieft, daß er ihm vorher überhaupt keine Aufmerksamkeit geschenkt hatte. Sein graues, übermüdetes und unrasiertes Gesicht verriet, daß er sich seit der Besprechung bei Hornblower am vorhergegangenen Nachmittag nicht einen Augenblick Ruhe gegönnt hatte. Während dieser Zeit war die ganze Ausrüstung der beiden Kanonenboote von Bord gekommen, außerdem hatte man die nötigen Trossen aus dem Kabelgatt der *Nonsuch* geholt und herübergebracht, die Leichter wahrgenommen, im Dunkeln längsseit gelegt und jede der beiden aus drei Fahrzeugen bestehenden Gruppen mit Hilfe der durch das Ankerspill steif geholten Trossen zu einem einzigen starren Körper zusammengelascht.

»Ich bitte um Entschuldigung, Sir«, sagte Mound und rannte nach vorn, um die vordere Trosse zu prüfen.

Je mehr Sand von den paar hundert fleißigen Armen über Bord geschaufelt wurde, desto höher stiegen die Leichter aus dem Wasser und hoben das zwischen ihnen hängende Kanonenboot mit an. Trossen und Schiffsverbände knackten und krachten, und man mußte vor allem darauf bedacht sein, die Trossen ordentlich steif zu halten, wenn durch das Hochsteigen der Leichter ihre Spannung nachließ. Hornblower wandte sich dem Heck zu, weil er wissen wollte, was die dort beschäftigte Arbeitsgruppe vorhatte. Dort trieb ein großes, halb mit Wasser gefülltes Faß. Es hing an zwei Leinen, von denen die eine durch die Steuerbord-, die andere durch die Backbordheckklüse der *Harvey* lief. Beide Leinen konnten mit behelfsmäßigen Winschen bedient werden. Wurden diese Leinen gehievt oder gefiert, dann entstand dadurch ein seitlicher Zug auf das Faß, der in Fahrt eine entsprechend starke Ruderwirkung hervorrief. Das Faß sollte also die Funktion des Ruders übernehmen, da dieses selbst schon so hoch aus dem Wasser war, daß es fast keine Wirkung mehr haben konnte.

»Das ist nur ein Notbehelf, Sir«, sagte Mound, der inzwischen vom Vorschiff zurückgekommen war. »Ich hatte eigentlich, wie ich zuerst vorschlug, die Absicht, ein Donauruder anfertigen zu lassen. Dann hat mir aber Wilson diese Lösung hier vorgeschlagen – ich möchte Sie auf ihn aufmerksam machen, Sir. Sein Vorschlag ist ohne Zweifel besser und einfacher.«

Mit einem Grinsen, das alle Zahnlücken sehen ließ, blickte Wilson von der Arbeit auf.

»Welchen Dienstgrad haben Sie?« fragte Hornblower.

»Zimmermannsmaat, Sir.«

»Ich habe noch keinen besseren kennengelernt«, warf Mound dazwischen.

»Wo haben Sie gedient?«

»Zwei Reisen mit der alten *Superb*, Sir, eine mit *Arethusa* und jetzt diese hier.«

»Ich befördere Sie hiermit zum Meister«, sagte Hornblower.

»Vielen Dank, Sir, vielen Dank!«

Mound hätte das Verdienst, dieses Notruder erfunden zu haben, leicht für sich selbst in Anspruch nehmen können. Er hatte auf diese Möglichkeit verzichtet, und Hornblower schätzte ihn deshalb nur um so höher. Es war gut für die Disziplin und für den Geist der Mannschaft, wenn gute Arbeit sofort ihren Lohn fand.

»Sehr gut, Mr. Mound, machen Sie nur so weiter.«

Hornblower bestieg wieder sein Boot und ließ sich auf die *Moth* hinüberbringen. Hier war die Arbeit schon etwas weiter gediehen. Die Leute hatten bereits so viel Sand aus den Leichtern herausgeschaufelt, daß sie ihn jetzt mühsam über die schulterhohe Bordwand hinwegwerfen mußten. Die *Moth* war schon so weit angehoben, daß ein breiter Streifen ihres kupfernen Bodenbeschlages über Wasser zu sehen war.

»Passen Sie gut auf Ihre Trimmlage auf, Mr. Duncan«, sagte Hornblower. »Sie haben etwas Backbordschlagseite.«

»Aye, aye, Sir.«

Um die *Moth* wieder auf ebenen Kiel zu bringen, bedurfte es eines nicht gerade einfachen Manövers an den Trossen, die hüben gefiert und drüben geholt werden mußten.

»Wenn wir fertig sind, haben wir höchstens zwei Fuß Tiefgang, Sir«, sagte Duncan begeistert.

Dann befaßte er sich gleich damit, die Arbeitskommandos in den Leichtern zu verstärken. Die zusätzlichen Leute sollten den Sand von der inneren nach der äußeren Bordwand hinüberschaufeln, um denen die Arbeit zu erleichtern, die ihn dann über Bord werfen mußten.

»In zwei Stunden sind wir damit klar, Sir«, meldete Duncan. »Dann brauchen wir nur noch die Löcher für die Riemen in die Bordwände zu schneiden.« Er blickte zur Sonne, die noch nicht weit über dem Horizont stand.

»Um 11 Uhr 30 sind wir klar zum Gefecht, Sir«, fügte er dann hinzu.

»Lassen Sie die Löcher lieber gleich einschneiden«, sagte Hornblower, »und geben Sie den Leuten währenddessen eine Frühstückspause. Wenn dann hinterher die Arbeit wieder beginnt, können sie den Sand durch die eingeschnittenen Pforten schaufeln. Dann werden sie um so schneller fertig.«

»Aye, aye, Sir.«

Mit dieser Verbesserung des Arbeitsplanes stiegen die Aussichten, wirklich bis 11 Uhr 30 fertig zu werden, noch um ein erkleckliches. Aber die Beendigung der Vorbereitungen mochte sich ruhig noch um zwei Stunden verzögern, es blieb immer noch lange genug hell, um den beabsichtigten Schlag zu führen. Während die Zimmerleute die Löcher für die Riemen in die Leichter schnitten, ließ Hornblower Duncan und Mound noch einmal zu sich kommen und gab ihnen die letzten Befehle.

»Ich richte also die Signalstation auf dem Kirchendach ein«, sagte er zuletzt, »und werde schon dafür sorgen, daß Sie gehörig unterstützt werden. Und nun wünsche ich Ihnen guten Erfolg.«

»Danke, Sir«, kam wie aus einem Munde ihre Antwort. Die gespannte Erregung, in der sie sich befanden, ließ sie alle Müdigkeit vergessen.

Hornblower ließ sich wieder zum Dorf hinüberrudern, wo eine winzige Anlegebrücke ihn und seine Signalgasten der Notwendigkeit überhob, in das seichte Wasser springen und an Land waten zu müssen. Je näher sie kamen, desto stärker wurde der Lärm der Beschießung und des Abwehrfeuers. Diebitsch und Clausewitz kamen ihnen an der Brücke entgegen und gingen mit ihnen zur Kirche. Als sie an den Erdbefestigungen vorüberkamen, die den Ort nach der Landseite zu umgaben, warf Hornblower einen Blick auf die russischen Artilleristen, die dort ihre Geschütze bedienten, lauter kräftige, bärtige Gestalten, die in der heißen Sonne ihren Dienst mit nacktem Oberkörper taten. Ein Offizier ging von Geschütz zu Geschütz durch die Batterie, um der Reihe nach jedes Stück einzeln zu richten.

»Wir haben bei unserer Artillerie leider nur wenige Leute, die wir selbständig ihre Geschütze richten lassen können«, sagte Clausewitz.

Das Dorf zeigte schon starke Spuren der Beschießung. In den Wänden und Dächern der dürftigen Gehöfte klafften überall große Löcher. Als sie sich der Kirche näherten, schlug gerade eine abprallende Kugel in deren dicke Wand. Es gab eine Wolke von umherfliegenden Steinsplittern, und dann stak das Geschoß in der Ziegelmauer wie eine Pflaume im Kuchen. Im nächsten Augenblick fuhr Hornblower herum, weil er hinter sich ein dumpfes Krachen hörte. Da mußte er sehen, wie seine beiden Fähnriche stumm den kopflosen Leichnam des Matrosen anstarrten, der noch vor einer Sekunde dicht hinter ihnen hergegangen war. Eine Kugel hatte die Erdbefestigung überflogen und seinen Kopf in Atome zerschmettert. Sein Rumpf war gegen die Fähnriche geschleudert worden. Somers betrachtete voll Ekel die Spritzer von Blut und Gehirnmasse auf seiner weißen Hose.

»Los! Weiter!« sagte Hornblower.

Von der Galerie unter der Kuppel konnten sie das Werk der Belagerer überblicken. Der im Zickzack geführte Laufgraben war schon so weit gediehen, daß er die Stellung der Verteidiger halbwegs erreicht hatte. Der Kopf der Sappe war fast ständig in eine Wolke von Staub und Dreck gehüllt, so wütend war das Feuer, das die Russen darauf unterhielten. Leider war die Hauptschanze, die das Betreten des Dorfes verwehrte, bereits in erbärmlichem Zustand. Ihre Wälle waren schon so zusammengeschossen, daß sie nur noch Erdhaufen glichen, ein Geschütz lag halb begraben neben seiner zerschmetterten Lafette, das andere schoß immer noch, eine kleine Gruppe verbissener Kämpfer bildete seine Bedienung. Die französischen Schanzen lagen alle hinter einem Rauchschleier, der von der brescheschießenden Batterie stammte und das ganze Gelände einhüllte. Aber dieser Schleier war doch nicht dicht genug, um eine Infanteriekolonne zu verbergen, die jetzt von hinten kam und auf den ersten Parallelgraben zumarschierte.

»Sie lösen die Grabenbesatzung mittags 12 Uhr ab«, erklärte Clausewitz. »Wo sind Ihre Schiffe, Monsieur?«

»Dort kommen sie«, sagte Hornblower.

Langsam kamen die Kanonenboote über die silbern glitzernde Wasserfläche einhergekrochen. Mit ihren festgemachten Segeln und den häßlichen, dickbauchigen Leichtern an beiden Seiten boten sie einen abenteuerlichen Anblick. Die langen, schwerfälligen Riemen, ein Dutzend an jeder Seite, nahmen sich aus wie die Beine einer Wasserspinne auf einem Teich, allerdings bewegten sie sich nicht so schnell wie diese, denn die Seeleute, die sie bedienten, konnten sie bei aller Anstrengung nur unendlich langsam Schlag für Schlag durchs Wasser holen.

»Somers, Gerard!« sagte Hornblower in scharfem Ton, »kommen Sie endlich klar mit Ihrer Signalstation? Machen Sie den Block dort am Gesims fest! Los, los, oder wollen Sie sich den ganzen Tag dabei aufschießen?«

Die Fähnriche und Matrosen machten sich eifrig an die Arbeit, oben auf der Galerie eine Signalstation einzurichten. Die Blöcke wurden an das Gesims gelascht, das sich höher oben befand, und die Flaggleinen eingeschoren. Der russische Stab verfolgte diese Hantierungen mit gespannten Blicken. Inzwischen schlichen die Kanonenboote, angetrieben von ihren langen Riemen, entsetzlich langsam näher. Von Hornblowers erhöhtem Standpunkt aus konnte man sehen, wie sie von der leichten, schräg von vorn kommenden Brise merklich abgetrieben wurden, so daß sie sich fast wie Dwarsläufer durchs Wasser zu bewegen schienen. Beim Gegner drüben schenkte ihnen anscheinend kein Mensch auch nur die leiseste Beachtung. Die Armeen Bonapartes hatten zwar die unumschränkte Herrschaft über ganz Europa von Madrid bis Smolensk inne, aber sie hatten bis jetzt offenbar noch wenig Gelegenheit gehabt, mit englischen Kanonenbooten Bekanntschaft zu machen. Das Feuer der schweren Batterie donnerte ohne Unterlaß auf die russischen Erdwerke und zerpflügte sie so, daß sie mehr und mehr zusammensanken. Die Russen aber erwiderten das Feuer mit verbissener Ausdauer. Die *Harvey* und die *Moth* krochen so tief in die Bucht hinein, daß sie zuletzt ganz dicht unter Land waren. Hornblower konnte durchs Glas winzige Gestalten auf ihrem Vorschiff erkennen und schloß daraus, daß sie nun gleich ankern wollten. Die Riemen arbeiteten krampfhaft, erst die eine Seite, dann wieder die andere – Hornblower bekam auf seiner Galerie richtiges Herzklopfen. Er konnte sich so gut vorstellen, wie Mound und Duncan dort auf ihren Achterdecks Befehl auf Befehl an ihre Rudermannschaften gaben. Ihre Manöver sahen wirklich aus wie die Bewegungen eines aufgespießten Käfers. Sie waren offenbar im Begriff, ihre Fahrzeuge mit Hilfe der Riemen an die Stelle zu bringen, wo der zweite Anker fallen mußte. Lagen beide Anker richtig, dann konnten sie ihr Schiff durch Fieren und Holen der Trossen herumholen, um ihre Mörser auf jeden beliebigen Punkt eines möglichst großen Bogens richten zu können. Clausewitz und sein Stab sahen verständnislos zu, sie konnten sich nicht erklären, was diese ganzen Manöver bedeuten sollten. Hornblower aber sah, wie drüben die Heckanker fielen, und beobachtete dann kleine Gruppen von Männern an Deck, die an den Spills arbeiteten. Jetzt begannen die Kanonenboote sich kaum wahrnehmbar zu drehen, einmal nach der einen, dann wieder nach der anderen Seite, je nachdem die beiden Kommandanten mit Hilfe bestimmter Objekte an Land ihre Richtung verbesserten.

»*Harvey* meldet klar«, sagte Hornblower, das Glas am Auge.

Die Scheibe des Blocks, der über seinem Kopf hing, quietschte vernehmlich, als die Leine mit dem Verstandensignal hindurchlief. Plötzlich schoß vom Bug der *Harvey* ein dicker Rauchballen hoch. Auf diese Entfernung konnte Hornblower den Flug der Granate natürlich nicht verfolgen, er wartete voll Unruhe und zwang sich, das ganze Gebiet rund um die Batterie im Auge zu behalten, damit er den Aufschlag unter keinen Umständen verpaßte. Aber er sah nichts, gar nichts. Zögernd ließ er den Kegel heißen, der »Nicht beobachtet« bedeutete, und die *Harvey* feuerte sogleich ihren zweiten Schuß. Diesmal sah er den Aufschlag, einen kleinen Vulkan von Rauch und Sprengstücken. Er lag ganz wenig jenseits der Batterie.

»Weit, Sir«, sagte Somers.

»Ja, geben sie das an *Harvey*.«

Jetzt war auch Duncan auf der *Moth* mit seinem Ankermanöver fertig und meldete »klar«. Die nächste Granate der *Harvey* schlug genau in die Mitte der Batterie, und gleich darauf traf die *Moth* an dieselbe Stelle. Nun nahmen beide Kommandanten die Batterie planmäßig unter Feuer, und ihre Granaten hagelten ohne Unterlaß auf sie hernieder. Man sah zwischen ihren Wällen fast ohne Pause eine Qualm- und Erdfontäne nach der anderen aufspritzen. Die Batterie war ein einfaches, rechteckiges Erdwerk ohne Traversen oder innere Unterteilung, so daß sie jetzt, nachdem der Gegner die Möglichkeit gefunden hatte, über den Umfassungswall hinwegzuschießen, ihrer Besatzung keinen Schutz mehr bot. Diese setzte ihr Feuer nur noch wenige Sekunden fort, dann aber sah Hornblower, wie die Bedienungen von den Geschützen wegrannten, so daß das Innere der Batterie den Anblick eines aufgestörten Ameisenhaufens bot. Eine der dicken, dreizehnzölligen Granaten landete als Volltreffer auf der Brustwehr. Als der Rauch sich verzogen hatte, zeigte es sich, daß der ganze Wall an dieser Stelle eingeebnet war, so daß die Batterie nun auch von den Beobachtern unten im Dorf eingesehen werden konnte. In der breiten Lücke sah man die Mündung eines aus der Lafette geworfenen Belagerungsgeschützes, die nun hilflos gen Himmel zeigte – für die Verteidiger ein besonders tröstlicher Anblick. Das war aber erst der Anfang. Lücke auf Lücke wurde nun in die Erdwälle gerissen, und das ganze Innere war bald mit Granattrichtern förmlich gepflastert. Einmal gab es eine viel stärkere Explosion als sonst, und Hornblower sagte sich, daß da soeben ein Lager von Bereitschaftsmunition in die Luft gegangen sein mußte – das war das kleine Pulvermagazin, das in jeder Batterie unterhalten wurde und ständig von hinten Nachschub erhielt. Die Verteidiger zu seinen Füßen hatten neuen Mut gefaßt, und alle Geschütze entlang der ganzen bedrohten Frontlinie begannen wieder zu feuern. Anscheinend war es auch ein Schuß aus dem Dorf, der die Mündung des vorher aus der Lafette gehobenen Rohres traf und das schwerbeschädigte Geschütz noch einmal nach hinten schleuderte.

»Signal: Feuer einstellen!« befahl Hornblower.

Dreizehn-Zoll-Granaten waren eine Munition, die in der Ostsee nicht so ganz einfach zu beschaffen war, es hatte deshalb keinen Zweck, sie gegen einen Gegner zu verschwenden, der schon zum Schweigen gebracht und wenigstens zeitweise außer Gefecht gesetzt war.

Da setzten auch bereits die Gegenmaßnahmen des Angreifers ein, mit denen er gerechnet hatte. Eine Batterie Feldartillerie kam dort in schärfstem Tempo einen Hang herunter. Es waren sechs Geschütze, die auf diese Entfernung aussahen wie Spielzeug und in abenteuerlichen Sprüngen hinter ihren Protzen hergeholpert kamen. Die Niederung war immer noch recht naß und weich, der Sommer war ja eben erst angebrochen und hatte das Land noch nicht ausgetrocknet. So sank die Artillerie bald bis an Knie und Achsen im Dreck ein und kam nur noch langsam vorwärts.

»Signal: Zielwechsel«, befahl Hornblower.

Leider gab es keine Möglichkeit, die Aufschläge an dem neuen Ziel zu beobachten, die Kanonenboote beschossen nämlich jetzt den Raum unmittelbar hinter der Anhöhe. Es war also Zufallssache, ob sie dort eine gute Wirkung erzielten oder nicht, aber Hornblower konnte sich denken, daß der Park und die Nachschublager einer Armee von sechzigtausend Mann, die im Begriff war, alle Mittel der Belagerungstechnik anzuwenden, nicht nur räumlich sehr ausgedehnt waren, sondern auch von Menschen wimmelten. Da konnten schon ein paar Granaten eine ungeahnte Wirkung erzielen. Die erste Feldbatterie näherte sich jetzt dem Strand, die Bedienungen machten kehrt, so daß die Geschütze zuletzt in sauberen Abständen dastanden und mit der Mündung auf die Kanonenboote zeigten.

»*Harvey* meldet ›Zielwechsel‹«, rief Gerard.

»Gut.«

Die *Harvey* schoß jetzt auf die Feldbatterie, sie brauchte etwas Zeit, bis sie sich eingeschossen hatte, außerdem bildeten Feldgeschütze, die in langer, weit auseinandergezogener Linie aufgefahren waren, kein günstiges Ziel für Mörser, auch wenn diese jetzt den Vorteil hatten, die Lage ihrer Schüsse direkt beobachten zu können. Da erschien außerdem eine zweite Batterie am Flügel der ersten, und jenseits des schmalen Ausläufers der Bucht fuhren – wie Hornblower durch sein Fernglas leicht feststellen konnte – weitere Geschütze auf, offenbar in der Absicht, die Kanonenboote unter Kreuzfeuer zu nehmen. Eine der Granaten der *Harvey* krepierte dicht neben einem der Geschütze und tötete allem Anschein nach dessen Bedienung bis auf den letzten Mann, das Geschütz selbst aber blieb, wie es der Zufall wollte, unbeschädigt auf seiner Lafette. Die anderen Feldgeschütze aber hatten inzwischen ihr Feuer eröffnet. Träge verzog sich der Mündungsqualm nach ihren Salven, und drüben, jenseits der Bucht, griffen jetzt auch die anderen Geschütze ein, obwohl die Schußentfernung von dort für Feldgeschütze sehr groß war. Es hatte wirklich keinen Zweck, die Kanonenboote länger diesem Feuer der Landartillerie auszusetzen. Macdonald hatte zweihundert Feldgeschütze, aber es gab nur zwei Kanonenboote.

»Signal: Gefecht abbrechen!« befahl Hornblower.

Nun der Befehl gegeben war, schien es Hornblower, als hätte er allzulange damit gewartet. Es dauerte eine Ewigkeit, ehe sie ihre Anker gelichtet hatten. Hornblower verging vor Sorge und Ungeduld, zumal er während des Manövers rings um die Schiffe fortwährend die Einschläge der Feldartillerie beobachten konnte. Endlich schoben sich die langen Riemen durch die Bordwände der Leichter heraus und taten die ersten Schläge, mit denen sie die Fahrzeuge umwendeten. Die weißen Segel kletterten an den Masten empor, und dann nahmen die seltsamen Schiffe Fahrt auf. Gleich darauf waren sie auch schon außer Schußweite und befanden sich in Sicherheit. Unter Segel hatten sie natürlich eine riesige Abtrift und mußten daher so stark vorhalten, daß sie sich wieder nach Art der Dwarsläufer durchs Wasser bewegten. Als sich Hornblower endlich erleichtert abwandte, begegnete er dem Blick des Gouverneurs. Dieser hatte die ganze Zeit schweigend neben ihm gestanden und das

Gefecht durch ein großes Fernrohr beobachtet, das eine geduldige Ordonnanz mit der Schulter unterstützen mußte. Der arme Mann mochte bei dem ständigen Gebücktstehen keine schlechten Rückenschmerzen bekommen haben. »Ausgezeichnet, Sir«, sagte der Gouverneur. »Ich danke Ihnen im Namen des Zaren, ganz Rußland weiß Ihnen für diese Leistung Dank, vor allem aber die Stadt Riga.«

»Ich danke Ihnen, Exzellenz«, sagte Hornblower.

Diebitsch und Clausewitz warteten schon darauf, ihn ins Gespräch ziehen zu können. Sie wollten unbedingt gleich die nächsten Operationen mit ihm erörtern, und er mußte sie natürlich anhören. Deshalb entließ er jetzt seine Fähnriche mit dem Signalpersonal. Hoffentlich hatte Somers den warnenden Blick richtig gedeutet, den er ihm bei dessen Abmeldung zuwarf. Er mußte unter allen Umständen verhindern, daß sich die Leute an Land lettischen Schnaps verschafften. Dann nahm er das Gespräch erneut auf, das immer wieder durch das Kommen und Gehen von Ordonnanzen und durch hastige, in unverständlichen Sprachen gegebene Befehle unterbrochen wurde. Der Zweck dieser Befehle blieb nicht lange verborgen. Kurz darauf marschierten zwei Regimenter Infanterie mit aufgepflanztem Bajonett durch die Ortschaft, besetzten die Erdwerke und stürmten von da mit Hurragebrüll über das Vorfeld. Die schweren Belagerungsgeschütze, die sie sonst hoffnungslos zusammenkartätscht hätten, waren verstummt, und Hornblower sah, daß der Ausfall fast ohne Widerstand bis zu den Belagerungswerken vordrang. Die Männer stürmten die Brustwehren, drangen in die Deckungen ein und begannen sofort, die Sandsäcke und Schanzkörbe auseinanderzureißen, aus denen die ganzen Anlagen gebaut waren. Französische Infanterie erschien zu spät auf dem Schauplatz, um die völlige Zerstörung der niedergekämpften Batterie zu verhindern. Im Feuer der russischen Artillerie hätte sie das allerdings auch dann nicht vermocht, wenn sie rechtzeitig eingegriffen hätte. In einer knappen Stunde war das Werk getan, der Laufgraben auf weite Strecken eingeebnet, die Werkzeuge waren weggenommen, die Schanzkörbe auf einen Haufen zusammengetragen und angezündet.

»Ihnen, Monsieur, haben wir zu verdanken«, sagte Clausewitz, »daß der Gegner in seinen Belagerungsarbeiten einen Rückschlag erlitten hat, der ihn vier Tage kostet.«

Vier Tage – und die Franzosen hatten noch den ganzen Rest des Jahres vor sich, um die Verteidigungsanlagen weiter zu zerschlagen! Er und die Russen hatten hier die gleiche Pflicht: sie so lange zu halten, als es ging. Es war etwas bedrückend, sich vorzustellen, daß sie hier unter Mühen und Opfern versuchten, ein kleines Außenwerk zu halten, während Bonaparte gleichzeitig mit unwiderstehlicher Gewalt in das Herz Rußlands vorstürmte. Und doch, das Spiel mußte zu Ende gespielt werden. Als Hornblower sich von seinen Gastgebern trennte, fühlte er sich müde und niedergeschlagen. Ein schwarzer Schatten lag über allem Geschehen und verdunkelte selbst das bißchen Freude, das ihm sein Angriffserfolg bereiten mochte – dieser großartige Erfolg von ganzen vier gewonnenen Tagen. Die Pfeifen trillerten, als er auf seiner *Nonsuch* eintraf, Kapitän Bush, der Erste Offizier und der Wachhabende Offizier empfingen ihn am Fallreep.

»Guten Abend, Kapitän Bush. Wollen Sie die Güte haben, Mr. Duncan und Mr. Mound durch Signal sofort zu mir an Bord zu rufen.«

»Jawohl, Sir.« Bush blieb wortlos vor Hornblower stehen, er wandte sich nicht ab, um den Befehl auszuführen. Endlich stieß er hervor: »Mound ist tot.«

»Was sagen Sie da?«

»Einer der letzten Schüsse von der Küste hat ihn in Stücke gerissen, Sir.«

Bush versuchte zwar, seinen eisernen Gesichtsausdruck auch jetzt beizubehalten, aber man sah ihm doch an, daß er tief erschüttert war. Dabei hatte er Mound längst nicht so liebgewonnen wie Hornblower selbst. Über diesem brach nun die ganze Flut der Reue und des Zweifels zusammen, seine schlimmen Ahnungen hatten ihn nicht getrogen! Hätte er nur die Kanonenboote früher aus dem Gefecht gezogen! Hatte er nicht leichtfertig Menschenleben aufs Spiel gesetzt, als er das Gefecht noch fortsetzte, nachdem die Feldartillerie das Feuer zu erwidern begann? Mound war einer der besten jungen Offiziere gewesen, die ihm das Glück als Untergebene geschenkt hatte. Sein Tod bedeutete nicht nur für ihn selbst, sondern für ganz England einen schweren Verlust. Noch bitterer empfand er aber den rein persönlichen Schmerz um diesen jungen Menschen. Der Gedanke an die grausame Endgültigkeit des Todes hatte etwas unsagbar Bedrückendes. Hornblower war von Qual und Elend ganz benommen, als Bush wieder das Wort nahm.

»Darf ich Duncan und den Ersten Offizier der *Harvey* an Bord rufen, Sir?«

»Ja, bitte, tun Sie das, Kapitän Bush.«

21

Hornblower bemühte sich, einen französischen Brief an den Gouverneur aufzusetzen, das war ein schwieriges und ermüdendes Unterfangen. Manchmal fehlte ihm eine Vokabel, dann wieder stand er der Formulierung eines französischen Ausdrucks hilflos gegenüber, und bei jedem solchen Hindernis sah er sich dazu verurteilt, den begonnenen Satz zu streichen und von neuem zu beginnen.

Den Nachrichten zufolge, die soeben aus England eingegangen sind – so etwa versuchte er sich auszudrücken –, haben die Armeen Seiner Majestät des Königs von Großbritannien und Irland am 14. des vorigen Monats bei Salamanca in Spanien einen entscheidenden Erfolg davongetragen. Marschall Marmont, der Herzog von Ragusa, wurde verwundet, an zehntausend Mann gerieten in Gefangenschaft. Der Marquis of Wellesley, der die britische Armee befehligt, ist, nach den mir vorliegenden Nachrichten, in schnellem Vormarsch auf Madrid begriffen, das ihm mit Sicherheit in die Hände fallen wird. Die Auswirkungen dieser Schlacht können gar nicht hoch genug eingeschätzt werden.

Hornblower fluchte leise vor sich hin. Nein, es war nicht seine Sache, dem Gouverneur Vorschläge zu machen, wie er diese Nachricht verwerten sollte. Allein die Tatsache, daß eine der Armeen Bonapartes in einer Schlacht großen Ausmaßes von einem gleichstarken Gegner entscheidend geschlagen worden war, hatte wirklich allergrößte Bedeutung. Wäre er selbst Gouverneur, dann würde er jetzt Salut schießen lassen, würde Aufrufe an allen Mauern anschlagen und überhaupt alles tun, um Soldaten wie Zivilisten neuen Kampfgeist einzuflößen, den sie für ihre ermüdende Aufgabe, Riga gegen die Franzosen zu halten, so dringend brauchen konnten. Was diese Nachricht gar für die russische Hauptarmee bedeutete, die jetzt im Süden zur Verteidigung Moskaus zusammengezogen wurde, das war überhaupt nicht abzuschätzen.

Er unterschrieb und versiegelte den Brief, dann rief er nach Brown und übergab ihn diesem zur sofortigen Beförderung an Land. Neben ihm lag, abgesehen von den dienstlichen Schreiben, die er bekommen hatte, ein Stapel von fünfzehn Briefen, alle von Barbaras Hand. Barbara hatte ihm also seit seiner Ausreise pünktlich jede Woche geschrieben, und ihre Briefe hatten sich im Postbüro der Admiralität zu diesem Stapel angehäuft, bis endlich die *Clam* mit ihren Dienstsachen die Rückreise zum Geschwader antrat. Er hatte einstweilen nur den letzten geöffnet, um sich zu vergewissern, daß zu Hause alles wohlauf war. Jetzt nahm er ihn wieder auf, um ihn nochmals in Ruhe zu lesen.

Mein lieber Mann –
Diese Woche stellte die große Siegesnachricht aus Spanien alles in den Schatten, was von hier zu berichten wäre. Arthur hat Marmont geschlagen. Damit ist dort die ganze Herrlichkeit der Usurpatoren zum Zusammenbruch verurteilt. Man sagt, daß Arthur Marquis werden soll. Ich weiß nicht mehr, habe ich Dir im ersten oder im zweiten Brief mitgeteilt, daß er Earl geworden ist? Hoffen wir, daß ich Dir bald von seiner Ernennung zum Herzog schreiben kann. – Nicht als ob ich den Ehrgeiz hätte, einen Herzog zum Bruder zu haben, sondern weil das wieder einen Sieg bedeuten würde. Ganz England spricht diese Woche von Arthur, so wie ganz England vor vierzehn Tagen von Kommodore Hornblower und seinen Taten in der Ostsee sprach.

Unser Hauswesen in Smallbridge wird durch alle diese wichtigen Nachrichten so in Atem gehalten, daß unser größtes Ereignis hier fast unbeachtet geblieben wäre: Richard Arthur hat seine ersten Hosen bekommen. Er ist jetzt unwiderruflich ein Junge, und die Röckchen sind für immer verschwunden. Natürlich ist er für diesen großen Schritt noch verhältnismäßig jung, und Ramsbottom zerfloß ist Tränen, als sie von ihrem Baby Abschied nehmen mußte. Aber wenn Du ihn sehen könntest, würdest Du zugeben müssen, daß er in seinen neuen Sachen besonders lieb aussieht. Sobald er allerdings der Aufsicht entwischt und seiner Lieblingsbeschäftigung nachgeht, die darin besteht, unter den Büschen Löcher in die Erde zu graben, dann ist es mit dem netten Aussehen bald vorbei. Er zeigt übrigens sowohl rein körperlich als auch geistig eine Vorliebe für die Erde, die bei dem Sohn eines so ausgezeichneten Seeman-

nes ganz seltsam anmutet. Wenn ich diesen Brief beendet habe, dann werde ich ihn holen lassen, damit er Dir seine »Unterschrift« anfügen kann. Sicher wird er den Bogen dabei so mit schmutzigen Fingerabdrücken verzieren, daß niemand an der Echtheit seines Namenszuges zweifeln kann.

Hornblower blätterte um, richtig, da waren sie, die Spuren der kleinen Kinderhände, und mittendrin das krakelige X, das Richard Arthur unter den Namen seiner Stiefmutter hingemalt hatte. In diesem Augenblick packte ihn eine verzehrende Sehnsucht nach seinem Sohn. Wie gern hätte er ihn jetzt gesehen, wie er über und über voll Schmutz, aber glücklich und zufrieden sein Loch unter den Büschen auswühlte, voll Hingabe an sein Werk und mit jener herrlichen, unbeirrbaren Zielstrebigkeit, die ein Vorrecht der Kindheit ist. Über dem X standen die letzten Zeilen von Barbaras Hand:

Wie immer träume ich ständig davon, daß mein geliebter Mann bald siegreich heimkehren wird. Dann werde ich endlich in der Lage sein, mich persönlich um die Vollendung seines Glücks zu bemühen, statt nur dafür zu beten, womit ich mich notgedrungen einstweilen begnügen muß.

Hornblower wollte unter keinen Umständen weich werden, er unterdrückte mit aller Gewalt jedes Gefühl der Rührung, das ihn ankommen wollte. Nun waren also schon zwei seiner Schwäger Marquis, einer davon kommandierender General, er aber hatte es erst zum Ritter des Bath-Ordens gebracht und mußte aller Voraussicht nach – wenn die Abgänge unter den älteren Kapitänen nicht ungewöhnlich groß waren – noch mindestens acht Jahre warten, ehe er Konteradmiral wurde, vorausgesetzt natürlich, daß er überhaupt so lange am Leben blieb und daß nicht irgendein Disziplinarverfahren seiner Laufbahn plötzlich ein unrühmliches Ende bereitete. Er langte noch einmal nach dem Dienstschreiben, das er als erstes geöffnet hatte, und überlas von neuem den Satz, der für ihn im gegenwärtigen Augenblick von so großer Tragweite war:

Ihre Lordschaften haben mich beauftragt, Ihre besondere Aufmerksamkeit auf die Tatsache zu richten, daß die Regierung einer ausdauernden, zähen Verteidigung der Stadt Riga entscheidende Bedeutung beimißt. Sie haben mich davon in Kenntnis gesetzt, daß sie der Sicherheit des Ihrem Kommando unterstellten Geschwaders gegenüber allen der Verlängerung des Widerstandes dienenden Maßnahmen eine untergeordnete Bedeutung beimessen, und verpflichten Sie, ohne Rücksicht auf entstehende Gefahren, alles in Ihrer Macht Stehende zu tun, um den Gegner an der Fortsetzung seines Vormarsches auf St. Petersburg zu hindern.

Das heißt also, dachte Hornblower, Riga soll bis zum letzten Mann – und Schiff – verteidigt werden, und er selbst würde glatt erschossen, wenn man hinterher der Meinung war, daß er nicht das Letzte und Äußerste dazu beigetragen hätte. Er rief nach dem Chefboot und verschloß den Schreibtisch, dann griff er nach dem Hut, steckte nach kurzem Besinnen die Pistolen ein und ließ sich noch einmal nach Dünamünde hinüberrudern.

Die Ortschaft war nur noch ein Trümmerhaufen, allein die Kirche hielt noch immer stand. Ihre massiven Mauern hatten den Brand überdauert, der das unglückliche Dorf heimsuchte, und boten noch immer Schutz gegen den Hagel abprallender Geschosse, die ohne Unterlaß von den beschossenen Wällen her auf sie niedergingen. Es herrschte ein unerträglicher Leichengeruch, denn die vielen Toten waren nur in aller Eile bestattet worden und kaum mit Erde bedeckt. Von Keller zu Keller der Häuserruinen hatte man Gräben gezogen, damit man sich innerhalb des Dorfes einigermaßen sicher bewegen konnte. Auch Hornblower benutzte sie, um zur Kirche zu gelangen. Der Blick von der Galerie verhieß nichts Gutes. Die Belagerer hatten bereits ihren zweiten Parallelgraben fertiggestellt, er lag kaum zweihundert Meter vor der Verteidigungslinie, und von ihm aus wurden schon wieder unaufhaltsam und ohne Erbarmen neue Sappen gegen die russischen Wälle vorgetrieben. Die schwere Batterie der Franzosen feuerte wieder ohne Pause, und die Russen vermochten dieses Feuer nur noch schwach zu erwidern, weil schon allzu viele Kanoniere gefallen und allzu viele Geschütze außer Gefecht gesetzt waren. Mannschaften wie Geschütze waren knapp geworden, deshalb war es besser, den verbliebenen Rest für die Abwehr des Sturmangriffes, der nun bald bevorstand, zu schonen. Am Wasser hatten die Belagerer auch eine wunderbare Batteriestellung ausgebaut, deren Geschütze die einzige Aufgabe hatten, die Kanonenboote dadurch abzuwehren, daß sie das Gebiet bestrichen, wo diese neulich geankert hatten. Es gab also keine Möglichkeit mehr, die überraschende Beschießung der Belagerungsbatterie zu wiederholen, die die Belagerer vier Tage Zeit und Mound das Leben gekostet hatte.

Clausewitz erläuterte Hornblower mit kühlen Worten die Lage, während sie beide dieses Bild durch ihre Gläser betrachteten. Für den Militärwissenschaftler war eine solche Belagerung in erster Linie eine Denkaufgabe. Es war möglich, den Fortschritt der Sappen und die zerstörende Wirkung der Artillerie mathematisch zu berechnen, jede Bewegung und Gegenbewegung vorauszubestimmen und den letzten Sturmangriff auf die Stunde genau anzukündigen. Die Zeit dafür war nun bald gekommen, denn schon war es nicht mehr möglich, den Kopf der Sappe ständig unter Feuer zu halten oder den Fortschritt der Belagerer durch Ausfälle wirksam zu verzögern. »Wenn die Franzosen wissen, daß ein Ausfall bevorsteht«, wandte Hornblower ein, »dann bereiten sie sich doch darauf vor?«

»Gewiß«, sagte Clausewitz. Seine kalten, grauen Augen zeigten keinen Ausdruck.

»Wäre es nicht besser, sie zu überraschen?«

»Natürlich, aber wie wäre das bei einer solchen Belagerung möglich?«

»Wir haben sie zum Beispiel mit unseren Kanonenbooten überrascht.«

»Ja, aber jetzt ...«

Clausewitz zeigte auf die Batterie, die ihnen den inneren Teil der Bucht versperrte.

»Und doch ...«, begann Hornblower. Aber dann verschluckte er den Rest dessen, was er hatte sagen wollen. Es hatte keinen Sinn, Kritik zu üben, wenn man nicht gleichzeitig einen Ausweg vorzuschlagen hatte. Noch einmal ließ er seinen Blick über die Belagerungswerke wandern und suchte dabei nach irgendeiner Erleuchtung, während rings um ihn die Geschütze donnerten. Auch weiter flußaufwärts hörte man jetzt Artilleriefeuer, dort hatten nämlich die Franzosen eine neue Angriffsfront gegen die Riga gegenüberliegende Mitauer Vorstadt gebildet. Das zwang die Verteidiger, ihre Abwehrkräfte und Hilfsmittel aufs äußerste zu strecken und zu zersplittern. Macdonald hatte sich wie eine Bulldogge in diese Belagerung verbissen, es war bestimmt eine schwierige Aufgabe, ihn abzuschütteln. Ganz Preußen mußte ihm den Nachschub für seine Operationen liefern, er hatte schon bewiesen, daß sein Entschluß durch nichts zu erschüttern war. Selbst der in seinem Rücken tobende Aufstand der lettischen, livländischen und litauischen Bauern, der im ganzen Lande Verwirrung und Unruhe schuf, vermochte es nicht, seine Pläne im mindesten zu beeinflussen.

»Die ersten Toten kommen den Strom herab«, bemerkte Clausewitz. Er hatte große, weiße Zähne, die er bei jeder Gelegenheit zu zeigen pflegte.

Hornblower blickte ihn verständnislos an.

»Aus den Schlachten bei Witebsk und Smolensk«, erklärte Clausewitz, »die vor vierzehn Tagen zweihundert Meilen weiter südlich geschlagen wurden. Ein Teil der Leichen hat also die ganze Reise zurückgelegt. Viele Russen sind dabei, aber auch Franzosen, Bayern, Westfalen und Italiener – sehr viele Italiener. Es muß eine große Schlacht gewesen sein.«

»Sehr interessant«, sagte Hornblower und befaßte sich noch einmal genau mit den Belagerungswerken. In der Mitte des zweiten Parallelgrabens befand sich eine neue Batterie, deren Feuer jeden Frontalangriff zur Zerstörung der Werke vereiteln mußte. Es war von der für den Ausfall bestimmten Truppe einfach nicht zu verlangen, daß sie über zweihundert Meter deckungslosen Vorfeldes gegen ein solches Feuer vorging und dann noch einen Wall und Graben stürmte. Aber es blieb nichts anderes übrig als ein solcher Angriff, denn die französischen Flanken waren gut gedeckt. Die eine lehnte sich an den Flußlauf, die andere verlief bis zur Bucht. Ja, die Bucht! Die französischen Batterien konnten sie bestreichen, so bestreichen, daß seine Kanonenboote dort bei Tage nicht mehr ankern konnten. Waren sie aber in der Lage, Infanterie aufzuhalten, die dort des Nachts mit Booten an Land gesetzt wurde? Wenn das gelang, dann konnte der Parallelgraben in der Morgendämmerung von der Flanke her angegriffen und aufgerollt werden. Hornblower wandte sich mit diesem Vorschlag an Clausewitz, und der nahm ihn sofort an. Diese Festlandsoldaten vergaßen bei ihren Planungen allzu leicht die Möglichkeiten der See. Clausewitz besaß aber, obgleich er Preuße war, glücklicherweise genug geistige Anpassungsfähigkeit, um die Vorzüge dieses auf der Beherrschung der See beruhenden Vorhabens sogleich zu erfassen.

Wenn man dem letzten Sturm auf Dünamünde noch zuvorkommen wollte, dann war keine Zeit zu verlieren. Also mußte der Plan sofort ausgearbeitet werden. Da waren Zeiten festzulegen, Signale zu vereinbaren, Truppen für die Landung zu bestimmen und nach dem Punkt in Marsch zu setzen, wo Hornblower inzwischen die Schuten mit den Bootsbesatzungen klarmachte, die sie an den für die Landung vorgesehenen Platz bringen sollten. Hornblower mußte Besatzungen und Offiziere abteilen, ihnen seine Befehle geben und sicherstellen, daß sie auch richtig verstanden wurden. Montgomery, Duncan, Purvis und Carlin mußten sofort von Bord geholt werden, denn er mußte ihnen von hier, von der Kirche aus, die Stellen anweisen, wo sie landen sollten. Hornblower rannte immer wieder um die Galerie und rieb sich vor Ungeduld förmlich auf, bis sie endlich an Land erschienen. Reitende Boten holten gleichzeitig in fliegender Eile ein Dreigespann russischer Obersten heran und brachten sie gleichfalls auf die Galerie. Das waren die Kommandeure der Regimenter, die für die Landung ausersehen waren. Hornblower erklärte ihnen den ganzen Plan auf französisch und wiederholte die Erklärung für seine eigenen Offiziere auf englisch. Dann mußte er obendrein die Unmenge von Fragen verdolmetschen, die sie alle zu stellen hatten. Ein halbes Dutzend russischer Leutnants kauerte auf dem Boden der Galerie. Sie hatten alle Brettchen mit aufgeheftetem Papier auf den Knien und schrieben die Befehle nieder, die Clausewitz ihnen diktierte. Mitten in all dem geschäftigen Durcheinander erschien auch noch Essen. Er hatte sofort seine mündliche Zustimmung zu dem geplanten Angriff gegeben. Als er bei seiner Ankunft sah, daß die Vorbereitungen schon so weit gediehen waren, überließ er als vernünftiger Mann auch die weitere Ausarbeitung der Einzelheiten denen, die das Ganze entworfen hatten. All das vollzog sich unter dem unaufhörlichen Donner der Beschießung, der die ohrenbetäubende Begleitmusik zu jedem Gespräch abgab. Die russischen Wälle aber sackten inzwischen unter dem Hagel der Geschosse immer mehr in sich zusammen, und die Sappen krochen unaufhaltsam immer näher.

Kurz vor zwölf hatte Hornblower Clausewitz seinen Vorschlag gemacht, um acht Uhr abends, als die Sonne unterging, waren die Vorbereitungen beendet. Hornblower hatte sich zur Mündung der Düna rudern lassen, um die bereitgestellten Fahrzeuge zu besichtigen und der Einschiffung der russischen Grenadiere beizuwohnen.

»Haben Sie Ihre Befehle verstanden, Duncan?« fragte Hornblower.

»Jawohl, Sir.«

»Wie spät haben Sie es? Stellen Sie jetzt Ihre Uhr nach der meinigen.«

»Aye, aye, Sir.«

»Mr. Montgomery, Mr. Purvis, denken Sie an das, was ich Ihnen über den Zusammenhalt des Landungskorps gesagt habe. Sie müssen alle zu gleicher Zeit losschlagen – auf keinen Fall dürfen Sie in kleinen Gruppen landen. Stellen Sie auch sicher, daß die Soldaten genau wissen, in welcher Richtung sie vorzugehen haben.«

»Aye, aye, Sir.«

»Und nun, alles Gute!«

»Besten Dank, Sir.«

Als Hornblower wieder die kleine Landungsbrücke bei Dünamünde betrat, war es stockfinster, und außerdem war zum erstenmal wieder ein kalter Hauch in der Luft zu spüren. So weit war also das Jahr vorgeschritten, seit sie zum ersten Male in der Bucht von Riga geankert hatten. Der Sommer war dahin, der Herbst stand vor der Tür. Er tappte sich den dunklen Graben entlang, der zur Kirche führte, seine müden Beine trugen ihn kaum noch die unzähligen stockdunklen Stufen zur Galerie empor. Seit heute morgen war er nicht zum Sitzen gekommen, hatte er noch keinen Bissen gegessen, deshalb schwindelte ihm jetzt der Kopf vor Hunger und Müdigkeit. Clausewitz war hier oben immer noch auf dem Posten, zu seinen Häupten den klaren Sternenhimmel, der so viel Licht gab, daß es Hornblower nach der pechschwarzen Finsternis der Treppe hier oben geradezu hell vorkam.

»Bei den Franzosen geht es heute nacht ungewöhnlich lebhaft zu«, sagte Clausewitz anstelle einer Begrüßung. »Sie haben die Besatzungen ihrer Gräben in der Abenddämmerung abgelöst.«

Plötzlich wurden die französischen Linien durch orangerote Stichflammen erleuchtet, und dann drang der Donner einer Salve zu ihnen herüber.

»Von Zeit zu Zeit bestreuen sie unseren Graben mit Kartätschen«, erklärte Clausewitz, »um die Ausbesserungsarbeiten zu behindern. Das ist eine alte Regel. Aber nach einem halben Dutzend Salven beginnen sie, was Richtung und Entfernung betrifft, sehr ungenau zu schießen.«

Wenn die Belagerungskunst so an starre Regeln gefesselt war, daß sich jeder Schritt des Gegners berechnen und voraussehen ließ, dann konnte ein selbständig denkender Kopf, der überraschend eigene Wege ging, um so eher auf einen Erfolg rechnen. Nach den Regeln waren die Breschen und Sappen in zwei Tagen sturmreif – was hielt aber den Angreifer davon ab, den Sturm etwas vorzeitig anzusetzen, um dadurch den Verteidiger zu überraschen? Hornblower deutete Clausewitz diese Möglichkeit an.

»Das ist natürlich denkbar«, gab der mit der Überlegenheit des Fachmanns zur Antwort, »aber unsere eigenen Grabenbesatzungen sind heute wegen des morgen bevorstehenden Angriffs ohnehin besonders stark.«

Hornblower suchte im Dunkeln herum und fand zuletzt eins von den Strohbündeln, die man auf die Galerie geschafft hatte, um dieses vorgeschobene Stabsquartier wenigstens mit einem dürftigen Ruhelager auszustatten. Da seine Beine tatsächlich vor Müdigkeit zitterten, nahm er aufatmend Platz und hüllte sich dichter in seinen Mantel, um gegen die nächtliche Kühle etwas mehr Schutz zu finden. Der Gedanke, die Augen schließen, schlafen zu können, hatte etwas unendlich Verlockendes. Schließlich konnte er nicht mehr widerstehen und ließ sich auf das krachende Stroh zurücksinken. Noch einmal stützte er sich auf den Ellbogen, um sich ein kleines Extrabündel als Kopfkissen unterzuschieben.

»Ich werde ein bißchen ruhen«, sagte er, dann schloß er die Augen.

Hinter diesem Schlafbedürfnis stak in Wirklichkeit etwas mehr als bloße Müdigkeit. Wenn er schlief, dann war er weit weg von hier, von dieser Belagerung mit ihrem Gestank, ihrer Gefahr und ihren bitteren Erlebnissen, dann war er frei von aller Verantwortung, dann quälte ihn niemand mehr mit diesen ewigen Meldungen über Bonaparte und seinem unaufhaltsamen Vormarsch mitten ins Herz von Rußland, dann brauchte er sich nicht mit der qualvollen Erkenntnis herumzuschlagen, daß er einen verzweifelten, gänzlich hoffnungslosen Kampf kämpfte, weil der Feind so ungeheuer mächtig und überlegen war, daß er am Ende siegen *mußte*. Wenn er nur Schlaf fand, dann schwiegen alle bösen Geister, dann vergaß er alle Sorge und alles Leid. Heute nacht sehnte er sich so nach Schlaf, wie ein Mann sich sehnt, in die Arme seiner Geliebten zu sinken. Seltsamerweise waren seine Nerven trotz der Aufregungen der letzten Wochen, vielleicht, nach dem Gesetz seiner widerspruchsvollen Natur, sogar wegen ihrer, ganz ruhig. Nun machte er es sich also auf seinem Strohlager bequem und schlief. Wilde Träume überfielen ihn, aber er war sich doch irgendwie im klaren, daß diese Geister nicht halb so schlimm sein konnten wie die Gedanken, mit denen er sich in seinen wachen Stunden abquälen mußte.

Er wachte davon auf, daß Clausewitz ihn an der Schulter anstieß. Wie ein Zusammensetzspiel mußte er die Teile seines bewußten Ich ineinanderfügen, bis wieder der Hornblower aus ihm wurde, der hier den Russen Riga verteidigen half.

»In einer Stunde beginnt die Dämmerung«, sagte Clausewitz, der sich wie ein schwarzer Schatten gegen den dunklen Himmel abhob.

Hornblower setzte sich auf, er war unter der dünnen Decke seines Mantels vor Kälte ganz steif geworden. Wenn alles gutgegangen war, dann lief die Landungsabteilung jetzt drüben in die Bucht ein. Er starrte über die Brüstung der Galerie, aber es war viel zu dunkel, um irgend etwas unterscheiden zu können. Da tauchte noch ein Schatten neben ihm auf und gab ihm etwas Heißes in die Hand – ein Glas Tee. Dankbar trank er in kleinen Schlucken und fühlte, wie ihn die Wärme angenehm durchrieselte. Irgendwo hörte man den schwachen Knall eines Gewehrschusses, Clausewitz wollte eben etwas zu ihm sagen, da begann plötzlich in dem Niemandsland zwischen den beiden Gräben ein wildes Feuergefecht und schnitt ihm das Wort ab ... Überall zuckten die spitzen Mündungsflammen der Gewehre in das nächtliche Dunkel.

»Wahrscheinlich Patrouillen, die die Nerven verloren haben«, sagte Clausewitz. Aber die Schießerei wollte und wollte nicht aufhören. Im Gegenteil, sie wurde immer heftiger. Das da unten sah aus wie eine große feurige Pfeilspitze, die gegen eine ungeordnete Masse aufblitzender Flammen zielte. Offenbar traf dort ein Angriffskeil auf eine Verteidigungslinie. Jedesmal, wenn eine ratternde Salve fiel, flammten die Blitze auf, dann hüllte sich alles wieder in Dunkel. Bald tauchten hier und dort die großen, dunkelroten Mündungsflammen der Geschütze auf, und kurz darauf sah man auch noch die Flammen anderer Feuer, da sowohl die Angreifer als auch die Verteidiger Feuerbrände – Brandgranaten – vor ihre Linien schossen, um den Gegner zu beleuchten. In diesem Augenblick zog unten von der Bucht aus ein feuriger Ball seine goldene Bahn bis hoch in den Himmel und zerbarst, am Scheitelpunkt angelangt, in eine Menge purpurner Sterne.

»Gott sei Dank!« wollte Hornblower sagen, aber er behielt die Worte bei sich.

Das Landungskorps war schon etwas vorzeitig in seiner Ausgangsstellung angelangt und irgendwer, Engländer oder Russe, hatte den einzig vernünftigen Entschluß gefaßt, sofort mit dem Flankenangriff zu beginnen, als er an Land das heftige Feuergefecht beobachtete. Clausewitz wandte sich um und stieß einen Befehl hervor, ein Adjutant eilte sofort die Treppe hinunter, um ihn weiterzugeben. Fast im gleichen Augenblick kam ein Melder von unten heraufgestürmt und sprudelte so aufgeregt auf russisch los, daß Clausewitz, der die Sprache nur unvollkommen beherrschte, nicht alles verstand und ihn veranlassen mußte, seine Sätze langsamer zu wiederholen. Als er die Meldung schließlich verstanden hatte, wandte er sich an Hornblower.

»Der Gegner ist mit starken Kräften angetreten, offenbar hat er versucht, uns zu überraschen. Wenn er Erfolg hat, spart er zwei Tage.«

Unten erhob sich neuer Gefechtslärm. Das Landungskorps war auf den ersten Widerstand gestoßen, und nun flammte auch in dem dunklen Ufergelände ein ganzes Muster zuckender Blitze auf. Die Schlacht entbrannte immer heftiger, und dort, wo Angriff, Gegenangriff und Flankenangriff zusammenstießen, war ihr Brennpunkt. Der Tag begann allmählich zu grauen, jedenfalls war es schon hell genug, um zu unterscheiden, daß Clausewitz heute nicht so adrett aussah, wie man es sonst an ihm gewohnt war. Er war unrasiert, und seine Uniform war ganz zerdrückt und voller Stroh. Vom Gefecht selbst war immer noch nichts zu erkennen, man sah im Halbdunkel nur die undeutlichen Umrisse ziehender Qualmwolken. Unwillkürlich dachte Hornblower an die Verse in Campbells »Hohenlinden«, in denen der Dichter schildert, wie der flache Strahl der Morgensonne das dunkle Schlachtengewölk vergebens zu durchdringen versucht. Aber das Knattern der Gewehre und der Donner der Artillerie verkündeten deutlich genug, wie hart das Ringen war. Einmal hörte Hornblower kräftiges Geschrei aus vielen tiefen Männerkehlen, dem ein wildes Geheul antwortete. Wahrscheinlich war da irgendein Angriff auf einen Gegenangriff gestoßen. Immer heller und deutlicher wurde das Bild, und nun begannen allmählich die Meldungen einzulaufen.

»Schewstow hat die Batterie gestürmt, die das Ufer decken soll«, sagte Clausewitz freudig erregt.

Schewstow war der General, der das Landungskorps befehligte. Wenn er die Batterie gestürmt hatte, dann konnten sich die Bootsbesatzungen ungestört aus der Bucht zurückziehen. Die Ankunft seines Melders hier in Dünamünde bedeutete überdies, daß er bereits Fühlung mit der Verteidigung hatte, es war also anzunehmen, daß ihm die Durchführung seiner Aufgabe, die französische Flanke einzudrücken, gelungen war. Das Feuer schien jetzt schwächer zu werden, aber der Rauch, der sich nun mit dem herbstlichen Bodennebel vermischte, verbarg noch immer alle Vorgänge dem Blick.

»Kladow ist in die Sappen eingedrungen«, fuhr Clausewitz fort. »Seine Arbeitsgruppen zerstören die Gräben und Brustwehren.«

Der Gefechtslärm lebte wieder auf, Mündungsfeuer war jedoch nicht mehr zu sehen, dazu war es schon zu hell. Offenbar tobte jetzt da draußen ein Kampf auf Leben und Tod. Die Vorgänge hielten den Stab auf der Galerie so in Spannung, daß die Ankunft des Gouverneurs kaum Beachtung fand. Alle starrten in den Qualm hinaus und suchten irgend etwas zu erkennen.

Mit einigen schnellen Fragen hatte Essen von Clausewitz alles Nötige erfahren und wandte sich dann an Hornblower.

»Ich wollte eigentlich schon vor einer Stunde hier sein«, sagte er, »aber der Eingang einiger wichtiger Depeschen hat mich aufgehalten.«

Das massige Gesicht des Generals von Essen verriet düsteren Ernst. Er nahm Hornblower am Arm und zog ihn außer Hörweite der jüngeren Stabsoffiziere. »Schlechte Nachrichten?« fragte Hornblower.

»Leider die allerschlimmsten. Wir haben vor Moskau eine große Schlacht verloren, Bonaparte ist in die Stadt eingedrungen.«

Das war allerdings die schlimmste Nachricht, die man sich denken konnte. Hornblower konnte sich vorstellen, daß die künftigen Geschichtsschreiber diese Schlacht zu den großen Entscheidungen zählen würden, wie sie schon bei Marengo, bei Jena und bei Austerlitz gefallen waren, zu den Schlägen, die einer ganzen Nation den Todesstoß versetzten. Und die Besetzung von Moskau spielte wohl eine ähnliche Rolle wie der Einmarsch in Wien und Berlin. Noch eine oder zwei Wochen weiter, dann bat Rußland um Frieden, wenn es nicht jetzt schon soweit war, und dann – stand England allein gegen eine ganze Welt in Waffen. Wen gab es dann noch auf dem ganzen weiten Erdenrund, der Bonapartes List und Bonapartes Macht Widerstand zu leisten vermochte? Vielleicht die britische Flotte? Hornblower zwang sich, den Schlag gelassen hinzunehmen, er wollte nicht, daß man ihm etwas von der Bestürzung anmerkte, die ihn bei dieser Nachricht gepackt hatte.

»Wir werden uns dadurch nicht irremachen lassen«, sagte er.

»Nein«, sagte Essen, »meine Leute werden kämpfen bis zum letzten Mann. Und die Offiziere nicht minder.«

Bei diesen Worten deutete er mit einer Kopfbewegung

auf Clausewitz. Dabei sah es fast aus, als verzöge er sein Gesicht zu einem Grinsen. Ja, von dem Mann dort konnte man wirklich sagen, daß er den Kopf schon in der Schlinge hatte. Kämpfte er denn nicht gegen sein eigenes Land? Hornblower erinnerte sich an den Wink Wellesleys, daß sein Geschwader vielleicht dazu bestimmt war, dem russischen Hof Zuflucht zu bieten. Er malte sich aus, wie sich dann auf seinen Schiffen jene unglücklichen Menschen drängen würden, die aus diesem Lande flüchten mußten, dem letzten von ganz Europa, das Bonaparte jetzt noch die Stirn bot.

Dunst und Rauch wurden allmählich dünner, stellenweise war das Schlachtfeld bereits zu erkennen. Hornblower und Essen wandten sich wieder der Gegenwart und ihren Aufgaben zu und fühlten erleichtert, wie sie das von ihren düsteren Zukunftsbetrachtungen ablenkte.

»Ha!« rief Essen auf einmal und zeigte ins Gelände hinaus.

Die Laufgräben waren jetzt zum Teil schon deutlich zu erkennen. Hier und dort zeigten sich in ihren Brustwehren breite Lücken.

»Kladow hat seine Befehle gut ausgeführt«, sagte Clausewitz.

Bis diese Lücken, eine nach der anderen, angefangen vom ersten Parallelgraben, wieder ausgefüllt waren, konnte niemand den Kopf der Sappe erreichen. Jedenfalls war es für stärkere Verbände unmöglich, die Gräben zum Vorgehen zu benutzen. Zwei Tage Zeitgewinn brachte dieses Unternehmen auf jeden Fall ein, stellte Hornblower fest, während er das Ausmaß der angerichteten Zerstörungen abzuschätzen suchte – er hatte jetzt schon so viel Erfahrung, daß er sich den weiteren Verlauf solcher Belagerungsoperationen ganz gut vorstellen konnte. Das schwere Feuer hatte immer noch nicht aufgehört, es rührte daher, daß die Nachhut den Rückzug der Angriffstruppen in ihre befestigten Stellungen zu decken suchte. Essen legte sein riesiges Fernrohr auf die Schulter seines Adjutanten und stellte es auf diese Bewegungen ein. Hornblower blickte gleichzeitig durch sein eigenes Glas. Er sah die großen Schuten des Landungskorps verlassen am Strand liegen und konnte weit draußen in sicherer Entfernung die Boote unterscheiden, die deren seemännische Besatzungen an Bord der Schiffe zurückbrachten. Essen legte ihm die Hand auf die Schulter und zog ihn zu sich herum.

»Sehen Sie dort, Kommodore!«

Hornblower konnte durch sein Glas sofort erkennen, was Essen ihm zeigen wollte. Einzelne versprengte feindliche Soldaten trieben sich auf dem Rückweg zu ihren Aufnahmestellungen immer noch im Niemandsland herum und – Hornblower beobachtete es mit eigenen Augen – stachen mit dem Bajonett auf die russischen Verwundeten ein, die sie unterwegs liegen sahen. Im Grunde war es wohl nicht einmal zu verwundern, daß diese lange und blutige Belagerung die Menschen so rachsüchtig und roh machte, wie sie es hier beobachten konnten. Das galt vor allem für die Soldaten Bonapartes, die nun schon seit Jahren, viele seit ihrem Knabenalter, durch alle europäischen Länder zogen und von dem lebten, was ihnen das Land zu bieten hatte, für die es nur ein Recht gab, das der Muskete und des Bajonetts. Essen war ganz weiß vor Wut, und Hornblower gab sich Mühe, seine Entrüstung zu teilen, doch wollte es ihm nicht recht gelingen. Diese Grausamkeiten kamen ihm nicht überraschend. Konnte man denn von diesen Leuten etwas anderes erwarten? Er selbst sah es zwar auch in Zukunft als seine Aufgabe an, die Soldaten und Seeleute Bonapartes im Kampf zu töten, aber er wollte sich dabei auf keinen Fall vormachen, er handelte »gerecht«, wenn er auch nur einen Mann deshalb tötete, weil irgendein anderer Landsmann von ihm an einem seiner Bundesgenossen zum Mörder geworden war.

In den Ruinen des Dorfes wurden diejenigen Verwundeten versorgt, denen es gelungen war, sich zurückzuschleppen. Hornblower sah sich das mit an, als er auf dem Rückweg wieder durch die Gräben wanderte, und sagte sich schaudernd, daß wahrscheinlich diejenigen noch das bessere Los gezogen hatten, die im Niemandsland mit einem Bajonett den Gnadenstoß erhielten. Dann bahnte er sich seinen Weg weiter durch eine Menge rauchgeschwärzter, zerlumpter russischer Soldaten. Sie standen in Gruppen zusammen und unterhielten sich in jener lauten, hemmungslosen Art, die unmittelbar nach einem schwer errungenen Sieg bei den meisten Männern zu beobachten ist.

22

Unter den Bergen von Post, die endlich aus England eingetroffen war, befanden sich große Pakete mit gedruckten Flugblättern in französischer, deutscher, zu einem kleinen Teil sogar in holländischer und dänischer Sprache. Es handelte sich um Aufrufe an die Truppen Bonapartes, seine Fahnen zu verlassen. Diese Aufrufe forderten aber nicht etwa zu Massendesertationen auf, sie wandten sich vielmehr an den einzelnen Soldaten und versicherten ihm, daß er einer guten Aufnahme sicher sein könne, wenn er überliefe. Vor allem aber traten sie den Anklagen entgegen, die Bonaparte in allen seinen Proklamationen wiederholte, daß nämlich England seine Kriegsgefangenen auf Hulks eingesperrt hielte, die schwimmende Höllen seien, und daß Deserteure durch schlechte Behandlung dazu gezwungen würden, in Englands Söldnerregimentern Dienst zu nehmen. Sie stellten dem Überläufer im Gegenteil ein angenehmes Dasein und persönliche Sicherheit in Aussicht, wenn sie nicht von der ehrenvollen Möglichkeit Gebrauch machen wollten, freiwillig in englische Dienste zu treten und sich persönlich an der Niederwerfung des Tyrannen zu beteiligen. Das französische Flugblatt war ohne Zweifel ausgezeichnet geschrieben, die anderen standen ihm wohl nicht nach. Vielleicht war Canning oder der andere Bursche – wie hieß er doch gleich? –, richtig, Hokham Frere, an ihrer Abfassung beteiligt.

Das Begleitschreiben zu diesen Flugblättern verpflichtete ihn dazu, sie den Soldaten Bonapartes durch alle denkbaren Mittel in die Hände zu spielen. Dem Schreiben war als besonders interessante Anlage die Abschrift eines Briefes beigefügt, der von Bonaparte an Marmont gerichtet war und den man wahrscheinlich irgendwo in Spanien abgefangen hatte. Darin tobte der Kaiser gegen diesen neuen Beweis britischer Falschheit und Perfidie. Offenbar hatte er einige der ersten Flugblätter zu sehen bekommen und fühlte sich dadurch an einer empfindlichen Stelle getroffen. Nach der Ausdrucksweise, die er gebrauchte, machte ihn dieser Versuch, seine Untergebenen zur Untreue zu verführen, völlig rasend. Die wütenden Ausfälle, mit denen der Kaiser diese neue Art der Kriegführung beantwortete, legten die Vermutung nahe, daß sie ihre Wirkung nicht verfehlte. Da waren zum Beispiel die Preußen unter Macdonald. Diese Leute waren von zu Hause her gutes Essen und anständige Behandlung gewohnt, jetzt aber sahen sie sich auf magere Rationen gesetzt, weil das ganze Land ringsum durch Requisitionen schon völlig ausgesogen war. Die Aussicht auf Ruhe, Sicherheit und gute Kost mochte bei diesen Menschen Wunder wirken, besonders wenn man gleichzeitig den Versuch machte, ihr vaterländisches Gewissen wachzurufen. Beides zusammen konnte wirklich viele dazu bringen, daß sie mit dem Desertieren Ernst machten. Hornblower entwarf im Geist bereits ein dienstliches Schreiben an den Gouverneur. Er wollte ihm vorschlagen, ein paar Hausierer in das französische Lager zu schicken, die dort die Flugblätter verteilen sollten, während sie zum Schein den Soldaten ihre Waren feilhielten. Hier vor Riga, wo die Truppen Bonapartes nichts als Härten zu erdulden hatten, ohne daß sie wesentliche Erfolge sahen, wirkte ein solcher Aufruf wahrscheinlich ganz anders als bei Bonapartes siegreicher Hauptarmee in Moskau. Hornblower konnte den hochgestimmten russischen Bericht über den Brand von Moskau und den glühend begeisterten Aufruf Alexanders, daß er niemals Frieden schließen wolle, solange noch ein französischer Soldat auf russischem Boden stehe, nicht recht ernst nehmen. Nach seiner Meinung war das französische Soldatentum immer noch unerschüttert in seiner Haltung, war die Macht Bonapartes immer noch groß genug, um Rußland mit der Spitze des Bajonetts in der eigenen Hauptstadt zum Frieden zu zwingen, mochten die Zerstörungen in dieser Stadt noch so groß sein – mochten sie sogar das Ausmaß erreichen, das Moskauf selbst gemeldet hatte.

Es klopfte an der Tür.

»Herein!« schrie Hornblower ungehalten. Er ärgerte sich über diese Störung, weil er vorgehabt hatte, den ganzen Tag zur Erledigung seiner rückständigen Schreibarbeiten zu verwenden.

»Ein Brief von Land, Sir«, sagte der Fähnrich der Wache.

Es handelte sich nur um eine kurze Mitteilung des Gouverneurs. Ihr wesentlicher Inhalt ließ sich in folgenden zwei Sätzen ausdrücken: »Haben Sie Zeit zu einem kurzen Besuch bei mir? Ich habe neue Gäste in der Stadt, die Sie bestimmt interessieren werden.«

Hornblower seufzte. Wenn es so weiterging, wurde sein Bericht für London nie fertig. Aber er durfte diese Einladung nicht ablehnen.

»Lassen Sie das Chefboot klarmachen«, sagte er zu dem Fähnrich und machte sich gleich daran, seinen Schreibtisch abzuschließen.

Weiß Gott, was das wieder war – »Neue Gäste!« Diese Russen taten oft wegen irgendwelcher Kleinigkeiten so schrecklich geheimnisvoll. Vielleicht stak überhaupt nichts dahinter, aber andererseits mußte er doch unbedingt wissen, was los war, ehe er seinen Bericht nach England abschloß. Während sein Boot landwärts über das Wasser tanzte, wanderte sein Blick über die Belagerungslinien. Das Bombardement der Artillerie ging ohne Unterbrechung Salve um Salve weiter, er hatte sich an den ständigen Geschützdonner schon so gewöhnt, daß er ihn nur noch hörte, wenn er besonders darauf achtete. Über dem flachen Land lag wie gewöhnlich ein dikker Schleier von Rauch. Dann lief das Boot in die Mündung ein, und die Ruinen von Dünamünde entzogen sich der Sicht, mit Ausnahme der Kirche, auf deren Galerie er sooft gestanden hatte. Immer näher kamen sie der Stadt, dabei mußten sie sich möglichst dicht am Ufer halten, damit ihnen die Strömung nicht allzuviel von ihrer Fahrt nahm. Endlich wurden die Riemen eingenommen, und das Boot glitt an den Stufen der Ufermauer längsseit. Oben wartete bereits der Gouverneur mit seinem Stabe und einem Pferd für Hornblower.

»Wir haben nicht lange zu reiten«, sagte Essen, »und Sie werden mir nachher zugeben, daß es sich gelohnt hat.«

Hornblower kletterte auf seinen Gaul und dankte dem Burschen, der ihn solange an der Trense festhielt, mit einem Kopfnicken. Dann jagte die ganze Kavalkade mit lautem Hufgeklapper durch die Straßen der Stadt. Am Ostrande der Festung wurde ihnen ein Hinterpförtchen geöffnet – bis jetzt hatte sich auf diesem Dünaufer noch kein feindlicher Soldat gezeigt –, und sie ritten über die Zugbrücke, die den Graben überspannte. Jenseits davon, auf dem Vorfeld außerhalb des Festungsgrabens, erblickte man ein starkes Kontingent rastender Soldaten. Die Leute hockten oder lagen in Reih und Glied auf dem Boden. Als der Reitertrupp näher kam, sprangen sie hastig auf, richteten ihre Reihen aus und präsentierten unter dem schrillen Geschmetter ihrer Trompeten die Gewehre. Die Regimentsfahnen flatterten in der leichten Brise. Essen parierte sein Pferd und erwiderte den Salut.

»Na, was sagen Sie dazu?« fragte er lachend Hornblower.

Die Soldaten waren in einem üblen Aufzug – durch die Löcher ihrer blauen oder schmutziggrauen Uniformen sah man oft genug bis auf die nackte Haut. Dazu machte die ganze Truppe einen schlappen, unsoldatischen Eindruck. Auch die besten Soldaten konnten einmal müde und abgerissen aussehen, wenn sie harte Tage hinter sich hatten, als Hornblower jedoch an den Gliedern dieser Regimenter entlangblickte, drängte sich ihm ein ganz anderer Eindruck auf. Hier nahm man Schmutz und Unordnung einfach hin – es fiel keinem Menschen ein, sie zu bekämpfen. Hornblower sah, daß Essen immer noch stillvergnügt vor sich hin lächelte, und gab sich die größte Mühe, endlich herauszufinden, was ihn denn so belustigte. Er hätte ihn bestimmt nicht hierher geschleppt, wenn es sich nur darum gehandelt hätte, sich abgerissene, zerlumpte Soldateska anzusehen. Davon hatte er in den letzten drei Monaten so viel zu sehen bekommen, daß es ihm für den Rest seines Lebens vollauf genügte. Hier standen gewiß mehrere tausend Mann, eine starke Brigade oder eine schwache Division. Hornblower machte sich eben daran, die Regimentsfahnen zu zählen, um festzustellen, wie viele Einheiten da versammelt waren, da hätte er vor Überraschung beinahe sein mühsam gewahrtes Gleichgewicht verloren. Diese Fahnen waren rot und gelb, das waren doch die spanischen Nationalfarben! Als ihm diese Erleuchtung kam, erkannte er auch an den zerfetzten Uniformen die Spuren des bourbonischen Weiß-Blau, das er vor zehn Jahren während seiner Gefangenschaft in Ferrol so hassen gelernt hatte. Aber damit nicht genug. Am linken Flügel der Linie war noch eine einzelne, blausilberne Standarte zu erkennen, die portugiesische. Sie wehte an der Spitze eines zusammengeschrumpften Bataillons, das wirklich nicht viel anders aussah als eine Schar von Vogelscheuchen.

»Sie sind überrascht, Sir! Das habe ich mir gedacht«, sagte Essen immer noch lachend.

»Was sind dies für Leute?« fragte Hornblower.

»Ein paar von den willfährigen Bundesgenossen Bonapartes«, erwiderte Essen ironisch. »Sie gehörten zum Korps St. Cyr in Polozk. Als sie eines Tages am äußersten linken Flügel standen, kamen sie auf den Gedanken, sich stromabwärts durchzuschlagen und zu uns zu stoßen. Kommen Sie, wir wollen zu ihrem General.«

Er ritt an und trabte mit Hornblower an den Linien entlang, bis sie zu einem gleichfalls ganz zerlumpten Offizier gelangten, der auf einem klapperdürren Schimmel saß. Sein Stab hinter ihm war noch schlechter beritten als er.

»Ich habe die Ehre vorzustellen«, sagte Essen förmlich, »Seine Exzellenz der Conde de Los Altos – Seine Exzellenz Kommodore Sir Horatio Hornblower.« Der Conde salutierte, Hornblower brauchte einige Augenblicke, ehe es ihm gelang, wieder auf spanisch zu denken – damals vor zwei Jahren, bei dem mißglückten Angriff auf Rosas, hatte er diese Sprache zum letzten Male gesprochen.

»Ich freue mich außerordentlich, Eurer Exzellenz Bekanntschaft zu machen«, sagte er.

In den Zügen des Conde spiegelten sich Überraschung und Freude, als er seine Muttersprache hörte. Rasch gab er zur Antwort:

»Sie sind der englische Admiral, Sir?«

Hornblower hielt es in diesem Augenblick nicht für angezeigt, sich auf Erklärungen über den Unterschied zwischen einem Admiral und einem Kommodore einzulassen. Er nickte nur bestätigend mit dem Kopf.

»Ich habe darum gebeten, daß meine eigenen Leute und die Portugiesen über See nach Spanien zurückgeschafft werden möchten, damit wir dort, auf dem Boden unseres Vaterlandes, gegen Bonaparte kämpfen können. Man hat mir geantwortet, daß für die Benutzung des Seeweges, der ja allein in Frage kommt, Ihr Einverständnis nötig sei. Ich nehme als sicher an, daß Sie es uns nicht verweigern werden.«

Das war viel verlangt. Fünftausend Mann erforderten, wenn man den üblichen Tonnagebedarf von vier Tonnen pro Mann annahm, einen Schiffsraum von zwanzigtausend Tonnen. – Das war ein riesiger Geleitzug. Er wußte wirklich nicht, ob sein Einfluß ausreichte, die Regierung zur Gestellung von zwanzigtausend Tonnen Schiffsraum zu bestimmen, um diese Spanier von Riga nach Spanien zu befördern. Es gab ja ohnehin nie genug Schiffe. Dabei durfte man auch nicht außer acht lassen, welch schlechten Eindruck es auf die Besatzung von Riga machen mußte, wenn sie sah, wie ihr diese willkommene, vom Himmel gesandte Verstärkung sozusagen unter den Händen zerrann, nachdem sie eben erst eingetroffen war. Andererseits stand immer zu befürchten, daß Rußland eines Tages mit Bonaparte Frieden machte. Rechnete man damit, daß dieser Fall eintrat, dann war es natürlich am besten, die Spanier so schnell wie möglich aus der Reichweite dieser beiden Mächte zu entfernen. Diese fünftausend Mann waren in Spanien viel wert, vor allem deshalb, weil sie dort als Spanier mit echter Begeisterung ins Zeug gingen – hier dagegen, in diesem Krieg der Millionen, spielten sie kaum eine Rolle. Aber wichtiger als alle diese Gründe war die moralische Wirkung. Was mußten die übrigen höchst unfreiwilligen Bundesgenossen Bonapartes, die Preußen, Österreicher, Bayern und

Italiener, denken, wenn sie hörten, daß das Truppenkontingent einer anderen Nation sich zum Gegner durchgeschlagen hatte und dort als geschätzter und gefeierter Freund mit offenen Armen aufgenommen worden war, mehr noch, daß man alle diese Soldaten sogar ohne Verzug zu Schiff in ihre Heimat zurückgeschickt hatte? Hornblower erwartete sich davon einen entscheidenden Gesinnungswandel unter den Trabanten der bonapartischen Macht, auf den man besonders dann rechnen konnte, wenn Rußland seinem Entschluß, den Winter durchzukämpfen, treu blieb. Dann begann das Riesengebäude jenes Reiches vielleicht wirklich zu bröckeln und zu stürzen.

»Ich werde mich glücklich schätzen, Ihre Leute nach Spanien zurückzusenden, sobald es sich irgend ermöglichen läßt«, sagte er. »Noch heute werde ich die zur Versammlung des nötigen Schiffsraumes erforderlichen Maßnahmen treffen.«

Der Conde dankte ihm mit überschwenglichen Worten, aber Hornblower hatte noch etwas hinzuzufügen.

»Ich habe nur eine bescheidene Gegenbitte«, sagte er. Dieser Satz genügte, um die Freude des Conde zu dämpfen.

»Und die wäre, Sir?« fragte er, und schon stand in seinem Gesicht jenes verbitterte Mißtrauen geschrieben, das sich eines jeden bemächtigen mußte, der, wie er, Jahre hindurch Opfer internationaler Doppelzüngigkeit, endloser Lügen, Täuschungen und infamer Drohungen gewesen war – angefangen von Godoys elendem Betrug bis zu Bonapartes rücksichtsloser Gewalttätigkeit.

»Nur Ihre Unterschrift unter einen Aufruf, sonst nichts. Ich möchte unter den anderen unfreiwilligen Verbündeten Bonapartes die Nachricht verbreiten, daß Sie sich unserer guten Sache, der Sache der Freiheit, angeschlossen haben, und ich möchte gern, daß Sie die Wahrheit dieser Nachricht bestätigen.« Der Conde warf noch einen scharf prüfenden Blick auf Hornblower, dann gab er seine Zustimmung.

»Ja, ich werde unterschreiben«, sagte er.

Diese sofortige Bereitschaft war ein schmeichelhaftes Zeugnis sowohl für den ehrlichen Eindruck, den Hornblower machte, als auch für den Ruf unbedingter Zuverlässigkeit in der Erfüllung aller Verpflichtungen, den die Navy ganz allgemein genoß.

»Es bleibt uns also nichts mehr zu tun«, sagte Hornblower, »als den Aufruf zu formulieren und die Transportschiffe für Ihren Verband zusammenzusuchen.«

Essen, der neben ihnen hielt, rutschte während dieser auf spanisch geführten Unterhaltung unruhig in seinem Sattel hin und her. Offenbar verstand er kein Wort von dieser Sprache, und das machte ihn nervös. Hornblower stellte dies mit einiger Schadenfreude fest, hatte er doch während der ganzen beiden letzten Monate gerade genug russischen und deutschen Gesprächen beiwohnen müssen, ohne zu wissen, worum es ging. Er genoß also hier eine nette, kleine Rache.

»Hat er Ihnen erzählt, wie es bei der ›Grande Armée‹ aussieht?« fragte Essen. »Haben Sie von Hunger und Seuchen gehört?«

»Noch nicht«, sagte Hornblower.

Nun begann der Conde aber zu berichten, rasch, in abgerissenen Sätzen, gedrängt durch Essens polternde Ungeduld.

Bonapartes Armee war schon vom Tode gezeichnet, lange ehe sie Moskau erreichte. Bonaparte jagte sie in Eilmärschen durch die endlosen, einsamen Weiten Rußlands, aber Hunger und Krankheit lichteten dabei ständig ihre Reihen.

»Die Pferde sind schon fast alle verendet, es gab nur noch grünen Roggen als Futter«, sagte der Conde.

Waren die Pferde tot, dann war es für das Gros der Armee nicht mehr möglich, die nötigen Mengen an Versorgungsgütern heranzuschaffen. Dieses Gros stand also vor der Wahl, entweder zu verhungern oder sich auf einen weiten Raum auseinanderzuziehen. Das Auseinanderziehen verbot sich aber von selbst, solange es noch irgendeine russische Armee gab. Es kam also ganz auf Alexander an. Solange der die Nerven behielt, solange er den Kampf unentwegt weiterführte, bestand noch Hoffnung. Man hatte immer mehr den Eindruck, als ob die Armee Bonapartes in Moskau wirklich am Ende ihrer Kraft wäre. Dann gab es nur noch eine Möglichkeit für ihn, neuen Druck auf Alexander auszuüben. Die bestand darin, daß die hier vor Riga stehende Armee ihren Vormarsch gegen St. Petersburg fortsetzte. Es kam also jetzt erst recht darauf an, hier den Widerstand nicht erlahmen zu lassen. Hornblower konnte nicht recht daran glauben, daß Alexanders Abwehrkraft den Verlust seiner beiden Hauptstädte überdauerte.

Die armen spanischen Infanteristen hatten während dieser ganzen langen Unterhaltung mit präsentiertem Gewehr stillgestanden. Hornblower fühlte sich dadurch unangenehm berührt, deshalb wandte er ihnen jetzt, um den Conde an seine Pflicht zu gemahnen, in möglichst auffälliger Weise seine Aufmerksamkeit zu. Dieser verstand den Wink und gab seinem Stab einen Befehl, den die Obersten wiederholten. Die Regimenter nahmen mit einem linkischen Griff Gewehr ab, und dann rührte jedermann so, wie es ihm gerade einfiel.

»Seine Exzellenz sagt mir«, wandte sich der Conde wieder an Hornblower, »Sie hätten unlängst in Spanien gedient. Können Sie mir berichten, was es in meiner Heimat Neues gibt?«

Es war nicht ganz einfach, einem Spanier, der vier Jahre von allen Nachrichten aus seinem Vaterlande abgeschnitten war, in kurzen Worten einen Überblick über die verwickelten Ereignisse zu geben, die sich während dieser Zeit dort abgespielt hatten. Hornblower tat sein

Bestes, die unzähligen spanischen Niederlagen zu erklären und zu beschönigen und umgekehrt den Opfergeist und die Tüchtigkeit der Guerilleros hervorzuheben. Er endete mit einem hoffnungsvollen Ausblick, indem er von der unlängst erfolgten Einnahme Madrids durch Wellington erzählte. Während er sprach, umdrängte ihn der spanische Stab in einem immer engeren Kreis. Seit vier langen Jahren, seit dem Tage, an dem das spanische Volk sich dazu entschlossen hatte, dem Empire die Gefolgschaft zu kündigen, und dem Tyrannen Todfeindschaft schwor, hatte Bonaparte dafür gesorgt, daß diese spanischen Truppen, die dreitausend Meilen von ihrer Heimat entfernt standen, nicht ein Wort über die wirkliche Lage ihres Landes erfuhren. Sie konnten höchstens unsichere Vermutungen anstellen, die sich auf die lügenhaften kaiserlichen Verlautbarungen gründeten. Es war ein seltsames Erlebnis, diesen aus ihrer Heimat verschleppten Menschen über die Vergangenheit zu berichten. Hornblower hatte plötzlich wieder seine eigene Lage vor Augen und erinnerte sich daran, wie ihm zumute war, als er von dem Frontwechsel der Spanier erfuhr. Dabei hatte er die merkwürdige Empfindung, als vollzöge sich in seinem Gehirn ein förmlicher Szenenwechsel. Er stand wie damals an Deck der *Lydia*, draußen in den Gewässern des tropischen Pazifiks, von denen es noch kaum eine Seekarte gab. Sekundenlang glich sein Gedächtnis geradezu einem Schlachtfeld von Erinnerungen. Da waren das Blau und das Gold des Stillen Ozeans, die Hitze und die Stürme der Tropen, da waren die Gefechte, da waren El Supremo und der Gouverneur von Panama – mit Gewalt mußte er sich von diesen Bildern losreißen, um sich wieder hierher, auf den Exerzierplatz am Strande der Ostsee, zurückzufinden.

Ein Ordonnanzoffizier kam in wilder Karriere auf sie zugeritten, unter den klingenden Hufen seines Hengstes wirbelte der Staub. Mit flüchtigem Gruß parierte er vor dem General von Essen und sprudelte seine Meldung hervor, ehe sich seine Hand noch gesenkt hatte. Ein Wort des Gouverneurs, und er jagte in fliegender Eile in der gleichen Richtung davon, aus der er gekommen war. Dann wandte sich Essen an Hornblower.

»Der Feind sammelt starke Kräfte in seinen Gräben«, sagte er, »der Sturm auf Dünamünde kann jeden Augenblick beginnen.«

Essen begann seinem Stab Befehle zuzuschreien, Pferde stiegen und warfen sich herum, als die Sporen in ihre Flanken schlugen und die grausamen Kandaren ihnen die Köpfe zur Seite rissen. Binnen weniger Augenblicke galoppierte ein halbes Dutzend Offiziere, mit den Befehlen, die sie erhalten hatten, nach den verschiedensten Richtungen auseinander.

»Ich reite hin«, sagte Essen.

»Und ich komme mit«, sagte Hornblower.

Er wäre beinahe aus dem Sattel gerutscht, als sein aufgeregter Gaul neben dem des Gouverneurs auf der Hinterhand kehrtmachte. Mit der Hand am Sattelknopf suchte er wieder festen Sitz zu gewinnen und angelte noch immer nach dem einen verlorenen Steigbügel, als sie schon mit klappernden Hufen dahingaloppierten. Essen wandte den Kopf und schrie einer der wenigen Ordonnanzen, die sie noch begleiteten, einen Befehl zu, dann hieb er seinem Pferd noch einmal die Sporen in die Flanken. Das Tempo der Gäule wurde schärfer und schärfer, aber auch das Grollen der Beschießung nahm an Lautstärke und Deutlichkeit von Minute zu Minute zu. Sie rasselten durch die Straßen von Riga, sie jagten dröhnend über den Holzbelag der Schiffsbrücke. In der klaren Herbstsonne rann Hornblower der Schweiß von der Stirn, der Säbel hieb ihm immerzu schmerzhaft gegen das Bein, und der dumme Dreimaster rutschte ihm ein ums andere Mal ins Genick, so daß er ihn nur durch einen raschen Griff im letzten Augenblick vor dem Davonfliegen rettete. Er konnte gerade noch so viel auf seine Umgebung achten, daß er wußte, wo er sich befand, als er unter sich das wirbelnde Wasser der Düna sah und als er dann am anderen Ufer den Strom zu seiner Rechten hatte. Immer lauter und heftiger wurde das Geschützfeuer, dann aber hörte es mit einem Schlage auf. »Jetzt stürmen sie!« schrie Essen und beugte seinen massigen Körper nach vorn, um aus seinem armen Gaul das letzte herauszuholen.

Sie waren im Dorf. Sie ritten zwischen den zerschossenen Bauernhäusern hindurch, da sahen sie die ersten Anzeichen einer beginnenden Niederlage: müde Soldatengestalten, die ihnen ohne Ordnung und Zusammenhalt entgegenwankten. Ihre blauen Uniformen waren ganz grau von Staub, Offiziere bemühten sich fluchend, sie zum Stehen zu bringen, und hieben mit der flachen Klinge auf sie ein. Nun begann auch Essen sie anzubrüllen, seine Stimme klang heiser wie eine geborstene Trompete. Er schwang den Säbel über seinem Kopf und sprengte mitten in das Gedränge hinein. Bei seinem Anblick kehrten sofort Ordnung und Disziplin zurück, die Leute sammelten sich, machten wieder Front gegen den Feind und schlossen sich ganz von selbst zu einer Gefechtslinie zusammen.

Da tauchte auch schon der nachdrängende Gegner in völlig aufgelöster Ordnung zwischen den Ruinen auf, er mußte wie ein Sturmwind durch die Bresche eingedrungen sein, aber jetzt glichen diese Soldaten eher einem Pöbelhaufen als einer stürmenden Truppe. Die Offiziere eilten ihren Männern mit wilden Freudentänzen voraus und schwangen dabei begeistert ihre Hüte und Säbel. Über den Stürmenden wehte eine Standarte. Als sie sich plötzlich einer geschlossenen Widerstandslinie gegenübersahen, verhielten sie unwillkürlich einen Augenblick, dann setzte von beiden Seiten regelloses Feuer ein. Hornblower sah, wie einer der aufgeregt umhereilenden Offiziere tot umsank, als er seine Leute zum Vorgehen anspornte. Unwillkürlich suchte er Essen, aber der ragte mitten im Qualm des Gefechts wie ein Turm aus der Menge. Nun riß Hornblower sein Pferd herum und jagte zum Flügel der Linie. Sein Geist arbeitete mit jener unwirklichen Geschwindigkeit und Klarheit, die uns in Augenblicken höchster Erregung geschenkt wird. Eins war ihm klar: Dies war der entscheidende Augenblick des ganzen Angriffs. Kommt eine stürmende Truppe einmal zum Stehen, dann genügt unter Umständen eine Kleinigkeit, um das Glück zu wenden und sie vielleicht schneller zurückzujagen, als sie vorgegangen war. Er erreichte das Kirchentor. Da strömte gerade eine ungeordnete Masse Soldaten heraus. Das war die Besatzung des Gebäudes, die sich soeben in aller Eile aus dem Staube machen wollte, um nicht umzingelt und abgeschnitten zu werden. Hornblower riß den Säbel aus der Scheide, wie durch ein Wunder blieb er dabei sicher im Sattel.

»Vorwärts! Drauf!« schrie er sie an und schwang seine Waffe über dem Kopf.

Sie konnten seine Worte nicht verstehen, sie sahen nur eine kampfbesessene Gestalt in Blau und Gold vor sich, aber jeder begriff, was von ihm verlangt wurde. Hornblower erhaschte einen kurzen Blick von Diebitsch und Clausewitz, die die Kirche als letzte verließen. Ihnen hätte hier natürlich das Kommando zugestanden, aber jetzt war keine Zeit, sich mit solchen Dingen aufzuhalten. Außerdem schoß ihm in diesem Augenblick der Gedanke durch den Kopf, daß die beiden zwar ausgezeichnete Militärwissenschaftler sein mochten, aber wahrscheinlich fehl am Platze waren, wenn es auf Hieb und Stich ging.

»Vorwärts! Ran an den Feind!« brüllte er wieder und wies mit dem Säbel auf die Flanke der Sturmkolonne. Da machten die Russen kehrt und gehorchten, kein Mensch hätte es vermocht, sich der magischen Wirkung seines Beispiels und seiner befeuernden Gesten zu entziehen. Angreifer und Verteidiger wechselten immer noch flatternde Gewehrsalven, die Sturmkolonne gewann dabei langsam, aber ständig Boden, die Linie der Abwehr wankte und fiel zurück.

»In Linie angetreten!« schrie Hornblower und wandte sich dabei im Sattel um.

Die deutliche Zeichensprache seiner ausgebreiteten Arme sagte den Russen, was er wollte, auch wenn sie seine Worte nicht verstanden. »Laden!«

Die Linie kam zustande und folgte ihm nach vorn, während die Hände der Männer eifrig mit den Ladestöcken hantierten. Es waren höchstens ein paar hundert Mann, die sich da drängend und stolpernd durch das Ruinenfeld bewegten. Jetzt hatten sie die Flanke der Sturmkolonne erreicht. Hornblower sah, wie sich die Gesichter herüberwandten, er war sogar nahe genug, um den Männern ihre Überraschung und ihren Schrecken anzusehen, als sie plötzlich entdecken mußten, daß sie von frischen Truppen in der Flanke angepackt wurden.

»Feuer!« lautete Hornblowers nächstes Kommando, und seine Gefechtslinie brachte trotz ihrer Dürftigkeit so etwas wie eine Salve zustande.

Er sah zwei Ladestöcke in tollen Bögen durch die Luft segeln. Ein paar aufgeregte Männer, die der Feuerbefehl noch beim Laden überrascht hatte, mußten ihre Gewehre dennoch ohne Besinnung hochgerissen und abgefeuert haben. Einer dieser Ladestöcke durchbohrte einen französischen Soldaten wie ein Pfeil. Die Angriffskolonne stutzte, hielt, begann zu wanken – nicht einer unter hundert hatte in diesem Augenblick einen Flankenangriff erwartet, ihre ganze Aufmerksamkeit war ja von der Linie des Generals von Essen in Anspruch genommen, die ihnen frontal entgegentrat.

»Sturm, marsch, marsch!« schrie Hornblower,

schwenkte seinen Säbel und gab seinem Gaul die Sporen.

Die Russen folgten ihm mit Hurra, und Hornblower sah, daß nun die ganze feindliche Kolonne in Unordnung geriet. Sie begann sich aufzulösen, verlor jeden Halt, zerbröckelte. Da! Begannen sie nicht schon den Rücken zu kehren? Bei aller Aufregung fuhr ihm ein Ausspruch durch den Kopf, den er irgendwo gehört hatte: Der schönste Anblick für den Soldaten sei der Brotbeutel des Gegners. In diesem Augenblick sah er, wie sich drüben ein Mann umwandte und das Gewehr gegen ihn anschlug. Der Qualm des Schusses fuhr aus dem Lauf, sein Pferd machte einen krampfhaften Satz, steckte dann den Kopf zwischen die Vorderbeine und überschlug sich. Hornblower fühlte, wie er durch die Luft flog, war jedoch infolge seiner Erregung nicht im geringsten erschrocken und wurde erst durch den krachenden Aufprall, mit dem sein Flug ein Ende fand, aufs peinlichste überrascht. Die gewaltige Erschütterung nahm ihm den Atem und schien ihm alle Knochen zerschlagen zu haben, dennoch arbeitete sein immer wacher Geist so klar wie je. Er hörte und fühlte, wie der Flankenangriff, den er eingeleitet hatte, mit Hurra über ihn hinwegging und alles vor sich herfegte. Erst als er sich langsam erhob, merkte er plötzlich, wie schwach und mitgenommen er war. Er konnte sich kaum im Gleichgewicht halten, und als er ein paar Schritte vorwärts humpelte, um seinen Säbel aufzuheben, der ihm dort zwischen zwei Gefallenen aus dem Staub entgegenblitzte, da drohten seine Beine unter ihm nachzugeben.

Unvermittelt überkam ihn ein Gefühl der Verlassenheit, aber noch ehe es sich seiner bemächtigen konnte, schlug auch schon eine Woge menschlicher Herzlichkeit und Kameradschaft über ihm zusammen. Essen und sein Stab stießen ein begeistertes Freudengeschrei aus und überhäuften ihn mit Glückwünschen, von denen er kein

Wort verstand, während er, seinen Säbel in der Hand, mit zerschundenen Gliedern und zerrissener Uniform vor ihnen stand. Einer der Offiziere sprang von seinem Gaul, und Hornblower sah sich von vielen Händen in den Sattel gehoben. Dann trabten sie an, und die Pferde suchten sich achtsam ihren Weg zwischen den Toten und Verwundeten hindurch. Der Weg führte sie über das von der Beschießung zerrissene und gemarterte Land bis nach vorn zu den Brustwehren. Unter regellosem Musketenfeuer wurden die letzten Reste der Sturmtruppen gerade durch die offene Bresche zurückgejagt. Als der Reitertrupp den eigenen Befestigungen näher kam, eröffneten die Geschütze des geschlagenen Gegners wieder ihr Feuer, und ein paar ihrer Schüsse heulten ihnen dicht über die Köpfe weg. Da verhielt Essen als vernünftiger Mann seinen Gaul und zog sich im Schritt aus dem Feuerbereich zurück.

»Diesen Augenblick werde ich nie vergessen«, sagte er und blickte nachdenklich über den Schauplatz des Gefechtes.

Hornblower hatte nach wie vor einen völlig klaren Kopf. Er konnte sich vorstellen, wie hart dieser Rückschlag für den Belagerer sein mußte. Nach all den schweren, vorbereitenden Kämpfen hatte er seine Sappen endlich bis zu den Wällen der Verteidiger vorgetrieben, hatte eine Bresche geschossen und zuletzt den entscheidenden Sturm unternommen, der Dünamünde zu Fall bringen sollte. Da sah er sich im letzten Augenblick wieder auf seine Ausgangsstellungen zurückgeworfen, obwohl die Bresche schon in seiner Hand gewesen war. Er wußte, wie schwer es jetzt für Macdonald sein würde, seine Leute zu einer Wiederholung dieses Angriffs zu bewegen, ein blutiger Rückschlag wie dieser nahm dem Soldaten alle Angriffslust und Einsatzfreudigkeit. Auch im günstigsten Fall mußte Macdonald bis zum nächsten Angriff erhebliche Zeit verstreichen lassen. Er mußte sein hämmerndes Feuer noch tagelang fortsetzen und seine Sappen und Parallelgräben vervielfältigen, ehe er einen neuen Sturm wagen konnte. Vielleicht wies der Ort auch diesen ab. Vielleicht kam nun wirklich der letzte vergebliche Versuch, wurde dem Eroberer endgültig Halt geboten. Hornblower fühlte sich zu erleuchteter Schau erhoben. Er dachte an die Nachricht von Massénas Rückzug vor Lissabon – damit hatte es im Süden angefangen, hatte es dort begonnen, im Gebälk des napoleonischen Reiches zu knistern, heute stand Wellington in Madrid und bedrohte von dort aus Frankreich selbst. Vielleicht gebot Riga dem Eroberer im Norden Halt, blieb diese zerschossene und einmal vergeblich gestürmte Bresche für immer der nördlichste Punkt, den die Soldaten Bonapartes erreichten. Jedenfalls – Hornblowers Pulse schlugen rascher – hatte er mit seinem Flankenangriff, dem überraschenden Ansturm einiger hundert im Toben der Schlacht zusammengeraffter Männer, einen entscheidenden Schlag gegen Bonapartes ausschweifende Welteroberungspläne geführt. Das war ein Verdienst, das ihm niemand nehmen konnte, und in der *Times* nahm es sich bestimmt glänzend aus, wenn es dort hieß, daß »dem Kommodore Sir Horatio Hornblower K. B. ein Pferd unter dem Leibe erschossen wurde, während er seine Leute zum Angriff führte«. Barbara würde sich darüber freuen.

Aber plötzlich verlor die überschwengliche Begeisterung ihre Wirkung, und Hornblower fühlte sich auf einmal schwach und elend. Er wußte bestimmt, daß er im nächsten Augenblick aus dem Sattel fiel, wenn er nicht sofort absaß. Also klammerte er sich an den Sattelknopf, nahm den rechten Fuß aus dem Bügel und schwang das Bein herüber. Dann sprang er ab und hatte dabei das seltsame Gefühl, als flöge ihm der Boden entgegen. Als er wieder zu sich kam, hatte er keine Ahnung, wie lange er ohnmächtig gewesen war. Er saß mit offenem Kragen auf der Erde, auf seiner Stirn perlte der kalte Schweiß. Essen beugte sich besorgt über ihn, und ein zweiter Mann, anscheinend ein Arzt, kniete an seiner Seite. Sein Ärmel war bis über den Ellbogen aufgekrempelt, und der Arzt war eben im Begriff, ihm mit seiner Lanzette eine Vene zu öffnen, um ihn zur Ader zu lassen. Mit einer raschen Bewegung entzog ihm Hornblower den Arm, er wollte unter keinen Umständen mit diesem Instrument oder mit den Händen dieses Mannes in Berührung kommen, die vom Blut anderer noch voll dunkler Flecke waren. Diese Widerspenstigkeit gegen den Arzt veranlaßte die versammelten Herren des Stabes zu lauten Vorstellungen, die Hornblower jedoch mit dem überlegenen Eigensinn, den man bei Kranken sooft findet, einfach überhörte. Dann erschien Brown mit dem Entermesser und ein paar griffbereiten Pistolen am Koppel, gefolgt von einigen weiteren Bootsgasten des Chefboots. Offenbar hatte er seinen Kommodore über die Brücke reiten sehen und war ihm als guter, verständiger Untergebener mit dem Boot nachgefahren. Browns Gesicht war von Sorge ganz verzerrt, er warf sich gleichfalls sofort neben Hornblower auf die Knie. »Verwundet, Sir? Wo? Kann ich . . .«

»Nein, nein, nein«, sagte Hornblower in ärgerlichem Ton, schob Brown beiseite und stand im nächsten Augenblick schwankend auf den Beinen.

»Es ist nichts.«

Er wurde ganz wütend, als er nun in Browns Blick einen Ausdruck der Bewunderung entdeckte. Jetzt dachten sie alle, er benähme sich heldenhaft, dabei handelte er doch nur wie ein vernünftiger Mensch. Gott sei Dank wurden die Leute jetzt etwas von ihrer Besorgnis um ihn abgelenkt: Man hörte nämlich ganz in der Nähe, offenbar von der Bresche her, die hohen, schmetternden Töne eines Trompetensignals. Alles blickte nach der Richtung, aus der sie kamen. Dort erschienen auch bald darauf einige russische Offiziere. Sie führten einen Mann an den Armen, dessen Augen verbunden waren und der die blaue, astrachanbesetzte Uniform des kaiserlichen Stabes trug. Auf einen Befehl von Essen wurde ihm die Binde abgenommen, und der Offizier – er trug einen grauen Schnurrbart nach dem Schnitt der Husaren – entbot den Umstehenden in selbstbewußter Haltung seinen Gruß.

»Rittmeister Verrier«, stellte er sich vor, »Adjutant des Marschalls Herzog von Tarent. Ich habe vom Marschall Befehl erhalten, Ihnen die Einstellung der Feindseligkeiten für die Dauer von zwei Stunden vorzuschlagen. In der Bresche liegen überall Verwundete beider kämpfenden Parteien, die Menschlichkeit gebietet, sie zu bergen. Während des Waffenstillstandes könnten sich beide Seiten ihrer eigenen Leute annehmen.«

»Die russischen Verwundeten sind aber dort erheblich in der Minderzahl, es handelt sich hauptsächlich um Franzosen und Deutsche«, erwiderte Essen in seinem schauderhaften Französisch.

»Franzosen oder Russen, Monsieur«, sagte der Parlamentär, »sie werden sterben, wenn ihnen nicht bald geholfen wird.«

Hornblowers Geist begann wieder zu arbeiten. Wie nach dem Sinken eines Schiffes einzelne Wrackstücke an die Oberfläche emporschießen, so traten ihm jetzt neue Einfälle ins Bewußtsein. Er fing Essens Blick auf und bedeutete ihm seine Ansicht durch ein stummes Kopfnicken. Essen verriet als guter Diplomat mit keiner Miene, daß er den Wink verstanden hatte. Er wandte sich wieder an Verrier.

»Im Namen der Menschlichkeit«, sagte er, »wird Ihnen Ihre Bitte gewährt.«

»Ich danke Eurer Exzellenz im Namen der Menschlichkeit«, erwiderte Verrier grüßend. Dann sah er sich nach dem Offizier um, der ihm die Binde wieder anlegen sollte, um ihn durch die Bresche zurückzubringen.

Sofort nachdem er gegangen war, wandte sich Hornblower an Brown.

»Fahre mit dem Chefboot an Bord«, befahl er ihm, »und zwar so schnell wie möglich. Bestelle Kapitän Bush meine Empfehlung und melde ihm, daß du mir sofort den Leutnant von Bülow an Land bringen sollst. Er soll einen unserer eigenen Leutnants von entsprechendem Dienstalter zu seiner Begleitung kommandieren. Aber beeile dich!«

»Aye, aye, Sir.«

Mehr brauchte er, Gott sei Dank, Brown und Bush nicht zu sagen. Beide wußten einen einfachen Befehl einfach, aber doch mit Verständnis auszuführen. Hornblower trat grüßend auf Essen zu.

»Wäre es möglich, Eure Exzellenz«, fragte er, »die spanischen Truppen über den Fluß herüber und hierher zu bringen? Ich habe einen deutschen Gefangenen, den ich zum Feind zurückschicken will, und möchte gern, daß er die Spanier vorher mit eigenen Augen sieht.«

Essens dicke Lippen verzogen sich zu einem breiten Grinsen.

»Ich tue also nicht nur mein Möglichstes, um alle Ihre Wünsche zu erfüllen, Sir, nein, ich komme ihnen sogar zuvor. Der letzte Befehl, den ich bei unserem plötzlichen Aufbruch von drüben gegeben habe, war der, die Spanier herüberzubringen. Ich hatte keine anderen geschlossenen Einheiten in greifbarer Nähe und wollte sie daher als Besatzung der Magazine am Quai verwenden. Sicher sind sie inzwischen dort eingetroffen. Sie möchten also, daß sie hierher rücken sollen?«

»Wenn Sie die Güte haben wollen, Exzellenz...«

Hornblower stand zufällig und ohne besondere Absicht an der Landungsbrücke, als das Boot längsseit kam. Leutnant von Bülow vom 51. preußischen Infanterieregiment stieg in Begleitung von Mr. Tooth, Brown und dessen Bootsgasten an Land.

»Ah, Herr Leutnant!« rief Hornblower, als er ihn sah.

Bülow grüßte steif und förmlich, offenbar wußte er nicht, was er daraus machen sollte, daß man ihn von einem Augenblick zum anderen aus seinem Gewahrsam an Bord herausgeholt und hierher in dieses zerstörte Dorf gebracht hatte.

»Zwischen Ihren und unseren Streitkräften«, erklärte Hornblower, »herrscht zur Zeit Waffenstillstand. Nein, kein Friede, nur eine Unterbrechung der Feindseligkeiten, damit die Verwundeten von der Bresche weggeschafft werden können. Ich wollte nun diese Gelegenheit benutzen, um Sie in Freiheit zu setzen, so daß Sie zu Ihren Freunden zurückkehren können.«

Bülow sah ihn fragend an.

»Dieses Verfahren erspart uns viele Schereien mit Parlamentären und Austauschverträgen«, erklärte Hornblower. »Wenn ich Sie jetzt freigebe, dann brauchen Sie ja nur durch die Bresche zu gehen; kein förmlicher Austausch, aber Sie können mir ja Ihr Ehrenwort geben, daß Sie bis zum Zustandekommen eines regelrechten Austauschvertrages weder gegen Seine Britische noch gegen Seine Kaiserlich Russische Majestät kämpfen wollen.«

Bülow dachte einen Augenblick nach und sagte dann: »Ja, ich gebe Ihnen mein Ehrenwort.«

»Ausgezeichnet! Dann darf ich mir vielleicht selbst das Vergnügen machen, Sie bis zur Bresche zu begleiten?«

Als sie die Brücke verließen und ihren kurzen Gang durch die Ruinen des Dorfes antraten, warf Bülow forschende Blicke um sich. Darüber konnte man sich bei einem Berufssoldaten in einer solchen Umgebung nicht wundern. Nach soldatischer Auffassung war er durchaus berechtigt, aus der Nachlässigkeit und Sorglosigkeit seines Gegners jeden möglichen Vorteil zu ziehen. Berufliche Wißbegierde verlockte in seiner augenblicklichen Lage allzu stark zu neugierigen Blicken. Im Gehen unterhielt sich Hornblower mit ihm in verbindlichster Form.

»Ihr Sturmangriff heute morgen – ich nehme an, daß Sie den Gefechtslärm sogar an Bord hören konnten – wurde von ausgesuchten Grenadieren ausgeführt, ich glaubte wenigstens, aus den Uniformen daraus schließen zu können. Diese ausgezeichneten Truppen! – es war wirklich ein Jammer, daß sie so schwere Verluste erleiden mußten. Sie werden mir meine Bitte nicht abschlagen, Ihren Kameraden bei Ihrer Rückkehr deswegen mein aufrichtiges Bedauern zum Ausdruck zu bringen. Aber sie hatten natürlich nicht die geringste Aussicht auf einen Erfolg.«

Am Fuß des Kirchturms hielt ein spanisches Regiment, die Leute lagen in Reih und Glied ausruhend auf dem Boden. Als Hornblower und sein Begleiter sich näherten, sprangen sie auf Befehl ihres Obersten auf und machten ihm ihre Ehrenbezeigung. Hornblower schritt, gleichfalls grüßend, ihre Front ab und merkte dabei, daß Bülow an seiner Seite plötzlich einen anderen Gang angenommen hatte. Ein verstohlener Seitenblick zeigte Hornblower, daß er in den steifen, preußischen Paradeschritt gefallen war, den er so lange beibehielt, bis sie am anderen Flügel der Spanier angelangt waren. Das machte eben die militärische Erziehung, für Bülow war es undenkbar, eine solche Ehrenbezeigung anders als im Paradeschritt entgegenzunehmen und zu erwidern. Und doch war ihm darüber offensichtlich nicht entgangen, daß es mit dieser Truppe eine besondere Bewandtnis hatte. Seine Augen quollen ihm von all den Fragen, die er nicht auszusprechen wagte, förmlich aus dem Kopf.

»Spanier«, sagte Hornblower in beiläufigem Ton. »Vor kurzem ist eine ganze Division Spanier und Portugiesen von der Hauptarmee Bonapartes zu uns übergelaufen. Sie stehen im Gefecht ihren Mann, diesmal haben sie das Verdienst, den Sturmangriff endgültig abgewiesen zu haben. Es ist interessant, zu beobachten, wie die armen Opfer Bonapartes jetzt allmählich von ihm abfallen, weil sich immer deutlicher herausstellt, wie hohl sein ganzes Machtgebilde in Wirklichkeit ist.«

Bülow war vor Staunen ganz aus der Fassung. Er gab nur ein paar Laute von sich – oder war es ein deutsches Wort? Hornblower konnte nicht verstehen, was er sagte, aber sein Ton allein verriet deutlich genug, was er meinte. »Ich brauche Ihnen nicht zu sagen«, fuhr Hornblower wieder in höflichem Plaudertone fort, »daß ich auch die glänzende preußische Armee gern in den Reihen der Gegner Bonapartes, der Verbündeten Englands, sehen möchte. Aber Ihr König wird ja selbst am besten wissen, was seinem Lande frommt – sofern er allerdings noch die Freiheit hat, seine Politik selbst zu bestimmen. Seit er nur noch von Kreaturen Bonapartes umgeben ist, darf man leider füglich daran zweifeln, daß dies noch der Fall ist.«

Bülow starrte ihn voller Bestürzung an. Hornblower hatte da einen Gedanken ausgesprochen, der ihm völlig neu war. Er wollte eine Frage stellen, allein Hornblower sprach schon weiter, immer bemüht, den leichten Plauderton beizubehalten, als ginge es ihm nur darum, mit seinem Partner eine höfliche Unterhaltung zu führen.

»Hohe Politik!« sagte er lachend und machte dazu eine wegwerfende Geste. »Und doch, vielleicht denken wir eines Tages an unsere Unterhaltung zurück und staunen nachträglich, wie richtig wir die Entwicklung vorausgesehen haben. Man kann es nicht wissen. Vielleicht treffen wir uns eines Tages als Gesandte unserer Länder irgendwo wieder, dann werde ich mir erlauben, Sie an dieses Gespräch zu erinnern. Aber da sind wir schon an der Bresche. So groß mein Bedauern ist, mich von Ihnen verabschieden zu müssen, so aufrichtig ist meine Freude, Sie bald wieder bei Ihren Kameraden zu wissen. Nehmen Sie meine herzlichsten Wünsche für Ihre Zukunft mit auf den Weg.«

Bülow grüßte ihn noch einmal in seiner steifen Art,

dann ergriff er die Hand, die Hornblower ihm entgegenstreckte, und schüttelte sie. Für einen Preußen war es ein bemerkenswertes Erlebnis, daß ein Kommodore sich herbeiließ, mit einem kleinen Leutnant einen Händedruck auszutauschen. Dann bahnte er sich seinen Weg durch die Bresche mit ihrem grausam aufgerissenen und umgewühlten Gelände, in dem noch überall wie aufgestörte Ameisen die Krankenträger mit ihren Tragen ausgeschwärmt waren, um nach Verwundeten zu suchen. Hornblower sah ihm nach, bis er bei seinen eigenen Leuten angekommen war, dann erst wandte er sich ab. Er war entsetzlich müde, im wahren Sinne des Wortes müde zum Umfallen, und ärgerte sich dabei wütend über seine eigene Schwäche. Unter dem Aufgebot seiner ganzen Willenskraft gelang es ihm gerade noch, den Weg bis zur Anlegebrücke in annehmbarer Haltung zurückzulegen, als er aber dort in sein Boot stieg, taumelte er.

»Fehlt Ihnen etwas, Sir?« fragte Brown mit besorgter Miene.

»Keine Spur«, fuhr ihn Hornblower an. Wie konnte sich der Mann eine solche Unverschämtheit erlauben!

Die Frage wurmte ihn während der ganzen Fahrt, sie machte ihn gereizt und wütend. An Bord angelangt, kletterte er das Seefallreep empor, so schnell er konnte, und erwiderte die Ehrenbezeigungen, die ihm auf dem Achterdeck erwiesen wurden, nur mit einer knappen, kalten Geste. Auch in der Kajüte hielt seine Gereiztheit noch an und verbot ihm, sich seiner ersten Eingebung entsprechend einfach auf die Koje zu werfen und die Augen zu schließen. Statt dessen ging er noch einen Augenblick herum. Nur um irgend etwas zu tun warf er einen Blick in den Spiegel. Dieser Brown hatte seine törichte Frage doch nicht so ganz ohne Grund an ihn gerichtet. Das Gesicht, das ihm da entgegensah, war über und über von Staub und Schweiß verschmiert, auf einem Backenknochen klebte geronnenes Blut, das von einer Hautabschürfung herrührte. Seine Uniform war völlig verschmutzt, und eine der Epauletten hing ihm schief von der Schulter herab. Kurz, man sah ihm an, daß er soeben aus einem verbissenen Kampf auf Leben und Tod zurückgekehrt war.

Er musterte sich genauer. War das überhaupt sein Gesicht? Diese Falten, diese müden Züge, diese rotgeränderten Augen! Plötzlich machte er eine Entdeckung. Er wandte den Kopf ein bißchen zur Seite und sah noch schärfer hin. Wahrhaftig! Das Haar an seinen Schläfen war ganz weiß. Genügte wirklich eine einzige Schlacht, um einen so zu verändern? Nein, das hier war das Gesicht eines Mannes, dessen Leben eine endlos lange Zeit unter dem Druck einer unerträglichen Nervenanspannung gestanden hatte. Darin, im Ertragen dieser ewigen Spannung, lag seine wahre, eigentliche Leistung. Als er das feststellte, empfand er fast ein bißchen Hochachtung vor sich selbst. War es wirklich so, daß er die Last dieser schrecklichen Belagerung nun schon seit Monaten trug? Es war ihm nicht in den Sinn gekommen, daß sein Gesicht, Hornblowers Gesicht, je sein Inneres verraten könnte, so wie auch die Gesichter anderer Leute ihre Seele spiegeln. Hatte er denn nicht sein ganzes Leben lang danach gestrebt, seinen Gesichtsausdruck so vollkommen zu beherrschen, daß er seine Gefühle niemals verriet? Die Tatsache, daß sein Haar ergraute, daß die strengen Falten um seinen Mund sich immer tiefer eingruben, ohne daß er etwas daran zu ändern vermochte, schien ihm eine tiefe Ironie zu enthalten und bot ihm eine Menge Stoff zum Nachdenken.

Da begann das Deck unter seinen Füßen zu wanken, als befände sich das Schiff in See, so stark, daß es selbst seinen alten Seebeinen schwerfiel, das Gleichgewicht zu halten. Er mußte sich an der Konsole festhalten, die er gerade griffbereit vor sich hatte. Nur mit größter Vorsicht ließ er diesen Halt los, wankte zu seiner Koje hinüber und fiel mit dem Gesicht nach unten quer darüber hin.

23

Noch immer schwojte die *Nonsuch* in der Bucht von Riga um ihren Anker, und Hornblower ging auf seinem Achterdeck auf und ab. Heute befaßte er sich mit einem neuen Problem, das ihm keineswegs überraschend kam, ohne daß es dadurch an Bedeutung und Dringlichkeit eingebüßt hätte. Der Winter rückte immer näher, längst schon gab es in den Nächten strenge Fröste, und an den beiden letzten Tagen hatte richtiges Schneegestöber geherrscht, das die ganze Landschaft jedesmal auf Stunden in winterliches Weiß hüllte. An der Nordböschung der Deiche lag der Schnee auch jetzt noch, so daß sie sich abhoben wie weiße Striche. Die Tage wurden kurz, die Nächte lang, und das Brackwasser in der Rigaschen Bucht bedeckte sich an stillen Tagen schon mit einer dünnen Schicht Jungeis. Wenn er noch lange hier liegenblieb, dann froren seine Schiffe ein. Essen hatte ihm zwar versichert, er könne ruhig noch mindestens vierzehn Tage bleiben. Solange könne man das offene Wasser noch durch einen ins Eis gesägten Kanal erreichen, und er würde für die Arbeitskräfte sorgen, die ihm diesen Kanal schnitten. Aber Hornblower war von dieser Möglichkeit nicht überzeugt. Ein Sturm aus nördlicher Richtung, der doch jeden Augenblick einsetzen konnte, hielt ihn unweigerlich hier fest und bewirkte gleichzeitig, daß ringsum alles zufror und daß sich in dem engen Ausgang der Bucht zwischen Ösel und dem Festland das Treibeis zu Bergen staute, gegen die Sägen und sogar Sprengstoffe machtlos waren. War der Verband aber einmal eingefroren, dann lag er bis zum nächsten Frühjahr unbeweglich fest und wurde eine sichere Beute der Franzosen, falls es ihnen gelang, Riga zu Fall zu bringen. Vor zwanzig Jahren war ein holländisches Geschwader in Amsterdam ausgerechnet französischen Husaren zum Opfer gefallen, die eine Attacke über das Eis ritten. Man denke an das Triumphgeschrei, das Bonaparte erheben würde, wenn ihm jetzt auf die gleiche Weise ein englischer Verband in die Hände fiel – noch dazu einer, der unter dem Kommando des berüchtigten Kommodore Hornblower stand! Diese Vorstellung überfiel ihn mit solcher Gewalt, daß er auf seinem Spaziergang einen Schritt zu früh kehrtmachte. Es war ein Gebot der Klugheit, sich sofort von hier zurückzuziehen.

Der Bezug über dem Bodenstück dieser Karronade war durchgescheuert. Wenn Bush das sah, dann gab es für den betreffenden Geschützführer eine höchst unerfreuliche Viertelstunde ... Und doch konnte er sich nicht zurückziehen. Essen war ganz entsetzt gewesen, als er neulich davon anfing. Wenn seine Leute sahen, daß die britischen Schiffe absegelten, hatte er gemeint, dann kämen sie zu der Überzeugung, daß Riga verloren sei. Das werde ihnen alle Zuversicht rauben. Der englische Seeoffizier, der in Dünamünde den entscheidenden Gegenangriff geführt habe, sei in ihrer Vorstellung schon eine Art Sagengestalt geworden und gelte ihnen als Bringer und Unterpfand ihres Glücks. Ließe er sie jetzt im Stich, dann sei das für die russischen Soldaten ein Beweis, daß er die Hoffnung aufgegeben habe. Es war also ausgeschlossen, daß er Riga verließ. Vielleicht wäre ein Kompromiß zu überlegen. Er konnte den größten Teil des Verbandes wegschicken und nur eine Korvette und ein Kanonenboot zurückbehalten oder gar alle Schiffe wegschicken und allein zurückbleiben. Aber eine solche Trennung von dem ihm unterstellten Verband war ein klarer Verstoß gegen die Kriegsartikel.

Was fiel diesem Tölpel von Fähnrich eigentlich ein! Ihm so im Wege herumzutanzen, als ob er es darauf abgesehen hätte, ihn in seinen Überlegungen zu stören! Am besten ließ er ihn einmal über den Topp entern, um ihn von seiner Gedankenlosigkeit zu kurieren. Daß der Kommodore bei seinem Decksspaziergang nicht gestört werden durfte, mußte allmählich auch der Dümmste an Bord begriffen haben. Dazu dauerte die Unternehmung, weiß Gott, schon lange genug.

»Was wollen Sie eigentlich –?« brüllte er den armen Fähnrich an, daß dieser vor Schreck zurückfuhr.

»B-b-boot kommt längsseit«, stammelte der Junge.

»M-Mr. Hurst hat mir befohlen, es zu melden. Er glaubt, daß der Gouverneur an Bord ist.«

»Warum ist mir das nicht schon längst gemeldet worden?« sagte Hornblower. »Haben Sie Kapitän Bush Meldung gemacht? Die Wache auf!«

»Aye, aye, Sir«, sagte Hurst. Er hatte den Satz noch nicht ganz ausgesprochen, da sah Hornblower bereits, wie Bush auf dem Achterdeck erschien und die Wache der Seesoldaten sich hinter dem Kreuzmast formierte. Natürlich hatte Hurst alles das schon veranlaßt, ohne auf einen besonderen Befehl zu warten, aber seine Meldung hatte Hornblower so plötzlich aus seinen Träumen gerissen, daß er sich nicht Zeit genommen hatte, das zu überlegen. Er trat an die Reling. Richtig, da näherte sich der Gouverneur in seinem großen Ruderboot. Es kam durch die breite, eisfreie Rinne, die einstweilen noch von den letzten Wirbeln des Dünastromes vor der Mündung gebildet wurde, ehe er sich in den Gewässern der Bucht verlor. Als der Gouverneur seiner ansichtig wurde, sprang er auf, schwenkte seinen Dreimaster und versuchte sogar mit hochgeschwungenen Armen in der Achterplicht seines Bootes zu tanzen, obgleich er dabei jeden Augenblick Gefahr lief, über Bord zu fallen.

»Da scheint etwas Besonderes los zu sein«, sagte Bush, der neben Hornblower stand.

»Es sieht aus, als brächte er gute Nachrichten«, sagte Hornblower.

Den Hut immer noch in der Hand, erschien der Gouverneur auf dem Achterdeck. Er stürzte gleich auf Hornblower zu, nahm ihn in seine Arme, drückte ihn an sich und schwang seine schlanke Gestalt so in die Luft, daß seine Füße vom Deck hochgerissen wurden. Hornblower konnte sich denken, daß ringsum alles grinste, während er wie ein Baby herumgeschwenkt wurde. Endlich stellte ihn der Gouverneur wieder auf die Beine und stülpte sich den Hut auf den Kopf. Dann angelte er nach Hornblowers und Bushs Händen und versuchte, mit den beiden Engländern eine Art Ringelreihen zu tanzen. Der Mann war offenbar völlig außer Rand und Band – es wäre leichter gewesen, einen Bären im Zaum zu halten als ihn.

»Was gibt es denn Neues, Eure Exzellenz?« fragte Hornblower. Essen drückte seine Hand so stark, daß es weh tat.

»Was es Neues gibt?« sagte Essen, schleuderte die Hand des Engländers von sich und breitete wieder seine Arme aus.

»Bonaparte ist auf dem Rückzug!«

»Was! Wirklich?«

»Was sagt er, Sir?« fragte Bush, der anscheinend völlig außerstande war, Essens Französisch zu verstehen. Aber Hornblower hatte keine Zeit für ihn, weil der Gouverneur jetzt seine Neuigkeiten in einem Strom von Gutturallauten hervorsprudelte und dabei den Wortschatz ganz Europas zu Hilfe nahm, so daß selbst Hornblower kaum verstehen konnte, was er sagen wollte.

»Vor fünf Tagen ist er aus Moskau weg«, brüllte Essen.

»Wir haben ihn bei Malo-Jaroslawetz geschlagen, ja, in einer richtigen Schlacht geschlagen. Und jetzt läuft er, so schnell er kann, in Richtung Smolensk und Warschau. Aber er kommt nicht so weit, ehe es zu schneien beginnt! Er kann froh sein, wenn er überhaupt hinkommt. Tschichagow rückt in Eilmärschen heran, um ihn an der Beresina abzuschneiden! Er ist völlig geschlagen, erledigt! Tausende seiner Leute gehen schon jetzt Nacht für Nacht zugrunde. Sie haben nichts zu essen, und der Winter ist da!«

Essen stampfte mit tollen Freudensprüngen an Deck herum, er glich dabei mehr als je einem Tanzbären.

»Bitte, Sir, *bitte*, was ist los?!« fragte Bush, der vor Spannung fast verging. Hornblower erklärte es ihm, so gut er konnte, dabei vergaßen die übrigen Achtergäste alle Hemmungen und suchten selbst so viel wie möglich von den Neuigkeiten aufzuschnappen. Als ihnen die ganze wunderbare Bedeutung der Nachricht klar wurde, brachen sie in ein begeistertes Hurra aus, das sich sogleich auf das Großdeck fortpflanzte. Bald darauf herrschte im ganzen Schiff wildes Freudengeschrei, flogen überall die Hüte in die Luft, fielen die Leute einander um den Hals. Dabei wußte eigentlich niemand so recht, was geschehen war, denn bis jetzt hatten sie nur ein einziges Wort gehört, das sich von Mund zu Mund mit Windeseile durch das ganze Schiff verbreitete: »Boney ist geschlagen!«

»Jetzt kommen wir doch noch aus dieser verdammten Bucht heraus, ehe das Eis kommt«, sagte Bush und schnalzte mit den Fingern. Sicher hätte auch er zu tanzen begonnen, wenn ihn nicht sein Holzbein daran gehindert hätte. Hornblower sah nachdenklich zum Festland hinüber.

»Macdonald trifft einstweilen noch keine Anstalten zum Rückzug«, sagte er. »Der Gouverneur hätte es sicher mitgeteilt, wenn es der Fall wäre.«

»Aber nun muß er doch auch zurück, glauben Sie nicht, Sir?« In Bushs sprechenden Zügen wandelte sich Freude in Besorgnis. Eben noch war die Erfüllung aller Wünsche greifbar nahe gewesen – sah es nicht so aus, als könnte man dieser Bucht oder gar der ganzen landumschlossenen Ostsee noch rechtzeitig entkommen, als könnte man hoffen, England bald wiederzusehen? Und nun stand er wieder vor der harten Wirklichkeit: Die Belagerung von Riga ging weiter.

»Wahrscheinlich wird auch er zurückgehen«, sagte Hornblower, »aber wir müssen so lange bleiben, bis er es wirklich tut, wenn wir keine anderen Befehle bekommen.«

Es fiel Essen auf, wie ernüchtert sie plötzlich aussahen, deshalb trat er wieder auf sie zu, hieb Bush mit solcher Gewalt auf den Rücken, daß er taumelte, schnalzte vor Hornblowers Nase mit den Fingern und piroettierte mit der Grazie eines gezähmten Seehundes an Deck herum. Es ging wirklich zu wie in einem Tollhaus: Bush löcherte ihn mit Fragen nach der Zukunft, Essen führte sich auf wie ein Übergeschnappter, das ganze Schiff war vor Freude außer Rand und Band und hatte jede Ordnung und Disziplin vergessen. Wunderbarerweise vermochte Hornblower mitten in diesem Durcheinander dennoch jene erleuchtete Klarheit und fieberhafte Schnelligkeit des Denkens und Planens zu entwickeln, die er nun schon als die geheimnisvollen Vorboten wichtiger Ereignisse zu erkennen glaubte.

Bonaparte auf dem Rückzug, Bonaparte geschlagen: Das bedeutete einen gewaltigen Umschwung des Gefühls, der Stimmung in ganz Europa. Alle Welt wußte, daß Wellington Frankreich von Süden her bedrohte, und nun erhob sich die Gefahr für das Reich Napoleons auch von Osten. Bonaparte konnte seine zerschlagene Armee bestimmt nicht zum Stehen bringen, um Polen zu verteidigen, ihre Flucht war nicht mehr aufzuhalten. Der nächste Feldzug führte also die Verbündeten an die preußische und österreichische Grenze. In diesem Falle war es aber mehr als wahrscheinlich, daß sowohl Preußen wie Österreich mit Freuden an die Seite ihrer bisherigen Gegner traten. Der König von Preußen war allerdings nicht mehr viel anderes als ein französischer Gefangener, aber die preußische Armee – das war der größere Teil der Streitkräfte, die jetzt Riga belagerten – konnte das Gesetz des Handelns an sich reißen. Der Seitenwechsel der spanischen Truppen gab ihnen das Beispiel und zeigte ihnen den Weg, und die in Riga gedruckten Flugblätter, die er durch russische Händler unter den Belagerungstruppen hatte verteilen lassen, trugen dafür Sorge, daß sie diese Lehre nicht vergaßen. Bülow konnte überdies die Wahrheit seiner Behauptungen bezeugen – Hornblower war froh, ihn freigelassen zu haben.

»Ich will Diebitsch einen Ausfall machen lassen, um die drüben etwas in Bewegung zu bringen«, sagte Essen. »Ich muß unbedingt sehen, wie *sie* diese Nachricht aufgenommen haben. Haben Sie Lust, mich zu begleiten, Sir?«

»Natürlich«, sagte Hornblower und fand im Augenblick aus seinen Träumen zur Wirklichkeit zurück. Er war immer noch etwas »mazy« oder »durcheinander«, wie man früher, als er noch ein Junge war, in seinem Dorf die angetrunkenen Leute zu nennen pflegte. Das kam von der Müdigkeit, die ihn jetzt nie verließ, vom vielen Nachdenken und von der ewigen Aufregung. Er teilte Bush mit, daß er beabsichtige, von Bord zu gehen.

»Sie sind doch völlig von Kräften, Sir«, erlaubte sich Bush einzuwenden. »Sie sind nur ein Schatten Ihrer selbst. Schicken Sie jemand anderen, Sir, schicken Sie mich oder Duncan. Sie haben wirklich alles Notwendige getan, Sir.«

»Nein, noch nicht alles«, sagte Hornblower. Trotz seiner Ungeduld nahm er der Höflichkeit zuliebe eine Verzögerung in Kauf, indem er Essen eine Erfrischung anbot und vorschlug, die herrliche Nachricht durch einen Umtrunk zu feiern.

»Sehr liebenswürdig von Ihnen, aber ich muß leider danken«, sagte Essen zu Hornblowers größter Erleichterung. »Diebitsch greift in der Abenddämmerung an, und die Tage sind schon sehr kurz.«

»Sie nehmen doch Ihr Chefboot, Sir, nicht wahr?« beharrte Bush. »Nehmen Sie Brown mit!«

Bush sorgte sich um ihn wie eine Mutter um ihren waghalsigen Jungen, wie eine Henne um ihr einziges Küken. Es machte ihn immer unruhig, sein ein und alles, seinen Hornblower, in der Obhut dieser Russen zu wissen, bei denen man nie wußte, wie man dran war. Hornblower mußte über Bushs besorgte Miene lächeln.

»Also ja, Ihnen zuliebe«, sagte er.

Das Chefboot folgte dem Ruderboot des Gouverneurs durch die freie Rinne im Eis. Hornblower saß jedoch mit Essen in der Plicht des russischen Bootes. Der Himmel war winterlich grau, und es blies ein kalter Wind.

»Es gibt bald mehr Schnee«, sagte Essen mit einem Blick auf die dunklen Wolkenbänke. »Gnade Gott den Franzosen.«

Bei dem sonnenlosen Wetter fühlte man die Kälte wie einen Hauch des Todes. Hornblower dachte an die französischen Soldaten, die jetzt über die einsamen russischen Ebenen marschierten, und empfand tiefes Mitleid mit ihnen. Nachmittags begann es dann wirklich zu schneien, die Flocken hüllten Strom und Dorf in ihren Schleier, die zerwühlten Brustwehren, die zerstörten Geschütze und die vielen Soldatengräber überall im Dorf wurden zu unschuldigen, weißen Hügeln. Als die stets willigen russischen Grenadiere in ihre Gräben einrückten und von dort aus gegen die feindlichen Linien vorgingen, senkte sich schon vorzeitige Dunkelheit auf das Land herab. Sie konnten das Niemandsland zwischen den beiden Fronten zur Hälfte durchmessen, ehe drüben die Geschütze zu sprechen begannen und ihre roten Mündungsflammen seltsam aus dem weißen Schnee hervorstachen.

»Sieht nicht nach Rückzug aus«, bemerkte Clausewitz,

der mit Essen und Hornblower auf der Galerie der Kirche stand und das erbitterte Ringen beobachtete. Wenn es noch einer Bestätigung dieser Annahme bedurfte, dann wurde diese alsbald von der Abteilung selbst geliefert, die den Ausfall unternommen hatte und nun nach großen Verlusten im Dunkel der Nacht zu ihren Stellungen zurückströmte. Die Angreifer hatten sich ihrem Ausfallversuch mit Schwung entgegengeworfen, schon das Niemandsland war durch Patrouillen gesichert gewesen, und die Gräben waren in ausreichender Stärke besetzt. Zur Vergeltung begann der Gegner nun mit seiner Belagerungsartillerie zu feuern, daß die Erde im Donner der Geschütze bebte und die Blitze des Mündungsfeuers wieder und wieder die Nacht erhellten. Natürlich war es bei der herrschenden Finsternis nicht möglich, genau gezielt und mit richtiger Erhöhung zu schießen. Deshalb streuten die Geschosse bald über das ganze Dorf und zwangen seine Besatzung, auch in dessen rückwärtigen Teilen bis zum Ufer der Düna in ihren Gräben sichere Deckung zu nehmen. Da kamen in hohem Bogen auch die Granaten der Mörserbatterien angeflogen, die der Gegner unlängst in seinem zweiten Parallelgraben eingebaut hatte. Hier, dort, überall schlugen sie ein, alle zwei, alle drei Minuten eine, und jedesmal spritzten Feuer und Sprengstücke nach allen Richtungen auseinander, es sei denn, sie landeten im tiefen Schnee, der ihre Zündschnur auslöschte.

»Drüben scheinen sie einen Überfluß an Munition zu haben«, brummte Essen. Trotz seines dicken Mantels zitterte er vor Kälte.

»Vielleicht wollen sie jetzt in der Nacht einen Gegenangriff machen«, sagte Clausewitz. »Ich habe für alle Fälle befohlen, daß die Stellungen voll besetzt bleiben.«

Hornblower beobachtete gerade eine schwere Batterie von vier Geschützen, die in kurzen Abständen regelrechte Salven schoß. Er hatte schon einige Zeit immer und immer wieder die vier Mündungsfeuer gesehen, so daß es ihm auffiel, als nun eine längere Pause entstand. Daher war er auch doppelt aufmerksam, als es dann von neuem blitzte und donnerte. Auch diesmal flammte es nur kurz auf, war es sogleich wieder Nacht. Dennoch kam es Hornblower so vor, als ob es mit dieser Salve irgendwie eine besondere Bewandtnis hätte, ganz abgesehen davon, daß sie so lange auf sich warten ließ. Einer der Blitze, es war der ganz rechts, war nicht so deutlich gewesen wie die anderen drei, dabei schien er dennoch genauso stark zu sein wie die übrigen und obendrein sogar länger anzuhalten. Vielleicht war da beim Laden irgendein Versehen vorgekommen. Dann kam die nächste Salve, diesmal waren es nur drei Mündungsfeuer, also hatte das rechte Geschütz nicht gefeuert. Womöglich war ihm vorhin das Zündlochfutter herausgeflogen, das kam bei diesen Kanonen mitunter vor. Wieder eine lange Pause, dann wieder eine Salve – zwei kurze Blitze und ein länger anhaltender. Bei der nächstfolgenden Salve feuerten dann nur zwei Geschütze. Da wußte Hornblower plötzlich, was beim Gegner geschah. Er zupfte Essen am Ärmel.

»Drüben machen sie die eigenen Geschütze unbrauchbar«, sagte er. »Sie halten uns zwar noch unter Feuer, aber bei jeder Salve lösen sie einen Schuß gegen die Schildzapfen einer ihrer Kanonen. Jene Batterie dort, Exzellenz, schoß vorhin noch mit vier Geschützen. Und jetzt – sehen Sie – sind es nur noch zwei.«

»Das ist nicht ausgeschlossen«, gab Essen zu und starrte unentwegt in die Dunkelheit hinaus.

»Das Feuer wird schwächer«, stimmte auch Clausewitz bei, »aber vielleicht ist es die Munitionsverschwendung, die ihnen allmählich zu viel wird.« Das nächste Mal blitzte in der Batterie nur noch ein Mündungsfeuer auf, das auch wieder einen ganz ungewohnten Anblick bot.

»Das war das letzte Geschütz der Batterie«, bemerkte

Essen, »wahrscheinlich haben sie es durch eine überstarke Ladung gesprengt.«

Er zielte mit seinem Fernrohr in die Dunkelheit.

»Schauen Sie doch dort einmal hinüber, wo das große Lager ist«, fügte er hinzu, »und sehen Sie sich diese Feuer an. Sie scheinen zwar noch hell zu brennen, gewiß, und doch . . .«

Hornblower starrte nach den Reihen der Lagerfeuer hinüber, sie waren so weit entfernt, daß in dieser undurchdringlichen Schneenacht nur ein schwaches Flimmern von ihnen herüberdrang. Sein Blick folgte den Reihen von einem Ende zum anderen, dabei versuchte er, die einzelnen Feuer gut im Auge zu behalten. Einmal kam es ihm so vor, als wäre eines davon nach kurzem Aufflakkern verschwunden, aber er konnte es nicht sicher behaupten. Er hielt Ausschau, bis ihm vor Kälte und Anstrengung die Augen übergingen. Als er gerade sein Taschentuch zog, um sie auszuwischen, schob Essen mit einem Ruck sein Fernrohr zusammen.

»Es stimmt, sie brennen nieder«, sagte er, »ich bin meiner Sache ganz sicher. Kein Soldat der Welt würde in einer solchen Nacht sein Biwakfeuer niederbrennen lassen. Clausewitz, wir wollen unseren Angriff wiederholen, treffen Sie gleich die nötigen Vorbereitungen, Diebitsch . . .«

Nun jagten sich die Befehle des Gouverneurs, und Hornblower überkam für einen Augenblick ein Gefühl des Mitleids mit den armen russischen Grenadieren. Nach ihrer Niederlage und den hohen Verlusten, die sie erlitten hatten, hockten sie jetzt wohl frierend und mutlos in ihren Gräben, da wurden sie schon wieder aus ihrem bißchen Ruhe aufgescheucht und zu einem neuen Unternehmen in die Finsternis hinausgejagt, von dem sie sich nichts anderes erwarten konnten als sichere Vernichtung. Ein plötzlicher Windstoß heulte um den Rundbau der Kuppel, da schnitt ihm die Kälte bis ins innerste

Mark, mochte er sich noch so eng in seinen Mantel hüllen.

»Bitte, Sir«, hörte er zu seiner Überraschung plötzlich Brown neben sich sagen, »ich habe Ihnen eine Decke mitgebracht. Sie können Sie gut unter dem Mantel umlegen. Und hier sind Ihre Handschuhe, Sir.«

Trotz der Finsternis hüllte ihn Brown geschickt so in die Decke, daß sie der darübergezogene Mantel auf den Schultern festhielt. Bei Tage hätte das natürlich unmöglich ausgesehen, aber Gott sei Dank war es ja einstweilen noch immer stockdunkel. Hornblower zitterte vor Kälte und stampfte mit seinen eisigen Füßen auf den Boden, um sie etwas zu erwärmen.

»Wie lange soll das noch dauern, bis Ihre Leute endlich angreifen?« brummte Essen. »Schicken Sie zu Ihrem Brigadekommandeur hinunter und bestellen Sie ihm, ich würde ihn kassieren lassen, wenn er nicht sofort seine Leute zusammenzöge und vorginge.«

Nun folgte eine lange eisige Wartezeit, endlich zuckten in der Dunkelheit ein paar winzige Flämmchen auf, das waren Musketenschüsse in der Gegend des zweiten Parallelgrabens.

Essen sagte nichts als: »Ha!«

Wieder hieß es warten und warten, bis der erste Melder erschien. Die Ausfalltruppen hatten die vorgeschobenen Gräben, abgesehen von ein paar Posten, verlassen gefunden und gingen jetzt durch Schnee und Dunkelheit in Richtung auf das Hauptlager weiter vor.

»Sie ziehen also ab«, sagte Essen. »Zwei Stunden vor Tagesanbruch soll die gesamte Reiterei aufgesessen sein. Ich will bei Hellwerden über ihre Nachhut herfallen. Außerdem sollen alle verfügbaren Truppen sofort auf das diesseitige Dünaufer übersetzen. Und nun um Himmels willen ein Glas Tee!«

Hornblower wärmte sich an dem Feuer, das auf dem Steinboden der Kirche brannte, und schlürfte mit klappernden Zähnen seinen heißen Tee. Er staunte über die eisernen Naturen der Männer um ihn her, denen man nichts von Müdigkeit und kaum etwas von der verdammten Kälte anmerkte. Er selbst war so durchgefroren, daß ihm die Möglichkeit, sich auf den Strohbündeln, die man neben dem Hochaltar ausgelegt hatte, ein paar Stunden auszuruhen, nicht viel Erholung bot. Merkwürdigerweise war er zu müde, um schlafen zu können. Essen dagegen schnarchte wie ein Vulkan, bis ihn ein Adjutant wach rüttelte. Als die Pferde für den ganzen Stab an der Kirchentür vorgeführt wurden, war es draußen immer noch dunkel und kälter als je.

»Ich glaube, es ist besser, wenn ich mitkomme, Sir«, sagte Brown. »Ich habe mir einen Gaul besorgt.«

Hornblower konnte sich nicht vorstellen, wie der gute Brown das fertiggebracht hatte, da er doch kein Wort Russisch sprechen konnte. Reiten mochte er damals in Smallbridge gelernt haben – ja, damals, wie lange schien das heute her zu sein. Langsam bewegte sich die Kavalkade durch die Nacht in Richtung auf die Mitauer Vorstadt, die Pferde rutschten und stolperten im Schnee, und Hornblower dachte mit Bedauern an die zurückgelassene Decke, denn jetzt, im schwachen Dämmerlicht des grauenden Tages, war die Kälte noch schneidender als zuvor. Plötzlich hörte man weit voraus einen dumpfen Knall, dann noch einen und noch einen – das waren Feldgeschütze, aber in großer Entfernung.

»Diebitsch hat ihre Nachhut gefaßt!« rief Essen. »Das ist ausgezeichnet!«

Als sie bei den verlassenen Belagerungswerken ankamen, war es schon hell genug, daß sie das traurige Bild ihrer Umgebung in sich aufzunehmen vermochten. Sie warfen einen Blick in die Gräben, in denen überall verstreutes Gerät umherlag, da waren auch die Batterien mit den zertrümmerten Belagerungsgeschützen, die wie trunken hinter ihren Schießscharten standen, und hier lag ein totes Pferd, den Leib unter einem Bahrtuch von Schnee, die Beine steif zum grauen Himmel gereckt. Und dann kam das Hauptlager, Reihen und Reihen winziger Hütten, die meist nur zwei bis drei Fuß hoch waren, und davor die kalten Feuerstellen, deren Reste schon der Schnee bedeckte. Vor einer Hütte, die etwas größer war als die anderen, lag mit dem Gesicht zur Erde ein Soldat in dem grauen Kapuzenmantel der französischen Armee. Da er seine Beine bewegte, war er offenbar nicht tot.

»Ist denn hier überhaupt gekämpft worden?« meinte Essen verwundert.

Der Mann hatte anscheinend auch kein Blut verloren. Da stieg irgend jemand aus dem Stabe ab und drehte ihn um. Sein Gesicht war über und über mit himbeerfarbenen Pusteln gefleckt, seine Augen standen zwar offen, schienen aber nichts zu sehen.

»Schnell fort!« schrie plötzlich einer der Adjutanten. »Das ist die Seuche!«

Alle zogen sich hastig von dem Sterbenden zurück, aber sie mußten bald entdecken, daß sie überall von der Seuche umgeben waren. Eine der Hütten war voll von Toten, in einer anderen lagen Sterbende dicht nebeneinander. Essen setzte sein Pferd in Trab, und der Trupp entfernte sich klappernd und klirrend aus dieser unheimlichen Umgebung.

»Bei uns ist sie auch schon«, bemerkte Essen zu Hornblower. »Kladow hatte vor zwei Tagen in seiner Division zehn Fälle.«

Kaum hatte die Invasionsarmee ihren Rückzug angetreten, da begann bereits die unerbittliche Auslese. Der Schwache blieb hoffnungslos zurück. Tote, Kranke, Sterbende lagen am Rand der Straße, der sie nun folgten, obgleich hier überhaupt nicht gekämpft worden war. Diebitsch an der Spitze der Verfolger ging nämlich viel weiter links, auf der Mitauer Straße, vor, und dort hörte man auch immer noch zeitweise Geschützfeuer.

Erst als sie den Punkt erreichten, wo ihre Straße in die Hauptchaussee einmündete, begannen die ersten Spuren wirklicher Kämpfe, fanden sie gefallene und verwundete Russen, Franzosen oder Deutsche. Hier war offenbar die russische Vorhut auf die feindliche Nachhut gestoßen. Dann holten sie die russischen Kolonnen ein, die mit kräftigem Marschtritt dahinzogen, und trabten an ihnen entlang nach vorn. Die Marschsäule schien kein Ende zu nehmen, erst kam eine Division, dann noch eine. Die Anstrengung hatte die Männer verstummen lassen, es war kein Kinderspiel, bepackt mit dem schweren Tornister stundenlang zu marschieren, so schnell einen die Beine trugen. Kein Wunder, daß die ersten zehn Meilen dieses Eilmarsches die Begeisterung des Sieges erheblich gedämpft hatten.

»Macdonald hat sich geschickt von uns gelöst«, sagte Clausewitz, »allerdings hat er seine Kranken und seine schwere Artillerie dabei im Stich gelassen. Ich bin nur gespannt, wie lange er dieses Tempo durchhalten kann.«

Hornblower war nicht in der Verfassung, sich an dem Meinungsaustausch über diese Frage zu beteiligen. Er war so müde und fühlte sich so elend, daß er für das äußere Geschehen nicht mehr viel Interesse aufbrachte. Zu allem anderen hatte er sich jetzt auch noch aufgeritten. Aber er mußte seiner Regierung auf jeden Fall melden können, daß er der fliehenden Armee auf ihrem Weg nach Deutschland mindestens einen, besser noch zwei oder drei Tagemärsche gefolgt war. Außerdem gab es noch einen anderen Grund, der ihn dazu bestimmte, diese Verfolgung mitzumachen: Er wollte unter allen Umständen die Preußen einholen, das wollte er, und wenn es das letzte war, was ihm das Schicksal zu tun vorbehielt. – Sonderbar, daß ihn das Gefühl nicht loslassen wollte, dies sei die letzte Aufgabe seines Lebens. Er war schon ganz schwindlig im Kopf, und der Gedanke, Brown dort hinten bei den Ordonnanzen zu wissen, hatte jetzt etwas wunderbar Beruhigendes für ihn. Ein Melder brachte die letzten Nachrichten von der Vorhut. Hornblower hörte wie im Traume zu, als Clausewitz ihren Inhalt bekanntgab.

»Die Preußen haben an der Straßengabelung weiter vorn Front gemacht«, sagte er. »Sie decken den Rückzug, während die anderen beiden Armeekorps auf den beiden Straßen weitermarschieren.«

Seltsam, genau diese Nachricht hatte er erwartet, sie klang ihm wie etwas längst Bekanntes, das man noch einmal erzählen hört.

»Die Preußen!« sagte er und spornte dabei, ohne es zu wollen, sein Pferd, als hätte er den Wunsch, schneller nach vorn zu gelangen, dorthin, wo jetzt dumpfer Kanonendonner von dem Widerstand der Preußen gegen die russische Vorhut Kunde gab. Inzwischen hatte der Stab endlich die Infanterie des Gros hinter sich gelassen und trabte wieder allein auf der zerfurchten Straße, die nun durch dichten, schwarzen Nadelwald führte. Jenseits des Waldes begann wieder einsames, offenes Land, vorn zog sich ein niederer Höhenrücken quer über das Blickfeld, und die Straße führte über ihn hinweg. Hier hielt rechts und links der Straße je eine Brigade der russischen Vorhut. Daneben war eine Batterie aufgefahren und feuerte. Oben auf der Kuppe erkannte man die preußischen Infanteriekolonnen als schwarze Rechtecke auf grauem Hintergrund. Rechter Hand stapfte eine grau uniformierte russische Abteilung quer über Feld, um der gegnerischen Stellung die Flanke abzugewinnen, und zwischen Freund und Feind trabten auf ihren struppigen Ponys russische Reiter – Kosaken – allein oder zu zweien mit senkrecht gehaltener Lanze durch das Gelände. In diesem Augenblick brach die Sonne durch die Wolken, und in ihren wässerigen Strahlen erschien die düstere Landschaft nur noch düsterer. Ein General trabte heran, um Essen Meldung zu machen, aber Hornblower wollte gar nicht hören, was er sagte. Er wollte nichts als weiter, näher an die Preußen heran. Die Pferde der anderen folgten dem Beispiel des seinigen, und so bewegte sich die ganze Gruppe auf der Straße immer weiter nach vorn. Essen hörte dem General so aufmerksam zu, daß er nur halb auf die Bewegung seines Pferdes achtete. Erst als eine Kanonenkugel herangeheult kam und dicht neben ihm, Schnee und Erde nach allen Seiten spritzend, am Wegrand einschlug, schreckte er aus seinen Überlegungen auf.

»Was für ein Unsinn!« rief er. »Wir wollen uns doch nicht totschießen lassen!«

Aber Hornblower starrte nur hinüber auf die preußischen Truppen, auf das Glitzern der Bajonette und auf die Fahnen, die sich schwarz gegen den Schnee abhoben.

»Ich will zu den Preußen hinüber«, sagte er.

Die Antwort Essens ging in dem Donner der Salve unter, die in diesem Augenblick von der in der Nähe aufgefahrenen Batterie abgefeuert wurde. Es war jedoch leicht zu erraten, was er gesagt hatte.

»Ich gehe auf jeden Fall«, sagte Hornblower mit verbissenem Ton. Dann sah er sich um und begegnete dem Blick Clausewitz'. »Kommen Sie mit, Herr Oberst?«

»Ausgeschlossen«, protestierte Essen. »Er darf sich nicht der Gefahr aussetzen, drüben festgehalten zu werden.«

Das war zweifellos richtig. Clausewitz war ein Überläufer, war ein Mann, der gegen sein eigenes Vaterland kämpfte. Nahmen ihn die Preußen fest, dann stand ihm wahrscheinlich der Strick in Aussicht.

»Es wäre aber besser, wenn er mitkäme«, sagte Hornblower hölzern. Körperliches Elend und hellsichtige Klarheit des Geistes paarten sich jetzt bei ihm zu einem seltsamen Zustand.

»Gut, ich begleite den Kommodore«, sagte Clausewitz plötzlich. Das war vielleicht die tapferste Entscheidung seines Lebens. Vielleicht riß ihn die Kühnheit Hornblowers mit, der wie unter einem Zwang zu handeln schien.

Essen konnte über den Wahnsinn, der die beiden befallen hatte, nur die Achseln zucken.

»Tun Sie, was Sie nicht lassen können«, sagte er. »Vielleicht gelingt es mir, so viele Generäle gefangenzunehmen, daß ich Sie wieder austauschen kann.« Sie trabten langsam weiter hügelan. Hornblower hörte noch, wie Essen dem Batteriechef den Befehl zum Feuereinstellen zuschrie. Dann sah er sich um. Brown folgte ihnen in einem achtungsvollen Abstand von fünf Pferdelängen. Ihr Weg führte sie dicht an ein paar der leichten Kosakenreiter vorbei, die ihnen neugierig mit den Blicken folgten, dann waren sie auch schon zwischen den preußischen Plänklern, die aus der Deckung von Sträuchern und Unebenheiten des Geländes die Kosaken auf große Entfernung unter Feuer hielten. Beherzt ritten sie weiter, es fiel kein Schuß auf sie. Ein preußischer Hauptmann, der am Straßenrand hielt, grüßte, und Clausewitz erwiderte seinen Gruß. Dicht hinter der Vorpostenlinie trafen sie dann auf den ersten geschlossenen Truppenkörper, ein preußisches Infanterieregiment in einzelnen, aus mehreren Kompanien bestehenden Bataillonskolonnen. Zwei Bataillone hielten auf der einen Seite der Straße, das dritte auf der anderen. Der Oberst stand mit seinem Stabe auf der Straße selbst und starrte verwundert auf das merkwürdige Trio, das da auf ihn zukam, den englischen Seeoffizier in Blau und Gold, Clausewitz in seiner russischen Uniform mit der Ordensschnalle auf der Brust und dazu den englischen Seemann mit Entermesser und einem Paar Pistolen am Koppel. Als sie näher kamen, stellte der Oberst mit lauter, sachlicher Stimme eine Frage. Clausewitz gab Antwort und zügelte gleichzeitig sein Pferd.

»Sagen Sie ihm, daß wir ihren Befehlshaber sprechen müssen«, sagte Hornblower auf französisch zu Clausewitz.

Nun folgte ein rascher Austausch von Fragen und Antworten zwischen Clausewitz und dem Oberst, der damit endete, daß dieser ein paar berittene Offiziere heranrief – es dürften sein Adjutant und zwei Majore gewesen sein –, die sie auf ihrem Weiterritt begleiten sollten. Sie kamen wieder an einem großen, geschlossenen Infanterieverband vorbei und sahen eine Linie feuerbereit aufgefahrener Geschütze. Dann gelangten sie zu einer Reitergruppe, die neben der Straße hielt. Helmbüsche, gestickte Tressen, Orden und eine Anzahl berittener Ordonnanzen deuteten darauf hin, daß sie den Stab eines Generals vor sich hatten. Hornblower fand den Befehlshaber schnell heraus – das war also Yorck, er erinnerte sich seines Namens. Yorck hatte Clausewitz auf den ersten Blick erkannt und sprach ihn auf deutsch in barschen Worten an. Die wenigen Sätze, die gewechselt wurden, schienen die Spannung ins Unerträgliche zu steigern. Nun schwiegen sie.

»Er spricht Französisch«, sagte Clausewitz zu Hornblower. Dann blickten ihn beide wortlos an und warteten auf das, was er ihnen zu sagen hatte.

»Herr General«, begann Hornblower – er war in einem Traum, aber er zwang sich, in diesem Traum zu sprechen –, »ich vertrete hier den König von England, und Oberst von Clausewitz vertritt den Kaiser von Rußland. Wir führen einen gemeinsamen Kampf, um Europa von Bonaparte zu befreien. Wofür kämpfen Sie? Geht es Ihnen darum, die Herrschaft des Tyrannen zu erhalten?«

Das war eine rhetorische Frage, auf die es keine Antwort gab. Yorck blieb daher nichts anderes übrig, als schweigend abzuwarten, was Hornblower noch zu sagen hatte. »Bonaparte ist geschlagen, er zieht sich aus Moskau zurück, keine zehntausend Mann seiner Armee werden die deutsche Grenze erreichen. Wie Sie wissen, haben ihn die Spanier verlassen, ebenso die Portugiesen. Ganz Europa wendet sich gegen ihn, weil es erkennt, wie wenig seine Versprechungen wert sind. Wie er Deutschland behandelt hat, wissen Sie selbst, darüber brauche ich kein Wort zu verlieren. Wenn Sie weiter für ihn kämpfen, mag es Ihnen vielleicht gelingen, ihm auf seinem wankenden Thron noch einige Tage Frist zu verschaffen. Aber Sie verlängern damit auch Deutschlands Elend um die gleiche Zeitspanne. Erkennen Sie Ihre Pflicht, helfen Sie Ihrem versklavten Vaterland, und helfen Sie Ihrem König, der ein Gefangener ist! Sie können beiden zum Befreier werden. In Ihre Hand ist es gegeben, Ihren Soldaten jetzt, in diesem Augenblick, alles weitere, sinnlose Blutvergießen zu ersparen.«

Yorck wandte den Blick von ihm ab. Nachdenklich sah er in die öde Winterlandschaft hinaus, wo sich die russischen Truppen langsam zum Gefecht entwickelten. Endlich antwortete er:

»Was schlagen Sie vor?«

Mehr wollte Hornblower nicht hören. Wenn Yorck Gegenfragen stellte, statt sie sofort gefangenzusetzen, dann war ihre Sache so gut wie gewonnen.

Nun konnte er das Weitere getrost Clausewitz überlassen und seiner Müdigkeit nachgeben, die wuchs und wuchs wie eine steigende Flut. Ein Blick genügte, um Clausewitz in das Gespräch einzuschalten.

»Einen Waffenstillstand«, entgegnete dieser sofort. »Augenblickliche Einstellung der Feindseligkeiten. Die endgültigen Bedingungen können dann leicht in Ruhe vereinbart werden.«

Yorck hielt noch einen Augenblick zurück, und Hornblower betrachtete ihn trotz Krankheit und Elend mit neu aufflackerndem Interesse. Er hatte ein hartes Soldatengesicht, das von der Sonne mahagonibraun gebrannt war, so daß der weiße Schnurrbart und das weiße Haar seltsam davon abstachen. Diese Minute entschied über sein Schicksal. Noch war er ein treuer Untertan des Königs von Preußen, ein verhältnismäßig unbekannter General. Und nun brauchte er nur zwei Worte zu sprechen, dann war er heute ein Hochverräter und morgen wahrscheinlich ein großer Mann. Der Abfall Preußens – besser gesagt, der Abfall der preußischen Armee – lieferte der Welt einen stärkeren Beweis für die Brüchigkeit des napoleonischen Reiches als irgendein anderes Ereignis. Der Entschluß dazu lag bei Yorck.

Endlich sprach er die entscheidenden Worte: »Ja, einverstanden.«

Darauf, nur darauf hatte Hornblower gewartet. Jetzt durfte er sich fallen, sinken lassen, bis ihn sein Traum, sein Alptraum wieder umfing. Mochte die weitere Verhandlung ausgehen, wie sie wollte. Als Clausewitz kehrtmachte und die Straße zurückritt, folgte ihm Hornblowers Pferd ganz von selbst, sein Reiter gab ihm keine Hilfe. Dann erschien Brown, aber nur sein Gesicht, sonst nichts, alles andere war fort, verschwunden.

»Wie geht es Ihnen, Sir?«

»Gut«, gab Hornblower zur Antwort wie ein Automat. Wie, schritt er jetzt nicht über eine Wiese? Aber seltsam, es war ihm, als ginge er über weiche Federbetten oder auf einer lose ausgeholten Persenning. Vielleicht war es doch besser, wenn er sich niederlegte. Da, plötzlich machte er eine Entdeckung. Die Musik, fand er, war doch etwas sehr Schönes. Sein ganzes Leben hindurch hatte er sich eingebildet, sie sei nichts als ein widerwärtiges Durcheinander von Tönen, und nun offenbarte sie ihm endlich ihr Geheimnis. In verzücktem Staunen vernahm er eine Fülle überirdisch schöner Klänge, die sich zu einer gewaltigen Melodie emporschwangen. Er konnte nicht anders, er mußte einstimmen und singen, singen, singen. Noch ein donnernder Akkord, dann herrschte plötzlich Stille, in der nur seine eigene Stimme mißtönend weiterkrächzte wie das Geschrei einer Krähe. Verlegen hielt er inne. Um so besser, daß nun ein anderer das Lied wieder aufnahm. War das nicht der Bootsmann auf der Themse, der nun zum Takt seiner Ruderschläge sang:

»Row, row, row you together to Hampton Court.«

Eigentlich eine Unverschämtheit, dachte Hornblower, beim Pullen einfach zu singen, aber der Kerl hatte einen wunderbaren Tenor, deshalb mochte es ihm hingehen.

»Rowing in sunshiny weather . . .«

Barbara saß neben ihm und ließ ihr köstliches silbernes Lachen hören. Die Sonne, die grünen Ufer, alles war herrlich! Er stimmte in ihr fröhliches Lachen ein, er lachte und lachte. Da war auch der kleine Richard und kletterte auf seinen Knien herum. Was fiel nur diesem Brown ein, daß er ihn immer so anstarrte?

**Bitte beachten Sie
die folgenden Seiten**

Ullstein
maritim

Die beliebte Serie um den Seehelden Hornblower in chronologischer Folge

C.S. Forester

Fähnrich zur See Hornblower
Roman, 192 Seiten
Ullstein Taschenbuch 22433

Leutnant Hornblower
Roman, 192 Seiten
Ullstein Taschenbuch 22441

Hornblower wird Kommandant
Roman, 224 Seiten
Ullstein Taschenbuch 22462

Hornblower auf der »Hotspur«
Roman, 336 Seiten
Ullstein Taschenbuch 22651

Der Kapitän
Roman, 304 Seiten
Ullstein Taschenbuch 24064

An Spaniens Küsten
Roman, 320 Seiten
Ullstein Taschenbuch 23633

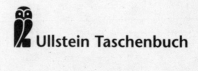

Ullstein
maritim

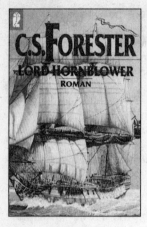

Die beliebte Serie um den Seehelden Hornblower in chronologischer Folge

C.S. Forester

Unter wehender Flagge
Roman, 256 Seiten
Ullstein Taschenbuch 23789

Hornblower - Der Kommodore
Roman, 256 Seiten
Ullstein Taschenbuch 24175

Lord Hornblower
Roman, 240 Seiten
Ullstein Taschenbuch 24171

Hornblower in Westindien
Roman, 336 Seiten
Ullstein Taschenbuch 22598

Zapfenstreich
Roman, 192 Seiten
Ullstein Taschenbuch 22836

Fähnrich zur See Hornblower / Leutnant Hornblower
Zwei Romane in einem Band,
288 Seiten
Ullstein Taschenbuch 23529

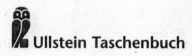